vbw – Vereinigung der Bayerischen Wirtschaft e. V. (Hrsg.)

Bildung und sozialer Zusammenhalt

vbw – Vereinigung der Bayerischen Wirtschaft e. V. (Hrsg.)

Bildung und sozialer Zusammenhalt

Gutachten

WAXMANN

Bibliografische Informationen der Deutschen Nationalbibliothek:
Die Deutsche Nationalbibliothek verzeichnet diese Publikation in der Deutschen
Nationalbibliografie; detaillierte bibliografische Daten sind im Internet über
http:dnb.dnb.de abrufbar.

Herausgeber: vbw – Vereinigung der Bayerischen Wirtschaft e.V.
Ansprechpartner: Dr. Christof Prechtl, stellvertr. Hauptgeschäftsführer,
Leiter Abteilung Bildung, Arbeitsmarkt, Fachkräftesicherung und Integration

Wissenschaftliche Koordination:
Prof. em. Dr. Dr. h. c. Dieter Lenzen, Vorsitzender des Aktionsrats Bildung

Dem Aktionsrat Bildung gehören an:
Prof. Dr. Yvonne Anders, Prof. Dr. Bettina Hannover,
Prof. Dr. Monika Jungbauer-Gans, Prof. em. Dr. Dr. h. c. Dieter Lenzen,
Prof. Dr. Nele McElvany, Prof. Dr. Tina Seidel, Prof. em. Dr. Rudolf Tippelt,
Prof. Dr. Karl Wilbers, Prof. Dr. Ludger Wößmann

Das Gutachten wurde unterstützt vom:
vbm – Verband der Bayerischen Metall- und Elektro-Industrie e.V.
Projektleitung: Michael Lindemann

Geschäftsstelle des Aktionsrats Bildung:
Manuela Schrauder, Julia Jahn
www.aktionsrat-bildung.de

E-Book-ISBN 978-3-8309-9870-9
Print-ISBN 978-3-8309-4870-4
https://doi.org/10.31244/9783830998709

© Waxmann Verlag GmbH, Münster 2024
info@waxmann.com, www.waxmann.com
Gesamtgestaltung und Satz: SOCIAL CREATIVE ROOM, München
Druck: mediaprint solutions GmbH, Paderborn
Gedruckt auf alterungsbeständigem Papier, säurefrei gemäß ISO 9706

Alle Angaben dieser Publikation beziehen sich ohne jede Diskriminierungsabsicht
grundsätzlich auf alle Geschlechter.

Inhalt

Inhalt

Vorwort

Wir leben in bewegten Zeiten. In den vergangenen Jahren sind zahlreiche neue Krisenherde entbrannt, die unsere Gesellschaft und unser Selbstverständnis als Demokratie auf eine harte Probe stellen. Sozialer Zusammenhalt war noch nie so wichtig wie jetzt. Er ist unverzichtbar für dauerhaften Frieden, eine stabile demokratische Ordnung und schließlich den wirtschaftlichen Wohlstand in Bund und Freistaat. Gleichzeitig ist er keine Selbstverständlichkeit. Das wird uns heute allzu bewusst. Um sozialen Zusammenhalt müssen wir uns aktiv bemühen und uns gegenüber Bedrohungen von außen widerstandsfähig zeigen – nicht irgendwann in der Zukunft, sondern hier und jetzt.

Momentan erleben wir immer häufiger, dass sich der eine oder die andere von der Gesellschaft nicht mehr verstanden fühlt und entfremdet. Krisen und Herausforderungen von außen führen nicht selten dazu, dass Betroffene sich absondern, mit Frust und Ablehnung reagieren. So entsteht ein Nährboden für Extremismus, der eine Gefahr für unser Miteinander ist. Gesellschaftlicher Zusammenhalt braucht gemeinsame Normen und Werte als Regeln, die Orientierung geben und für Stabilität sorgen. Diese muss man erleben, anwenden und vertiefen.

Ein Schlüssel für ein dergestalt funktionierendes Miteinander liegt in unserem Bildungssystem. Über alle Bildungsphasen hinweg erproben wir den Austausch und die Kommunikation. Wir üben Diskussion und Kompromiss genauso wie die Vereinbarkeit verschiedener Interessen. Blicken wir auf Ergebnisse von Bildungsbarometern und Lernstandserhebungen wie die vergangene PISA-Studie, erkennen wir Handlungsbedarf. Denn in einer bunt zusammengewürfelten Gemeinschaft, wie es eine Schulklasse heute viel stärker ist als vor 20 oder 30 Jahren, fehlt es oft offenbar schon am kleinsten Nenner für ein funktionierendes Miteinander: der gemeinsamen Sprache, die alle verstehen.

Sprache legt den Grundstein, damit Zusammenhalt funktioniert. Sie ist der soziale Klebstoff, der verbindet. Beherrscht man sie nicht, bleibt der Zugang zur Gemeinschaft verschlossen. Gleichzeitig leidet das Leistungsniveau, denn durch mangelndes Sprachverständnis bleiben auch die Inhalte anderer Fächer unzugänglich. Die Folge ist Frustration, die zu Isolation führen kann – für Kinder und Jugendliche ist das ein Teufelskreis, der unbedingt verhindert werden muss. Genau hier setzen die Expertinnen und Experten des Aktionsrats Bildung mit ihrem diesjährigen Gutachten „Bildung und sozialer Zusammenhalt" an.

Das Expertengremium gibt der Politik Handlungsempfehlungen an die Hand, um über alle Bildungsphasen hinweg Rahmenbedingungen für gelingenden sozialen Zusammenhalt zu schaffen. Zentrale Stellschraube ist die Sprachförderung. Sie muss so früh wie möglich erfolgen; der Lernerfolg muss mit Instrumenten wie Diagnostik oder regelmäßigen Tests überprüft und sichergestellt werden. Darüber hinaus brauchen die Kinder und Jugendlichen in und außerhalb der Bildungsinstitutionen die Chance, soziale Beziehungen aufzubauen und zu erproben.

Die Politik muss zur Festigung des Gemeinwohls beitragen, indem sie etwa ehrenamtliche Tätigkeiten noch stärker fördert und antidemokratische Tendenzen schneller identifiziert und unterbindet. Damit die Lehrkräfte demokratisches Grundwissen vermitteln können, müssen sie sensibilisiert und qualifiziert werden. Es braucht Fach- und Beratungsstellen, die Bildungseinrichtungen mit Aus- und Weiterbildungsangeboten, Materialien oder Veranstaltungen unterstützen. Der nächste Schritt führt schließlich aus der Bildungseinrichtung hinaus und ebnet den Weg für Kooperationen mit anderen Schulen, Kirchen oder auch Seniorenzentren. So schafft sozialer Zusammenhalt schlussendlich ein resilientes und stabiles Netzwerk.

Die Qualität unseres Bildungsangebots ist der Schlüssel für ein selbstbestimmtes Leben, wirtschaftlichen Erfolg und für die Bewältigung der großen gesellschaftlichen und globalen Herausforderungen. Um unser Bildungssystem in Bayern und in Deutschland stetig weiterzuentwickeln, haben wir im Jahr 2005 den Aktionsrat Bildung ins Leben gerufen. Seither gibt er wertvolle Denkanstöße für die gesamte deutsche Bildungslandschaft. Ich danke allen Mitgliedern des Aktionsrats Bildung für die hervorragende Arbeit, die sie mit diesem Gutachten erneut geleistet haben. Es kommt genau zum richtigen Zeitpunkt. Den Leserinnen und Lesern des Gutachtens wünsche ich eine erkenntnisreiche Lektüre!

Wolfram Hatz

Präsident
vbw – Vereinigung der Bayerischen Wirtschaft e. V.

Einleitung

Epochenwende – sozialer Zusammenhalt durch Bildung

Der Kanzler der Bundesrepublik Deutschland hat in seiner Rede aus Anlass des russischen Überfalls auf die Ukraine davon gesprochen, dass Deutschland (und die Welt) sich in einer „Zeitenwende" befinden. Er sagte u. a.: „Wir erleben eine Zeitenwende und das bedeutet: Die Welt danach ist nicht mehr dieselbe wie die Welt davor. Im Kern geht es um die Frage, ob Macht das Recht brechen darf" (Bundeskanzler Scholz, Regierungserklärung am 27.02.2022)[1]. Die von ihm gemeinte Epochenwende bringt eine Fülle von Erfordernissen auch für das Bildungssystem mit sich. Als Krise begriffen und nicht als abgeschlossene Wende liegt es nämlich näher, über Krisenbewältigungsmechanismen auch im Bildungssystem zu sprechen und danach zu suchen. Dabei darf nicht übersehen werden, dass das Vertrauen in den Erfolg der Reformen des Bildungssystems geringer geworden ist, besonders seitdem die neueren Leistungsvergleichsstudien gebieten, nicht mehr von einem Leistungszuwachs des deutschen Bildungssystems zu sprechen. Dieses gilt besonders unter dem Eindruck der kritischen Großereignisse wie des Flüchtlingszustroms 2015 oder 2022, der jeweils schon aufgrund seiner schieren Größe in Bezug auf Leistungen statistisch relevant ist. Klimawandel, demografischer Wandel, Pandemie, Digitalisierung und Migration stellen für westliche Gesellschaften Herausforderungen dar, die ihren Ausdruck auch in einem Rückgang sozialer Kohäsion finden (vgl. z. B. Baier u. a. 2022; Castillo u. a. 2023; González/Lelkes 2022; Granderath 2022; Pinto u. a. 2020; Wetzels/Brettfeld 2022). Delhey und Dragolov (2016) haben soziale Kohäsion als sozialen Klebstoff (vgl. „social glue", S. 164) bezeichnet, als Bedingung friedvollen Zusammenlebens, zivilgesellschaftlicher Kooperation und hoher Lebensqualität. Soziale Kohäsion kann dabei auf der Mikroebene anhand der Einstellungen und Verhaltensweisen der Individuen, auf der Mesoebene an Merkmalen von Gruppen und auf der Makroebene an den Charakteristika gesellschaftlicher Institutionen gemessen werden (vgl. Schiefer/Noll 2017, S. 83).

War noch im Gutachten „Bildung und Resilienz" (vgl. vbw 2022) des AKTIONS-RAT**BILDUNG** die Rede von Resilienz, verbunden mit der Erwartung, dass über das Bildungssystem die nachwachsende Generation auf künftige Herausforde-

---

[1] Vgl. https://www.bundesregierung.de/breg-de/aktuelles/reden/regierungserklaerung-von-bundeskanzler-olaf-scholz-am-27-februar-2022-2008356.

rungen besser vorbereitet werden könnte, so geht es aktuell um eine bereits eingetretene Entwicklung, die aber nicht endgültig sein muss.

Verkürzt gesagt: In der gegenwärtigen Situation müssen die Gesellschaft und mit ihr das Bildungssystem und seine Angehörigen sehr rasch auf die neue Lage reagieren und können sich nicht mehr im Sinne der Entwicklung von Resilienz damit begnügen, Abwehrfähigkeiten für womöglich später eintretende Herausforderungen sozialisatorisch zu entwickeln. Folglich muss sich ein Empfehlungsgutachten für den Bildungssektor darüber klar werden: „Krisen verlangen von gesellschaftlichen Entscheidungsträgerinnen und Entscheidungsträgern zeitnah kompetente Reaktionen" (Ratzenböck u. a. 2023, S. 7–14). Dabei kann sich der AKTIONSRAT**BILDUNG** auf zurückliegende Gutachten stützen, die ihre Entstehung anderen Herausforderungen verdanken, welche aber auch als krisenhafte Vorboten einer insgesamt herausfordernden Entwicklung gewertet werden können: „Integration durch Bildung. Migranten und Flüchtlinge in Deutschland" (vgl. vbw 2016), „Digitale Souveränität und Bildung" (vgl. vbw 2018), „Bildung zu demokratische Kompetenz" (vgl. vbw 2020), „Nachhaltigkeit im Bildungswesen – was jetzt getan werden muss" (vgl. vbw 2021a) und „Bildung und Resilienz" (vgl. vbw 2022).

Der AKTIONSRAT**BILDUNG** hat insofern schon sehr früh und kontinuierlich erkennbare Krisenentwicklungen aufgegriffen, wie es inzwischen auch die Bundesregierung mit ihrer „Nationalen Sicherheitsstrategie" (vgl. Auswärtiges Amt 2023) getan hat. Das gilt zumindest für die dortigen Kapitel „Resilient: Die Sicherung unserer Werte durch innere Stärke" und „Nachhaltig: Die Sicherung unserer Lebensgrundlagen" (vgl. S. 46ff.). Der Bezug auf die „innere Stärke" berührt indessen eine Diskussion, deren Ausgang noch offen ist. So wird einerseits aus einer Studie des Leibniz-Zentrums für Archäologie deutlich, dass periodischer gesellschaftlicher Verfall einschließlich folgender gewaltsamer Konflikte den Zusammenbruch ganzer Gesellschaften in Europa erklärt (vgl. Kondor u. a. 2023). Andererseits wird aber auch die Behauptung in Frage gestellt, dass die Bundesrepublik durch eine gesellschaftliche Polarisierung gekennzeichnet sei (vgl. Mau/Lux/Westheuser 2023). Der AKTIONSRAT**BILDUNG** redet der These von einer bereits eintretenden gesellschaftlichen Spaltung nicht das Wort. Wohl aber möchte er Maßnahmen empfehlen, die geeignet sind, einer solchen Entwicklung vorzubeugen. Denn eins ist offenkundig: In etlichen global relevanten Staaten (USA, Brasilien, Argentinien, Türkei, Frankreich) ist dieses bereits der Fall, weil keine Instanz prophylaktische Gegenmaßnahmen ergriffen hat.

Es muss folglich einstweilen dahingestellt bleiben, ob es sich heute tatsächlich um eine „Krise der Weltbeziehung" (vgl. Rosa 2019, S. 707) handelt oder um eine Art „Metakrise". Ebenso muss offenbleiben, ob die akute, zweifellos große Krise, die sich aus Teilkrisen konstituiert (Klimawandel, Krieg, Inflation etc.), eher als Momentum für eine gesellschaftliche Transformation gesehen werden kann oder als Anlass für eine Stabilisierung. In beiden Fällen ist allerdings Tempo eine zentrale Voraussetzung dafür, dass ein Systemkollaps der westlichen demokratischen Staatsform im systemtheoretischen Sinne vermieden wird. Aus der Sicht der Systemforschung kann indessen ein System (Nation, Gesellschaft etc.) sich vor einem Kollaps nur schützen, indem es auf die von einem anderen, z. B. autokratischen System ausgehende, bestandskritische Irritation durch Ausdifferenzierung (z. B. in der Form von Bifurkationen) reagiert.

Zu diesem Zweck muss das System in der Lage sein, die anstehenden Herausforderungen unter dem Gesichtspunkt zu analysieren, welche von ihnen aktuell krisenspezifisch sind und folglich bestandskritisch sein können. Vereinfacht gefragt: Welche Bestimmungsstücke, Charakteristika und Formationen der gegenwärtigen Gesellschaft oder Nation sind für den Erhalt des gesellschaftlichen Systems selbst ein Risiko, weil sie es einem „rivalisierenden" System gestatten, die Existenz infrage zu stellen? Das ist gegenwärtig etwa der Fall, wenn China oder Russland die demokratische Reproduktionsweise der westlichen Gesellschaft grundsätzlich infrage stellen und diese Gesellschaft unter Androhung oder Anwendung von Gewalt transformieren wollen. Der Ukrainekrieg ist dafür ebenso ein Beispiel wie die „soft power" Chinas als Instrument der existentiellen Systembedrohung.

Welche Herausforderungen sind in diesem Sinne bedrohlich? Um diese Frage zu beantworten, müssen aus den zahlreich existierenden „Challenge-Katalogen" der Sozialwissenschaften, die je nach Abstraktionsgrad insgesamt mehrere 100 solcher Herausforderungen formulieren, bestandskritische herausgefiltert werden.

Dabei muss unterschieden werden zwischen solchen Herausforderungen, die für das System (die Gesellschaft, Nation etc.) existieren, und solchen, die für Individuen relevant sind. Individuelle Herausforderungen haben nicht notwendigerweise, aber gelegentlich, zu tun mit den gesellschaftlichen Herausforderungen, die Auswirkungen auf das Individuum haben können. Zu den wichtigsten individuellen Voraussetzungen, aber ganz unabhängig von der aktuellen Krisensituation, zählen: Accidents, Ageism, Career Setbacks, Communication Challenges

(z. B. „public speaking"), Conflict with Others, Criticism, Debt, Family Problems, Friendship Issues, Health and Wellness Issues, Insults, Lack of Direction/Self-Direction, Lack of Experience, Lack of Freedom/Rights, Lack of Meaning/Life Purpose, Lack of Qualifications, Loneliness, Mistakes, Social Exclusion, Unemployment, Wasting Time/Procrastinating, Workplace Stress.[2]

Unter diesen Herausforderungen befinden sich offenkundig solche, die sehr individuell und weniger abhängig von gesellschaftlichen Umständen sind, wie z. B. „career setbacks", und solche, die zu erfahren sehr stark abhängig von der Gesamtlage des Systems ist, in dem das Individuum sich befindet, z. B. „immigration status" oder „poverty", und die deswegen in der Liste der rein individuellen Herausforderungen nicht enthalten sind. Umgekehrt gibt es auch Herausforderungen für das Individuum, deren Bewältigung geeignet ist, die Systemstabilität zu sichern oder sogar zu erhöhen, z. B. die Bewältigung eines „lack of freedom" oder „discrimination". Je stärker das Individuum erfolgreich mit der jeweiligen Herausforderung umgeht, desto intensiver ist der Beitrag des Individuums zur Bewältigung der gesellschaftlichen Krisen und damit zum Systemerhalt. Deshalb muss ein gesellschaftliches System schon um seines Erhalts willen daran interessiert sein, die Individuen im Umgang mit den individuellen Herausforderungen zu trainieren.

Zu den auch aktuellen Herausforderungen für das gesellschaftliche, nicht primär individuelle System gehören demgegenüber gegenwärtig: Ressourcenknappheit (Armut, Inflation, Wohlstandseinbußen, Knappheit an Energie, Lebensmitteln etc.), Volatilitäten in der globalen Wirtschaft (Produktion und Handel), Migration, der Arbeitsmarkt (sowohl Arbeitslosigkeit als auch Fachkräftemangel), Digitalisierung, Modernisierung (neue Energieträger), Gewalt (Krieg, Bürgerkrieg, politisch motivierte Konfliktformen), Gesundheit (Überlastung, Pandemien, Epidemien, neue Krankheiten) und die Natur (Biodiversitätsverlust, Klimawandel, Wetterextreme, Naturkatastrophen).

Am Beispiel solcher Herausforderungen wie Wohlstandseinbußen, Kriegsgeschehen, Migration, im Grunde aber auch für die anderen Herausforderungen, lässt sich zeigen, dass die Bedrohung für die Systemstabilität letztlich nur abgefangen werden könnte u. a. durch eine Homogenität der politischen, wirtschaftlichen und sozialen Rahmenbedingungen, ein gemeinsames Werteverständnis, Solidarität, soziale Inklusion sowie weitere Elemente, die geeignet

---

[2] Vgl. https://simplicable.com/new/top.

sind, das Handeln des Einzelnen im Sinne der Systemstabilisierung zu verstärken (vgl. Blumann 2018).

Indessen reagieren erhebliche Teile der Bevölkerung auf die objektiven Herausforderungen individualistisch mit Eskapismus, einem Rückzug ins Private, in Kleingruppen, Verdrängung, Individualismus, Angst und Unsicherheit, Einschränkungen und Verzicht, Hedonismus, einem Bruch mit universellen Wertorientierungen, einer Zuwendung zu populistischen und neonationalistischen Orientierungen und Verschwörungsannahmen, Ethnizismus, Bildungsabstinenz und individualisierter Gewalt.

In einer Situation der nicht nur durch Kriegsgeschehen offenbar gewordenen Systembedrohung wäre soziale Kohärenz ein zentrales Mittel der Wahl. Dieses müsste allerdings umgehend angegangen werden, mit hoher Reichweite in alle Bereiche der Gesellschaft und mit hoher durchgreifender Intensität. Das gilt insbesondere für Phänomene des neuen Antisemitismus in der Folge des aktuellen Gazakonfliktes nach den Massakern palästinensischer Terroristen an der israelischen Bevölkerung und spezifisch vor dem Hintergrund der jüngeren deutschen Geschichte. Es könnte der Gedanke nahe liegen, als gesellschaftliche Herausforderungen die in der EU identifizierten „grand challenges" heranzuziehen, jedoch handelt es sich dabei um langfristige Entwicklungsherausforderungen, die wenig mit akuten Bedrohungen wie den genannten (z. B. Inflation, Krieg) zu tun haben.

Der AKTIONSRAT**BILDUNG** stellt deshalb die Aufgabe der Politik, soziale Kohärenz zu erzielen, in den Fokus des vorliegenden Gutachtens. Dazu wird zunächst historisch geklärt, auf welche Weise in traditionellen Gesellschaften die Sicherung gesellschaftlicher Kohärenz beziehungsweise Kohärenzen gelang, und wie sie theoretisch gelingen könnte. Zu dieser Klärung gehören auch die Abgrenzung der Begrifflichkeit und eine Prüfung der Forschungsfrage zu diesem Thema (vgl. Kapitel 1.1). Das Gutachten fragt im bewährten Durchgang durch die einzelnen Bildungsphasen danach, welche Kohäsion stiftenden Elemente im etablierten Bildungssystem bereits existieren, wie erfolgreich sie sind und gegebenenfalls welche Weiterführungen erforderlich erscheinen, um Stabilisierung in den Individuen durch sie zu erreichen.

So wird zunächst geklärt, was unter sozialem Zusammenhalt beziehungsweise wissenschaftlich unter sozialer Kohäsion verstanden wird (vgl. Seite 31ff.) und auf welcher auch sprachgeschichtlichen Semantik dieses Konstrukt aufruht.

Sodann wird thematisiert, welcher gewachsene Bedarf an sozialer Kohärenz angesichts der geopolitischen Gesamtlage zu erwarten ist und inwieweit die (Wieder-)Belebung eines (neuen) Nationenbegriffs erforderlich ist (vgl. Kapitel 1.1).

Daran schließt sich (vgl. Kapitel 1.2) eine Analyse der gesellschaftlichen und wirtschaftlichen Bedeutung des sozialen Zusammenhalts im Hinblick auf Demokratie „nation building" und die Funktionsfähigkeit des Wirtschaftssystems an. Die in diesen Kontexten wirkenden sozioökonomischen und kulturellen Faktoren werden ebenso betrachtet wie die politisch-institutionellen Faktoren sozialen Zusammenhalts und die Rolle des Bildungssystems in diesem Zusammenhang.

So ist im politischen Feld in der jüngeren Vergangenheit auch die Frage der Einführung einer sozialen Pflichtzeit für alle Gesellschaftsmitglieder thematisiert worden, die gegenwärtig aber wissenschaftlich noch nicht seriös beantwortet werden kann. Der AKTIONSRAT**BILDUNG** stellt deshalb zunächst einmal Pro- und Contra-Argumente in einem Exkurs (vgl. Kapitel 1.3) zur Verbesserung der Bewertungsgrundlage zusammen.

Da soziale Kohäsion in ihrer Möglichkeit erheblich von den Dispositionen und Aktionsmöglichkeiten der Individuen abhängt, befasst sich das vorliegende Gutachten auch mit den psychologischen Determinanten sozialer Kohäsion (vgl. Kapitel 1.4). Dabei werden drei Kerndimensionen, soziale Beziehungen, Identifikation und Ausrichtung auf das Gemeinwohl, identifiziert, die die Grundlage der psychologischen Analyse des Themas darstellen. Daran anschließend werden die individuellen Strategien aufgezeigt, welche Individuen verwenden, um die eigene Gruppe positiv zu distinguieren. Die Frage, inwieweit eine Ausrichtung auf das Gemeinwohl die tendenzielle Verabsolutierung der Eignergruppe neutralisieren kann, ist eine Frage, die sich nicht nur psychologisch stellt.

In welcher Form die pädagogischen Maßnahmen jeweils altersentsprechend für die Stärkung sozialer Kohäsion wirksam werden können, ist die Kernfrage aller phasenspezifischen Kapitel (vgl. Kapitel 2 bis 7).

Die daraus resultierenden Handlungsempfehlungen sowohl am Ende der Kapitel als auch in der Übersicht der zentralen Handlungsempfehlungen zu Beginn des Gutachtens spiegeln die tatsächlichen Beitragsmöglichkeiten des Bildungssystems. Deren Erörterung ruht jeweils auf einer Analyse des Status quo der Bildungseinrichtungen im Hinblick auf deren Stärkungsmöglichkeiten der sozialen Kohäsion auf und fragt, was der jeweilige Stand der Bemühungen des Bildungssystems um die soziale Kohäsion ist.

Dass es wiederum möglich war, auch in dieser zentralen politischen Frage der sozialen Kohäsion ungebunden und wissenschaftlich zu arbeiten, ist erneut das Verdienst der vbw – Vereinigung der Bayerischen Wirtschaft e. V., ihres Präsidenten, Wolfram Hatz, des Hauptgeschäftsführers Bertram Brossardt und des stellvertretenden Hauptgeschäftsführers Dr. Christof Prechtl sowie des Projektleiters Michael Lindemann und nicht zuletzt der wissenschaftlichen Mitarbeiterinnen der Geschäftsstelle des AKTIONSRATS**BILDUNG**, Julia Jahn und Manuela Schrauder. Dass der AKTIONSRAT**BILDUNG** ihnen allen großen Dank schuldet, ist angesichts der nun schon über zehn Jahre dauernden Zusammenarbeit evident. Das betrifft insbesondere das kollegiale, freundliche Miteinander, das die gemeinsame Arbeit erleichtert – soziale Zusammenarbeit eben.

Zentrale Empfehlungen des
AKTIONSRATS**BILDUNG**

Übergreifende Handlungsempfehlungen

Bildung spielt im gesellschaftlichen Gefüge eine wichtige Rolle für die Entwicklung von sozialem Zusammenhalt, wie er im demokratischen Sinne zu verstehen ist. Das Bildungssystem kann entscheidend dazu beitragen, die erforderliche Integrationskraft unserer mehr und mehr individualisierten Gesellschaft zu fördern, damit der Zusammenhalt von Gruppen mit unterschiedlichen Identitäten gelingen und Vertrauen ineinander und in die gesellschaftlichen Institutionen aufgebaut werden kann. Dementsprechend liegt den nachfolgenden Empfehlungen ein Verständnis von sozialer Kohäsion zugrunde, welches sich an den Menschenrechten orientiert und die Effektivität und Stabilität demokratischer Gesellschaftssysteme stärkt.

Für die einzelnen Bildungsstufen zeigt das vorliegende Gutachten zahlreiche Faktoren hierfür auf, während die nachfolgenden Empfehlungen für alle Bildungsphasen gleichermaßen und demzufolge übergreifend gelten:

Gewährleistung vollumfänglicher Sprachförderung. Soziale Kohäsion setzt eine gemeinsame Sprache voraus, die innerhalb der Bildungsinstitutionen gelebt werden muss. Erfolgreiche Sprachförderung und die Sicherung grundlegender Sprachkompetenzen unabhängig von der sozialen Herkunft sind entscheidende Grundlagen für Zugehörigkeitserleben und Identifikation mit der Gesellschaft. Ein umfassendes System der Verknüpfung von Screenings und regelmäßiger individueller Diagnostik, verbunden mit gezielter Förderung im Rahmen von empirisch als wirksam belegten Förderkonzepten auch unter Nutzung digitaler Tools, muss flächendeckend etabliert werden.

Stärkung von sozialen Beziehungen. Soziale Netzwerke sowie die Qualität und Quantität der sozialen Interaktion stellen eine bedeutsame Grundlage für die Entwicklung von sozialer Kohäsion dar. Die Bildungseinrichtungen sind aufgefordert, soziale Netzwerke innerhalb und außerhalb ihrer Organisation zu ermöglichen, zu verstetigen und weiterzuentwickeln. Ein sozial kohäsives Klima in der Gruppe der Lernenden, das Gefühl von Zugehörigkeit sowie prosoziales Verhalten müssen gestärkt werden. Zudem müssen Lernende in soziale Netzwerke eingebunden und der Peer-Viktimisierung sowie Peer-Gewalt muss vorgebeugt werden.

Festigung des Gemeinwohls. Auch außerschulische Lerngelegenheiten und ehrenamtliches Engagement sind altersgerecht und phasenübergreifend in den Blick zu nehmen. Die Politik ist gefordert, sich nicht auf die Schaffung finanzieller Rahmenbedingungen für derartige außerschulische Lernoptionen zu beschränken, sondern auch Aktivitäten von Einrichtungen zu unterbinden, die mit antidemokratischen Bestrebungen einer Stärkung der sozialen Kohäsion entgegenwirken beziehungsweise die freiheitlich demokratische Grundordnung offen oder verdeckt in Frage stellen.

Stärkung der sozialen Identität in altersgerechten Settings. Die Lernenden müssen altersgerecht ihre verschiedenen sozialen Identitäten als miteinander kompatibel erleben und seitens des pädagogischen Personals darin aktiv unterstützt werden. Dazu gehört auch eine Wertschätzung unterschiedlicher Gruppenzugehörigkeiten, die negativen Intergruppenbeziehungen vorbeugt.

Förderung der Identifikation. Soziale Kohäsion kann durch positive soziale Identitäten gestärkt werden, die auf die eigene Mitgliedschaft in einer Bildungseinrichtung bezogen sind. Mit einer solchen Identifikation wird kooperatives und verantwortungsbewusstes Handeln gefördert, das auf die Erreichung gemeinsamer Ziele bezogen ist.

Verankerung und Sicherstellung demokratischer Regeln. Phasenübergreifend müssen in den Bildungsinstitutionen wechselseitige Toleranz, Solidarität, Vertrauen, gemeinsame Werte, Verantwortungsübernahme, Zugehörigkeitsgefühl etc. nicht nur verankert sein, sondern auch gelebt werden. Mobbing, psychische und physische Gewalt dürfen unter keinen Umständen toleriert werden. In konkreten Fällen muss wenn nötig auch unmittelbar mit Sanktionen reagiert werden; nur so kann sich ein demokratisch orientierter sozialer Zusammenhalt positiv entwickeln. Die Lehrenden tragen dabei Mitverantwortung, die Grundlagen für einen professionellen Umgang in der jeweiligen Klasse, der Jahrgangsstufe und der ganzen Bildungseinrichtung zu legen.

Sensibilisierung und Qualifizierung des pädagogischen Personals. In den jeweiligen Phasen der Ausbildung wie auch der Fort- und Weiterbildung sind sowohl die Vermittlung von theoretischem Knowhow als auch die konkrete Erprobung, Implementierung, Begleitung und Evaluation von Maßnahmen zur Stützung der sozialen Kohäsion unabdingbar. Dieses setzt voraus, dass Fach- und Beratungsstellen die Bildungseinrichtungen mit Fort- und Weiterbildungen, Tagungen und Veranstaltungen, Publikationen und Materialien, Projekten zur Praxisforschung, Beratung und Expertisen sowie mit fachlicher Begleitung bei der Implementierung von unterschiedlichen Prozessen und Programmen in allen Bildungsphasen kontinuierlich unterstützen.

Etablierung eines systematischen Monitorings. Vor dem Hintergrund der unabdingbaren Sprachförderung ist es auch erforderlich, dass ein konsequentes, flächendeckendes Monitoring und daran anschließend präventive Maßnahmen implementiert werden. Dieses Monitoring bildet die zentrale Grundlage dafür, bestehende Maßnahmen kritisch zu evaluieren und fortlaufend zu optimieren. Daraus abgeleitet sollte soziale Kohäsion als Indikator in das systematische Bildungsmonitoring in Deutschland aufgenommen werden.

Stärkung interorganisationaler Kooperationen. Bildungseinrichtungen können als Knotenpunkte im sozialen Raum fungieren und ihre Strahlkraft für soziale Kohäsion durch eine Stärkung der Kooperationen mit anderen Organisationen in der Kommune entfalten (z. B. Kindertageseinrichtungen, Schulen, Seniorenzentren, Stiftungen, Kirchen, Einrichtungen der Wohlfahrtspflege, Jugendzentren, Flüchtlingsunterkünfte). Hierdurch können gemeinschaftliche soziale Aktivitäten initiiert (z. B. Bücherbasare, Feste, Informationsveranstaltungen, Spendenaktionen) und die soziale Kohäsion durch Netzwerkbildung nachhaltig gestärkt werden.

Phasenspezifische Handlungsempfehlungen

Frühe Bildung

Mikroebene

Eine alltagsintegrierte Bildung zur Stärkung der sozioemotionalen Kompetenzen, prosozialen Verhaltens und multikultureller Überzeugungen der Kinder sollte durch Fort- und Weiterbildung sowie Fachberatung des pädagogischen Personals weiterentwickelt und fokussiert werden. Neben Handlungskompetenzen sollten dabei auch Haltungen und Überzeugungen von Fachkräften thematisiert werden. In Einrichtungen der frühen Bildung können – neben der Kitaleitung – auch Expertinnen und Experten identifiziert werden, die Verantwortung für die Teamentwicklung zur Stärkung von Kompetenzen und Überzeugungen für die soziale Kohäsion tragen. Dieses kann mit prosozialen Aktivitäten der Kita auf der kommunalen Ebene einhergehen. Ansätze der vorurteilsbewussten Erziehung sollten gestärkt werden. Neben der Steigerung der Intensität und Qualität der alltagsintegrierten Ansätze sollten auch ergänzende, stärker strukturierte Programme und Ansätze für Kinder mit einem besonderen Förderbedarf implementiert werden.

Mesoebene

Soziale Kohäsion kann durch den Ausbau der Zusammenarbeit von Kindertageseinrichtungen und Familien gestärkt werden. Diese wirkt sich direkt auf den sozialen Zusammenhalt aus, aber auch indirekt durch eine Verbesserung des Bildungsangebots für die Kinder. Durch diese Zusammenarbeit können Erziehungskompetenzen von Eltern gestärkt werden, die in besonderem Maße relevant für den sozialen Zusammenhalt sind. Eine Voraussetzung für eine kohäsionsförderliche Zusammenarbeit von Kindertageseinrichtungen und Familien stellt das gegenseitige Vertrauen dar. Daher sollte ein Fokus auf vertrauensstärkende Maßnahmen gerichtet werden. Für den Ausbau der Zusammenarbeit müssen sowohl die strukturellen als auch die professionellen Voraussetzungen geschaffen werden. Genauer müssen hinreichende zeitliche Ressourcen für die Zusammenarbeit mit Familien geschaffen werden, qualitativ hochwertige Fort- und Weiterbildungsmaßnahmen für das pädagogische Personal sowie Fachberatung für alle Fachkräfte und Einrichtungen angeboten werden. Ferner empfiehlt sich eine stärkere Verankerung der Zusammenarbeit mit Familien in den Curricula der fachschulischen Ausbildungen.

Makroebene

Es wird eine umfassende Fachkräfteoffensive zur Sicherung der Infrastruktur der frühen Bildung und Betreuung als Grundpfeiler der sozialen Kohäsion empfohlen. Diese sollte umfassende Maßnahmen zur Erhöhung der Attraktivität der Ausbildung und des Berufsfeldes beinhalten. Ein angemessener Personalschlüssel, Fort- und Weiterbildungsmöglichkeiten und andere Maßnahmen zur Integration von Alltagshelferinnen und Alltagshelfern sind Voraussetzungen dafür, dass Menschen für eine Ausbildung und Tätigkeit im frühpädagogischen Bereich gewonnen werden und die Fachkräfte sich auf die individualisierte pädagogische Arbeit konzentrieren können. Darüber hinaus könnte die Schaffung von Karriere- und Aufstiegswegen innerhalb des Berufsfeldes die Attraktivität für Bewerberinnen und Bewerber steigern. Eine weitere Säule der Fachkräftesicherung sollte auch die Burnoutprävention darstellen. Zur Sicherung des Fachkräftebedarfs werden weitere Maßnahmen wie die gezielte Anwerbung und Integration von Migrantinnen und Migranten sowie die weitere Öffnung von Qualifizierungswegen für Quer- und Seiteneinsteiger empfohlen. Aufgrund der regional sehr unterschiedlichen Fachkräfteprognosen wird eine bundeslandübergreifende Strategie der Fachkräfteplanung und -gewinnung für die Kindertagesbetreuung empfohlen.

Primarstufe

Mikroebene

Konsequente Sprachförderung und Sicherung grundlegender Kompetenzen. Erfolgreiche Sprachförderung und Sicherung grundlegender Kompetenzen unabhängig von der sozialen Herkunft durch die Grundschulen sind entscheidende Grundlagen für Zugehörigkeitserleben und Identifikation der Heranwachsenden mit der Gesellschaft in Deutschland. Sprache ist das Kernelement von Bildung, Integration und gesellschaftlicher Teilhabe eines Individuums. Umgekehrt setzt soziale Kohäsion einer Gesellschaft eine gemeinsame Sprache voraus, die bei entsprechendem Bedarf in den Bildungsinstitutionen entwickelt werden muss. Ein umfassendes System der Verknüpfung von Screenings und regelmäßiger individueller Diagnostik unter Nutzung der Möglichkeiten digitaler Medien mit sich anschließender verbindlicher, gezielter Förderung im Rahmen von empirisch als wirksam belegten Förderkonzepten muss an Grundschulen in Deutschland etabliert werden. Damit einhergehend ist auch die gezieltere Aus- und Weiterbildung aller Grundschullehrkräfte in den Bereichen der Lese- und Sprachförderung als Aufgabe aller Fächer zu realisieren. Die Maßnahmen müssen greifen, bevor ein Kind auf die weiterführende Schule wechselt, damit es dort sein Potenzial entfalten und sich zu einem mündigen Gesellschaftsmitglied entwickeln kann.

Mesoebene

Entwicklung beziehungsweise Identifikation wirksamer Konzepte zur Förderung der Dimensionen sozialer Kohäsion und verbindliche Integration in den Grundschulunterricht. Die Entwicklung und Implementation von Konzepten für die Vermittlung des Erlebens und der Förderung sozialer Kohäsion auch und gerade bei unterschiedlichen Werten, Lebensstilen und Zielen muss zeitnah und konsequent in den Grundschulen umgesetzt werden. Leitend dabei sollte die wirksame Stärkung personaler und positiver sozialer Identitäten sein, die auf die eigene Mitgliedschaft in Schule und Gesellschaft bezogen sind. Ergänzend zu einer Integration als wirksam evaluierter Ansätze der grundsätzlichen Förderung positiver sozialer Beziehungen beziehungsweise deren Voraussetzungen, der Identifikation und der Gemeinwohlorientierung sind mit Blick auf die Sicherstellung der sozialen Kohäsion einer heterogenen Gesellschaft solche Lerninhalte fest in die Curricula der Grundschulen zu integrieren, die explizit das tolerante Zusammenleben mit unterschiedlichen gesellschaftlichen Gruppen – beispielsweise nach nationaler Herkunft, Religion, Geschlecht oder geschlechtlicher Orientierung – sowie mit Minderheiten konkret thematisieren. Hierzu muss auch die explizite Auseinandersetzung mit möglichen anderweitigen Vorprägungen der Kinder gehören (z. B. mit Blick auf Antisemitismus, Rassismus, Homophobie oder Gleichberechtigung der Geschlechter). Entsprechende Konzepte sollten auf ihre Wirksamkeit hin empirisch adäquat evaluiert und dann in der Breite verbindlich eingesetzt werden.

Makroebene

Curriculare Verankerung von Identifikation neben sozialen Beziehungen und Gemeinwohlorientierung als Kerndimensionen sozialer Kohärenz. Die explizite Benennung von Identifikation als Kerndimension sozialer Kohärenz in den Rahmen- und Lehrplänen der Länder der Bundesrepublik und deren gezielte Förderung neben sozialen Beziehungen sowie der Ausrichtung auf das Gemeinwohl stellen ein Desiderat mit Blick auf die soziale Kohäsion der nachwachsenden Generation in Deutschland dar. Für alle drei Kerndimensionen gilt, dass die Thematisierung in den Plänen ein wichtiger Schritt ist, entscheidend aber die tatsächliche Umsetzung im Sinne der Vermittlung im Unterricht sowie der Schulkultur und damit in der gelebten Praxis des Bildungssystems ist. Um deren Realisierung zu gewährleisten, gilt es auch die Lehrkräfte in ihrer Ausbildung und mit entsprechenden Konzepten zu unterstützen.

Sekundarstufe

Mikroebene

Konsequentes Monitoring, präventive Maßnahmen und prompte Reaktionen bei Gewalt und Diskriminierung an Schulen. Bullying und Mobbing – sowie im weiteren Rahmen Gewalt und Diskriminierung – stellen für Schülerinnen und Schüler an Sekundarschulen einen der größten psychosozialen Belastungsfaktoren dar. Daher muss dem professionellen Umgang in solchen Fällen für die Förderung sozialer Kohäsion an Schulen besondere Aufmerksamkeit gewidmet werden. Nach aktuellem Forschungsstand ist es erforderlich, dass an allen Schulen flächendeckend ein systematisches Monitoring und präventive Maßnahmen implementiert werden. Dieses gilt es auch fortlaufend zu evaluieren und zu optimieren. Alle Mitglieder einer Schule (Lehrkräfte, weiteres pädagogisches Personal, Schulleitung sowie alle Schülerinnen und Schüler) tragen Verantwortung dafür, genau hinzusehen und konkrete Fälle frühzeitig anzuzeigen. Bei konkreten Fällen ist es bedeutsam, dass das pädagogische Personal professionell handelt, indem es diese Fälle ernst nimmt und unverzüglich mit entsprechenden Reaktionen beziehungsweise Sanktionen reagiert. Die Lehrkräftebildung trägt hier Verantwortung, die Grundlagen für diesen professionellen Umgang zu verankern. Der professionelle Umgang mit solchen Fällen sollte auch Gegenstand fortlaufender Fortbildungen und Evaluationen von Lehrpersonen sein.

Mesoebene

Status quo und Entwicklungsbedarfe an Schulen systematisch ermitteln. Sekundarschulen spielen für die Förderung sozialer Kohäsion eine wichtige Rolle. Durch die Schulorganisation bieten sie in der Regel bereits eine Vielzahl an relevanten Bildungsmaßnahmen auf Schul- und Klassenebene an. Gerade aufgrund dieser Fülle an Maßnahmen gilt es, an den einzelnen Schulen ein systematisches, transparentes und konsequentes Monitoring zu implementieren. Dieses Monitoring bildet eine zentrale Grundlage dafür, bestehende Maßnahmen kritisch zu reflektieren und fortlaufend zu optimieren. Wichtig ist hierbei, alle relevanten Akteurinnen und Akteure einzubeziehen (Schulleitung, pädagogisches Personal, Schülerinnen und Schüler, Eltern). Status quo und Entwicklungsbedarfe müssen verpflichtender Gegenstand fortlaufender Schulevaluationen sein.

Makroebene

Soziales Engagement der Schülerinnen und Schüler in Deutschland durch ein Portfolio und Schulzertifikat besonders anerkennen. Bislang erfährt das soziale Engagement der Schülerinnen und Schüler in Deutschland nur wenig offizielle Anerkennung in den Bildungsabschlüssen. Darüber hinaus sind es häufig nur kleine Gruppen von Schülerinnen und Schülern, die sich in besonderer Weise an ihrer Schule engagieren und proaktiv zum sozialen Zusammenhalt beitragen. Um bestehendes Engagement zu würdigen und gleichzeitig ein Mindestmaß von Engagement für alle vorzusehen, wird die Einführung eines „Soziales-Engagement-Portfolios" über die Schulzeit vorgeschlagen. Im Portfolio dokumentieren die Schülerinnen und Schüler für jedes Schuljahr ihr soziales Engagement. Es sind für das Portfolio Mindestanforderungen definiert, die alle Schülerinnen und Schüler bis zum Schulabschluss erreichen müssen. Darüber hinaus ist darüber nachzudenken, dass besonders engagierte Schülerinnen und Schüler einen gesonderten Bonus erhalten, beispielsweise indem sie ihre Abschlussnoten verbessern können. Die Schule stellt über das Portfolio mit dem Bildungsabschluss ein Zertifikat aus, das auch in weiterführenden Bildungseinrichtungen und für berufliche Karrierewege Anerkennung findet.

Berufliche Bildung

Mikroebene

Gemeinsinn schaffen durch kooperative Unterrichtsmethoden. Es sind Methoden zu stärken, die durch explizite Kommunikationsformen Freiheit, Kooperation und Selbstverantwortung fokussieren. Anti-Mobbing- und Anti-Bullying-Programme wirken der Demontage des Gemeinsinns entgegen.

Mesoebene

Gemeinsinn durch klassenübergreifende Vernetzung schaffen. Monitoring, Tutoring und Service-Learning-Modelle leisten einen Beitrag zum Erreichen dieses Ziels. Ebenso sind formelle Elemente der Schülerpartizipation (z. B. Entscheidungsbeteiligung) zu verankern. Da sprachliche Kompetenz für die Wahrnehmung solcher Rollen zentral ist, muss ihr eine besondere Aufmerksamkeit gewidmet werden.

Schaffung von Freiräumen zur schulspezifischen Förderung von Gemeinsinn auf der Systemebene. Das Demokratielernen ist ein wichtiger Bestandteil dieses Ziels, das sich in den Dimensionen von Werten, Haltungen und Kompetenzen als Bestandteile des allgemeinbildenden Teils beruflichen Lernens in den Curricula manifestieren muss.

Förderung der Identitätsentwicklung. Für Jugendliche und junge Erwachsene an beruflichen Schulen haben Prozesse der Selbstfindung eine hohe Bedeutung. Die Schule muss die Jugendlichen in dieser herausfordernden Lebensphase unterstützen, wobei Ansätze „personalisierten" Lernens gute Aussichten auf Wirksamkeit haben. Mit den für staatlich verantwortete schulische Berufsausbildung empfohlenen Maßnahmen müssen Maßnahmen auf der unternehmerisch verantworteten betrieblichen Ausbildung korrespondieren, die z. B. das Boarding, die Verantwortungsübertragung, die Leitbildarbeit oder spezifische Formen des New Work umfassen.

Makroebene

Erwerbsmigration aus Drittstaaten mit und in Berufsbildung qualitativ hochwertig gestalten. Die Erwerbsmigration aus Drittstaaten sollte durch eine systematisch angelegte Berufsbildung zum Wohl der Individuen, Betriebe und der Gesellschaft gestaltet werden. Dazu sind in kooperativen Projekten und Modellversuchen Qualitätsstandards, Prozesse und Rechtsrahmen zu entwickeln, welche die erfolgreiche Erwerbsmigration unterstützen.

Hochschule

Mikroebene

Soziale Interaktionen in der Studieneingangsphase und im Studienverlauf fördern. Da soziale und akademische Integration eine Schlüsselrolle für den Studienerfolg spielen, ist besonders in Studieneingangsphasen darauf zu achten, dass Studierende gut in ihrer Kohorte an der Hochschule ankommen und auch Kontakte zu Lehrpersonen gepflegt werden. Insbesondere für Studierende aus Familien ohne Hochschulerfahrung ist die Integration in das Hochschulleben eine große Herausforderung. Daher sind gezielte Angebote von Initiativen sehr hilfreich[3]. Die Integration kann durch verschiedene Instrumente wie Orientierungswochen, Kennenlernwochen oder Planspiele gefördert werden. Aber auch während der Lehrveranstaltungen sollte es Gelegenheit und Anlass zu Gruppenarbeiten und persönlichen Interaktionen geben. Eine interaktive Ausgestaltung der Lehrveranstaltungen und die persönliche Betreuung wissenschaftlicher Arbeiten durch die Lehrenden sind Möglichkeiten, die akademische Einbettung zu verbessern.

Mesoebene

Fachidentifikation und kohortenübergreifende Interaktion fördern. Studierende sollten eine Bindung an ihren Studiengang entwickeln. Dazu können ein regelmäßiger Kontakt zu Lehrenden und gut verfügbare Ansprechpersonen im Studium sowie spezielle Programme beitragen, wie z. B. ein Mentoring-Programm mit Lehrenden oder zwischen älteren und jüngeren Studierenden. Gleichzeitig sollten Formen von Überforderung vermieden werden.

Makroebene

Soziale Praxisprojekte in die Curricula integrieren. In den Curricula und Akkreditierungskriterien für Studiengänge sollte die Fähigkeit zur Übernahme sozialer und gesellschaftlicher Verantwortung als übergreifender Kompetenz größere Beachtung finden. Beispielsweise könnten fachlich geeignete Praxisprojekte (z. B. Service Learning) einen breiteren Raum bekommen und durch geeignete Module vor- und nachbereitet werden, so dass eine reflektierte Bearbeitung erfolgen kann. Das könnte auch dazu dienen, die Translation theoretisch erworbenen Wissens in die Praxis zu erlernen.

---

[3] Vgl. z. B. https://www.arbeiterkind.de/.

Weiterbildung

Mikroebene

Absicherung der Grundfunktionen. Hier spielt eine Absicherung der Grundfunktionen von Bildung für die Klientel eine herausragende Rolle, also die Förderung sprachlicher und beruflicher Integration und der lebensweltlichen Grundbildung.

Mesoebene

Politische und ökologische Weiterbildung. Um auch den älteren Gesellschaftsmitgliedern eine Teilhabe im Hinblick auf je aktuelle geopolitische Entwicklungen zu ermöglichen, gehören politische und ökologische Weiterbildung zu den förderungsbedürftigen Desideraten.

Makroebene

Entwicklung demokratischer Kompetenz. In ähnlicher Weise muss der Staat an der – wenn auch unter Umständen späten – biografischen Entwicklung demokratischer Kompetenz auch als Bestandteil einer Grundförderung interessiert sein.

Hervorzuheben sind sodann die dauerhafte Unterstützung der Ehrenamtlichkeit, des bürgerschaftlichen Engagements und der Freiwilligendienste sowie der politischen Bildung, denn finanzielle Kürzungen in diesen Bereichen sind dysfunktional.

1 Grundlagen

1.1 Epochenwende: Sozialer Zusammenhalt in Geschichte und Theorie

Die Idee des sozialen Zusammenhalts ist nicht neu. Sie hat, zumindest in der deutschen Sprache, die Konnotation, dass Zusammenhalt etwas ist, was durch äußeren Einfluss zusammengefügt und dann eben gehalten wird. Nicht entsteht Zusammenhalt aus sich selbst. So verdeutlicht das Grimm'sche Wörterbuch mit seinen Textbeispielen, dass Martin Luther Zusammenhalt in der Ehe von Mann und Frau sieht, die von etwas Drittem, Gott, gefügt wurde. Ähnlich klingt die Alltagsterminologie schon im 17. Jahrhundert, wenn von Zusammenhalt eines „Zimmerwerks" die Rede ist, welches gleichfalls von dritter Seite (dem Zimmermann) zusammengefügt wurde. In der Alltagssprache wird auch der Gürtel, also etwas Drittes, als Beispiel dafür verwendet, dass das Gewand durch ihn zusammengehalten wird. Diese Begriffsvorstellungen finden dann z. B. im 19. Jahrhundert bei Ranke (vgl. Ranke 1885) ihren Ort im übertragenen Sinne, wenn vom „inneren Zusammenhalt eines Staates" die Rede ist. Auch der Staat respektive die Nation ist etwas durch äußere Ereignisse Zusammengefügtes. Nicolai Hartmann (1940) hat in der Philosophie im Rückgriff auf Platons „Gemeinschaft der Ideen" den Gedanken des Zusammenhalts näher qualifiziert. Er ist gekennzeichnet durch den Verbund des Ganzen, die Gemeinsamkeit der Geltung, eine inhaltliche Zusammengehörigkeit, die darin bestimmt wird, dass das Ganze Auswirkungen auf das Einzelne hat und darin eine Tendenz zur Totalität besitzt.

Wenn von sozialem Zusammenhalt die Rede ist, muss also berücksichtigt werden, dass in der Geschichte der deutschen Sprachverwendung die Idee eines Zusammenfügens ebenso wesentlich ist wie die Frage danach, was das Ganze nach der Zusammenfügung zusammenhält, entweder eine äußere oder innere Kraft, in der Physik etwa Gravitation oder bei Leibniz der Gedanke des Zusammenhalts durch innere Bewegung. In der Übertragung der Zusammenhaltsvorstellung auf soziale Sachverhalte dürften diese sprachgeschichtlichen Konnotationen unausgesprochen erhalten geblieben sein.

Die sozialwissenschaftliche theoretische Literatur zum sozialen Zusammenhalt ist nicht uferlos. In der soziologischen Literatur wird in Anlehnung an die englische Begrifflichkeit „social cohesion" (Kohäsion) als wissenschaftlicher Begriff etabliert, wenngleich seine Popularität eher durch seine Verwendung in politischen Zusammenhängen entstanden ist. Dem politischen Diskurs liegt oftmals die propagandistische Vorstellung zu Grunde, dass eine Gesellschaft durch irgendeine Art von „Zusammenhalt", „Kohäsion", stabilisiert werden kann.

Der Begriff „sozialer Zusammenhalt" hat in den vergangenen Jahren also eine enorme Popularität sowohl in der nationalen Sozialpolitik, der europäischen Politik (z. B. EU Cohesion Fund) und internationalen Organisationen (OECD, Weltbank), in der Zivilgesellschaft (z. B. Sozialatlas der Heinrich-Böll-Stiftung 2022) wie auch in der sozialwissenschaftlichen Forschung erlangt (vgl. Deitelhoff u. a. 2020). Gleichwohl ist das Begriffsverständnis teils sehr umfassend, teils spezifisch und daher oft uneinheitlich und klärungsbedürftig.

Die Begriffe Zusammenhalt sowie Kohäsion und Kohärenz werden theoriegeschichtlich häufig synonym verwendet. Dabei tendiert der Kohärenzbegriff, insbesondere bei Nicolai Hartmann, zur Benennung einer statischen Zusammengehörigkeit von Elementen, ungeachtet des Prozesses, der dazu geführt hat (vgl. Hartmann 1940). Von Kohäsion ist demgegenüber eher die Rede, wenn die Dynamik des Entstehens und der Balancierung eines Zusammenhalts gemeint ist, weswegen der Kohäsionsbegriff besonders für die Physik von Interesse war (vgl. Newton 1726), etwa im Zusammenhang von Magnetismus und Gravitation. Solche Begriffsverwendungen sind von Chan, To und Chan (2006) zusammengetragen und im Hinblick auf deren Erweiterung in den Sozialwissenschaften betrachtet worden.

Sie analysieren den Gebrauch des Begriffs in der Politik, wo er beispielsweise als Partizipation aller sozialen Gruppen in der Gesellschaft verstanden wird. In der Praxis wird sozialer Zusammenhalt mit einer großen Bandbreite an Themen wie der Einkommensverteilung, Erwerbsbeteiligung, Wohnungsversorgung, Zugang zum Gesundheits- und Bildungssystem sowie mit politischer und sozialer Partizipation zusammengebracht. Auf EU-Ebene wird der Förderung des sozialen Zusammenhalts eine große Bedeutung eingeräumt, zumal alle Politiken der Union dem Zusammenhalt dienen müssen (vgl. Baumann 2018). In der politischen Arena wird die Förderung des sozialen Zusammenhalts zudem als neue Form der Governance angesehen, die durch Vertrauen, Solidarität, Partizipationsprozesse und Koordinierung der öffentlichen Politik dazu dient, die vielseitigen Probleme des traditionellen Wohlfahrtsstaats zu bearbeiten, die durch den sozialen und wirtschaftlichen Wandel – sowie durch mittlerweile in hoher Taktung auftretende gesellschaftliche Krisen – verursacht werden (vgl. Deitelhoff u. a. 2020).

Auf der Basis der Bestandsaufnahme formulieren Chan, To und Chan (2006) eine Definition für sozialen Zusammenhalt: „Social cohesion is a state of affairs concerning both the vertical and the horizontal interactions among members of society as characterized by a set of attitudes and norms that includes trust, a sense of belonging and the willingness to participate and help, as well as their behavioral manifestations" (S. 290).

Diese Definition geht davon aus, dass sozialer Zusammenhalt beziehungsweise soziale Kohäsion eine Eigenschaft von gesamten Gesellschaften – und nicht von Gruppen, Familien oder Individuen – ist und dass man keinen idealen oder maximalen Umfang von sozialer Kohäsion definieren kann.

In diesem Gutachten wird folglich der Begriff „Kohäsion" für die Bezeichnung des sozialen Zusammenhalts bevorzugt. Mit der Definition soll ausgeschlossen werden, dass der Begriff inflationär gebraucht wird, indem eine klare Grenze zu Ursachen und Wirkungen sozialer Kohäsion gezogen wird. Daher werden Themen wie Inklusion, Chancengerechtigkeit, Toleranz oder Werteorientierungen nicht als Dimensionen von sozialer Kohäsion verstanden (vgl. Chan/To/Chan 2006). Die Definition von sozialem Zusammenhalt umfasst sowohl objektive Aspekte mit tatsächlicher Partizipation, Kooperation und unterstützendem Verhalten wie auch subjektive Aspekte mit Vertrauen, Zugehörigkeitsgefühl beziehungsweise Identität sowie Hilfsbereitschaft. Das Konzept sozialen Zusammenhalts grenzt sich durch seinen Bezug zur Gesellschaft vom Begriff „soziales Kapital" ab, da Letzteres vor allem im Besitz von Individuen oder Gruppen ist. Sozialer Zusammenhalt wird zudem nicht gleichgesetzt mit konkreten Werten wie Toleranz oder dem Respekt für Diversität, da ein enger Bezug zu konkreten politisch-ideologischen Begründungen vermieden werden soll (vgl. Chan/To/ Chan 2006, S. 292).

Ausgeschlossen aus der Definition von sozialem Zusammenhalt werden zudem sozioökonomische Faktoren wie die Einkommensungleichheit, Arbeitslosigkeit, Armut oder Lebensqualität, da diese eher als dessen Determinanten verstanden werden (vgl. im Gegensatz dazu den Sozialatlas der Heinrich-Böll-Stiftung 2022). Faktoren, welche die Intensität des sozialen Zusammenhalts beeinflussen, sind sozioökonomische Faktoren, die die gesellschaftliche Verteilung von Ressourcen und Chancen abbilden, kulturelle Faktoren, die eine affektive und kognitive Dimension aufweisen, und politisch-institutionelle Strukturbedingungen, die politische, administrative und juridische Institutionen umfassen (vgl. Deitelhoff u. a. 2020).

Definition von sozialem Zusammenhalt

Sozialer Zusammenhalt beschreibt Gemeinwesen, gegenüber denen die Mitglieder positive Einstellungen wie Vertrauen, Zugehörigkeitsgefühl sowie eine hohe Beteiligungsbereitschaft haben und entsprechende soziale Beziehungen und Netzwerke pflegen. Die Mitglieder richten ihr Handeln am Gemeinschaftsbezug aus und fügen sich in institutionelle Kooperationsprozesse ein (vgl. Chan/To/Chan 2006, S. 290; Zick/Rees 2020, S. 135). Aus der Perspektive von Individuen ist sozialer Zusammenhalt demzufolge verbunden mit drei Kerndimensionen: 1) „soziale Beziehungen", die innerhalb von sozialen Gruppen bestehen („bonding social capital") und zudem zur Vernetzung über Distanzen hinweg beitragen („bridging social capital"), 2) „Ausrichtung auf das Gemeinwohl" in den individuellen Einstellungen und im Handeln und 3) „Identifikation", d. h. Entwicklung einer sozialen Identität, die eine Zugehörigkeit zum Gemeinwesen ausdrückt (vgl. Schiefer/Noll 2017).

Sozialer Zusammenhalt wird oft als Erklärung für die Effektivität und Stabilität politischer Systeme, insbesondere von Demokratien, für den Umfang von sozialstaatlicher Umverteilung und für die kulturelle Integrations- und Innovationsfähigkeit von Gesellschaften verstanden (vgl. Deitelhoff u. a. 2020). Eine gemeinwohlorientierte Handlungsdisposition beeinflusst nicht nur direkt das Handeln der Einzelnen, sondern auch ihre Bereitschaft, politische Maßnahmen zur Förderung des Gemeinwohls und zur Stärkung der Demokratie zu unterstützen. Wenn politische Institutionen das Vertrauen der Bürgerinnen und Bürger genießen, dann führt dies zu höherer Legitimität und effektiveren politischen Institutionen mit weiteren Handlungsspielräumen. Vertrauen zu den Mitmenschen erhöht deren Kooperationsbereitschaft, senkt die Transaktionskosten und trägt zur Überwindung von Dilemmata kollektiven Handelns bei. Eine Rolle spielen die oben genannten sozialen Netzwerke, die Brücken zwischen unterschiedlichen Bevölkerungsgruppen schlagen, bestehende Gruppen enger verbinden und damit aber auch zu Abgrenzung und Fragmentation führen können.

In der gegenwärtigen Situation ist der Bezug der sozialen Kohäsionsvorstellung auf einen nicht näher qualifizierten Typus von Gesellschaft allerdings unzureichend. Die bestehenden Krisenphänomene (Ukrainekrieg, Hamas-Terrorismus, Inflation etc.) sind neben globalen Krisenphänomenen (z. B. Klimawandel) allerdings zumindest auch von begrenzter, in der Regel nationaler Reichweite. Ein aufgezwungener Krieg führt auf seiner Rückseite für die Angegriffenen zu einer

Redefinition ihrer Gesellschaft als Nation. Militärische Aggression richtet sich in der Regel nicht gegen die gesamte Welt, sondern gegen einen Teil davon. Andere Krisenphänomene können unterschiedliche Reichweiten haben. Aus diesem Grunde wird die Betrachtung von sozialer Kohäsion einer Gesellschaft nicht umhinkommen, einen politischen Raum zu definieren, etwa Nation, für den die Kohäsionserwartung gelten soll oder auf den sich kohäsionsfördernde Maßnahmen beziehen sollen. Im optimalen Fall gelingt es politisch, nur in diesem Sinne, die Europäische Union als „Nation" zu verstehen, unterhalb derer eben die Mitgliedstaaten der EU existieren.

In diesem Zusammenhang hat Aleida Assmann die „Wiedererfindung der Nation" in die Diskussion gebracht. Sie schreibt: „Die Wiedererfindung der Nation ist eine wichtige Aufgabe, die gemeinsame Aufmerksamkeit verdient" (Assmann 2020, S. 24). Und sie unterstreicht diese These mit einem Zitat aus dem deutschen Klappentext des Buches von Jill Lepore, „Dieses Amerika. Manifest für eine bessere Nation": „Im Zeitalter der Globalisierung und der kosmopolitischen Eliten schien die Nation ein obsoleter Begriff geworden zu sein: Eine Vokabel, deren Gehalt sich auf dem Weg zur Weltgesellschaft historisch überlebt hatte, eine Parole der Reaktion. Doch in einer Welt, die nach wie vor aus Nationalstaaten besteht, bleibt die Nation der verlässlichste Garant für Recht und Gesetz und das wirkungsvollste Instrument, um die Macht der Vorurteile, Intoleranz und Ungerechtigkeit zu bekämpfen. Wer den Liberalismus gegen die autoritäre Welle unserer Zeit verteidigen will, der muss die Nation neu denken" (Lepore 2020).

Assmann äußert allerdings grundlegende Zweifel daran, dass Europa beziehungsweise die EU den Platz der Nation einnehmen könnte, weil ihre „bindende und integrative Kraft" (Assmann 2020, S. 48) unzureichend sei. Im Gegenteil sei die EU für viele inzwischen Feindbild geworden, „weil ihre Migrationspolitik die nationale Souveränität infrage stellt" (Assmann 2020, S. 63).

Der Nationenbegriff müsse wegen seines historischen Missbrauchs allerdings neu gefüllt werden, wozu sich im Hinblick auf Deutschland vielleicht das Narrativ der Einwanderungsgesellschaft eigne (vgl. Assmann 2020, S. 284). Es sei nämlich Deutschland in seiner Geschichte durch eine Fülle von Einwanderungswellen gekennzeichnet, in deren Gefolge lange Zeit erfolgreiche Integration praktiziert worden sei. Dieses Narrativ allein wird indessen nicht genügen, wenn die integrative Leistung der deutschen Sprache nicht mehr gewährleistet ist. Für das Bildungssystem gehört diese Gewährleistung deshalb zu den vorrangigen Aufgaben.

Die Geschichte des Begriffs der Nation zeigt im Übrigen, dass deren Entstehen im historischen Prozess selbst häufig Reaktionen auf Irritationen (Aggressionen) aus anderen Systemen gewesen sind. Das gilt bereits für die sich zentralisierenden Stammesgesellschaften sowie für die mittelalterliche Vorstellung einer „Völkerschaft" (gewonnen aus der Vorstellung gemeinsamer Geburtsherkunft). Erst in der Neuzeit verabsolutieren sich Nationen über die expliziten Herrschaftsansprüche von Adeligen, bis im 18. Jahrhundert in der Zeit der Aufklärung der Nation neue Funktionen zugeschrieben werden. So formuliert Herder (vgl. Irmscher 2021): „Vorurteil dringt Völker zu ihrem Mittelpunkt zusammen." Der Nation wird explizit ein Wert beigemessen, gleichsam in einem Wechselverhältnis der Stabilisierung einer Gesellschaft durch die Identität der Individuen und der Stabilisierung der Identität der Individuen in der Gesellschaft durch ihre Zugehörigkeit zu dieser Gesellschaft. Als kohäsionsfördernde Faktoren geraten in den Blick: Die Sprache, das Bewusstsein, Emotionen, Willensrichtungen, Gesinnung, Identität durch gemeinsame Geschichte, gemeinsame Werte, auch induziert durch Religionszugehörigkeit, bis zu deren quasireligiöser Überhöhung etwa im Nationalsozialismus des 20. Jahrhunderts.

Aktuell lässt sich die Frage noch nicht abschließend beantworten, ob die Kraft eines gemeinsamen Europa ausreichend ist, um sich selbst zu behaupten und die Individuen hervorzubringen, die umgekehrt die Selbstbehauptung eines geopolitischen Raums „Europa" stärken. Es darf indessen als sicher gelten, dass Bemühungen um die Beförderung und Stabilisierung einer europäischen, mindestens aber einer nationalen Identität nicht nur hilfreich, sondern weitgehend ohne Alternative bei dem Versuch sein dürften, einen Identitätsraum für die Individuen wie für die Gesellschaft zu schaffen, in der sie ihr Leben verbringen.

Die Aufgabe, dazu einen Beitrag zu leisten, liegt zu einem erheblichen Teil im Bildungssystem. Es muss also der Frage nachgegangen werden, welche Instrumente und Maßnahmen geeignet sein könnten, über Bildung soziale Kohäsion zu schaffen. Bereits im Jahr 2003 hat die Studie „Bildung neu denken" (vgl. vbw 2003) neben anderen ein Instrument ins Gespräch gebracht, das auf seine Umsetzung noch immer wartet: „Ein ziviles Pflichtjahr sollte an die Stelle des Militärbeziehungsweise Zivildienstes treten und nunmehr auch die weiblichen Jugendlichen umfassen" (vgl. vbw 2003, S. 198). Des Weiteren heißt es, das dieses Pflichtjahr als „Ausbildungsbestandteil" konzipiert sein soll. Auch Bundespräsident Steinmeier hat diesen Gedanken wieder aufgenommen und die Debatte über eine Einführung eines sozialen Pflichtdiensts für junge Menschen in Deutschland angeregt (vgl. Kapitel 1.3).

Das vorliegende Gutachten befasst sich u. a. mit der erneuten Konzeptionierung, heute allerdings unter einigen Modifikationen. Wie müsste heute eine Kohäsion stiftende Institutionalisierung von obligatorischen Dienstleistungen jedes Gesellschaftsmitgliedes in Europa aussehen, so dass Kohäsion entsteht, durch die Effekte und damit eine Stabilisierung der „Nation (Europa)" erwartet werden können?

1.2 Epochenwende: Sozialer Zusammenhalt in Demokratie, Nation Building, Wirtschaft, Kultur und Bildung

Ein unzureichender sozialer Zusammenhalt stellt eine Gefährdung für die westlichen Gesellschaften dar. Weil sie in ihren Grundlagen wie den Grundrechten sehr individualisiert ausgerichtet sind, fehlt ihnen zunehmend eine Integrationskraft, die den Bestand ihrer Grundlagen sicherstellt. Aus gesellschaftlicher Perspektive wirft dies wichtige Fragen der Ursachen und Wirkungen des gesellschaftlichen Zusammenhalts auf, die sowohl ökonomische als auch soziologische Aspekte beinhalten. Dabei geht es einerseits um die Bedeutung des sozialen Zusammenhalts für Gesellschaft und Wirtschaft und andererseits um die Bestimmungsfaktoren sozialen Zusammenhalts.

1.2.1 Sozialer Zusammenhalt und die Effektivität und Stabilität von demokratischen Gesellschaftssystemen

Eine wichtige Rolle spielen soziale Netzwerke, die einerseits Brücken zwischen unterschiedlichen Bevölkerungsgruppen schlagen („bridging"), welche zum Austausch von Informationen und zu einer Überwindung sozialer Konflikte beitragen. Andererseits ermöglichen es dichte soziale Netzwerke, die Verbindungen innerhalb bestehender Gruppen und das Zugehörigkeitsgefühl zu vertiefen („bonding"; vgl. Putnam 2000). Moderne Gesellschaften werden als sich überlappende soziale Kreise von gegenseitigem Vertrauen beschrieben, also mit mehr Bridging-Sozialkapital ausgestattet, während traditionelle soziale Formen wie Clans, Dorfgemeinschaften oder religiöse Sekten einen geringen Vertrauensradius haben, der als hinderlich für die ökonomische Entwicklung angesehen wird (vgl. Fukuyama 2001). In der Bildungsforschung wurde eine Geschlossenheit sozialer Netzwerke als förderlich für die Bildung von Normen und einen funktionierenden Informationsaustausch zwischen Schule und Eltern herausgestellt (vgl. Coleman 1988).

Durch das „bonding" können soziale Netzwerke aber auch zu Abgrenzung und Fragmentierung innerhalb der Gesamtgesellschaft führen. Mit Abgrenzung verbunden ist oft eine Diskriminierung der nicht zum Netzwerk beziehungsweise zur Gruppe gehörenden Personen. In sozialen Netzwerken trägt informelle Kontrolle zur Beachtung von sozialen Normen bei, und es werden Informationen und Ressourcen ausgetauscht (vgl. Deitelhoff u. a. 2020). Gruppenkohäsion kann aber auch negative Effekte hervorbringen, wenn sie z. B. auf Kosten der Anerkennung individueller Leistungen geht. Solche Prozesse sind in Schulklassen zu beobachten, wenn besonders leistungsfähige Schülerinnen und Schüler („Streber") aus der Klassengemeinschaft ausgegrenzt werden. In der Literatur werden solche Normen als „downward leveling norms" (vgl. Portes 1998) bezeichnet. In der Folge zeigen Schülerinnen und Schüler nicht ihr volles Können oder leiden unter einer Ausgrenzung aus der Klasse. Extrem negative Effekte für die Gesellschaft treten auf, wenn Gruppennormen die Schädigung Dritter durch Korruption, Gewalt, Bestechung oder Machtmissbrauch (z. B. Mafia) in Kauf nehmen (vgl. Graeff 2009). Stark hierarchische Gruppen wie z. B. traditionelle Familien oder Clans können die Einschränkung der individuellen Freiheit zur Folge haben mit stark partikularen Vertrauensverhältnissen, die Solidarität, Loyalität und Gehorsam verlangen. Durch solche Prozesse können soziale Netzwerke nicht nur positiv im Sinne des sozialen Zusammenhalts wirken, sondern auch negative Externalitäten mit sich führen (vgl. Fuchs 2020).

Gesellschaftliche Risikolagen wie die COVID-19-Pandemie oder die Auswirkungen des russischen Angriffskrieges auf die Ukraine sind verbunden mit Gefahren zunehmender sozialer Disparitäten und Exklusion, die wiederum zur Erosion des sozialen Zusammenhalts beitragen können (vgl. Zick/Rees 2020). Zu nennen sind hier auch Prozesse der Globalisierung, die neue Formen der Partikularisierung von Zusammenhalt, also der Abgrenzung und Betonung von Nationen oder Regionen, hervorrufen können. Sie können auch zur Verbreitung der Meinung beitragen, dass in Gesellschaften vor allem sozialdarwinistische Regeln gelten. Diese Auffassung leistet einer Dekonsolidierung der Demokratie Vorschub (vgl. Hövermann/Messner/Zick 2015). Solche Prozesse können sich zu einer Vertrauenskrise der demokratischen Institutionen und ihrer politischen Elemente auswachsen.

Das Ausmaß, in dem fehlender sozialer Zusammenhalt in der aktuellen Epochenwende die gesamte demokratische Gesellschaft bedroht, kann als neuartiges
Phänomen angesehen werden. Die Kombination aus den Nachwirkungen der
pandemischen Belastungen und Isolationen, den akuten geopolitischen Bedrohungen durch autokratische Systementwürfe mit Großmachtansprüchen wie in
China und Russland und dem Auseinanderdriften von Lebenswelten im Zuge
der Digitalisierung aller Lebensbereiche hebt exemplarisch die Bedeutung des
sozialen Zusammenhalts für die Wehrhaftigkeit demokratischer Systeme auf
eine neue Ebene – eine Entwicklung, auf die die gesellschaftlichen Teilsysteme
inklusive des Bildungssystems bisher nur unzureichend reagieren konnten.

1.2.2 Sozialer Zusammenhalt und Nation Building

Gleichwohl hat die Rolle des sozialen Zusammenhalts für Aufbau und Stabilität
von Gesellschaften eine lange Tradition. Die neuere politökonomische Literatur
betont, dass soziale Kohäsion eine zentrale Grundlage für Nation Building ist
(vgl. Rohner/Zhuravskaya 2023). Unter Nation Building soll hier der soziopoliti-
sche Prozess verstanden werden, der zum Aufbau stabiler und wohlhabender
Nationen führt, in denen eine nationale Identität zur Autorität des Staates beiträgt und ein funktionierendes Staatswesen der gruppenvereinenden Gesellschaft entspricht. Erfolgreiches Nation Building setzt zumeist die Entwicklung
einer positiven gemeinsamen gruppenübergreifenden Identität voraus. Dazu
muss Vertrauen zwischen Gruppen gefördert und Toleranz und Verständnis für
jeweils andere Gemeinschaften entwickelt werden, damit ein Zugehörigkeitsgefühl zur Gesellschaft entsteht. Das setzt die Integration aller Bevölkerungsgruppen in die staatlichen Institutionen voraus, zu denen auch das Bildungssystem gehört.

Die Möglichkeit eines erfolgreichen Nation Building hängt besonders von der
Polarisierung zwischen Gruppen und ihrer Segregation ab. Dabei ist es nicht
eindeutig, wie sich eine verstärkte Interaktion zwischen den Gruppen auswirkt.
Einerseits legt die Kontakthypothese nahe, dass regelmäßige Interaktion zu
einem besseren Verständnis zwischen den Gruppen beitragen kann. Andererseits betont die Theorie der sozialen Identität, dass saliente Gruppenunter-
schiede zur Herausbildung einer stärkeren Teilung beitragen können, die die
Entstehung einer gemeinsamen Identität erschwert. Wenn sich soziale Gruppen-
identitäten herausbilden, sind polarisierte und segregierte Gesellschaften der
Gefahr der Feindseligkeit zwischen diesen Bevölkerungsgruppen ausgesetzt. In

der Vergangenheit haben Nationen durch Homogenisierungsreformen wie die Einführung eines nationalen Primarschulsystems mit einheitlichem Lehrplan in Frankreich in der ersten Hälfte des 19. Jahrhunderts oder Bismarcks Maßnahmen der erzwungenen Assimilation im Deutschen Reich versucht, politische Polarisierung und Zivilkonflikt zu verringern – mit unterschiedlichem Erfolg (vgl. Rohner/Zhuravskaya 2023). Letztlich muss es zum erfolgreichen Nation Building gelingen, Elemente einer positiven gemeinsamen Identität aufzubauen und Interaktionen zwischen Gruppen unter der Voraussetzung eines fairen und gerechten Austauschs sicherzustellen.

1.2.3 Sozialer Zusammenhalt und die Funktionsfähigkeit des Wirtschaftssystems

Verschiedene Elemente des sozialen Zusammenhalts sind auch von grundlegender Bedeutung für das Funktionieren marktwirtschaftlich organisierter Wirtschaftssysteme.[4] So sind Vertrauenswürdigkeit, gegenseitiges Vertrauen und Vertrauen in die Einhaltung von Regeln Grundvoraussetzungen für marktwirtschaftliche Interaktionen, die einen Weg aus wirtschaftlicher Rückständigkeit bedingen. Erst wenn der Austausch sich von einer Beschränkung innerhalb einer begrenzten, bekannten Gruppe hin zur Interaktion mit anonymen Anderen ausweitet, lassen sich die Potenziale des marktwirtschaftlichen Austauschs umfassend heben (vgl. Arrow 1972; Algan/Cahuc 2010, 2014).

Auch weitergehende Elemente des sozialen Zusammenhalts, die sich auf Individual- und Gruppenebene in Werten und Überzeugungen in Form eines gesteigerten Sozial- und staatsbürgerlichen Kapitals widerspiegeln, erleichtern die Kooperation und damit die Funktionsfähigkeit des Wirtschaftssystems, mit entsprechenden Auswirkungen auf den erzielten wirtschaftlichen Wohlstand (vgl. Putnam 1993, 2000; Guiso/Sapienza/Zingales 2011; Psacharopoulos 2018). Eine starke soziale Kohäsion kann die Produktivität der wirtschaftlichen Transaktionen auch dadurch erhöhen, dass sie die soziale Distanz zwischen Individuen einer Gesellschaft sowie die soziale Polarisierung verringern, so dass Transaktionskosten gesenkt, die wirtschaftliche Interaktion erleichtert und der gesamtgesellschaftliche Wohlstand erhöht werden (vgl. Gradstein/Justman 2002). Viele dieser Grundlagen für eine funktionsfähige und stabile Gesellschafts- und Wirt-

---

[4] Auf diese Aspekte wurde bereits ausführlicher im Gutachten „Bildung zu demokratischer Kompetenz" des AKTIONSRATSBILDUNG (vgl. vbw 2020, Abschnitt 1.1, S. 33–39) eingegangen, weshalb sie an dieser Stelle nicht nochmals vertieft ausgeführt werden.

schaftsordnung werden im Bildungssystem gelegt, indem die Kinder und Jugendlichen entsprechend sozialisiert werden.

1.2.4 Sozioökonomische Faktoren des sozialen Zusammenhalts

Um besser zu verstehen, wie die Integrationskraft der westlichen Gesellschaften (wieder-)hergestellt werden kann, müssen die Bestimmungsfaktoren des sozialen Zusammenhalts verstanden werden. Zu den in der Forschung untersuchten Faktoren, welche die Intensität des sozialen Zusammenhalts beeinflussen, gehören zunächst sozioökonomische Faktoren wie Einkommensungleichheit, Arbeitslosigkeit und Armut. Sie bilden die gesellschaftliche Verteilung von Ressourcen und Chancen ab.[5] Hinzu kommen kulturelle Faktoren, die eine affektive und kognitive Dimension aufweisen, sowie politisch-institutionelle Strukturbedingungen, die politische, administrative und juridische Institutionen umfassen (vgl. Deitelhoff u. a. 2020).

Wirtschaftliche Deprivation und Ausgeschlossenheit können den sozialen Zusammenhalt unterminieren. Zahlreiche Studien zeigen, dass verschiedene wirtschaftliche Faktoren große Auswirkungen auf den sozialen Zusammenhalt, das Vertrauen in die gesellschaftlichen Institutionen und die politische Stabilität in Demokratien haben (vgl. Dorn/Gstrein/Neumeier 2023). Hierzu gehören wirtschaftliche Krisen und Transformationsprozesse, die sich sowohl durch die gesamtwirtschaftliche Entwicklung als auch die eigene wirtschaftliche Situation und Unsicherheit auswirken. So zeigt die Forschung beispielsweise, dass ein Anstieg der wirtschaftlichen Deprivation einen beträchtlichen Effekt auf die Unterstützung radikaler Bewegungen und Parteien an beiden Enden des politischen Spektrums hat (vgl. Dorn u. a. 2023), was als Zeichen schwindenden gesellschaftlichen Zusammenhalts gedeutet werden kann. In diesem Fall kann die gruppenspezifische Kohäsion die soziale Kohäsion insgesamt unterminieren, wenn eine positive gemeinsame Identität, Zugehörigkeitsgefühl zur Gesellschaft und Vertrauen und Verständnis zwischen den Gruppen fehlen. In ähnlicher Weise stellen wirtschaftliche Unsicherheit, Sorgen und Zukunftsängste, Globalisierung sowie ungleiche Einkommensverteilung, also die Kluft zwischen Arm und Reich, Ursachen der Erosion von Zusammenhalt dar.

---

[5] Im vorliegenden Gutachten betrachten wir solche sozioökonomischen Faktoren als Determinanten des sozialen Zusammenhalts. Zuweilen werden diese Determinanten auch zur direkten Definition oder Messung des sozialen Zusammenhalts herangezogen (vgl. z. B. den Sozialatlas der Heinrich-Böll-Stiftung 2022).

Eine besondere Rolle kommt der Entwicklung der regionalen Wirtschaft zu. Wenn einzelne Regionen hinter die nationale Entwicklung zurückfallen, schafft dieses Nährboden für radikale Gruppierungen, die den gesellschaftlichen Zusammenhalt unterminieren. Dieses gilt nicht nur für diejenigen Bürgerinnen und Bürger, die selbst direkt von der schlechten regionalen Wirtschaftsentwicklung betroffen sind, sondern auch über alle Einkommensgruppen hinweg (vgl. Dorn/ Gstrein/Neumeier 2023). In Regionen, die im Vergleich zur gesamtwirtschaftlichen Entwicklung des Landes abgehängt werden und keine positive wirtschaftliche Perspektive haben, sinkt das Vertrauen in demokratische Institutionen und etablierte Parteien. Populistische und extremistische Bewegungen und Parteien werden besonders stark.

1.2.5 Kulturelle Faktoren des sozialen Zusammenhalts

In einer Studie, die sich mit den evolutionär-anthropologischen Grundlagen sozialer Kohäsion befasst, wird ein Bündel von naturgeschichtlichen und kulturellen Voraussetzungen angeführt:

- Eine Hormonphysiologie, die beeinflusst, was als Bindung an die eigene Gruppe empfunden wird (Vertrauen, Wir-Gefühl),
- kognitive Fähigkeiten, die Menschen zu Empathie oder Wahrnehmung sozialer Ausgrenzung befähigen, den Wunsch nach sozialer Akzeptanz und die Motivation zu sozialer Konformität stärken und es ermöglichen, eine Intuition von Fairness und Gerechtigkeit zu haben,
- die Fähigkeit zu moralischer Aggression, um unsolidarisches Verhalten anderer zu sanktionieren, und
- moralische Emotionen, die als Schuld und Scham ein inneres Regulativ bilden, wenn man gegen soziale Normen und Werte verstößt (vgl. Antweiler/ Rusch/Voland 2020).

Die Autoren gehen davon aus, dass sich die menschliche Moral wegen der Kooperationsgewinne evolutionsgeschichtlich entwickelt hat und in der Erziehung in allen Kulturen durch Sanktion von Fehlverhalten über affektive Techniken vermittelt wird. Moralische Normen dienen zur Stärkung von sozialer Kohäsion. Normative Verhaltenserwartungen werden unter Umständen jedoch nicht beachtet, wenn andere Verhaltensoptionen attraktiver erscheinen, und es entstehen Entscheidungsdilemmata oder sogar innergesellschaftliche Konflikte. Um solche Konflikte friedlich zu lösen, finden anthropologische Studien oft die Rolle eines Mediators, der zu einer Klärung des Konflikts beiträgt. Mediatoren haben oft besonders zentrale Positionen in den sozialen Netzwerken. Dass der Mediator diese Aufgabe übernimmt, wird durch Modelle des Ressourcentransfers erklärt, die zeigen, dass zentrale, prestigeträchtige Haushalte, die zunächst altruistisch Aufgaben für die Gesellschaft übernehmen, mehr Ressourcen erhalten als periphere (vgl. Antweiler/Rusch/Voland 2020).

In modernen Gesellschaften hängen das Vertrauen in Institutionen und die Verbreitung von Werten wie Solidarität oder Gemeinwohlorientierung von individuellen Erfahrungen und der Darstellung der Institutionen im öffentlichen Diskurs, aber auch von grundlegenden gesellschaftlichen Ideen und Idealen ab, die sich im Lauf der Geschichte manifestiert haben. Deitelhoff u. a. (2020) unterscheiden hierbei affektive und kognitive Dimensionen. Die kognitive Dimension verstärkt über Semantiken, Rationalisierungen und Logiken die Geltung dieser Werte. In inhaltlicher Hinsicht wird oft die Geltung einer Leit- beziehungsweise Rahmenkultur als förderlich für gesellschaftlichen Zusammenhalt angesehen (vgl. Patzelt 2020). Diese umfasst beispielsweise die freiheitlich demokratische Grundordnung, die Trennung von Staat und Religion, die Gleichberechtigung der Geschlechter, die Wertschätzung des Strebens nach Lebensglück sowie Freiheit in Verbindung mit persönlicher Verantwortung für die Nutzung von Freiheit. Zu einer Leitkultur zählt Patzelt (2020) auch Deutsch als gemeinsame Sprache, allgemeine Alltagspraxen und wichtige Lehren aus der Zeit des Nationalsozialismus. Diese Aufzählung zeigt, dass bei näherer Betrachtung konkreter Werte und Normen sofort die Frage entsteht, ob sozialer Zusammenhalt durch gemeinsame Traditionen, geteilte Werte und Gewohnheiten sowie soziale Homogenität oder durch demokratischen Streit, kulturelle Diversität und Toleranz für Andersartigkeit gestärkt wird (vgl. Deitelhoff u. a. 2020). Eine Bestandsaufnahme der Werte, die in Zusammenhang mit Integration verwendet werden, zählt Gerechtigkeit, Gleichheit, Leistung, Identität, Toleranz, Solidarität oder Anerkennung auf und zeigt damit, dass Werte selbst widersprüchlich und damit die Basis für Konflikte sein können (vgl. Schwinn 2023).

1.2.6 Politische Rahmenbedingungen des sozialen Zusammenhalts

Schließlich gibt es auch institutionelle Grundlagen des sozialen Zusammenhalts. Dazu zählen u. a. sozialstaatliche Maßnahmen, welche Menschen, die in Notlagen geraten sind, helfen, sowie Rahmenbedingungen am Arbeitsmarkt, die einen als fair angesehenen Ausgleich zwischen den Interessen von Arbeitgeberinnen und Arbeitgebern und Arbeitnehmerinnen und Arbeitnehmern erleichtern.

Das Ausmaß des sozialen Zusammenhalts und des Vertrauens in die gesellschaftlichen Institutionen wird dadurch beeinflusst, inwiefern Menschen, die unverschuldet in Notlagen geraten sind, von der Gesellschaft unterstützt werden. Daher können die verschiedenen sozialstaatlichen Maßnahmen wie Arbeitslosen-, Kranken- und Rentenversicherung, Unterstützungsleistungen bei Bedürftigkeit sowie die generelle steuerliche Umverteilung als politisch-institutionelle Strukturbedingungen für soziale Kohäsion verstanden werden. Auch ausgleichende Maßnahmen der Regional- und Strukturpolitik können helfen, dass Regionen und Personengruppen sich nicht abgehängt oder ausgeschlossen fühlen (vgl. Dorn/Gstrein/Neumeier 2023). Schließlich trägt ein Gesundheitssystem, das für alle Mitglieder der Gesellschaft einen sicheren Zugang zu grundlegenden medizinischen Leistungen sicherstellt, zum gesellschaftlichen Zusammenhalt bei. Auch auf dem Arbeitsmarkt können verschiedene institutionelle Rahmenbedingungen, die zum Schutz der Interessen der Arbeitnehmerinnen und Arbeitnehmer und zur Stärkung ihrer Rechte beitragen, den sozialen Zusammenhalt stärken.

Zum einen können entsprechende Regelungen in den Tarifverhandlungen durch eine faire Vertretung beider Tarifvertragsparteien – Arbeitgeberverbände und Gewerkschaften – zu möglichst friedlichen Arbeitsbeziehungen beitragen, wobei gleichzeitig Flexibilitätsbestimmungen für von beiden Seiten begrüßte Ausnahmen sorgen können (vgl. Jäger/Noy/Schoefer 2022a). Zum gesellschaftlichen Zusammenhalt in Krisensituationen kann zudem die Einbeziehung der Verhandlungspartner auf entsprechenden Krisengipfeln mit der Regierung beitragen. Bei entsprechendem Verhalten, das die Interessen der anderen Seite berücksichtigt, können Verbände, Gewerkschaften und Unternehmen Kohäsionsleistungen für und durch die Wirtschaft bereitstellen.

Zum anderen können die Regelungen der betrieblichen Mitbestimmung, die eine Vertretung der Arbeitnehmerinnen und Arbeitnehmer in der Unternehmensführung sicherstellen, zu einem Interessenausgleich auf Unternehmensebene beitragen. Insgesamt gibt es in der neueren empirischen Forschung aber wenig Belege, dass sich die Mitbestimmung stark auf die Ergebnisse der Arbeitnehmerinnen und Arbeitnehmer oder Unternehmen auswirkt (vgl. Jäger/Schoefer/Heining 2020; Jäger/Noy/Schoefer 2022b). Insgesamt können Rahmenbedingungen, die die Interessen von Unternehmen und Arbeitnehmerinnen und Arbeitnehmern zum Ausgleich bringen, zum sozialen Zusammenhalt in der Gesellschaft insgesamt beitragen.

Die in Deutschland und Europa weiter verbreiteten Rahmenbedingungen für sozialen Zusammenhalt wie sozialstaatliche Maßnahmen und ausgleichende Institutionen zwischen Arbeitgeberinnen und Arbeitgebern und Arbeitnehmerinnen und Arbeitnehmern dürften auch ein Grund dafür sein, dass sich die grundlegenden Veränderungen der Wirtschaftsprozesse in den vergangenen Jahrzehnten hierzulande insgesamt weniger disruptiv ausgewirkt haben als beispielsweise in den angloamerikanischen Systemen. Grundlegende Veränderungen am Arbeitsmarkt, die etwa durch technologischen Wandel oder Importwettbewerb hervorgerufen werden, können die Arbeitsmarktsituation der betroffenen Arbeiterinnen und Arbeiter gefährden (vgl. z. B. Autor 2022). Die neuere Forschung zeigt, dass dieses in Deutschland und anderen Ländern Kontinentaleuropas bisher tendenziell deutlich weniger disruptive Konsequenzen hatte als in den Vereinigten Staaten (vgl. z. B. Acemoglu/Restrepo 2020; Dauth u. a. 2021; Acemoglu/Johnson 2023). Dieses lässt sich etwa auch an Entwicklungen wie dem Trumpismus und dem Sturm auf das Kapitol in den USA oder der Brexitzustimmung im Vereinigten Königreich ablesen.

In Deutschland dürften die institutionellen Grundlagen des sozialen Zusammenhalts wie sozialstaatliche Maßnahmen und betriebliche Mitbestimmung von Arbeitnehmerinnen und Arbeitnehmern mögliche negative Konsequenzen deutlich abgeschwächt haben (vgl. z. B. Dauth u. a. 2021; Jäger/Noy/Schoefer 2022b). Die amerikanische Forschung und die politische Diskussion haben diese europäischen Rahmenbedingungen in der Vergangenheit vor allem als Hindernis für die wirtschaftliche Dynamik diskutiert. Mittlerweile werden viele dieser Aspekte aber als notwendige Reformen in den USA hervorgehoben (vgl. z. B. Blanchard/Rodrik 2021; Rodrik/Stantcheva 2021a, 2021b, 2021c; Autor/Mindell/Reynolds 2022; Wissenschaftlicher Beirat beim BMWK 2022). Dies belegt, dass hierzulande eine Rückbesinnung auf die fundamentale Bedeutung der institutionellen und gesellschaftlichen Rahmenbedingungen für sozialen Zusammenhalt durchaus angebracht ist.

1.2.7 Die Rolle des Bildungssystems für den sozialen Zusammenhalt

Neben den sozioökonomischen, kulturellen und politisch-institutionellen Faktoren – und zum Teil auch durch ihre Herausbildung und Stabilisierung – hat die Bildung eine wichtige Rolle für Entstehen oder Scheitern von sozialem Zusammenhalt. Viele Grundlagen für den sozialen Zusammenhalt in der Gesellschaft werden durch die Sozialisation im Bildungssystem gelegt.

Gerade in der neueren Literatur zum Nation Building wird die Rolle der Bildung als Grundpfeiler des Aufbaus von Nationen besonders hervorgehoben. Staatsführungen nutzen Bildung regelmäßig, um nationale Werte zu vermitteln und die Landessprache zu lehren, die wesentliche Bestandteile einer gemeinsamen nationalen Identität sind (vgl. Rohner/Zhuravskaya 2023). Eine gemeinsame Sprache und gemeinsame Werte, die durch nationale Lehrpläne vermittelt werden, können Kommunikation, Vertrauen und Regierbarkeit erleichtern. Wenn einheitliche Bildung allerdings von Minderheiten als unterdrückend wahrgenommen wird, kann sie auch zu Spaltungen führen, was die Vor- und Nachteile von Bildung als Instrument der nationalen Indoktrination offenlegt. Es gibt zahlreiche Belege dafür, dass sich Bildungssysteme und Lehrpläne auf die Herausbildung nationaler oder regionaler Identitäten und Kohäsion auswirken. So ist wiederholt darauf hingewiesen worden, dass der Aufbau eines staatlichen Massenbildungssystems in Frankreich im 19. Jahrhundert zu einer Homogenisierung der Sprache und der Bevölkerung, der Assimilation von Minderheiten und damit langfristig zu einem erfolgreichen Nation Building beigetragen hat (vgl. Blanc/Kubo 2021; Alesina/Giuliano/Reich 2021).

Allerdings gibt es keinen einfachen Weg, soziale Kohäsion herzustellen. Denn der Versuch der Förderung nationaler Identität durch Bildung – wie auch durch andere Maßnahmen – kann funktionieren, kann aber auch negative Folgen haben. Es gibt zahlreiche historische Beispiele, dass Versuche der kulturellen Homogenisierung im Bildungssystem eher zu einer deutlicheren Ausprägung von gruppenspezifischen Identitäten und der Betonung ihrer Unterschiede beigetragen haben (vgl. Rohner/Zhuravskaya 2023). So haben beispielsweise die Germanisierungsbestrebungen unter Bismarck mit ihrer Unterdrückung der polnischen Sprache in Schulen und staatlichen Schulinspektionen eher zu einer Entfremdung der polnischsprachigen Gebiete und einer Stärkung ihrer polnischen Identität geführt, wobei allerdings zusätzliche Bildungsausgaben von der Zentralregierung schon zu einer Unterstützung pronationaler Parteien beigetragen haben (vgl. Cinnirella/Schueler 2018). Je nachdem, ob die nationalen Homogenisierungsbestrebungen von den einzelnen Bevölkerungsgruppen – und gerade den Minderheiten – als unterstützend oder unterdrückend wahrgenommen werden, kann die Stärkung des sozialen Zusammenhalts durch einheitliche Bildung gelingen oder auch nicht.

Insofern kann Bildung eine starke Kraft für Gemeinschaft, Toleranz und sozialen Zusammenhalt sein. Aber ob und wie dieses gelingt, hängt von zahlreichen Faktoren der konkreten Umsetzung ab. In den einzelnen Phasenkapiteln dieses Gutachtens wird daher konkret diskutiert, welchen Beitrag das Bildungssystem dazu leisten kann, die Integrationskraft der individualisierten westlichen Gesellschaften zu stärken, genügend Gemeinsamkeiten zu finden, die die mit separaten Identitäten ausgestatteten Gruppen zusammenhalten, und Vertrauen ineinander und in die gesellschaftlichen Institutionen aufzubauen.

1.3 Exkurs: Zivile Pflichtzeit

„Es geht um die Frage, ob es unserem Land nicht guttun würde, wenn sich Frauen und Männer für einen gewissen Zeitraum in den Dienst der Gesellschaft stellen." Mit dieser Aussage regte Bundespräsident Frank-Walter Steinmeier im Juni 2022 die Debatte über eine Einführung eines sozialen Pflichtdienstes für junge Menschen in Deutschland an.[6] Er plädierte für eine soziale Pflichtzeit, die beispielsweise bei der Betreuung von Seniorinnen und Senioren, in Behinderteneinrichtungen oder in Obdachlosenunterkünften abgeleistet werden könne. Dieses so einzuführen, werde sicherlich nicht einfach, eine Debatte über eine soziale Pflichtzeit halte Steinmeier aber in jedem Fall für angebracht. Ende 2022 erweiterte Steinmeier – trotz aller Kritik – seinen Vorstoß und warb für ein altersunabhängiges soziales Engagement mit flexibler Dauer. Ein verpflichtender sozialer Dienst auch für Ältere könne ein Weg zu mehr Miteinander in der Gesellschaft sein und den gesellschaftlichen Zusammenhalt insgesamt stärken.

Für und gegen die Idee einer sozialen Pflichtzeit werden zahlreiche Argumente vorgetragen. Grundsätzlich gilt es zu bedenken, dass eine soziale Pflichtzeit anstelle von Wehr- oder Zivildienst mit hoher Wahrscheinlichkeit zum jetzigen Zeitpunkt verfassungswidrig wäre und darüber hinaus gegen bestehende völ-

---

[6] Vgl. https://www.bundespraesident.de/SharedDocs/Reden/DE/Frank-Walter-Steinmeier/Interviews/2022/220612-Interview-BamS.html.

kerrechtliche Verträge verstoßen würde. Die Einführung einer verpflichtenden Gesellschaftszeit erfordert auf nationaler Ebene zunächst eine Anpassung des Grundgesetzes und flankierend eine Ausnahmebefreiung von Verpflichtungen aus internationalen Verträgen zur Verhinderung von Zwangsarbeit. Das Grundgesetz erlaubt in seiner jetzigen Fassung nur die Verpflichtung zu traditionellen, althergebrachten Diensten für die örtliche Gemeinschaft (Feuerwehr-, Deichschutzpflichten etc.) und die Inpflichtnahme von Männern zum Wehr- beziehungsweise Wehrersatzdienst. Auch völkerrechtliche Vereinbarungen (wie die Europäische Menschenrechtskonvention, die Übereinkommen über Zwangs- und Pflichtarbeit der Internationalen Arbeitsorganisation (ILO) und der internationale Pakt über die bürgerlichen und politischen Rechte) müssten vor Einführung einer allgemeinen sozialen Dienstpflicht erst modifiziert werden, da staatlich angeordnete Zwangstätigkeiten darin nicht vorgesehen, sondern im Gegenteil untersagt sind.

Für eine soziale Pflichtzeit spricht auf der einen Seite, dass ihre Einführung den gesellschaftlichen Zusammenhalt insgesamt stärken kann. Während bei einer freiwilligen Dienstzeit gerade Personen angesprochen werden, die bereits ein hohes Maß an Solidarität und Gemeinsinn haben, können bei einer Pflicht das Bewusstsein sowie die Bereitschaft der verpflichtenden Personen auch im Nachhinein gesteigert werden. Denn die Dienstpflichtigen erleben aus eigener Erfahrung, was es heißt, für andere da zu sein und sich zu kümmern, Hilfe anzubieten und gegebenenfalls auch körperliche Arbeit zu leisten. Die Jugendlichen und jungen Erwachsenen entwickeln dadurch ein Verständnis für diese Arbeit und merken, dass auch sie einen Teil beitragen können. Darüber hinaus wäre auch der individuelle Nutzen einer sozialen Pflichtzeit hoch. Der Sozialdienst stellt für junge Menschen, deren Schul- oder Ausbildungszeit gerade erst abgeschlossen wurde, eine neue Erfahrungswelt dar. Es handelt sich bei dieser Erfahrungszeit quasi um die Fortsetzung der Schulpflicht mit anderen Mitteln und Inhalten. Aus pädagogischer Sicht liegt hier der Schwerpunkt nicht mehr auf Unterrichtsinhalten, sondern auf dem sozialen Lernen. Es geht insbesondere auch um die Entwicklung neuer Perspektiven. Mit einem Sozialdienst verlassen junge Menschen ihre vertrauten Umgebungen und gehen einen Schritt in die reale Lebens- und Berufswelt. Hiermit sind vielfältige Chancen verbunden. Eine soziale Pflichtzeit bietet die Möglichkeit, selbständiger zu werden, Neues zu lernen, fremden Situationen offen zu begegnen, Stresssituationen auszuhalten und zu erfahren, dass man in Dingen leistungsfähig ist, die einem sonst nicht aufgefallen wären. Dieses kann bei den Jugendlichen und jungen Erwachsenen das Selbstbewusstsein und die Persönlichkeit stärken sowie den weiteren Lebensweg prägen.

Des Weiteren kann eine Dienstpflicht die Gemeinschaft stärken und für mehr Verständnis gegenüber anderen Lebensentwürfen und Meinungen sorgen. Dadurch können Vorurteile abgebaut werden, da Jugendliche sich mit Menschen und Situationen beschäftigen, mit denen sie sonst nicht in Berührung kommen würden. So kann eine Dienstpflicht, die für jeden gilt, unabhängig von sozialer Herkunft, Bildungsgrad und Weltanschauung, eine soziale Durchmischung schaffen, die durch Schule, Vereine und Freundeskreis so möglicherweise nicht zustande käme. Hinzu tritt ein Peergroup-Effekt, der gerade Jugendliche aus sozial schwächeren und bildungsfernen Familien ermutigt, sich an den gleichaltrigen, bildungsaffinen Jugendlichen zu orientieren und dadurch Input und Unterstützung hinsichtlich ihrer Berufswahl zu bekommen.

Hinzu kommt, dass ein sozialer Pflichtdienst zur Studien- und Berufsorientierung beitragen kann, indem er jungen Menschen Einblicke in die Arbeitswelt sowie das Sammeln praktischer Erfahrungen ermöglicht. Dadurch können Jugendliche ihre Fähigkeiten testen und mehr über einen möglichen Wunschberuf lernen. Ein Pflichtdienst muss sich dabei nicht ausschließlich auf soziale Bereiche beziehen, sondern könnte auch Landesverteidigung oder Katastrophenschutz sowie ökologische Funktionen umfassen und interessengeleitet Einblicke in die unterschiedlichen Bereiche geben. Je breiter die Dienstpflicht angelegt ist, desto mehr kann sie zu der Orientierung in der Berufswelt gerade für junge Menschen beitragen. Auch wenn nach Beendigung der sozialen Pflichtzeit feststünde, dass eine dauerhafte Tätigkeit in dem erprobten Aufgabenfeld nicht vorstellbar ist, so können die gesammelten Erfahrungen dennoch zu einer erfolgreichen Berufsfindung beitragen. Außerdem würden das Sozialwesen, Betreuungseinrichtungen sowie das Gesundheitssystem maßgeblich von einer sozialen Pflichtzeit profitieren. Zwar können junge Menschen, die ihre soziale Pflichtzeit in diesen Bereichen absolvieren, keine ausgebildeten Fachkräfte ersetzen, sie können diese jedoch im Arbeitsalltag entlasten und unterstützen. So würden sich die Arbeitsbedingungen in diesen Bereichen verbessern, was zur Fachkräftesicherung beiträgt, da Ausfallzeiten reduziert werden und sich die Attraktivität der Berufe erhöht. Da aufgrund der demografischen Entwicklung insbesondere im Bereich Gesundheit und Pflege der Bedarf an Arbeitskräften auch weiterhin steigt, könnte eine soziale Pflichtzeit einen wichtigen Beitrag zur Linderung des Arbeitskräftemangels leisten.

Wehrdienst als Alternative zur zivilen Pflichtzeit würde gerade im Inland die Landesverteidigung sowie den Katastrophenschutz stärken. Auch kann das dadurch erworbene Wissen, z. B. für ein späteres Engagement in lokalen THW- und Feuerwehreinheiten sowie bei Reservistinnen und Reservisten, von Nutzen sein. Für Auslandseinsätze können die Dienstpflichtigen nicht eingesetzt werden. Es muss auch betont werden, dass die Einführung einer zivilen Pflichtzeit keine „Wiederauflage" des Zivildienstes (zur Bekämpfung des Fachkräftemangels, z. B. im Pflegebereich) darstellen, sondern der Förderung von gesellschaftlichem Zusammenhalt dienen soll.

Auf der anderen Seite gibt es auch Argumente, die gegen die soziale Pflichtzeit artikuliert werden: Damit wir als Gesellschaft und als Wirtschaft die großen Herausforderungen der Zukunft wie digitale Transformation, Dekarbonisierung und insbesondere die Arbeits- und Fachkräftesicherung meistern können, muss jeder Einzelne über alle Bildungsphasen hinweg fähig und bereit sein, kontinuierlich zu lernen und sich weiterzubilden. Da das Lernen zukünftig in noch größerem Ausmaß ein lebenslanger Prozess sein wird, erscheine der quantitative Ausbau der Bildung in den Phasen „Jugend" und „junge Erwachsene" durch eine soziale Pflichtzeit nicht zielführend. Dieses insbesondere auch vor dem Hintergrund, dass in den deutschen Bildungssystemen die Umgestaltung des Gymnasiums von acht auf wieder neun Schuljahre vollzogen wird. Hiermit sei schon eine auch quantitative Ausweitung der primären Bildungszeit verbunden. Trotz aller Vorteile, die eine soziale Pflichtzeit für die Stärkung der Zivilgesellschaft und die Entwicklung der Persönlichkeit junger Menschen bringen könnte, entspreche die Verpflichtung zu einem Sozialdienst nicht dem Idealbild einer freien, liberalen und demokratischen Gesellschaft. Solidarität und gesellschaftlicher Zusammenhalt lassen sich nicht verordnen. In einer Demokratie sollte Politik auf Überzeugung, Motivation und Menschlichkeit setzen – und nicht auf Bevormundung und Zwang. Ein soziales Engagement junger Menschen kann allerdings sehr sinnstiftend sein. Seine volle Wirkkraft wird es aber nur dann entfalten können, wenn es freiwillig erfolgt. Zudem birgt eine soziale Pflichtzeit die Gefahr, dass Jugendliche und junge Erwachsene ohne hinreichende Motivation zu einem Einsatz kommen, für den sie möglicherweise auch nicht geeignet sind. In Pflegeheimen z. B. wäre dies sowohl für die zu pflegenden Menschen als auch für die hauptamtlich Beschäftigten sowie für die Familienangehörigen nicht hinnehmbar.

Außerdem müsse die Einführung einer sozialen Pflichtzeit auch aus Perspektive der Generationengerechtigkeit kritisch reflektiert werden. Überspitzt könnte man sagen, dass junge Menschen als Lösung für seit langem absehbare Probleme wie den Pflegenotstand und die mangelnde Attraktivität von sozialen Dienstleistungsberufen dienen sollen, obwohl ältere Generationen für die entsprechenden Fehlentwicklungen verantwortlich sind. Das ist aus Perspektive

der Generationengerechtigkeit eher abzulehnen, wenn nicht auch Ältere herangezogen werden. Kommt es zur Einführung einer sozialen Pflichtzeit, müsste
deshalb mindestens sichergestellt werden, dass der entsprechende Einsatz
junger Menschen rentenrechtlich anerkannt wird – auch um entsprechende
Versorgungslücken, die sich durch einen verzögerten Berufseinstieg ergeben,
auszuschließen. Dadurch würden aber weitere Kosten für den Bundeshaushalt
entstehen, denn eine Finanzierung über Beitragsmittel ist auszuschließen, da die
soziale Pflichtzeit klar eine gesamtgesellschaftliche Aufgabe darstellen würde.

Darüber hinaus bedeutet die Einführung einer allgemeinen Dienstpflicht einen
entschiedenen Einschnitt in die Freiheitsrechte der jungen Menschen. So könnte
die Verpflichtung, einen Dienst zu leisten, der individuellen Entscheidungsfreiheit
und Selbstbestimmung des Einzelnen entgegenstehen. Je nach Gestaltung der
Dienstpflicht kann sich der/die Jugendliche/junge Erwachsene nicht gegen einen Dienst oder die ihm aufgetragene Arbeit entscheiden beziehungsweise diese
frei wählen. Auch steht ein verpflichtender Dienst, möglicherweise sogar beschränkt auf einen bestimmten Bereich, der freien Entfaltung der Persönlichkeit
und Individualisierung entgegen, wenn die Gestaltung des Dienstes den Fähigkeiten und Neigungen nicht entsprechen würde. Zudem wird die aktuelle Forderung zur Dienstpflicht gerade im Hinblick auf die Einschränkungen der Jugendlichen während der COVID-19-Pandemie als besonders kritisch gesehen.
Es wird argumentiert, dass die Politik während der Pandemie den Jugendlichen
bereits einen „Dienst an der Gesellschaft" abverlangte und gleichzeitig das
Recht auf Bildung und die Persönlichkeitsentfaltung der jungen Menschen hin-
tenangestellt hatte. Aus Sicht der Kritiker trifft die aktuelle Forderung nach einer
Dienstpflicht die falsche Generation und stellt einen erneuten Einschnitt der
Freiheitsrechte der Jugendlichen zugunsten der älteren Generation dar.

Des Weiteren verzögert die Einführung einer sozialen Pflichtzeit den Eintritt von
jungen Menschen in das Berufsleben, denn dieser wird regelmäßig vor Studi-
enbeginn oder im Anschluss an eine Ausbildung, in Ausnahmefällen auch vor
Ausbildungsstart, absolviert. Für Branchen und Berufe, in denen keine soziale
Pflichtzeit absolviert werden kann, verschärfen sich so – zumindest vorüberge-
hend – Fachkräfteengpässe. Betroffen wäre z. B. das Handwerk, wodurch wichtige Infrastrukturmaßnahmen auf dem Weg zur Klimaneutralität und Digitalisierung verzögert werden könnten. Zudem würden mit der Einführung einer sozialen
Pflichtzeit mit einer Dauer von einem Jahr diese potenziellen Erwerbstätigen auf
dem regulären Arbeitsmarkt fehlen. In der ohnehin angespannten Arbeitsmarkt-
lage, die von einem Arbeits- und Fachkräftemangel in nahezu allen Wirtschafts-

bereichen gekennzeichnet ist, würde dieses eine zusätzliche Belastung bedeuten. Die negativen Effekte für den Arbeitsmarkt können bis zur vollen Wirksamkeit gestreckt werden, wenn die soziale Pflichtzeit nicht gleichzeitig für alle eingeführt wird. Bestimmte Branchen aus dem sozialen Bereich mit aktuell besonders hohem Arbeitskräftemangel könnten gegebenenfalls sogar profitieren, der Gesamteffekt auf den Arbeitsmarkt wäre aber eindeutig negativ.

Auch die Kosten, die auf die öffentlichen Haushalte bei Einführung einer sozialen Pflichtzeit mit staatlicher Finanzierung zukommen könnten, sind ein nicht zu vernachlässigendes Kriterium. Die genaue Höhe lässt sich bislang nur schätzen, da nicht klar ist, ob der Mindestlohn angewendet oder ein Taschengeld nach dem Vorbild des Bundesfreiwilligendienstes bezahlt werden würde. Die Zahlung eines Entgeltes in den aktuell bestehenden Freiwilligendiensten ist eine „Kann-Leistung", die in der Regel im Falle des Bundesfreiwilligendienstes mit derzeit bis zu 453 Euro in Form eines Taschengeldes vergütet wird. Unter der Annahme einer reinen Entgeltvergütung in der maximalen Höhe von 453 Euro monatlich würden beispielsweise jährliche Kosten von rund 650 Millionen Euro für eine soziale Pflichtzeit von geschätzten 120.000 Personen für den Freistaat Bayern anfallen. Da es sich nicht um einen freiwilligen Dienst, sondern um eine Verpflichtung handeln würde, ist in den Leitmedien eine Vergütung der sozialen Pflichtzeit in Höhe des aktuellen gesetzlichen Mindestlohns von 12,41 Euro diskutiert worden. Dies würde jährliche Kosten von knapp vier Milliarden Euro allein für Bayern bedeuten. Für eine sechsmonatige soziale Pflichtzeit würden sich die Kosten jeweils entsprechend halbieren.

Weiterhin sind auch die Opportunitätskosten hinsichtlich niedrigerer Einkommen und ausbleibender Steuergelder, die eine verpflichtende soziale Pflichtzeit mit sich brächte, nicht zu vernachlässigen. Unabhängig von der sozialen Pflichtzeit ist die Ausübung eines Ehrenamtes ein ebenso – allerdings auf nur Teile der Bevölkerung beschränkter – positiver Beitrag für die Gemeinschaft, so dass es einer Stärkung der Freiwilligendienste und grundsätzlichen Aufwertung der Arbeit in diesem Bereich bedarf.

Auch vor dem Hintergrund einer laufenden Prüfung der Möglichkeit von neuen Formen der Wehrpflicht, etwa nach dem schwedischen Modell, sowie vor dem Hintergrund einer akuten Gefahr für die Sicherheit des Landes wird die Diskussion um eine Pflichtzeit für die Gesellschaft Fahrt aufnehmen und in absehbarer Zeit finanziert werden müssen. Zum gegenwärtigen Zeitpunkt erlaubt es der offizielle Informationsstand des AKTIONSRATS**BILDUNG** noch nicht, eine verantwortbare Empfehlung zu geben.

1.4 Psychologische Aspekte

1.4.1 Kerndimension soziale Kohäsion

Um die psychologischen Bedingungen sozialer Kohäsion zu beschreiben, eignet sich die Differenzierung in drei Kerndimensionen, die von Schiefer und Noll (2017) auf der Grundlage einer systematischen Analyse der seit dem Jahr 1990 publizierten englisch- und deutschsprachigen Literatur zum Thema vorgeschlagen worden ist. Sie unterscheiden zwischen den – sich überlappenden – Kerndimensionen „soziale Beziehungen" („social relations"), „Identifikation" („identification") und „Ausrichtung auf das Gemeinwohl" („orientation towards the common good") – eine Klassifikation, die in Einklang mit der diesem Gutachten unterlegten Definition sozialer Kohäsion von Chan, To und Chan (2006) steht.

Soziale Beziehungen – die erste Kerndimension – bestehen innerhalb von Gruppen wie auch über soziale Gruppen hinweg. Gemeint sind die sozialen Netzwerke, nämlich die Qualität und Quantität der sozialen Interaktionen, in die Menschen zu Familienmitgliedern, Freundinnen und Freunden sowie Bekannten einbezogen sind, aber auch die Beziehungen zwischen gesellschaftlichen Gruppen, wie z. B. zwischen Gruppen mit unterschiedlichen Lebensstilen oder Hintergründen. Grundlage kohäsiver sozialer Beziehungen sind nach Schiefer und Noll (2017) Vertrauen („trust") und wechselseitige Toleranz („mutual tolerance"). Vertrauen meint die Erwartung, dass die jeweils andere/-n Person/-en (horizontal: „trust between individuals") oder die Institutionen (vertikal: „trust in institutions", vgl. Schiefer/Noll 2017, S. 593) positive Absichten haben und Interaktionen zu einem positiven Ausgang führen werden. Und wechselseitige Toleranz bedeutet die Akzeptanz von Diversität und die konstruktive Koexistenz von Individuen und Gruppen, die sich in ihren Werten, Überzeugungen und Lebensstilen unterscheiden können (vgl. Schiefer/Noll 2017, S. 590).[7] Weiter gehören zur Kerndimension „soziale Beziehungen" die Partizipation am öffentlichen Leben, das Erleben von Zugehörigkeit („belonging"), Solidarität und die Bereitschaft, bei der Verfolgung gemeinsamer Ziele zu kooperieren.

---

[7] Die in vielen Publikationen zum Thema soziale Kohäsion genannten geteilten Werte („shared values") werden von Schiefer und Noll (2017, S. 590) ausdrücklich nicht als Dimension sozialer Kohäsion betrachtet. Sie beobachten eine Entwicklung dahingehend, dass die Betonung geteilter Werte als Grundlage sozialer Kohäsion zunehmend einem Verständnis weicht, dass es in pluralistischen und diversen Gesellschaften weniger um geteilte Werte als vielmehr um die Akzeptanz von Unterschiedlichkeit und wechselseitiger Toleranz dieser Werte gehen muss (von grundlegenden Werten, wie z. B. Menschlichkeit, abgesehen). Geteilte Werte sind deshalb für Schiefer und Noll keine Kerndimension, sondern lediglich Determinante oder Konsequenz sozialer Kohäsion.

Die zweite Kerndimension, Identifikation genannt, meint die Identifikation[8] der Person als Mitglied einer sozialen Entität, sei es einer sozialen Gruppe, einer Nation oder Region. Einschlägig für eine genauere Analyse dieser Kerndimension sind psychologische Theorien, die annehmen, dass Menschen sich selbst nicht nur über ihre Einzigkeit als Individuum definieren, sondern außerdem über ihre Zugehörigkeiten zu verschiedenen sozialen Gruppen, nämlich die Theorie der sozialen Identität (vgl. Tajfel/Turner 1979) und die Selbstkategorisierungstheorie (vgl. Turner 1987; Turner/Reynolds 2012). Diese Theorien beschreiben, dass soziale Gruppen negativ interdependent sind, da jede Gruppe danach strebt, sich positiv von anderen Gruppen zu unterscheiden. Hiermit sind die Theorien geeignet, Faktoren zu beschreiben, die soziale Kohäsion gefährden oder stärken können.

Die dritte Kerndimension, Ausrichtung auf das Gemeinwohl, umfasst nach Schiefer und Noll (2017) ein Verantwortungsgefühl für das Gemeinwohl und die Übereinstimmung mit und Einhaltung („compliance") von sozialen Regeln und Normen, sofern sie bestimmten moralischen Prinzipien entsprechen (wie z. B. dem universellen Prinzip, dass alle Menschen gleiche Rechte haben oder dass soziale Vereinbarungen der größtmöglichen Zahl der Menschen nützen sollen; vgl. Kohlberg 1995). Soziale Kohäsion einer Gesellschaft setzt voraus, dass ihre Mitglieder zumindest in einem minimalen Ausmaß bereit sind, die Befriedigung persönlicher Bedürfnisse dem Ziel des Wohlergehens der Gemeinschaft unterzuordnen. Dazu gehört auch das Konzept der Solidarität, was sich auf der Ebene des Individuums in der Bereitschaft zeigt, für andere zu sorgen oder ihnen zu helfen, und auf institutioneller Ebene z. B. in einem Sozialhilfesystem oder in staatlichen Subventionsprogrammen (vgl. Schiefer/Noll 2017, S. 589).

1.4.2 Kerndimension soziale Beziehungen

Soziale Beziehungen stellen nicht nur eine bedeutsame Ressource und einen Schutzfaktor bei jeder Form von Belastung und Herausforderung für das Individuum dar (vgl. z. B. Ekoh u. a. 2023; Kelly u. a. 2017; Kim u. a. 2018), sondern sie sind auch geeignet, Vertrauen und wechselseitige Toleranz der Interaktionspartnerinnen und -partner und damit die soziale Kohäsion von Gesellschaften

---

[8] Schiefer und Noll (2017) sprechen von „feeling attached to or identify with the social entity" – für eine deutlichere Abgrenzung vom Belonging-Begriff als Aspekt von „sozialen Beziehungen" sollen hier jedoch die kognitiven und motivationalen Dimensionen von Identifikation hervorgehoben werden.

zu stärken (vgl. McGowan u. a. 2022; Schiefer/Noll 2017). Entsprechend nutzen Gesellschaften gemeindebasierte Settings (vgl. z. B. Lalot u. a. 2022), Freizeitsettings (vgl. z. B. Morata u. a. 2023; Reimer u. a. 2021), den Arbeitsplatz von Menschen (vgl. z. B. Göritz/Rennung 2019) oder Bildungsinstitutionen (vgl. Granderath 2022; Veerman/Denessen 2021) für Maßnahmen zur Förderung sozialer Beziehungen zwischen Menschen und damit zur Förderung von Vertrauen, Toleranz und sozialer Kohäsion. Ein Beispiel stellen sportbasierte Angebote dar, die zu diesem Zweck allein im Jahre 2020 mit über 70 Millionen Euro von der EU gefördert worden sind (vgl. Moustakas 2023). Von solchen Angeboten wird angenommen, dass sie, weil Menschen beim Sport positiv motiviert miteinander interagieren und Sport eine hohe Attraktion besitzt, soziale Kohäsion stärken können (vgl. Moustakas 2023). Ein anderes Beispiel stellt der von Reimer u. a. (2021) bezüglich seiner Wirkung auf soziale Kohäsion hin wissenschaftlich evaluierte National Citizen Service (NCS) dar, ein regelmäßig in England und Nordirland angebotenes Jugendprogramm, das auf freiwilliger Basis junge Menschen aus möglichst diversen Hintergründen über einen Zeitraum von drei bis vier Wochen für die Inanspruchnahme verschiedener Lernangebote zur Teambildung und Kompetenzentwicklung zusammenbringt.

Die meisten Maßnahmen zur Stärkung sozialer Kohäsion werden jedoch wohl innerhalb von Schulen ergriffen. Denn insbesondere Schulen werden als ein Ort betrachtet, an dem Toleranz gegenüber Gruppen mit unterschiedlichen Lebensstilen oder Hintergründen vermittelt werden kann (vgl. z. B. Bergamaschi u. a. 2022; Schachner 2019; Schwarzenthal u. a. 2018) und an dem junge Menschen lernen können, Vertrauen zu sich und anderen (vgl. Dinesen/Sønderskov 2018; Houri/Thayer/Cook 2019) oder zu gesellschaftlichen Institutionen (z. B. die Polizei; die Wissenschaft, vgl. Krüger/Höffler/Parchmann 2022) zu haben – zwei der von Schiefer und Noll (2017) genannten Grundlagen kohäsiver sozialer Beziehungen. So wurden verschiedene Programme und Interventionen entwickelt (für einen Überblick vgl. Allen u. a. 2022; Veerman/Denessen 2021), durch die

- ein sozial kohäsives Klima in der Gruppe der Lernenden gestärkt werden soll (vgl. Rathmann u. a. 2018; Thornberg u. a. 2022),
- Lernende stärker in soziale Netzwerke eingebunden und Peer-Viktimisierung und Peer-Gewalt vorgebeugt werden soll (vgl. z. B. Alan u. a. 2021; Cordier u. a. 2018; Kármán/Szekeres/Papp 2022),
- das Gefühl von Zugehörigkeit („sense of belonging") insbesondere für Lernende gestärkt werden soll, die – aufgrund ihrer Gruppenzugehörigkeiten (z. B. Schülerinnen und Schüler aus nichtakademischen Elternhäusern oder aus ethnischen Minoritäten) – häufiger anzweifeln, ob sie dazugehören (vgl. z. B.

Graham/Kogachi/Morales-Chicas 2022; Murphy u. a. 2020; Williams u. a. 2020), oder
- prosoziales Verhalten gefördert werden soll (für einen Überblick vgl. Freitas u. a. 2021).

In einer systematischen Analyse von zwischen 1999 und 2021 veröffentlichten Arbeiten über Interventionen zur Stärkung sozialer Kohäsion bei Schülerinnen und Schülern identifizierten Allen u. a. (2022) 22 kontrollierte Studien, von denen 14 über eine wirksame Intervention zur Steigerung des Gefühls, zur eigenen Schule dazuzugehören, berichten konnten. Die erfolgreichen Interventionen zielten auf die Stärken der Jugendlichen und förderten positive Interaktionen zwischen den Lernenden sowie zwischen Jugendlichen und pädagogischen Fachkräften. Als sehr wirksam zur Stärkung von Zugehörigkeitserleben haben sich auch Interventionen erwiesen, die die sogenannten Weisen Interventionen („wise interventions") von Walton nutzen. Deren zentraler Gedanke besteht darin, dass Lernende lernen sollen, Schwierigkeiten im akademischen Setting (z. B. eine schlechte Note) nicht darauf zurückzuführen, dass sie nicht dazugehören würden (z. B. zum Gymnasium), sondern als etwas Normales und Vorübergehendes wahrzunehmen (für einen Überblick vgl. Walton/Yeager 2020).

1.4.3 Kerndimension Identifikation

Um die Bedeutung der Dimension Identifikation für soziale Kohäsion zu ermitteln, sind die Theorie der sozialen Identität (vgl. Tajfel/Turner 1979) und die Selbstkategorisierungstheorie (vgl. Turner 1987; Turner/Reynolds 2012) hilfreich. Sie können zu einer Erklärung von Phänomenen beitragen, die derzeit gehäuft zu beobachten sind und auf einen Rückgang sozialer Kohäsion in der Gesellschaft verweisen. Beispiele sind Überfälle auf Regierungsgebäude oder Wohnheime von Geflüchteten; Angriffe auf Polizei, Feuerwehr und Rettungskräfte; Verunglimpfung von Befürwortenden und gesellschaftlichen Repräsentantinnen und Repräsentanten der COVID-19-Schutzimpfung. Die Theorien nehmen an, dass solche Phänomene nicht durch Motivation und individuelle Merkmale der beteiligten Individuen, sondern vielmehr durch Beziehungen zwischen verschiedenen sozialen Gruppen (sogenannte Intergruppenbeziehungen) und die Dynamik zu erklären sind, welche sich daraus ergibt, dass sich die beteiligten Personen in der konkreten Situation nicht als Individuen, sondern als Mitglieder der jeweiligen Gruppe identifizieren. Dies ist die Grundlage dafür, dass in einer gegebenen historischen Situation eine Vielzahl von Individuen übereinstimmend eine

Situation als inakzeptabel erlebt und eine geteilte Wahrnehmung davon entsteht, dass es legitim sei, sich als Mitglied der Eigengruppe (der Gruppe, zu der man selbst gehört) auf gleichförmige Weise aggressiv oder feindselig gegenüber Mitgliedern einer Außengruppe (Gruppen, zu denen man selbst nicht gehört) zu verhalten.

Die Theorie der sozialen Identität (vgl. Tajfel/Turner 1979) postuliert, dass, weil jeder Mensch gleichzeitig Individuum und Mitglied verschiedener sozialer Gruppen ist, er neben einer personalen auch viele soziale Identitäten hat, z. B. als Mitglied der eigenen Geschlechtsgruppe, als Einwohner oder Einwohnerin eines Landes, als Mitglied einer bestimmten Firma oder als ein Exemplar der menschlichen Gattung. Wie die Beispiele zeigen, können die sozialen Gruppen, über die sich ein Mensch definiert, unterschiedlich inklusiv sein. Entsprechend kann jede Person sich auf unterschiedlichen Abstraktionsniveaus selbst kategorisieren. Von besonderer Bedeutung ist die Frage, ob eine Person sich in einer gegebenen Situation als idiosynkratische Person (personale Identität) oder als Mitglied einer bestimmten Gruppe (soziale Identität) kategorisiert. Eine soziale Selbstkategorisierung wird immer dann begünstigt, wenn eine soziale Gruppe situational hervorgehoben ist. Beispiele sind, dass eine Person bezüglich der betreffenden Gruppenzugehörigkeit in der Minderheit ist oder dass eine Konflikt- oder Wettbewerbssituation zwischen Gruppen besteht.

Die Selbstkategorisierungstheorie (vgl. Turner 1987; Turner/Reynolds 2012) erklärt nun genauer, wie solche Selbstkategorisierungen unterschiedliches Verhalten von Menschen bedingen. Eine Selbstkategorisierung gemäß der eigenen idiosynkratischen personalen Identität (z. B. „ich liebe Schach"; „ich bin sportlich") führt zu interpersonalem Verhalten („interpersonal behavior"). Das heißt, die Person folgt in ihrem Verhalten persönlichen Überzeugungen und sie nimmt sich selbst und ihr jeweiliges Gegenüber als einzigartige Individuen wahr. Eine Selbstkategorisierung gemäß einer sozialen Identität (z. B. „ich als Lehrer"; „ich als Frau") führt hingegen zu intergruppalem Verhalten des Individuums („intergroup behavior"). Das heißt, in ihrem Verhalten ist die Person nun gesteuert von dem Wissen über und dem Erleben ihrer Zugehörigkeit zu der jeweiligen sozialen Gruppe. Während interpersonales Verhalten durch große Variabilität gekennzeichnet ist, ist intergruppales Verhalten durch Gleichförmigkeit charakterisiert. Intergruppales Verhalten kann sich z. B. darin zeigen, dass die Individuen mit der Eigengruppe konform gehen, also deren Positionen und Meinungen nach außen vertreten oder sich entsprechend deren Interessen verhalten. Ein Beispiel mögen die Bekundungen von Freude von in Deutschland lebenden Türkinnen und Türken angesichts des Wahlsiegs von Präsident Erdogan sein, bei denen sie sich in ihrer sozialen Identität als türkischstämmig identifiziert und oft sehr gleichförmig verhalten haben (z. B. Schwenken der Nationalflagge, Hupen im Auto).

Für die soziale Kohäsion einer Gesellschaft sind solche Situationen relevant, in denen Menschen sich in einer sozialen und nicht einer personalen Identität selbst kategorisieren, denn das resultierende Verhalten wirkt sich auf die Intergruppenbeziehungen in der jeweiligen Gesellschaft aus. Soziale Selbstkategorisierungen können einerseits Gefühle von Zugehörigkeit zur Eigengruppe stärken, sie bieten aber auch die Grundlage für Depersonalisierung von Menschen, die nicht zur Eigengruppe gehören. Denn in Situationen, in denen eine Person sich über eine soziale Identität kategorisiert, nimmt sie Außengruppenmitglieder nicht mehr als Individuen, sondern nur noch als undifferenzierte Repräsentanten der entsprechenden sozialen Kategorie wahr. So können die Straßendemonstrationen der Anhängerinnen und Anhänger von Erdogan zwar das Gefühl von Zusammenhalt innerhalb ihrer kulturellen Gruppe stärken. Sie können gleichzeitig aber auch dazu führen, dass Passantinnen und Passanten, die sich ihnen nicht anschließen, nicht mehr als Individuen, sondern nur noch in ihrer Eigenschaft wahrgenommen werden, (vermeintlich) Mitglieder der Außengruppe der Deutschen oder der Menschen zu sein, die Erdogan kritisch gegenüberstehen. In dieser Situation ist die Wahrscheinlichkeit erhöht, dass zwischen den Gruppen negative Einstellungen entstehen oder negative Verhaltensweisen gezeigt werden. Wie das Beispiel zeigt, können eine starke Identifikation mit und ein starker Zusammenhalt innerhalb der Eigengruppe durchaus eine Ressource darstellen, sie können aber auch mit Nachteilen verbunden sein, nämlich einer Abgrenzung von der jeweiligen Außengruppe und negativen Einstellungen und Verhaltensbereitschaften gegenüber der Außengruppe.

1.4.4 Strategien positiver Distinktheit: Die Strategie der sozialen Identität

Kategorisiert sich eine Person entsprechend einer situational salienten sozialen Identität, wird der Theorie der sozialen Identität (vgl. Tajfel/Turner 1979) und der Selbstkategorisierungstheorie (vgl. Turner 1987; Turner/Reynolds 2012) zufolge ein Bestreben nach einer positiven Bewertung dieser Identität ausgelöst. Die Person stellt Vergleiche zwischen ihrer Eigengruppe und relevanten Außengruppen an, um festzustellen, welche der Gruppen besser abschneidet, wie wichtig die Vergleichsdimension und wie relevant die Vergleichsgruppe für die Eigengruppe ist. Konstatiert die Person dabei, dass ihre Eigengruppe auf einer wichtigen Vergleichsdimension positiv distinkt von den Außengruppen ist, wird die eigene soziale Identität gestärkt und aufgewertet. Stellt sie hingegen fest, dass eine Außengruppe auf einer wichtigen Vergleichsdimension überlegen ist und diese Gruppe noch dazu relevant ist (da sie auch auf anderen Vergleichsdimensionen ähnlich ist), werden Strategien zum Erzielen positiver Distinktheit eingesetzt. Hierbei werden drei Unterformen von Strategien differenziert: Soziale Mobilität, sozialer Wettbewerb und soziale Kreativität.

1.4.5 Strategie der sozialen Mobilität

Die Strategie der sozialen Mobilität besagt, dass ein Individuum in dem Bestreben nach positiver Distinktheit die eigene Gruppe zu verlassen und der statushöheren Gruppe beizutreten versucht. Beispiele sind eine Aussiedlerin, die durch Heirat eines Deutschen ein Mitglied der Majoritätsgesellschaft werden möchte, oder ein junger Mann aus nicht akademischem Elternhaus, der durch Aufnahme eines Hochschulstudiums sozial aufzusteigen versucht. Soziale Mobilität ist jedoch nicht möglich, wenn z. B. die soziale Identität sich auf ein unveränderbares persönliches Merkmal (z. B. Hautfarbe, Geschlecht) bezieht oder wenn soziale Mobilität von der Gesellschaft vereitelt wird.

Soziale Mobilität eröffnet Chancen für die Person, ist aber auch mit Risiken verbunden, da sie von der Ingroup, die sie verlassen will, für ihre Aufstiegsmotivation abgewertet werden kann. Diese Annahme wird durch eine experimentelle Studie von Laar u. a. (2014) gestützt. Mitglieder ethnischer Minoritäten in den Niederlanden (aus Marokko, Surinam, der Türkei und von den Antillen) sollten eine fiktive Person aus ihrer eigenen ethnischen Gruppe beurteilen, die beruflich in den Niederlanden sehr erfolgreich war. Die zu beurteilende Person sagte von sich, sie würde sich im Beruf so verhalten, wie es in den Niederlanden üblich ist, da ein Verhalten im Einklang mit den Sitten und Gebräuchen ihrer ethnischen Gruppe nicht zum Kontext ihrer Arbeit passen würde, und dass ihre ethnische Ingroup ihr emotional nicht viel bedeuten würde. Die Ergebnisse zeigten, dass die Befragten diese fiktive Person weniger als Mitglied ihrer Ingroup akzeptierten und weniger in ihrem sozialen Aufwärtsstreben unterstützten als eine andere fiktive Person, die auf dieselbe Weise beschrieben worden war, außer dass sie von sich gesagt hatte, sie würde sich mit ihrer ethnischen Ingroup emotional identifizieren.

Eine kohäsive Gesellschaft ermöglicht soziale Mobilität, d. h., sie bietet Menschen die Chance an, durch eigene Anstrengung statusniedrige Positionen zu verlassen. Ein Beispiel stellt ein durchlässiges Bildungssystem dar. Auf gesellschaftlicher Ebene bleiben die Intergruppenbeziehungen und der Status der Gruppen zueinander durch die Gewährleistung sozialer Mobilität unberührt, wohl aber verstärken sich die Kontrollmöglichkeiten des Einzelnen, den eigenen Status positiv zu verändern. Bei der Strategie des sozialen Wettbewerbs, der sich meist in Formen zeigt, welche die soziale Kohäsion einer Gesellschaft schwächen, verhält es sich anders.

1.4.6 Strategie des sozialen Wettbewerbs

Sozialer Wettbewerb ist eine zweite in der Theorie der sozialen Identität (vgl. Tajfel/Turner 1979) und der Selbstkategorisierungstheorie (vgl. Turner 1987; Turner/Reynolds 2012) beschriebene Strategie, wie Gruppen in einer Vergleichssituation soziale Distinktheit erzielen können. Mit dieser Strategie wird das Ziel verfolgt, die Intergruppenbeziehungen zu Gunsten der Eigengruppe zu verändern (vgl. Tajfel/Turner 1979). Zu sozialem Wettbewerb kommt es immer dann, wenn soziale Vergleiche auf einer für Eigengruppe und Außengruppen wichtigen und gemeinsamen Wertdimension möglich sind und sich die Vergleichsgruppen auch in anderen Wertdimensionen ähnlich sind, also miteinander vergleichbare Gruppen darstellen. Kommt eine Gruppe dabei zu der Einschätzung, dass die Eigengruppe unterlegen ist, ist intergruppales Verhalten den theoretischen Annahmen zufolge nun von dem Streben geprägt, die bedrohte positive Distinktheit wieder herzustellen. Dieses kann sich in zwei unterschiedlichen Phänomen zeigen, der Favorisierung der Eigengruppe gegenüber den Außengruppen („ingroup favoritism" oder Eigengruppenfavorisierung) und, in extremer Form, in Abwertung oder Feindseligkeit gegenüber der Außengruppen („outgroup derogation", „outgroup hostility"; vgl. z. B. Grigoryan u. a. 2023). Beide Phänomene sind sozialer Kohäsion abträglich.

Eigengruppenfavorisierung kann sich darin manifestieren, dass in einer Wettbewerbssituation (vermeintlich) positive Merkmale der Eigengruppe (z. B. Traditionen oder Werte, Errungenschaften) hervorgehoben werden, um die Distinktheit der Eigengruppe zu unterstreichen. Ein Beispiel kann das Tragen religiöser Symbole von Mitgliedern religiöser Minoritäten sein (vgl. Brünig/Fleischmann 2015). Damit einhergehend gewinnt der entsprechende Identitätsaspekt für die Individuen oft noch an Bedeutung. Dies kann eine Erklärung dafür bieten, warum bedrohte oder marginalisierte Identitäten (z. B. Angehörige der jüdischen oder muslimischen Religionsgemeinschaft, Schwarze, Menschen mit nicht heterosexueller Orientierung) stärker identitätsrelevant sind und mit stärkerer Eigengruppenfavorisierung einhergehen als nicht bedrohte oder nicht marginalisierte Identitäten (vgl. z. B. Essien/Calanchini/Degner 2021). Auch eine subjektive Aufwertung der Bedeutsamkeit marginalisierter oder bedrohter Identitäten (z. B. als Mitglied einer zugewanderten Gruppe) kann sozialer Kohäsion abträglich sein, nämlich immer dann, wenn dies auf Kosten der subjektiven Bedeutsamkeit von Identitäten geht, die auf die Mitgliedschaft der Person in der Mehrheitsgesellschaft bezogen sind (z. B. als Mitglied der Residenzkultur).

Eigengruppenfavorisierung kann sich den Annahmen der Theorie der sozialen Identität (vgl. Tajfel/Turner 1979) und der Selbstkategorisierungstheorie (vgl. Turner 1987; Turner/Reynolds 2012) zufolge auch darin zeigen, dass die Eigengruppe gegenüber den Außengruppen bevorzugt behandelt wird, wie wenn im Wettbewerb um begrenzte Ressourcen die Eigengruppe mehr Hilfe oder Unterstützung erfährt (vgl. Grigoryan u. a. 2023; Xiao u. a. 2022). Mit der Favorisierung werden nicht nur das Zugehörigkeitserleben zur Eigengruppe, sondern auch die materiellen Ressourcen und Opportunitäten gestärkt, die der Eigengruppe zur Verfügung stehen (vgl. Hackel/Zaki/Bevel 2017). Ein Beispiel kann in dem Vorschlag der Partei AfD gesehen werden, dass ukrainische Flüchtlinge nicht Leistungen nach dem Zweiten Buch des Sozialgesetzbuches (SGB II; § 1 Aufgabe und Ziel der Grundsicherung für Arbeitssuchende), sondern nach dem Asylbewerberleistungsgesetz erhalten sollten (vgl. Antrag der AfD im Deutschen Bundestag vom 18.10.2022)[9]. Von diesem Vorschlag konnte sich die Partei Zustimmung aus ihrer Wählerschaft von Personen erhoffen, die von Grundsicherung leben. Auch eine solche Favorisierung der Eigengruppe kann sich abträglich auf die soziale Kohäsion einer Gesellschaft auswirken, weil in den Außengruppen Gefühle von Ungerechtigkeit und Benachteiligung entstehen können, die wiederum negative Intergruppeneinstellungen begünstigen.

In extremer Form kann sich den Annahmen der beiden Theorien zufolge das Streben nach sozialer Distinktheit in einer Wettbewerbssituation auch in „outgroup derogation" oder „outgroup hostility" zeigen (vgl. Turner/Reynolds 2012). Durch die Abwertung von Außengruppen wird die positive Distinktheit der Eigengruppe bewahrt und gleichzeitig das auf die eigene Gruppenzugehörigkeit bezogene Selbstwertgefühl und Zugehörigkeitserleben gestärkt (vgl. z. B.

---

[9]   Vgl. https://dserver.bundestag.de/btd/20/013/2001347.pdf.

Abrams/Hogg 1988; Correll/Park 2005; Iacoviello u. a. 2017). Die Abwertung von Außengruppen kann in negativen oder feindseligen Intergruppeneinstellungen und -gefühlen, in Vorurteilen, diskriminierendem Verhalten und sogar in gewaltsamen Auseinandersetzungen zwischen den Gruppen sichtbar werden. Ein Beispiel für negative Intergruppengefühle zeigt die Studie von Cikara, Botvinick und Fiske (2011): Bei den Versuchspersonen wurden durch den Misserfolg eines Außengruppenmitglieds neuronale Reaktionsmuster ausgelöst, die mit positiven Gefühlen assoziiert sind, und durch den Erfolg eines Außengruppenmitglieds neuronale Muster, die mit negativen Gefühlen assoziiert sind. Ein Beispiel für feindseliges Intergruppenverhalten ist, dass insbesondere solche Menschen, die sich selbst von sozialem Abstieg bedroht sehen, gegenüber Zugewanderten oder Geflüchteten negative Verhaltensbereitschaften angeben (vgl. z. B. Albada/Hansen/Otten 2021; Castillo u. a. 2023; Hövermann 2013; Naumann/Stoetzer/Pietrantuono 2018), also die Gruppe der Autochthonen, die die bisherige Statusüberlegenheit ihrer Eigengruppe im sozialen Wettbewerb um Ressourcen mit den neu hinzukommenden Außengruppen in Frage gestellt sieht.

Die Abwertung oder Diskriminierung von Außengruppen geht nicht nur mit negativen Intergruppeneinstellungen einher; Menschen können auf Diskriminierungserfahrungen auch damit reagieren, dass die bedrohte soziale Identität für sie subjektiv noch zentraler oder bedeutsamer wird. Die gestärkte Bedeutsamkeit einer bedrohten Identität kann für die Person zwar eine Ressource darstellen, geht aber auch oft damit einher, dass andere Identitäten, die ebenfalls eine Ressource darstellen, an Bedeutung verlieren – so wie wenn eine Person mit einer Zuwanderungsgeschichte sich selbst vor allem als Mitglied ihrer Herkunftskultur und nicht als Mitglied der Residenzkultur definiert (vgl. z. B. Fleischmann/Leszczensky/Pink 2019).

Zusammengefasst spricht die in der Forschung zur Theorie der sozialen Identität (vgl. Tajfel/Turner 1979) und zur Selbstkategorisierungstheorie (vgl. Turner 1987; Turner/Reynolds 2012) generierte Empirie dafür, dass durch das Streben gesellschaftlicher Gruppen nach positiver Distinktheit im sozialen Wettbewerb die Kohäsion einer Gesellschaft geschwächt wird. Denn dieses Streben verursacht negative Intergruppeneinstellungen, führt zu einer Zunahme der subjektiven Bedeutsamkeit bedrohter sozialer Identitäten – gegebenenfalls auf Kosten der Bedeutsamkeit von auf die Zugehörigkeit zur Mehrheitsgesellschaft bezogenen Identitäten – und kann sich in wechselseitig diskriminierenden oder feindseligen Verhaltensweisen der Gruppen zeigen.

1.4.7   Strategie der sozialen Kreativität

Im Unterschied dazu kann von der dritten im Rahmen der beiden Theorien beschriebenen Strategie zur Bewahrung positiver Distinktheit im Wettbewerb zwischen Gruppen angenommen werden, dass sie der sozialen Kohäsion einer
Gesellschaft sogar zuträglich ist. Die Strategie der sozialen Kreativität sieht vor,
dass in einer intergruppalen Vergleichssituation entweder die Dimensionen, anhand derer verglichen wird, oder die Gruppen neu definiert werden, die miteinander verglichen werden. Hier verändern Menschen ihre Wahrnehmung auf eine
Weise, dass positive Distinktheit erzielt werden kann, ohne dass Intergruppen-
verhältnisse negativ beeinträchtigt würden (vgl. Tajfel/Turner 1979). Dieses können Menschen auf unterschiedlichen Wegen erreichen (vgl. Tajfel/Turner 1979).
Sie können andere Vergleichsdimensionen betonen, auf denen die Eigengruppe
von relevanten Außengruppen positiv distinkt ist. Als ein Beispiel mag die Aussage des früheren Oberbürgermeisters von Berlin, Klaus Wowereit, gelten, der
2003 sagte, Berlin sei „arm, aber sexy" (für ein ähnliches Beispiel vgl. Bezouw/
Toorn/Becker 2020). Eine weitere Möglichkeit ist, dass die negativen Attribute,
die einer Gruppe zugeschrieben werden, von ihr positiv umgedeutet werden. So
hätte Wowereit auch sagen können, arm zu sein bedeute, dass Berlin jung und
jugendlich sei oder dass man in Berlin auf die wahren Werte statt auf materielle
Werte und Luxus achten würde.

Schließlich besteht der Theorie der sozialen Identität (vgl. Tajfel/Turner 1979) und
der Selbstkategorisierungstheorie (vgl. Turner 1987; Turner/Reynolds 2012) zufolge die Möglichkeit, dass die Kategorisierung von Eigengruppe und Außengruppen entweder verbreitert oder aber auch verfeinert wird, um einer sozialen
Wettbewerbssituation zu entgehen. Dadurch, dass Menschen die von verschiedenen sozialen Gruppen geteilten Merkmale und Werte fokussieren, werden
Gemeinsamkeiten und gemeinsame Ziele betont und positive Intergruppenbeziehungen gefördert. Damit einhergehend wird das Gefühl der Zusammengehörigkeit gestärkt und potenzielle Konflikte abgeschwächt. Ein Beispiel ist
der Slogan der Partei der Grünen, „Global denken, lokal handeln"[10], der ausdrückt, dass es im Kampf gegen den Klimawandel keine Gruppen mit unterschiedlichen Interessen geben kann, sondern der Schutz der Umwelt eine gemeinsame Aufgabe aller Menschen ist und gleichzeitig jede und jeder Einzelne
auf lokaler Ebene einen Beitrag zum Klimaschutz leisten muss.

---

[10] Vgl. https://gruene-fraktion-brandenburg.de/im-parlament/reden/rede-axel-vogel-zum-klimaantrag-global-
denken-lokal-handeln.

1.4.8 Stärkung sozialer Kohäsion in der Theorie der sozialen Identität und Selbstkategorisierungstheorie

Die Theorie der sozialen Identität (vgl. Tajfel/Turner 1979) und Selbstkategorisierungstheorie (vgl. Turner 1987; Turner/Reynolds 2012) verweisen auf den Sachverhalt, dass Menschen sich situationsabhängig in unterschiedlicher Weise selbst kategorisieren. Eine soziale Selbstkategorisierung kann dazu führen, dass Menschen in dem Streben nach positiver Distinktheit die Eigengruppe bevorzugen und Außengruppen abwerten oder diskriminieren, also soziale Kohäsion auf gesellschaftlicher Ebene geschwächt wird. Eine Schlussfolgerung daraus kann sein, dass Menschen bevorzugt in ihren personalen Identitäten statt ihren sozialen Identitäten angesprochen werden sollten. So könnte sich beispielsweise ein politischer Slogan wie der der Generationengerechtigkeit[11] als ungünstig erweisen, der nicht nur beim Rezipierenden spontan eine soziale Selbstkategorisierung als Mitglied der Jungen oder Alten auslösen dürfte, sondern auch eine Wettbewerbssituation schafft, in der sich beide Gruppen von der jeweiligen Außengruppe übervorteilt sehen.

Auf der anderen Seite kann eine soziale Selbstkategorisierung aber auch zuträglich für soziale Kohäsion sein, denn sie kann den Zusammenhalt innerhalb der jeweiligen Gruppe und prosoziales Verhalten gegenüber Mitgliedern der Eigengruppe stärken (vgl. z. B. Grigoryan u. a. 2023; Xiao u. a. 2022). Außerdem sind soziale Selbstkategorisierungen auch Voraussetzung für gesellschaftliches und politisches Engagement. So gibt es Belege dafür, dass sich Menschen im besonderen Maße an politischen Aktionen (z. B. in einer politischen Partei arbeiten, eine Unterschriftensammlung initiieren, kollektive Hilfe für eine bestimmte Gruppe leisten) beteiligen, wenn diese auf Gruppen bezogen sind, über die sie sich selbst definieren: Hier drückt sich eine innere Verpflichtung aus, eigene soziale Identitäten in politisches oder gesellschaftliches Engagement zu übersetzen, das der jeweiligen Eigengruppe nützt (vgl. Stürmer u. a. 2003; Stürmer/Simon 2004).

Zusammenfassend lässt sich aus der Forschung zur Theorie der sozialen Identität (vgl. Tajfel/Turner 1979) und zur Selbstkategorisierungstheorie (vgl. Turner 1987; Turner/Reynolds 2012) ableiten, dass soziale Selbstkategorisierungen unter bestimmten Randbedingungen begünstigend für die soziale Kohäsion einer Gesellschaft sein können, nämlich immer dann, wenn eine der folgenden Bedingungen gegeben ist:

---

[11] Vgl. z. B. https://www.nachhaltigkeit.info/artikel/generationengerechtigkeit_1829.htm.

- Die Selbstkategorisierung ist sehr inklusiv (z. B. Selbstkategorisierung als Mensch oder Europäerin/Europäer, im Vergleich zu einer Selbstkategorisierung als Deutsche/Deutscher).
- Die Selbstkategorisierung bezieht sich auf ein veränderbares Gruppierungsmerkmal, also auf eine Gruppe, die soziale Mobilität zulässt, deren Mitglied zu sein ein Mensch somit frei wählen kann (z. B. Mitglied in einem Sportverein, Studentin einer bestimmten Universität oder Mitglied der Gruppe von Menschen zu sein, die eine bestimmte Sprache sprechen können) und nicht auf ein unveränderliches Gruppierungsmerkmal (z. B. Mitglied einer bestimmten ethnischen Gruppe zu sein).
- Die Selbstkategorisierung bezieht sich auf eine Gruppe, die darüber definiert ist, dass sie nach sozialer Kohäsion strebt – z. B. eine soziale Bewegung, die sich für die Rechte einer Gruppe einsetzt (vgl. z. B. für homosexuell orientierte Menschen, Stürmer/Simon 2004; für übergewichtige Menschen, Stürmer u. a. 2003), eine Freiwilligenorganisation oder ein Streitschlichtungsteam an einer Schule.
- Die Person erlebt ihre verschiedenen sozialen Identitäten als miteinander kompatibel. Inkompatible duale Identitäten können soziale Kohäsion schwächen. Das am besten untersuchte Beispiel sind Menschen aus Familien mit Zuwanderungsgeschichte, die in aller Regel sowohl eine auf ihre Herkunftskultur als auch eine auf die Residenzkultur bezogene soziale Identität haben (vgl. z. B. Maehler u. a. 2021). Simon, Reichert und Grabow (2013) fanden in einem längsschnittlichen Untersuchungsdesign, dass türkisch- und russischstämmige nach Deutschland Zugewanderte in dem Maße, wie sie ihre ethnische und nationale Identität als inkompatibel erlebten, politischen Radikalismus (als Gegenteil von sozialer Kohäsion der Gesellschaft) bejahten.

Eine weitere Schlussfolgerung, die aus der Theorie der sozialen Identität und Selbstkategorisierungstheorie für die Stärkung der sozialen Kohäsion einer Gesellschaft gezogen werden kann, könnte die sein, dass Menschen gezielt in geteilten sozialen Identitäten angesprochen werden sollten, also in Identitäten, die die beteiligten Personen zu einer gemeinsamen Eigengruppe machen. Beispielsweise fanden Hellmann, Fiedler und Glöckner (2021), dass Personen gegenüber Geflüchteten stärker altruistisches Verhalten zeigten, wenn eine geteilte soziale Identität (als Bewohner derselben Stadt) gegeben war. In einer experimentellen Studie zeigten Levine u. a. (2005) ihren Versuchsteilnehmenden einen Jogger, der einen (simulierten) Unfall erlitt. Die Versuchsteilnehmenden halfen dem Jogger wahrscheinlicher, wenn er ein Fan-T-Shirt der von ihnen selbst favorisierten Fußballmannschaft trug, als wenn er ein T-Shirt einer anderen Mannschaft trug. Nachdem bei den Versuchspersonen eine übergeordnete soziale Identität als

Freunde des Fußballs situational aktiviert worden war, halfen sie dem Jogger, der die gegnerische Mannschaft favorisierte, ebenso wahrscheinlich wie dem Jogger, der Fan der eigenen Mannschaft war. Die situationale Aktivierung inklusiver sozialer Identitäten kann also im jeweiligen Kontext soziale Kohäsion stärken und feindseligem Intergruppenverhalten vorbeugen. Allerdings gilt auch hier das Problem, dass mit einer stärker inklusiven Selbstkategorisierung auch immer eine negative Interdependenz gegenüber einer auf höherem Abstraktionsniveau definierten Außengruppe verbunden ist – so wie wenn sich Fußballfreunde dann gegenüber Menschen abgrenzen, die keine Freunde des Fußballs sind. Darum ist es wichtig, situationsabhängig unterschiedliche Identitäten hervorzuheben, so dass jede einzelne Person sich in unterschiedlichen sozialen Identitäten definiert und auf diese Weise auch erkennt, dass der Status einer Gruppe nicht stabil, sondern relational und veränderlich ist.

Die Forschung zu sozialen Identitäten und Selbstkategorisierungen zeigt auf, dass – weil jede Gruppe nach positiver Distinktheit strebt – Gruppen stets negativ interdependent sind, sobald Vergleiche zwischen ihnen möglich sind. Zu einer Stärkung sozialer Kohäsion könnte entsprechend auch beitragen, wenn die negative Interdependenz von Gruppen abgeschwächt wird und damit Raum für Strategien der sozialen Kreativität geschaffen wird. Dieses kann in dem Maße erwartet werden, in dem soziale Vergleiche für eine soziale Identität nicht mehr instrumentell sind (vgl. Mummendey 1985). Eine Abschwächung der Bedeutsamkeit sozialer Vergleiche kann z. B. dadurch erzielt werden, dass soziale Bezugsnormen durch individuelle Bezugsnormen ersetzt werden; dass also z. B. Schülerinnen und Schüler oder Mitarbeitende in einer Firma nicht im sozialen Vergleich miteinander, sondern individuell auf der Grundlage definierter Kriterien bewertet werden. Weiter ergibt sich aus der beschriebenen Forschung, dass Menschen unter Umständen bevorzugt als Individuen und weniger in ihren sozialen Identitäten angesprochen werden sollten, es sei denn, sie sollen für ein (gesellschaftliches) Engagement für eine bestimmte Gruppe gewonnen werden (vgl. Stürmer/Simon 2004). In der Schule besteht z. B. die Möglichkeit, Arbeitsgruppen nicht nach Merkmalen wie Geschlecht oder Leistung zu bilden, sondern nach Merkmalen, die die Schülerinnen und Schüler selbst beeinflussen können, wie z. B. individuellen Interessen oder Vorerfahrungen. Eine weitere Möglichkeit besteht darin, Gruppen gezielt unter gleichzeitiger Verwendung mehrerer sozialer Identitäten zu bilden und dadurch deutlich zu machen, dass jeder Mensch gleichzeitig eine Vielzahl sozialer Identitäten hat, mit der Implikation, dass die dazugehörigen Gruppen sich überlappen (z. B. in der Schulklasse eine Gruppenbildung danach, wer in welchem Stadtteil lebt und wer ein Musikinstrument erlernen möchte).

Weiter zeigt die umfangreiche Forschung zur Theorie der sozialen Identität und Selbstkategorisierungstheorie, dass die negative Interdependenz sozialer Gruppen durch die Induktion gemeinsamer, übergeordneter Ziele reduziert werden kann: Kooperative Aufgaben, die verlangen, dass jede der beteiligten Personen einen Beitrag zur Lösung leistet, reduzieren Feindseligkeit und Konflikte zwischen Gruppen. So zeigen viele Studien, dass unter Bedingungen von Konkurrenz und Wettbewerb die negative Interdependenz von Gruppen steigt, also eine verstärkte Eigengruppenfavorisierung und Abwertung von Außengruppen zu beobachten ist, während nach Induktion übergeordneter gemeinsamer Ziele die Gruppen positiv interdependent werden, sichtbar in Kooperation und dem Rückgang von Außengruppendiskriminierung (für einen Überblick vgl. Ramiah/ Hewstone 2013; Wright/Aron/Brody 2008).

Schließlich ergibt sich aus der dargestellten Forschung, dass die negative Interdependenz von Gruppen abgeschwächt wird, wenn das Angebot an Bereichen ausgeweitet wird, auf denen Gruppen positive Distinktheit durch die Strategie der sozialen Kreativität erzielen können (vgl. Mummendey 1985). Dieses sollte dazu führen, dass Gruppen sich nicht in denselben, sondern qualitativ unterschiedlichen Dimensionen bewerten, denn nur solange eine Bewertung in derselben Dimension stattfindet, besteht negative Interdependenz zwischen Gruppen (vgl. Mummendey/Schreiber 1983). Ein Beispiel aus der Schule könnte sein, dass in einer kooperativen Aufgabe die Schülerinnen und Schüler für unterschiedliche Beiträge bewertet werden oder dass sie selbst auswählen können, anhand welcher Dimensionen sie ein bestimmtes Produkt von der Lehrkraft bewertet bekommen wollen.

1.4.9 Kerndimension Ausrichtung auf das Gemeinwohl

Die dritte Kerndimension sozialer Kohäsion nach Schiefer und Noll (2017), Ausrichtung auf das Gemeinwohl, umfasst das Erleben von Verantwortung für die Gemeinschaft und die Akzeptanz der sozialen Ordnung im eigenen Verhalten. Hiermit sind zentrale Aspekte demokratischer Kompetenz angesprochen, die der AKTIONSRAT**BILDUNG** in seinem Jahresgutachten 2020 beschrieben hat (vgl. vbw 2020).

Voraussetzung dafür, dass Menschen soziale Regeln und Normen akzeptieren und einhalten, ist, dass die Institutionen, die die Aufrechterhaltung der sozialen Ordnung überwachen und regulieren, eine hinreichende Legitimität in der Öffentlichkeit genießen (vgl. Schiefer/Noll 2017, S. 589). Das Gegenteil ist der Zustand der Anomie (vgl. Durkheim 1897), der charakterisiert ist über eine Diskrepanz zwischen gesellschaftlich definierten Zielen (z. B. beruflichen und materiellen Erfolg zu erlangen) und den legitimen Mitteln, die einer Person (Mikroebene) oder Gruppe (Makroebene) zur Verfügung stehen (z. B. entsprechende Bildung zu genießen oder finanzielle Mittel zur Verfügung zu haben), um diese Ziele zu erreichen (vgl. Merton 1938). Ein Mangel an gesellschaftlichen Regeln, eine Verunsicherung darüber, was legitime Mittel zur Zielerreichung sind, bedeuten Orientierungslosigkeit und Unsicherheit über Normen, was Anomie begünstigt (vgl. Hövermann/Messner/Zick 2015; Merton 1938). Merton (1938) hat angenommen, dass in dem Versuch, gesellschaftlich definierte Ziele in Ermangelung legitimer Mittel dennoch zu erreichen, normverletzendes oder deviantes Verhalten gezeigt wird („innovation"; z. B. kriminelles Verhalten oder übermäßiger Drogenkonsum) oder, dass die gesellschaftlich definierten Ziele und Mittel mit dem Ziel der Veränderung der Gesellschaft abgelehnt („retreat"; z. B. Austeigertum) oder bekämpft („rebellion") werden.

Hinweise darauf, dass relevante Anteile der Bevölkerung in Deutschland anomische Empfindungen und Einstellungen haben, ergeben sich aus einer Online-Befragung, die Wetzels und Brettfeld (2022) mit 555 in Deutschland lebenden Personen zwischen 17 und 80 Jahren durchgeführt haben. Hier zeigte sich, dass relevante Anteile der Bevölkerung die Legitimität des Staates und seiner Institutionen in Frage stellen. Die Delegitimierung zentraler demokratischer Institutionen (Politik, Wissenschaft, Medien) wurde beispielsweise in der Leugnung von COVID-19 sichtbar (z. B. stimmten 18,7 Prozent der Befragten der Aussage zu: „Das Corona-Virus ist nicht gefährlicher als eine schwere Grippe."), in ablehnenden Einstellungen zu gesellschaftlichen und staatlichen Maßnahmen zur Bekämpfung der Pandemie (z. B. stimmten 26 Prozent der Befragten der Aussage zu: „Die Coronamaßnahmen der Regierung sind willkürlich."), in der Bejahung von Verschwörungstheorien (z. B. stimmten 28 Prozent der Befragten der Aussage zu: „Geheime Organisationen haben einen großen Einfluss auf politische Entscheidungen." und 24,9 Prozent der Aussage „Politiker und andere Führungspersönlichkeiten sind nur Marionetten der dahinterstehenden Mächte.") und einem Vertrauensverlust gegenüber der Wissenschaft (z. B. stimmten 7,8 Prozent der Aussage zu: „Studien, die einen Klimawandel belegen, sind meist gefälscht."). Weiter fanden Wetzels und Brettfeld (2022) – auch nach Kontrolle des Einflusses des Bildungshintergrunds der Befragten – deutliche Zusammenhänge zwischen verschwörungstheoretisch konnotierten Formen der Delegitimierung demokratischer Institutionen auf der einen Seite und Intoleranz, Demokratieablehnung und der Ausgrenzung von Zugewanderten und Minderheiten (z. B. Homosexuelle, Jüdinnen und Juden) auf der anderen Seite. Personen, die sehr stark zu einer verschwörungstheoretischen Delegitimierung demokratischer Institutionen neigten, zeigten auch besonders starke Ausprägungen auf Skalen, die Fremdenfeindlichkeit (z. B. „In Deutschland leben zu viele Ausländer.") oder die Einstellung erfassen, dass Etablierte Vorrechte gegenüber anderen erhalten sollten (z. B. „Wer irgendwo neu ist, sollte sich erstmal mit weniger zufrieden geben."; vgl. Wetzels/Brettfeld 2022, S. 19f.). Wetzels und Brettfeld (2022) schlussfolgern, dass „Einstellungen, die durch eine verschwörungstheoretisch konnotierte Delegitimierung von Politik, Wissenschaft und Medien (also von zentralen Institutionen einer demokratischen Gesellschaft) geprägt sind, einen zentralen Risikofaktor für die Etablierung von Ungleichwertigkeitsideologien darstellen. Sie gehen mit einer ganz deutlichen Erhöhung der Wahrscheinlichkeit von Intoleranz und Vorurteilen gegenüber Minderheiten und Fremdgruppen einher, denen ein hohes Potential innewohnt, zu sozialen Spaltungen und der Verschärfung sozialer Gegensätze und Konflikte beizutragen" (S. 30).

Als wesentliche Determinanten eines abnehmenden Vertrauens in demokratische Institutionen und einer Zunahme anomischer Empfindungen und Einstellungen werden die großen aktuellen gesellschaftlichen Krisen gesehen, durch die in der Bevölkerung ein starkes Bedürfnis nach Information und Orientierung und gleichzeitig ein besonderes Erfordernis, dass Menschen zum Gemeinwohl beitragen und sich solidarisch verhalten, entstanden sind, nämlich die starken Migrationsbewegungen (vgl. z. B. Castillo u. a. 2023), die COVID-19-Pandemie (vgl. z. B. Viehmann/Ziegele/Quiring 2022; Wetzels/Brettfeld 2022) sowie die Bedrohung durch Krieg (vgl. z. B. Riad u. a. 2022) und Klimawandel (vgl. z. B. Momsen/Ohndorf 2023). In krisenhaften Zeiten suchen Menschen in besonders starkem Maße nach Orientierung, so dass die Art der Informationsquellen, die sie nutzen, einen besonders deutlichen Einfluss darauf nimmt, welche Reaktionen die Krise in ihnen auslöst. So fanden beispielsweise Viehmann, Ziegele und Quiring (2022) in einer repräsentativen Stichprobe deutscher Erwachsener, dass Informationssuche über die COVID-19-Pandemie in hochwertigen Medien (öffentlich-rechtliches Fernsehen, regionale oder überregionale Tageszeiten) dazu führte, dass der öffentliche Diskurs als sachlich und beruhigend wahrgenommen wurde, was wiederum vorhersagte, dass die Personen ein gestärktes Gefühl sozialer Kohäsion (Gefühl, dass die Gesellschaft, die eigene Person eingeschlossen, solidarisch ist) hatten. Umgekehrt verstärkte die Informationssuche in Medien mit geringer Qualität die Wahrnehmung, dass der öffentliche Diskurs von Panik, Angst und Hilflosigkeit geprägt sei, was wiederum das Gefühl abschwächte, dass die Gesellschaft sozial kohäsiv der Krise begegnen würde. Als

Medien mit geringer Qualität wurden hierbei kommerzielle Fernsehsender, Boulevardpresse und insbesondere Internetseiten klassifiziert, die Falschinformationen, Verschwörungstheorien und politisch extreme Positionen verbreiten und sich dadurch selbst damit charakterisieren, dass sie die angeblich falsche Berichterstattung der Elite entlarven würden („alternative news sites"). Ähnlich fanden Schäfer u. a. (2023), dass Studierende in Deutschland, die sich nicht gegen das COVID-19-Virus haben impfen lassen oder impfen lassen wollen, ein geringeres Vertrauen in Informationsquellen des Staates, der Regierung und von Institutionen des Gesundheitswesens angaben und umgekehrt „alternative news sites" und Internet-Blogs für glaubwürdigere Informationsquellen hielten als geimpfte Studierende.

Auf welche Weise das Verantwortungsgefühl für die Gemeinschaft, Vertrauen in demokratische Institutionen und die Akzeptanz der sozialen Ordnung gestärkt werden können, ist im Gutachten des AKTIONSRATS**BILDUNG** „Bildung zu demokratischer Kompetenz" (vgl. vbw 2020) in Form von Maßnahmen beschrieben worden, die auf die Förderung demokratischer Kompetenz ausgerichtet sind. Hierzu gehört die Förderung politischen und zivilgesellschaftlichen Wissens und des Verständnisses demokratischer Strukturen, die Stärkung politischer Selbstwirksamkeit, nämlich der Überzeugung, auf politische Prozesse Einfluss nehmen zu können, und der Motivation und Bereitschaft, durch eigenes Handeln zur Aufrechterhaltung oder Herstellung demokratischer Werte beizutragen. Politischer Aufklärung und Kommunikation über qualitativ hochwertige Medien und in Bildungssettings kommt somit eine immanent wichtige Bedeutung zu, um die soziale Kohäsion der Gesellschaft zu schützen.

2 Frühe Bildung

In den ersten Lebensjahren entwickeln sich die grundlegenden kognitiven und sozialen Fähigkeiten von Kindern und damit auch die Basis für die weitere Entwicklung zu engagierten und politisch interessierten Schülerinnen und Schülern beziehungsweise Mitgliedern der Gesellschaft. Die aktuellen Krisen, die z. B. durch den Klimawandel beziehungsweise die COVID-19-Pandemie ausgelöst wurden, der Krieg in der Ukraine und damit verbundene Flucht- und Migrationsbewegungen, das Kriegsgeschehen in Israel, Krisen, die aber auch durch den demografischen Wandel verursacht wurden, beeinflussen das Leben junger Kinder in ihren Familien und den Einrichtungen früher Bildung, Erziehung und Betreuung bereits erheblich. Diese Zeit geht mit besonderen Herausforderungen für Kinder, Familien und Bildungseinrichtungen einher. Sozialer Zusammenhalt kann schon in den ersten Lebensjahren einen Resilienzfaktor und Beschleunigungsfaktor zur Bewältigung der neuen Herausforderungen darstellen. Die Aufgabe der Herstellung einer flächendeckenden Infrastruktur der frühen Betreuung, Bildung und Erziehung sowie die Sicherung und Herstellung der pädagogischen Qualität dokumentieren dabei einerseits zentrale Herausforderungen, andererseits bietet das frühe Bildungs- und Betreuungssystem wie kaum ein anderer gesellschaftlicher Bereich eine Chance für die Stärkung der sozialen Kohäsion. Einerseits können hier neben kognitiv-sprachlichen Kompetenzen spezifische zentrale Kompetenzen (z. B. prosoziales Verhalten, Perspektivübernahme, Selbstregulation) gefördert und gestärkt werden, andererseits stellen Kindertageseinrichtungen Orte dar, in denen unterschiedliche Gesellschaftsgruppen und unterschiedliche Generationen zusammentreffen, so dass diese Orte als Knotenpunkte von Netzwerken und sozialwirtschaftlichen Einheiten gesehen werden können.

Sozialer Zusammenhalt steht in engem Zusammenhang mit Chancengerechtigkeit. Da das Phänomen systemisch betrachtet wird, wird in diesem Gutachten vorzugsweise der Begriff „soziale Kohäsion" benutzt. Zunächst sind spezifische Krisenphänomene für die soziale Kohäsion in der frühen Bildung und alterstypische Möglichkeiten zur Stärkung der sozialen Kohäsion zu identifizieren. Diese werden nach Mikro-, Makro- und Mesoebene differenziert. Die individuelle Ebene bezieht sich für die frühe Bildung auf Kinder, Familien und Fachkräfte, die Mesoebene auf die Beziehungen zwischen Mikrosystemen und die Makroebene auf die Einrichtungen und die höheren Steuerungsebenen.

2.1 Krisenphänomene

2.1.1 Soziale und herkunftsbezogene Disparitäten

Soziale und herkunftsbedingte Disparitäten stellen eine zentrale Gefahr für die soziale Kohäsion dar. Die Förderung der Möglichkeiten aller Kinder auf schulische und berufliche Chancen repräsentiert dementsprechend eine wichtige Möglichkeit der Förderung der sozialen Kohäsion. Die Lern- und Leistungsentwicklung, aber auch die Entwicklung sozioemotionaler Kompetenzen weist schon früh eine große Varianz auf, d. h., Kinder unterscheiden sich schon im sehr jungen Alter (zwei bis drei Jahre) in ihren Fähigkeiten und Entwicklungsmaßen voneinander. Kinder aus Familien mit geringerem Bildungsstand, mit geringem Einkommen oder Kinder aus Familien, in denen eine andere Familiensprache als Deutsch gesprochen wird, weisen schon in den ersten Lebensjahren schlechtere sprachlich-kognitive Kompetenzen und sozioemotionale Fähigkeiten auf als Kinder aus Familien mit höherem Bildungsstand, höherem Einkommen und deutscher Familiensprache (vgl. Anders 2013 für einen Überblick; Melhuish u. a. 2015). Skopek und Passaretta (2021) haben kürzlich auf Basis von Daten des Nationalen Bildungspanels gezeigt, dass bildungsbedingte Disparitäten in den Kompetenzen deutlich vor Eintritt in die Grundschule entstehen (siehe Abbildung 3). Sie kommen zu dem Schluss, dass 50 bis 80 Prozent der Kompetenzunterschiede im Grundschulalter auf das vorschulische Alter zurückzuführen sind. Aktuelle Schulleistungsstudien, wie die neue PISA-Studie und die IGLU-Studie (vgl. McElvany u. a. 2023), illustrieren nun zusätzlich, dass diese frühen Bildungsbenachteiligungen mit verantwortlich dafür sind, wenn ein zunehmender Anteil von Schülerinnen und Schülern in der vierten Klasse basale Kompetenzen wie das Lesen, Schreiben und Rechnen nicht beherrscht. Diese Kinder haben kaum eine Chance auf einen erfolgreichen Bildungsweg und Bildungsabschluss in den weiterführenden Schulen. Ein perspektivisch steigender Anteil an jungen Erwachsenen wird somit keine Chance auf den erfolgreichen Abschluss einer Ausbildung oder eines Studiums haben und somit ein erhöhtes Armutsrisiko und weniger Teilhabe im Erwachsenenalter erleben. Selbstverständlich wird hier die Bedeutsamkeit der familialen Ressourcen unterstrichen. Aber auch die Notwendigkeit früher Bildungsprogramme und kompensatorischer Maßnahmen verdeutlicht.

2.1.2   Fachkräftemangel

Aktuell erleben wir an vielen Stellen, wie sich der demografische Wandel zunehmend in einem Fachkräftemangel manifestiert. Dieser ist aber in kaum einem Berufsfeld so eklatant wie in der frühen Bildung. Das frühkindliche Bildungs- und Betreuungssystem befindet sich seit mehreren Jahren in einem starken Ausbau. Insbesondere für den Altersbereich der Kinder unter drei Jahren sind der Betreuungsbedarf und das Betreuungsangebot in den letzten 15 Jahren stark gestiegen. Seit 2018 gilt der Rechtsanspruch auf einen Betreuungsplatz ab dem vollendeten ersten Lebensjahr für jedes Kind. Diese Entwicklung geht mit einem erhöhten Fachkräftebedarf einher. Seit 2006 ist der Personalbestand in der Kindertagesbetreuung um 92 Prozent angestiegen (vgl. Autorengruppe Fachkräftebarometer 2021). Der Platzbedarf ist allerdings immer noch größer als das Platzangebot. Dementsprechend besteht auch weiterhin ein Fachkräftemangel, welcher sich durch den Ausbau der Ganztagsbetreuung im Primarschulbereich noch verstärken wird, da auch hier Erzieherinnen und Erzieher tätig sind. Darüber hinaus besteht die Notwendigkeit der Steigerung der pädagogischen Qualität in der frühen Bildung. Einige Maßnahmen der Qualitätssteigerung, wie z. B. ein angemessener Personalschlüssel, mehr zeitliche Ressourcen für Fort- und Weiterbildung, Teamentwicklung, mehr Zeit für die Vor- und Nachbereitung pädagogischer Angebote sowie für die Zusammenarbeit mit Familien, implizieren zusätzlichen Personalbedarf.

Die Sicherstellung einer qualitativ hochwertigen Kindertagesbetreuung für alle Kinder ist aus vielerlei Gründen eine Voraussetzung für die Verhinderung sozialer Zersplitterung der Gesellschaft. Zunächst einmal ermöglicht die Bereitstellung von Angeboten der Kindertagesbetreuung Erwerbstätigkeit von beiden Eltern, was vor dem Hintergrund des allgemeinen Fachkräftemangels auch ein wichtiger Beitrag zur Stabilisierung der Wirtschaft und Gesellschaft ist. Die Sicherung des Fachkräftebedarfs ist die ebenso zentrale Voraussetzung für die Bereitstellung von Betreuungsplätzen und Bildungsangeboten für die Kinder aller Familien mit entsprechendem Bedarf. Aktuell ist eine selektive Inanspruchnahme von Kindertagesbetreuung zu beobachten, vor allem für Kinder unter drei Jahren. Gerade Kinder aus sozioökonomisch schwachen Familien oder Kinder, die eine andere Familiensprache als Deutsch sprechen, kommen später in eine Kita als andere Kinder. Für diese Kinder wäre eine frühe Inanspruchnahme wünschenswert, da so beispielsweise ein deutschsprachiges Umfeld hergestellt werden kann und frühe Bildungsmaßnahmen kompensatorisch wirken können. Initiativen zur Steigerung der Inanspruchnahme der Kindertagesbetreuung durch solche Familien können allerdings in Zeiten des Platzmangels und entsprechender Konkurrenzsituationen ebenfalls ein Krisenmoment für den sozialen Zusammenhalt darstellen.

Ein angemessener Personalschlüssel gilt als Grundvoraussetzung qualitativ hochwertiger Bildungsangebote. Wenn frühe Bildung einen Beitrag zur sozialen Kohäsion leisten soll, dann muss sie eine hohe pädagogische Qualität aufweisen. In Zeiten der personalen Unterausstattung laufen viele Einrichtungen Gefahr, sich in eine Abwärtsspirale zu begeben. Personale Unterausstattung kann zu organisationaler Instabilität und erhöhtem arbeitsbedingtem Stress führen, was wiederum in Arbeitsunfähigkeit oder Ausstieg aus dem Beruf münden kann, und so die Fluktuation und das Ausmaß der personalen Unterausstattung noch verstärken (vgl. Viernickel u. a. 2014).

2.1.3 Weitere verstärkende Faktoren

Die aktuellen Rahmenbedingungen der Epochenwende verstärken die Gefahr der Zersplitterung der sozialen Kohäsion bereits im vorschulischen Alter. Zunächst ist hier der zunehmende Anteil an Kindern zu nennen, die unterhalb der Armutsgrenze aufwachsen. Dieser Umstand wirkt auf die Vergrößerung sozial bedingter Disparitäten und die Gefährdung des sozialen Zusammenhalts ein. Darüber hinaus nimmt der Anteil an Kindern mit Migrationshintergrund und mit anderen Familiensprachen als Deutsch zu. Diese Entwicklung könnte die soziale Kohäsion unter bestimmten Bedingungen grundsätzlich fördern. Es ist aber festzustellen, dass hierdurch häufig größere Herausforderungen mit Blick auf die familialen Anregungsbedingungen vorliegen (vgl. Kapitel 3). Darüber hinaus zeigt sich zusätzlich, dass bislang ein negativer Zusammenhang zwischen dem Anteil der Kinder mit Migrationshintergrund und der pädagogischen Prozessqualität in Kindertageseinrichtungen festgestellt werden kann (vgl. Kuger/Kluczniok 2009; Anders u. a. 2021). Dieses verdeutlicht, dass es in der frühkindlichen Bildung nicht gelingt, Diversität und Multikulturalität als pädagogische Ressource aufzugreifen. Das ist insofern von besonderer Bedeutung, als hierdurch die herkunftsbedingten Disparitäten verstärkt werden (vgl. Kurucz u. a. 2023). Neben der Stärkung der strukturellen und personalen Ressourcen zu einem konstruktiven Umgang mit Diversität und Multikulturalität sollten Anstrengungen unternommen werden, um die Homogenität der Kinder in einzelnen Gruppen oder in ganzen Kindertageseinrichtungen hinsichtlich ihres sozioökonomischen oder sprachlich-kulturellen Hintergrunds einzudämmen. Die aktuellen Krisen bringen nun gesellschaftliche Ängste und in Teilen auch finanzielle

Engpässe mit sich, die ebenfalls die frühe Bildung in Familien und Institutionen beeinflussen. Hinzu kommt, dass die kriegerischen Auseinandersetzungen zu mehr Migration führen und auch Maßnahmen zur Eindämmung des Fachkräftemangels mit zunehmender Migration nach Deutschland einhergehen werden.

2.2   Möglichkeiten der Förderung sozialer Kohäsion

Eine frühe Förderung sprachlicher, mathematischer und sozioemotionaler Kompetenzen trägt zu besseren Voraussetzungen zum Schulbeginn und Bildungserfolg in den folgenden Schuljahren bei. Je jünger die Kinder sind, desto stärker erfolgen Bildung und Bindungsstärkung eingebettet in das kindliche Spiel und in Alltagssituationen (wie Essen, Anziehen). Damit frühe Bildung kompensatorisch im Sinne eines Beitrags zu mehr Chancengerechtigkeit wirken kann, benötigen Kinder aus Familien, in denen eine andere Familiensprache als Deutsch gesprochen wird oder in denen Kinder weniger Anregung erhalten, eine besonders intensive und gegebenenfalls auch stärker strukturierte Förderung, die ergänzend zur alltagsintegrierten Förderung und Bildung erfolgen kann (vgl. SWK 2022b). Vor dem Hintergrund der Tatsache, dass mittlerweile etwa jedes vierte Kind im Kitaalter einen zusätzlichen Sprachförderbedarf besitzt, ist zu diskutieren, welche obligatorischen Maßnahmen zur Kompensation dieser Rückstände auf Dauer implementiert werden müssen.

Zur Stärkung der sozialen Kohäsion vor dem Hintergrund kumulierender Krisen erscheint vor allem die frühe Förderung sozioemotionaler und selbstregulativer Kompetenzen von Bedeutung. Damit ist eine Verwandtschaft zur Förderung von Resilienz offensichtlich, die im Jahresgutachten des AKTIONSRATS**BILDUNG** 2022 diskutiert wurde (vgl. vbw 2022). Soziale und emotionale Kompetenzen stehen in engem Zusammenhang miteinander, und der Erwerb von ihnen wird als zentrale Entwicklungsaufgabe im Kleinkind- und Vorschulalter definiert. Der Umgang mit eigenen und fremden Emotionen muss von Kindern erlernt werden. Die emotionale Kompetenz ist die zentrale Entwicklungsaufgabe im Kleinkindalter, da sie als Grundvoraussetzung für soziale Interaktionen gilt.

Die sozial-emotionalen Kompetenzen umfassen folgende Fähigkeiten:
- Den Umgang mit Emotionen (z. B. eigene Gefühle wahrnehmen, Gefühle zulassen und ausdrücken, Gefühle regulieren),
- die Empathie und Perspektivübernahme (z. B. Gefühle anderer wahrnehmen, erkennen und einordnen; Bedürfnisse anderer erkennen und berücksichtigen),

■ Kontakt- und Beziehungsfähigkeit,
■ die Kooperationsfähigkeit, Konfliktfähigkeit, prosoziales Verhalten, Toleranz und Rücksichtnahme.

Der Erwerb erfolgt in Auseinandersetzung mit Erwachsenen und Gleichaltrigen. Soziale Kompetenzen gelten als Voraussetzungen für gelingende Peer-Beziehungen und individuelles Wohlbefinden (vgl. Perren/Diebold 2017).

Unter selbstregulativen Fähigkeiten versteht man Fähigkeiten, die eigenen Gedanken, Gefühle und Verhalten an die Anforderungen einer bestimmten Situation anzupassen, um persönliche Ziele optimal verfolgen zu können. Vielfältige Forschung zeigt, dass Kinder, die sich gut selbst regulieren können, im Vergleich zu Kindern, die damit Probleme haben, langfristig bessere Schulleistungen zeigen und beliebter bei Peers, Eltern und pädagogischen Fachkräften sind (vgl. Vohs/Baumeister 2011). Selbstregulation trägt zu einer adaptiven Entwicklung bei. Deren Verbindung zur sozialen Kohäsion ist evident. Auch selbstregulative Fähigkeiten entstehen in der Auseinandersetzung mit Situationen, sich selbst und anderen bereits im vorschulischen Alter.

In Zeiten eines steigenden Anteils von Menschen mit Migrationshintergrund ist auch eine frühe Förderung von Überzeugungen, die Unterschiede zwischen Kulturen als Ressource auffassen, bedeutsam für den Zusammenhalt (vgl. Hachfeld u. a. 2011). Frühkindliche Bildungseinrichtungen spiegeln als Mikrokosmos die Gesellschaft wider, sie bringen unterschiedliche Familien und Teile der Gesellschaft zusammen und können so als Knotenpunkte in Kommunen und als Orte der sozialen Unterstützung und des sozialen Zusammenhalts aktiviert werden.

2.3 Bildungsmaßnahmen zur Verstärkung sozialer Kohäsion

2.3.1 Verbesserung der familialen Anregungsbedingungen

Die familialen Anregungsbedingungen werden in ihrer Bedeutsamkeit für die kindliche Entwicklung in unterschiedlichen Modellen betont. Ein bedeutsames Modell ist das strukturell-prozessuale Modell (z. B. Kluczniok u. a. 2013), welches die Komponenten der Struktur-, Orientierungs- und Prozessqualität in ihrer Wirkung auf die kindliche Entwicklung beschreibt. Hierbei wird davon ausgegangen, dass strukturelle Rahmenbedingungen (z. B. Familiengröße, sozioökonomischer Hintergrund, Lebensverhältnisse) und elterliche Überzeugungen und Orientierungen (z. B. Bildungsaspiration, Erziehungsvorstellungen) einen Einfluss auf die familiale Prozessqualität nehmen, welche wiederum die kindliche Entwicklung beeinflussen. Die familiale Prozessqualität beschreibt Art und Häufigkeit von Aktivitäten sowie klimatische Aspekte. Sozioemotionale Kompetenzen lassen sich in der Familie fördern. Eine besondere Rolle mit Blick auf die soziale Kohäsion nimmt die Förderung des prosozialen Verhaltens und eines toleranten Verhaltens im Umgang mit kultureller und sozialer Diversität ein. Eltern können ihre Kinder einerseits durch spezifische Angebote in der Familie unterstützen (z. B. Gespräche über Gefühle, Gesellschaftsspiele, das Aufstellen sozialer Regeln innerhalb der Familie, die Unterstützung eines konstruktiven Verhaltens in Konflikten, z. B. bei Streitigkeiten unter Geschwistern). Sie können ihre Kinder auch in eigene prosoziale Aktivitäten (z. B. bei Spendenaktionen für Flüchtlinge) einbinden. Es bieten sich ferner Ansätze vorurteilsbewusster Bildung und Erziehung an, die auf dem Anti-Bias-Approach basieren (vgl. Derman-Sparks/LeeKeenan/Nimmo 2015). Dabei geht es darum, ein Bewusstsein sowohl für gesellschaftliche als auch persönliche Vorurteile zu schaffen und einen stetigen Reflexionsprozess zuzulassen. Ferner sollen positive Erfahrungen mit Vielfalt geschaffen und frühzeitig eine kritische Denk- und Handlungsweise unterstützt werden. Eine besondere Rolle spielt dementsprechend auch das implizite Handlungswissen, das die Kinder durch das Vorbild ihrer Eltern erwerben. Hier sind Aspekte wie die Frage angesprochen, ob sich die Familie für schwächere Glieder der Gesellschaft engagiert, sich z. B. an der Nachbarschaftshilfe oder Flüchtlingshilfe beteiligt, bei Festen der Kindertageseinrichtung hilft oder für wohltätige Zwecke spendet. Eine besondere Relevanz haben daher auch Überzeugungen der Eltern als Handlungsvoraussetzungen, z. B. prosoziale Überzeugungen oder multikulturelle Überzeugungen. Unter multikulturellen Überzeugungen versteht man Überzeugungen, die zwar Unterschiede zwischen Kulturen als existierend anerkennen, Multikulturalität in der Gesellschaft aber als Ressource wahrnehmen und als solche pädagogisch oder erzieherisch nutzbar machen (vgl. Hachfeld u. a. 2011). Multikulturelle Überzeugungen gehen oft mit Überzeugungen und Praktiken einer vorurteilsbewussten Erziehung und Bildung oder anderen Aspekten wie dem konstruktiven Umgang mit Mehrsprachigkeit einher.

Aktuell vorherrschende Krisen wie die kriegerischen Auseinandersetzungen in der Ukraine, der kriegerische Konflikt in Israel oder die Klimakrise gehen mit akuten Angstzuständen oder Zukunftsängsten bei den Erwachsenen einher. Solche Ängste können allerdings auch schon Kinder im vorschulischen Alter entwickeln dadurch, dass sie Gespräche und Nachrichten mitverfolgen oder dass sich Ängste ihrer Eltern auf sie übertragen. Ängste und Sorgen bilden sich in der Orientierungsqualität ab und können so die emotionale Qualität beeinflussen. Möglichkeiten zur Verbesserung der familialen Anregungsqualität liegen dementsprechend in Ansätzen, die einerseits auf eine Veränderung der Einstellungen und Überzeugungen von Eltern abzielen, andererseits in der Implementation spezifischer Erziehungs- und Bildungspraktiken zur Stärkung von prosozialem Verhalten, sozioemotionalen Kompetenzen und sozialer sowie kultureller Offenheit. Entsprechende Ansätze von Elternbildung und Familienunterstützung können von freien und kommunalen Trägern der Kinder- und Jugendhilfe oder Stiftungen angeboten werden oder auch im Rahmen der Zusammenarbeit von Kindertageseinrichtungen und Familien. Zusammenarbeit mit Familien und Elternbildung kann auch den Umgang mit sensiblen Themen im Familienalltag und in der Kommunikation mit den Kindern thematisieren. Mittlerweile existieren zu unterschiedlichen Themen Kinderbücher für unterschiedliche Altersstufen und andere Informationsmedien, z. B. Nachrichtensender und Online-Kanäle, die sich speziell an Kinder richten und Problemlagen wie den Krieg in der Ukraine oder den Klimawandel in kindgerechter Sprache und an die kindlichen Bedürfnisse angepasst erklären. Das Ziel der Zusammenarbeit mit Familien oder von Ansätzen der Elternbildung kann auch darin bestehen, Eltern mit diesen Medien vertraut zu machen und sie darin zu unterstützen, sie in der Kommunikation mit ihren Kindern zu nutzen.

Kindgerechte Nachrichten[12]

Auch junge Kinder bekommen mit, welche Themen in den Nachrichten dominieren, aktuell z. B. Nachrichten über den Krieg in der Ukraine oder den Krieg in Nahost. Wenn Kinder diese Nachrichten ungefiltert erhalten, können diese ihnen große Angst machen oder einen Schrecken einjagen. Schon für Erwachsene und ältere Jugendliche ist es schwer, mit solchen Themen umzugehen, aber junge Kinder können die Informationen nicht einordnen und verstehen wie Erwachsene.

---

[12] Vgl. https://www.kika.de/.

Es gibt mittlerweile unterschiedliche Nachrichtenseiten und -sender, die extra auf junge Kinder ausgerichtet sind. So bietet der Kinderkanal Kika von ARD und ZDF auf seinem Online-Portal unterschiedliche Formate an. Hierzu gehört einerseits der Nachrichtensender logo, durch den Nachrichten kindgerecht aufbereitet werden. Andererseits gibt es einen Kummerkasten, an den man sich mit Fragen und Ängsten wenden kann, und wo aktuelle Themen (z. B. Angst vor dem Klimawandel oder Angst im Kontext der Ukraine) in kurzen Videobeiträgen für Kinder behandelt werden. Das Online-Angebot umfasst auch Tipps und Beratung für Eltern.

Neben Kika existieren unterschiedliche weitere Angebote, die z. B. beim bayerischen Erziehungsratgeber[13] vorgestellt werden.

Die angesprochenen Krisenzustände der Epochenwende gehen auch mit der Gefahr sozioökonomischer Einschränkungen auf der Ebene der Familien einher, aktuell insbesondere durch gestiegene Energiepreise und die Inflation. Das Family-Stress-Modell (vgl. Conger/Conger/Martin 2010) zeigt auf, wie finanzielle Einbußen und Notlagen psychische Belastungen der Eltern befördern und hierdurch vor allem einen Einfluss auf die emotionale Qualität in der Familie nehmen können und so die Anregungsbedingungen und die kindliche Entwicklung gerade in jenen Entwicklungsdomänen beeinflussen, die als zentral für den gesellschaftlichen Zusammenhalt beziehungsweise die soziale Kohäsion gelten. Empirische Forschung belegt eindrucksvoll den großen Einfluss der finanziellen Rahmenbedingungen und von Armut auf die familialen Prozesse (für einen Überblick vgl. Masarik/Conger 2017). Auch während der COVID-19-Pandemie zeigte sich, dass besonders solche Familien mit Kindern im Kitaalter im Lockdown ein erhöhtes Stresserleben aufwiesen, die durch die Maßnahmen zur Einschränkung der Ausbreitung der Pandemie finanzielle Einbußen hinzunehmen hatten (vgl. Cohen u. a. 2020). Möglichkeiten zur Steigerung des sozialen Zusammenhalts über eine Stärkung der familialen Ressourcen liegen einerseits in Maßnahmen zur finanziellen Absicherung, andererseits in Maßnahmen zur Stärkung der Resilienz von Eltern, die ihre Kinder unter erschwerten sozioökonomischen Bedingungen großziehen. Solche Family-Support-Programme und Frühe Hilfsangebote wurden umfangreich im Gutachten „Bildung und Resilienz" (vgl. vbw 2022) dargestellt.

---

[13] Vgl. https://www.baer.bayern.de.

2.3.2 Möglichkeiten zur Stärkung sozialer Kohäsion in Kindertageseinrichtungen

In Kindertageseinrichtungen kann in vielfältiger Weise die soziale Kohäsion ge-stärkt werden. Sie sichern die Möglichkeit zur Erwerbstätigkeit von Müttern und Vätern mit jungen Kindern und tragen so gerade in Zeiten des Fachkräfteman-gels zur Stabilisierung der Wirtschaft und der Gesellschaft bei.

Sie sind in Deutschland traditionell in einer sozialpädagogischen Tradition in die Kinder- und Jugendhilfe eingebunden. Diese sozialpädagogische Tradition spiegelt sich auch darin, dass die Förderung sozioemotionaler Kompetenzen und damit auch die Förderung von Kompetenzen, die zur sozialen Kohäsion beitragen, einen großen Stellenwert im Bildungsauftrag haben. Sozioemotionale Kompetenzen können durch eine Vielzahl von wenig oder stärker strukturierten Aktivitäten im Kitaalltag gefördert werden. Hierzu gehört die Unterstützung der emotionalen Verarbeitung und des Emotionswissens durch Gespräche und Spiele, die in den Kindergartenalltag integriert werden (z. B. Rollen- und Fan-tasiespiele). Das Aufstellen und Diskutieren sozialer Regeln fördert ebenso das prosoziale Verhalten und den sozialen Zusammenhalt wie die konstruktive Re-flexion von Konflikten zwischen Kindern. Neben Aktivitäten, die sich in die Alltags-routinen und Aktivitäten einbinden lassen, existieren unterschiedliche program-matische Ansätze für Kinder mit einem besonderen Förderbedarf in diesem Bereich. Diese wurden bereits im Gutachten „Bildung und Resilienz" (vgl. vbw 2022) aufgegriffen und diskutiert. Empirische Forschung zeigt regelmäßig, dass die pädagogische Qualität von Kindertageseinrichtungen in der allgemeinen, domänenübergreifenden und emotionalen Qualität im Vergleich zur Qualität der Förderung in spezifischen schulnahen Kompetenzen wie Sprache oder mathe-matischen Vorläuferfähigkeiten eine gute Qualität aufweist (vgl. z. B. Anders/ Oppermann 2024; Anders/Roßbach 2019). Allerdings sollten ergänzende, stärker strukturierte Ansätze für Kinder, die einen besonderen Förderbedarf aufweisen, häufiger systematisch implementiert werden.

Kindertageseinrichtungen stellen Orte dar, in denen unterschiedliche Gruppen der Gesellschaft zusammenkommen. Für Familien und Kinder, die aus anderen Ländern zuwandern, stellen sie oftmals die erste Möglichkeit zur Inklusion dar, z. B. durch die Vernetzung mit anderen Familien, durch die Möglichkeit des Erlernens der deutschen Sprache oder die Entwicklung von Freundschaften zwischen Kindern und Familien. Der Anteil an Kindern mit Migrationshintergrund in deutschen Kindertageseinrichtungen steigt stetig an. Häufig befindet sich in dieser Gruppe von Kindern eine besonders große Anzahl an Kindern, die in sozioökonomisch schwierigen Bedingungen aufwachsen. Naturgemäß wächst ein großer Anteil dieser Kinder mit einer anderen Familiensprache als Deutsch auf. Empirische Forschung belegt, dass die pädagogische Qualität in Kindertageseinrichtungen für solche Kinder besonders groß sein muss, damit frühe Bildung einen kompensatorischen Effekt hat und damit zu mehr Chancengerechtigkeit und zur sozialen Kohäsion beitragen kann. Allerdings bestätigen Studien, die sich mit der Höhe der pädagogischen Qualität in Kindertageseinrichtungen beschäftigt haben, immer wieder, dass die pädagogische Qualität in Gruppen, in denen ein besonders hoher Anteil von Kindern mit Migrationshintergrund betreut wird, geringer ist (vgl. z. B. Kuger/Kluczniok 2009). Ein weiterer wichtiger Aspekt in diesem Zusammenhang ist der Umgang mit Mehrsprachigkeit. Die Familiensprachen von Migrantinnen und Migranten stellen eine essenzielle Komponente der eigenen sozialen und kulturellen Identität dar. Aus diesem Grund ist es wichtig, dass diese im Alltag der Kindertageseinrichtungen positiv aufgegriffen werden und dass ihnen Wertschätzung entgegengebracht wird. Forschungsergebnisse zeigen allerdings, dass andere Sprachen als Deutsch im Kitaalltag in Deutschland sehr selten aufgegriffen und teilweise defizitorientiert betrachtet werden (vgl. z. B. Anders u. a. 2021; Wirts u. a. 2019). Dies weist auf einen erhöhten Bedarf der fachlichen Unterstützung der frühpädagogischen Fachkräfte zum Umgang mit Multikulturalität, Mehrsprachigkeit und Diversität hin. Einen Schlüssel stellen hier die multikulturellen Überzeugungen von frühpädagogischen Fachkräften im Sinne eines positiven Umgangs mit Multikulturalität, Diversität und Mehrsprachigkeit dar. Eine wichtige Voraussetzung für einen konstruktiven Umgang im Kitaalltag sind positiv gefärbte Selbstwirksamkeitserwartungen (vgl. Kurucz u. a. 2023). Es existieren vielfältige Praxiskonzepte, die die Prinzipien vorurteilsbewusster Bildung und Erziehung aufgreifen und sich gut in den Kitaalltag integrieren lassen.

Die Fachstelle Kinderwelten.[14] Die Fachstelle Kinderwelten steht für den Ansatz der Vorurteilsbewussten Bildung und Erziehung in Kitas und Schulen. Dieser basiert auf dem Situationsansatz und dem Anti-Bias Approach, der in den 1980er Jahren von Derman-Sparks, LeeKeenan und Nimmo (2015) für die pädagogische Arbeit mit Kindern ab zwei Jahren entwickelt wurde. Die Fachstelle hat diesen angloamerikanischen Ansatz für die Verhältnisse in Deutschland adaptiert und entwickelt ihn kontinuierlich weiter. Ein wichtiger Grundsatz ist das Recht eines jeden Kindes auf Bildung und auf Schutz vor Diskriminierung.

---

[14] Vgl. https://situationsansatz.de/fachstelle-kinderwelten/startseite/.

Damit wird der Anspruch der Inklusion verfolgt. Der Respekt vor Verschiedenheit wird verbunden mit dem Nichtakzeptieren von Ausgrenzung und Diskriminierung. Das Konzept versteht sich als Beitrag zur Bildungsgerechtigkeit.

Vorurteilsbewusste Erziehung und Bildung wird dabei als Praxiskonzept auf individueller und organisationaler Ebene verstanden. Die Auseinandersetzung mit Vorurteilen und Einseitigkeiten ist eine persönlich-fachliche Aufgabe für jede Einzelne und jeden Einzelnen und die gesamte Organisation. Angestrebt werden eine langfristige Qualitätsentwicklung, Veränderungen im pädagogischen Handeln und Veränderungen auf struktureller Ebene. Die Fachstelle unterstützt inklusive Qualitätsentwicklung in Kitas und Schulen mit Fort- und Weiterbildungen, Tagungen und Veranstaltungen, Publikationen und Materialien, Projekten zur Praxisforschung, Beratung und Expertisen sowie mit fachlicher Begleitung bei der Implementierung des Ansatzes.

Darüber hinaus ist zu berücksichtigen, dass empirische Forschung belegt, dass Mobbing auch bereits unter Kindern im Kitaalter ein weit verbreitetes Phänomen ist (vgl. z. B. Vlachou u. a. 2011 für einen Überblick). Die Förderung sozioemotionaler Kompetenzen und Strategien einer vorurteilsbewussten Bildung und Erziehung tragen zur Prävention des Auftretens von Mobbingstrukturen bei, allerdings existieren auch Programme und Fortbildungsansätze, die dieses Problem gezielt angehen beziehungsweise Fachkräfte dafür sensibilisieren und schulen (vgl. Alsaker 2012).

Kindertageseinrichtungen zeichnen sich dadurch aus, dass sie neben der pädagogischen Arbeit mit den Kindern gute Voraussetzungen zur Kooperation und Zusammenarbeit mit den Familien bieten. Empirische Forschung zu den Auswirkungen früher Bildung und Betreuung zeigt, dass die Einbindung der Eltern eine zentrale Voraussetzung für die Wirksamkeit früher Bildungsprogramme ist, gerade für Kinder, die in sozioökonomisch benachteiligten Familien aufwachsen. Daher gilt die Zusammenarbeit mit Familien auch als eigenständige Qualitätskomponente in Modellen frühpädagogischer Qualität (vgl. Anders/Oppermann 2024; Anders/Roßbach 2019). Zusammenarbeit mit Familien kann in vielfältigen Formen stattfinden, über Gespräche zwischen Tür und Angel im täglichen Kontakt bei Hol- und Bringsituationen, durch Elternabende, Informationsveranstaltungen, Entwicklungsgespräche, Elternnachmittage, Feste, Hospitationen und Angebote der Elternbildung (vgl. z. B. Textor 2006). Zusammenarbeit mit Familien dient unterschiedlichen Zwecken: Der Entwicklung eines gemeinsamen Bildungs- und Erziehungsverständnisses, dem Austausch von Informationen über die Situation und Entwicklung des Kindes in den unterschiedlichen Bildungskontexten und der Unterstützung der Eltern bei der Erziehung und Bildung ihrer Kinder. Sie kann sowohl allgemein und domänenübergreifend als auch spezifisch für einzelne Bildungsbereiche (wie z. B. die sprachliche Bildung) ausgestaltet werden. Gerade wenn es um das aktive Leben von Multikulturalität und die Integration verschiedener Familiensprachen in den Kitaalltag geht, bietet sich das aktive Einbinden der Eltern an. Durch die Nutzung digitaler Medien bieten sich wiederum ganz neue Möglichkeiten der Zusammenarbeit, z. B. digitale Informationsplattformen oder Elternbriefe, das Abhalten von Elternabenden per Videokonferenz oder die Nutzung von Apps für organisatorische Zwecke oder zur Elternbildung. Es besteht die Hoffnung, dass sich durch digitale Medien vor allem solche Eltern gut erreichen lassen, bei denen sich der Kontakt z. B. aufgrund fehlender zeitlicher Ressourcen sonst schwierig gestaltet. Zusammenarbeit mit Familien im beschriebenen Sinne eignet sich daher sehr gut, um Zusammenhalt zu stärken und soziale Kohäsion herzustellen und weiterzuentwickeln.

Betrachtet man den Forschungsstand zur Zusammenarbeit von Kindertageseinrichtungen und Familien, so wird deutlich, dass dieser Aspekt pädagogischer Qualität ausbaufähig ist (vgl. Anders u. a. 2021). Es fehlt einerseits an strukturellen Voraussetzungen, wie z. B. einem hinreichenden Anteil an Arbeitszeit für mittelbare pädagogische Arbeit, andererseits an fachlicher Qualifikation und motivationalen Voraussetzungen (vgl. Hummel/Cohen/Anders 2020; Hummel u. a. 2022). Viele Fachkräfte fühlen sich unsicher in der Kommunikation mit Eltern und benötigen entsprechende fachliche Unterstützung, aber auch im System der fachlichen Unterstützung fehlt es oft an spezifischem Wissen zur Zusammenarbeit mit Familien (vgl. Hummel/Cohen/Anders 2020). Die Zusammenarbeit mit Familien mit Migrationshintergrund wird oft als besonders herausfordernd wahrgenommen, obgleich diese einen erhöhten Abstimmungsbedarf äußern (vgl. Hachfeld u. a. 2016). Trauernicht, Besser und Anders (2022) zeigen wiederum, dass eine als belastend wahrgenommene Beziehung zu den Eltern in hohem Maße mit emotionalem Erschöpfungserleben von frühpädagogischen Fachkräften assoziiert und somit ein Faktor ist, der zu Burnoutzuständen führen kann. All diese Befunde unterstreichen die Wichtigkeit der fachlichen Unterstützung und Beratung in diesem Bereich für die Stärkung der sozialen Kohäsion. Arbeiten zu den Auswirkungen einer gelingenden Zusammenarbeit mit Familien sind vielversprechend. So ließ sich zeigen, dass Tipps und Anregungen zur sprachlichen Förderung, die Eltern in der Kita erhalten, positiv mit der Entwicklung des kindlichen Wortschatzes assoziiert sind (vgl. Lehrl u. a. 2020). Eine aktuelle Studie belegt zudem den Zusammenhang der sprachbezogenen Zusammenarbeit mit Familien und der Qualität des dialogischen Vorlesens in der Familie (vgl. Anders u. a. 2023). Kindertageseinrichtungen sind oft Knotenpunkte in Kommunen und können über die Vernetzung in den Sozialraum den sozialen Zusammenhalt steigern. Auch solche Aktivitäten sind bereits als Qualitätskomponente im Kontext der Öffnung nach außen beschrieben (vgl. Anders/Roßbach 2019). Zur Förderung des Gemeinsinns und des prosozialen Verhaltens können sich Kindertageseinrichtungen an lokalen und überregionalen Aktionen und Initiativen, z. B. an der Flüchtlingshilfe, beteiligen und Kooperationen mit Seniorenzentren, Freiwilligendiensten, Mehrgenerationenhäusern oder der lokalen Dorfküche etablieren.

2.4 Die zentrale Rolle des Vertrauens

In unterschiedlichen Theorien und Disziplinen gilt Vertrauen als tragende Säule zwischenmenschlicher Beziehungen. Dementsprechend ist Vertrauen auch eine grundlegende Säule der sozialen Kohäsion. Nimmt man eine frühpädagogische Sichtweise ein, so wird sowohl aus theoretischer als auch aus empirischer Perspektive ein gegenseitiges Vertrauen als Grundlage für eine gelungene Erziehungs- und Bildungspartnerschaft zwischen Kindertageseinrichtung und Familie betont (vgl. Hummel/Anders 2022). Clarke, Sheridan und Woods (2010) stellen im Rahmen eines Modells zur Beschreibung einer erfolgreichen Erziehungs- und Bildungspartnerschaft aus theoretischer Perspektive die Bedeutsamkeit von Vertrauen zwischen Familie und Bildungseinrichtung heraus. Zwar bezieht sich das Modell auf den Schulkontext, lässt sich in seinen Annahmen jedoch auch auf den frühkindlichen Kontext übertragen. Im Einklang mit dem Grundverständnis einer Erziehungs- und Bildungspartnerschaft definieren Clarke, Sheridan und Woods (2010) die Beziehung zwischen Familie und Institution als „a child-centered connection between individuals in the home and school settings who share responsibility for supporting the growth and development of children" (S. 61). Kernprinzipien einer erfolgreichen Erziehungs- und Bildungspartnerschaft umfassen übereinstimmende Einstellungen und Auffassungen zwischen Familienmitgliedern und pädagogischen Fachkräften bezüglich der Bedeutsamkeit einer Zusammenarbeit für die kindliche Entwicklung, ein Engagement für den Beziehungsaufbau sowie eine konsistente Aufrechterhaltung einer positiven Beziehung. Diese Kernprinzipien fungieren als fundamentale Grundsätze, die das Handeln und die Entscheidungen aller Beteiligten leiten. Ein gegenseitiges Vertrauen, eine Sensibilität für ethnische und soziale Kulturen der Familien sowie die Anerkennung einer gleichberechtigten Partnerschaft, in der Eltern als Experten für ihr Kind gelten, werden ergänzend als wesentlich für

eine erfolgreiche Erziehungs- und Bildungspartnerschaft benannt. Handlungs-
strategien, die als förderlich für die Entwicklung von Vertrauen, Sensibilität und
Gleichberechtigung gelten, umfassen einen dynamischen und effektiven Kom-
munikationsprozess, einen beidseitigen Vertrauensaufbau, Respekt und Wertschätzung des Gegenübers, den Austausch von Erfahrungen sowie eine konstruktive Konfliktlösung. Zudem wird die vertrauensvolle Partnerschaft zwischen
Familie und Bildungseinrichtung als Ergebnis eines Entwicklungsprozesses angesehen, der einem dynamischen und permanenten Wandel unterliegt. Abbildung 1 illustriert den Ansatz von Clarke, Sheridan und Woods (2010) grafisch.
Der Kategorie Vertrauen wird hier als ein Kernelement eine zentrale Bedeutung
beigemessen.

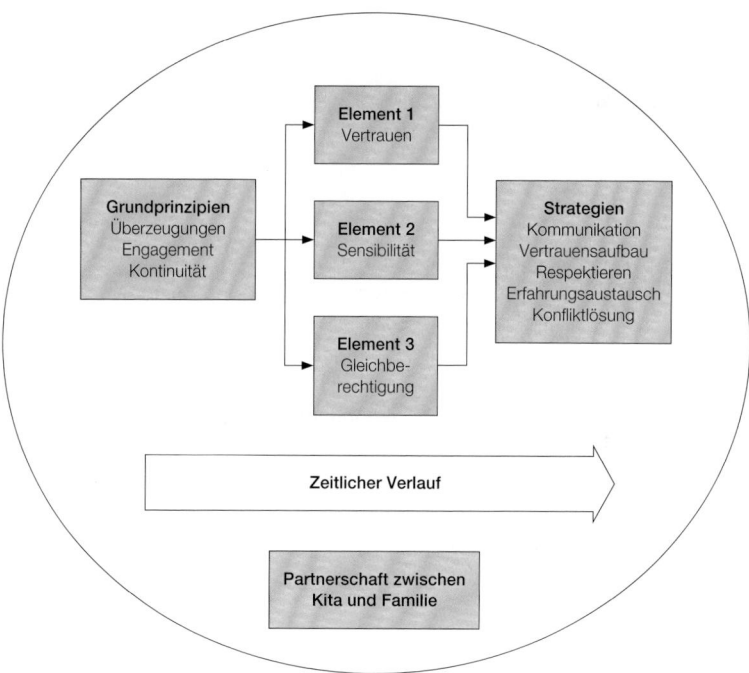

Abbildung 1:   Modell zur Beschreibung einer erfolgreichen Erziehungs- und Bildungspartnerschaft
aus theoretischer Perspektive

Anmerkung: Darstellung in Anlehnung an das Modell „Healthy Family-School Relationships"
nach Clarke/Sheridan/Woods 2010, S. 65.

Mit Blick auf den aktuellen Stand der Vertrauensforschung wird deutlich, dass insbesondere im Schulkontext eine Vielzahl von Untersuchungen die Bedeutsamkeit von Vertrauen zwischen Familien und Fachkräften beziehungsweise Lehrkräften auch empirisch belegt (vgl. z. B. Adams/Christenson 2000; Blue-Banning u. a. 2004; Tschannen-Moran 2001). Kikas, Peets und Niilo (2011) konnten für den frühpädagogischen Kontext das Vertrauen zwischen Eltern und Fachkräften als entscheidenden Faktor für die elterliche Beteiligung identifizieren. Ebenso konnte nachgewiesen werden, dass die kindliche Entwicklung und schulische Leistungen in einem entscheidenden Ausmaß von dem Vertrauen bestimmt werden, welches Eltern und Fachkräfte in ihre Beziehung einbringen (vgl. Goddard/Tschannen-Moran/Hoy 2001; Janssen u. a. 2012).

Trotz der breiten Beachtung in der Fachdiskussion und Praxisentwicklung fand eine empirische Auseinandersetzung mit dem Konstrukt Vertrauen in der deutschsprachigen Bildungsforschung im frühpädagogischen Kontext nur begrenzt statt. In einer internationalen Perspektive zeigt sich, dass beide, sowohl Familien als auch frühpädagogische Fachkräfte, das Vertrauen in den jeweilig anderen als besonders groß einschätzen (vgl. z. B. Kikas/Peets/Niilo 2011; Kikas u. a. 2011; Petrogiannis/Penderi 2014).

Neben dem Ausmaß an Vertrauen wurden in einer Reihe von Studien Zusammenhänge zwischen Vertrauen in der Erziehungs- und Bildungspartnerschaft und familiären, fachkraft- und einrichtungsspezifischen Hintergrundmerkmalen ermittelt. So steht das Vertrauen von Familien in frühpädagogische Fachkräfte in signifikant positiven Zusammenhängen zum wöchentlichen Betreuungsumfang des Kindes und zu der Zufriedenheit mit der Betreuung (vgl. Elicker u. a. 1997), der eigenen wahrgenommenen Erziehungskompetenz und einem positiven Erziehungsverhalten (vgl. Petrogiannis/Penderi 2014) sowie einer offenen und regelmäßigen Kommunikation zwischen Familien und Fachkräften (vgl. Kikas/Peets/Niilo 2011). Ein negativer Zusammenhang findet sich zwischen dem Vertrauen der Eltern in die Fachkräfte und der Betreuungsdauer. Je länger das Kind sich bereits in einer außerhäuslichen Betreuung befindet, desto weniger Vertrauen haben die Familien in die Fachkräfte.

Eine Arbeit von Hummel und Kolleginnen zeigt, dass Eltern ein größeres Vertrauen haben, wenn in den Einrichtungen mehr Angebote zur Elternbildung gemacht werden und mehr Möglichkeiten zur Partizipation und Entscheidungsfindung existieren (vgl. Hummel/Cohen/Anders 2022). Dementsprechend liegt ein weiterer Weg zur Stärkung der sozialen Kohäsion in der Stärkung des Vertrauens zwischen frühpädagogischen Fachkräften und Eltern, welches sowohl durch das Angebot einer besseren pädagogischen Qualität gelingt als auch über Angebote an Eltern, im Kitaalltag zu partizipieren, sich an Entscheidungsfindungsprozessen zu beteiligen, und Maßnahmen der Elternbildung.

2.5 Rechtzeitige Teilhabe an früher Bildung

Insbesondere für Kinder, die in Familien mit niedriger Anregungsqualität aufwachsen oder die eine andere Familiensprache als Deutsch sprechen, stellt die frühe Teilhabe an früher Bildung ein zentrales Moment für die Stärkung des sozialen Zusammenhalts dar. Das frühe Bildungssystem ist in den letzten Jahrzehnten massiv ausgebaut worden, insbesondere in den westlichen Bundesländern hat sich die Teilhabe von Kindern unter drei Jahren stark vergrößert. Im Jahr 2022 befanden sich 35,5 Prozent der Kinder unter drei Jahre in Deutschland in Kindertagesbetreuung, in den östlichen Bundesländern waren es 53,3 Prozent, in den westlichen Bundesländern 31,8 Prozent. Es ist zu berücksichtigen, dass hierbei auch die Kinder unter einem Jahr berücksichtigt werden, für die in den meisten Fällen kein institutioneller Betreuungsbedarf besteht. Im Jahr 2010 befanden sich in den westlichen Bundesländern lediglich 17,3 Prozent der Kinder in Kindertagesbetreuung, in den östlichen Bundesländern waren es 46,8 Prozent, in Gesamtdeutschland 23 Prozent. Bei den Kindern zwischen drei und fünf Jahren lag die Betreuungsquote 2022 bei 92 Prozent (Deutschland gesamt), diese hat sich seit 2010 nicht erhöht (vgl. Statistisches Bundesamt 2020).

Dieser Ausbau stellt allerdings einen enormen Kraftakt für das System dar, und bislang kann der Rechtsanspruch auf einen Betreuungsplatz ab dem vollendeten ersten Lebensjahr nicht für alle Familien erfüllt werden. Darüber hinaus stellt die Qualitätssicherung und -steigerung in einem System, welches sich in solch massivem Ausbau befindet, eine große Herausforderung dar. Als Bremse für die Weiterentwicklung wirkt der große Fachkräftemangel im Bereich der frühen Bildung. Es ist absehbar, dass nur durch eine groß angelegte Fachkräfteoffensive mit neuen und innovativen Ansätzen eine Lösung gefunden werden kann. Klassische Ansätze der Erhöhung der Anzahl der Auszubildenden an den Fachschulen sollten um die positiv evaluierten Ansätze von praxisintegrierter Ausbildung erweitert werden. Weitere Fachkräfte lassen sich durch gezielte Migration und die Erleichterung der Aufnahme einer Tätigkeit im frühpädagogischen Bereich, besonders für Migranten und Migrantinnen aus Drittstaaten, gewinnen. Weitere Wege eröffnen sich über die Weiterentwicklung der Einbindung von Quer- und

Seiteneinsteigerinnen und Seiteneinsteigern. Sinnvoll wären bundeslandübergreifende Strategien.

Darüber hinaus lassen sich Modelle diskutieren, die den Betreuungsbedarf reduzieren. Im Regelfall sieht die Kindertagesbetreuung in Deutschland vor, dass Kinder fünf Tage in der Woche nach einem geplanten Zeitschema betreut werden. In anderen Ländern, z. B. in den Niederlanden, herrscht hier mehr Flexibilität, so dass viele Eltern für ihre sehr jungen Kinder, institutionelle Betreuung nur an zwei oder drei Tagen in der Woche in Anspruch nehmen, während an anderen Tagen die Großeltern oder die Eltern selbst die Betreuung übernehmen. Eine solche Flexibilisierung könnte den Bedarf auch in Deutschland reduzieren, obgleich sehr sorgfältige Strategien entworfen werden müssen, um auch in einem solchen System Fachkraft- und Gruppenstabilität für die Kinder zu gewährleisten. Die Instabilität von Betreuungskontexten in den ersten Lebensjahren kann zu Problemen in der sozioemotionalen Entwicklung führen (vgl. Anders 2013).

Neben der Gewinnung von Fachkräften sollten umfassende Strategien entwickelt werden, um die derzeit tätigen Fachkräfte im System zu halten. Hierzu gehören einerseits Maßnahmen zur Steigerung der Attraktivität des Arbeitsplatzes durch bessere Arbeitsbedingungen, wie z. B. ein angemessener Personalschlüssel, die Erhöhung des Anteils der mittelbaren pädagogischen Arbeitszeit, Personal- und Teamentwicklung und das Schaffen von Karrierewegen. Auch die Integration von sogenannten Alltagshelfern und Alltagshelferinnen erscheint vielversprechend. Diese unterstützen die frühpädagogischen Fachkräfte, indem sie anfallende Hilfstätigkeiten, wie aufräumen, Obst schneiden oder das Aufhängen von Wäsche, übernehmen, so dass die frühpädagogischen Fachkräfte mehr Zeitressourcen für die genuin pädagogische Arbeit haben.

Es gibt allerdings auch Gruppen von Familien, die sich allein durch die Schaffung von Betreuungsplätzen nicht für die Nutzung früher Bildungsangebote für ihre Kinder überzeugen lassen. Relevant sind hier bürokratische und administrative Hürden, pädagogische Überzeugungen, Vertrauensprobleme und (wahrgenommene) Kostenhürden (vgl. z. B. Ünver/Bircan/Nicaise 2016). Maßnahmen zur Steigerung der Teilhabe und damit zur Steigerung des sozialen Zusammenhalts sollten an diesen Aspekten ansetzen, d. h. die Vereinfachung von Anmeldeverfahren sowie niedrigschwellige Beratungs- und Informationsangebote. Alle Familien, die für ihren Lebensunterhalt auf soziale Unterstützung angewiesen sind, sollten mittlerweile von den Elterngebühren befreit sein und lediglich Kosten für die Verpflegung oder Zusatzmaterialien tragen. Eine Steigerung der Bildungsteilhabe in dieser Gruppe von Familien ist durch weitere allgemeine Entlastungen bei den Elterngebühren daher unwahrscheinlich (vgl. Rönnau-Böse u. a. 2023). Ferner dürften die Überzeugungen deutlich stärker auf die Entscheidung, ein Kind in einer Kindertageseinrichtung betreuen zu lassen, wirken als monetäre Anreize (vgl. Anders/Hachfeld/Wilke 2015).

2.6 Handlungsempfehlungen

Mikroebene

- Familien sollten so früh wie möglich Unterstützung durch wirksame Programme zur Stärkung von Erziehungskompetenzen bekommen. In diesen Programmen sollten prosoziale und multikulturelle Überzeugungen und entsprechend bewusste Erziehungspraktiken gestärkt werden. Die Eltern sind weiterhin darin zu unterstützen, Kinder bei der emotionalen Verarbeitung von Krisen und damit verbundenen Ängsten zu begleiten. Diese Ansätze können über das System Früher Hilfen oder weitere Anbieter von Familienunterstützungsprogrammen transportiert werden. Empfohlen werden ressourcenorientierte Ansätze, die über Empowerment das Selbstwirksamkeitserleben der Familien stärken. Eine besondere Rolle können Kurse zur vorurteilsbewussten Bildung und Erziehung spielen.
- Um prosoziale Aktivitäten im familialen Kontext zu ermöglichen und zu unterstützen, können soziale Treffpunkte in der Kommune dafür geschaffen werden, die Initiativen zur Nachbarschaftshilfe, Unterstützung von Opfern von Krisen und intergenerationalen Austausch (z. B. Mehrgenerationenhäuser) zu fördern. Als Orte bieten sich öffentliche Einrichtungen wie Gemeinden, Büchereien, Familienzentren oder auch Kindertageseinrichtungen an.
- Die alltagsintegrierte Bildung zur Stärkung der sozioemotionalen Kompetenzen, prosozialen Verhaltens und multikultureller Überzeugungen sollte weiterentwickelt und fokussiert werden. Dieses kann durch ein vermehrtes Angebot von Fort- und Weiterentwicklung sowie Fachberatung für diese inhaltlichen Bereiche transportiert werden. Neben Handlungskompetenzen sollten diese auch Haltungen und Überzeugungen von Fachkräften fokussieren. Darüber hinaus können in den Einrichtungen Experten und Expertinnen hierfür installiert werden, die neben der Kitaleitung Verantwortung für die Teamentwicklung zur Stärkung von Kompetenzen und Überzeugungen für die soziale Kohäsion übernehmen. Dieses kann mit prosozialen Aktivitäten der Kita auf der kommunalen Ebene einhergehen. Ansätze der vorurteilsbewussten Erziehung

sollten gestärkt werden. Neben der Steigerung der Intensität und Qualität der alltagsintegrierten Ansätze sollten auch ergänzende, stärker strukturierte Programme und Ansätze für Kinder mit einem besonderen Förderbedarf implementiert werden.

- Es wird eine umfassende Initiative zur Stärkung der psychischen Gesundheit und der Prävention von Burnout von Fachkräften empfohlen. Diese dient dem sozialen Zusammenhalt im Team, der Stärkung der pädagogischen Interaktionsqualität sowie der Fachkräftesicherung. Die Präventionsinitiative sollte sowohl individuelle Beratungs- und Supervisionsansätze für die Fachkräfte enthalten (z. B. zur Balance von Arbeit und Freizeit, zum Umgang mit Trauma und Traumafolgen von geflüchteten Kindern, zum Umgang mit Ängsten vor Kriegszuständen und Folgen des Klimawandels) als auch Ansätze, die sich auf das Teamklima und die Verbesserung der strukturellen Arbeitsbedingungen beziehen.

Mesoebene

- Auf der Mesoebene lässt sich die soziale Kohäsion durch den Ausbau der Zusammenarbeit von Kindertageseinrichtungen und Familien stärken. Diese wirkt sich direkt auf den sozialen Zusammenhalt, aber auch indirekt durch eine Verbesserung des Bildungsangebots für die Kinder aus. Die Zusammenarbeit kann auch vor allem zur Stärkung der Eltern in Erziehungskompetenzen genutzt werden, die in besonderem Maße relevant für den sozialen Zusammenhalt sind. Eine Voraussetzung für eine kohäsionsförderliche Zusammenarbeit von Kindertageseinrichtungen und Familien stellt das gegenseitige Vertrauen dar. Daher sollte ein Fokus auf vertrauensstärkende Maßnahmen (z. B. die Sicherung einer hohen Kommunikationsqualität oder die Nutzung bild- und videobasierter Kommunikation für solche Familien, die die deutsche Sprache [noch] nicht beherrschen) gerichtet werden. Für den Ausbau der Zusammenarbeit müssen sowohl die strukturellen als auch die professionellen Voraussetzungen geschaffen werden. Strukturell bedeutet dieses vor allem die Bereitstellung hinreichender zeitlicher Ressourcen für die Zusammenarbeit mit Familien, was sich in der Erhöhung des Anteils an mittelbarer pädagogischer Arbeitszeit widerspiegeln kann. Darüber hinaus werden umfangreiche und qualitativ hochwertige Fort- und Weiterbildung sowie die Bereitstellung von Fachberatung für alle Fachkräfte und Einrichtungen empfohlen sowie eine stärkere Verankerung der Zusammenarbeit mit Familien in den Curricula der fachschulischen Ausbildung.

- Kindertageseinrichtungen können als Knotenpunkte im sozialen Raum fungieren und ihre Strahlkraft für den sozialen Zusammenhalt durch eine Stärkung der Kooperationen mit anderen (gemeinnützigen) Organisationen in der Kommune entfalten (z. B. Schulen, Seniorenzentren, Stiftungen, Kirchen, Einrichtungen der Wohlfahrtspflege, Jugendzentren, Flüchtlingsunterkünfte). Hierdurch können gemeinschaftliche soziale Aktivitäten initiiert (z. B. Bücherbasare, Feste, Informationsveranstaltungen, Spendenaktionen) und der soziale Zusammenhalt durch Netzwerkbildung gestärkt werden.

Makroebene

- Es wird eine umfassende Fachkräfteoffensive zur Sicherung der Infrastruktur der frühen Bildung und Betreuung als Grundpfeiler der sozialen Kohäsion empfohlen. Diese sollte umfassende Maßnahmen zur Erhöhung der Attraktivität der Ausbildung und des Berufsfeldes aufgreifen. So sollten die Arbeitsbedingungen so aufgewertet und weiterentwickelt werden, dass auch die intrinsische Motivation erfolgt. Das heißt, über einen angemessenen Personalschlüssel, Fort- und Weiterbildung und andere Maßnahmen wie die Integration von Alltagshelferinnen und Alltagshelfern Voraussetzungen dafür zu schaffen, dass frühpädagogische Fachkräfte sich auf die individualisierte pädagogische Arbeit konzentrieren können. Darüber hinaus könnte die Schaffung von Karriere- und Aufstiegswegen innerhalb des Berufsfeldes die Attraktivität steigern. Eine weitere Säule der Fachkräftesicherung könnte auch die Burnoutprävention darstellen. Zur Sicherung des Fachkräftebedarfs werden weitere Maßnahmen wie die gezielte Anwerbung und Integration von Migrantinnen und Migranten sowie die weitere Öffnung von Qualifizierungswegen für Quer- und Seiteneinsteiger empfohlen. Aufgrund der regional sehr unterschiedlichen Fachkräfteprognosen wird eine bundeslandübergreifende Strategie der Fachkräfteplanung und -gewinnung für die Kindertagesbetreuung empfohlen.
- Damit Kindertageseinrichtungen ihr volles Potenzial für die soziale Kohäsion entfalten können, sind Maßnahmen zur Ermöglichung und Unterstützung einer frühen Teilhabe an Bildung und Betreuung für alle Kinder zu ergreifen. Hier sind zunächst die Schaffung von Kitaplätzen zur vollständigen Deckung des Betreuungsbedarfs und eine mögliche Flexibilisierung von Kitazeiten für individuelle Bedarfe zu nennen. Zur Unterstützung der Teilhabe von Kindern aus Familien, die oftmals erst verzögert in Kindertageseinrichtungen angemeldet werden, aber in besonderem Maße von der Teilhabe profitieren wür-

den (z. B. Kinder aus Familien mit einer anderen Familiensprache als Deutsch oder Kinder aus sozioökonomisch benachteiligten Familien), werden zusätzliche vertrauensbildende Maßnahmen und die Abschaffung möglicher Hürden wie Kitagebühren für armutsgefährdete Familien angeregt.

3 Primarstufe

Zentrale Herausforderungen der aktuellen Epochenwende, die Unsicherheit durch äußere und innere Gewalt sowie soziale Unsicherheit und das grundsätzliche Risiko einer sozialen Spaltung sind bereits in der Grundschule virulent und müssen aus Bildungssystemsicht systematisch bearbeitet werden: Äußere Gewalt und die damit einhergehenden geopolitischen Veränderungen schlagen sich in den Grundschulen konkret durch eine veränderte Zusammensetzung der Schülerschaft, neue oder verstärkte bildungspolitische Herausforderungen sowie eine andere Dringlichkeit von Inhalten wie Wertevermittlung oder der pädagogischen Auseinandersetzung mit Phänomenen wie Krieg, Gewalt und Frieden nieder. Grundschulkinder werden darüber hinaus mit innerer Gewalt konfrontiert, wie beispielsweise verbalen oder physischen Auseinandersetzungen zwischen Gruppen oder Anschlägen auf Gebäude oder Menschen. Dies geschieht einerseits vermittelt über den auch in diesem Alter zunehmend verbreiteten Konsum von (sozialen) Medien (vgl. mpfs 2022), andererseits über direkte individuelle Erfahrungen im schulischen Kontext oder Wohnumfeld. Hinzu kommen die Herausforderungen der sozialen Unsicherheit und der sozialen Spaltung. Diese sind in mehrfacher Hinsicht Thema an Grundschulen. Einerseits kommen Schülerinnen und Schüler in Abhängigkeit von ihrer eigenen sozialen Herkunft mit unterschiedlichen Voraussetzungen in die Grundschulen und sollen dort in vier beziehungsweise sechs Jahren entsprechend ihrem individuellen Potenzial auf den Übergang in die weiterführenden Schulen und die damit verbundenen Bildungs-, Arbeits- und Lebenschancen vorbereitet werden. Andererseits sind die Grundschulen auch eng mit ihrem Umfeld verwoben und werden somit von unterschiedlichen sozialen Kontexten beeinflusst. Schließlich ist es auch pädagogische Aufgabe der Grundschulen, Kinder darauf vorzubereiten, mündige Bürgerinnen und Bürger zu werden, sozialer Spaltung vorzubeugen und Gemeinsinn auszubilden.

Die Stärkung der gesellschaftlichen Kohäsion ist eine Antwort auf die Epochenwende, die den Grundschulen mit Blick auf ihre pädagogische Ausrichtung und ihre häufig enge Einbindung in die gesellschaftlichen Umfelder naheliegt. Sie kann als erste formale Bildungsphase und als einziger nicht systematisch gegliederter Teil des Bildungssystems einen wichtigen Beitrag dazu leisten, die gesellschaftliche Integrationskraft zu unterstützen, Gemeinsinn aufzubauen und vertrauensvollen Austausch zwischen verschiedenen Gruppen zu ermöglichen. Dieses kann eine wesentliche Basis für den weiteren Lebensweg der Kinder darstellen. Schulischer Unterricht zielt auf die Erreichung und Realisierung multipler Bildungsziele ab (vgl. Renkl 2016). Dazu gehören sowohl grundlegende Kompetenzen wie Lesen und Mathematik, die Bildungs- und Lebenswege entlang des individuellen Potenzials und nicht der sozialen Herkunft ermöglichen sollen, als auch Kompetenzen für das soziale Miteinander innerhalb und außerhalb der Schule.

3.1 Grundschulen als Orte der sozialen Kohäsion

Kinder wachsen in sprachlich, kulturell, religiös und weltanschaulich deutlich heterogeneren Umfeldern auf, als das in früheren Jahrzehnten der Fall war, und die Dynamik der Diversifizierung hält – auch aufgrund der geopolitischen Entwicklungen – weiter an: So stieg der Anteil ausländischer Schülerinnen und Schüler an Grundschulen in Deutschland von 12,5 Prozent im Schuljahr 2018/2019 um drei Prozentpunkte auf 15,5 Prozent im Schuljahr 2022/2023 (vgl. Statista 2023). Anhand der repräsentativen Daten der Internationalen Grundschul-Lese-Untersuchung (IGLU) 2021 wird deutlich, dass der Anteil an Grundschülerinnen und Grundschülern, die zu Hause nicht oder nur manchmal Deutsch sprechen, inzwischen bei 21 Prozent und damit um 4,4 Prozent höher als 2016 liegt. Ein substanzieller Anteil der Kinder in den heutigen Grundschulklassen ist selbst zugewandert (10,9 Prozent). Der 20-Jahre-Trend von IGLU zeichnet nach, dass der Anteil der Grundschulkinder, die selber und deren Eltern beide in Deutschland geboren sind, von 77,6 Prozent im Jahr 2001 auf 63,6 Prozent im Jahr 2021 abgesunken ist. Für viele Kinder stellt die Grundschule auch den Ort dar, an dem Religionszugehörigkeit erstmals explizit relevant und kognitiv bearbeitet wird – indem z. B. Teile einer Klasse an einem bestimmten Religionsunterricht (nicht) teilnehmen oder Religionszugehörigkeit sichtbar ausgelebt wird, beispielsweise durch das Tragen eines Kopftuchs oder eine Kippa, das (Nicht-)Essen bestimmter Nahrungsmittel oder die Einhaltung von Fastenzeiten. Die Religionszugehörigkeit verändert sich dabei aktuell entlang der bekannten Trends einer Abnahme der Mitglieder der beiden großen christlichen Kirchen (2021: 26,0 Prozent römisch-katholisch, 23,7 Prozent evangelisch/EKD), einer Zunahme der Konfessionsfreien (2021: 41,9 Prozent) und leichten Schwankungen bei den Musliminnen und Muslimen (ca. 3,6 bis 5,2 Prozent; ohne Alevitinnen und Aleviten) und anderen Religionen (ca. 3,9 bis 4,8 Prozent; vgl. Forschungsgruppe Weltanschauungen in Deutschland 2022). Während die Veränderungen in der Zusammensetzung der Schülerschaft in den Grundschulen durch die geopolitischen Veränderungen (insbesondere Flucht, Wirtschaftszuwanderung) häufig Herausforderungen für die Individuen und die Grundschulen darstellen, so werden sie gleichzeitig durch andere und teilweise hinsichtlich von Bildungsfragen gegenläufige Entwicklungen begleitet: So nimmt der Anteil der Grundschulkinder zu, bei denen mindestens ein Elternteil einen tertiären Bildungsabschluss hat, was wiederum positiv mit dem erwartbaren Bildungserfolg der Kinder korreliert (vgl. McElvany u. a. 2023: 41,4 Prozent; vgl. Bos u. a. 2007: 30,4 Prozent).

Grundschulen bieten einerseits die Chance, dass sie von allen Kindern besucht werden, bevor diese in das gegliederte Schulsystem mit der begleitenden Homogenisierung aufgeteilt werden. Andererseits haben Grundschulen wohnortnahe Einzugsbereiche, so dass die Homogenität beziehungsweise Heterogenität eines Wohngebiets sich auch in der Zusammensetzung der Grundschulklassen widerspiegelt. So wachsen beispielsweise rund 19 Prozent der Grundschulkinder in schulischen Umfeldern auf, in denen Migration nur eine untergeordnete Rolle spielt (maximal 20 Prozent Anteil Kinder mit Migrationshintergrund in der Klasse). Hingegen besuchen rund 31 Prozent der Kinder Grundschulklassen, in denen mehr als die Hälfte der Kinder einen Migrationshintergrund aufweist (siehe Abbildung 2).

Neben einem Migrationshintergrund ist der sozioökonomische Hintergrund von Familien ein weiterer wichtiger Indikator für soziale Heterogenität von Schulklassen. Dieser wird häufig über das Vorhandensein von Büchern im Elternhaus erfasst, da dieses gleichzeitig einen Indikator für ein bezüglich Bildungsfragen anregendes Elternhaus darstellt. Analog zu der Verteilung hinsichtlich des Migrationshintergrunds ist es aktuell so, dass rund ein Viertel der Grundschulkinder in Klassen unterrichtet wird, in denen maximal 20 Prozent der Familien nur bis zu 25 Bücher haben, während dies für rund 16 Prozent der Kinder in ihrem schulischen Umfeld mehr als die Hälfte der Klasse betrifft und von einer substanziellen sozioökonomischen Benachteiligung der Familien ausgegangen werden kann (siehe Abbildung 3). Angesichts der wachsenden Verfügung über digitale Literatur wird der Indikator „Bücherbesitz" voraussichtlich rasch an Bedeutung verlieren.

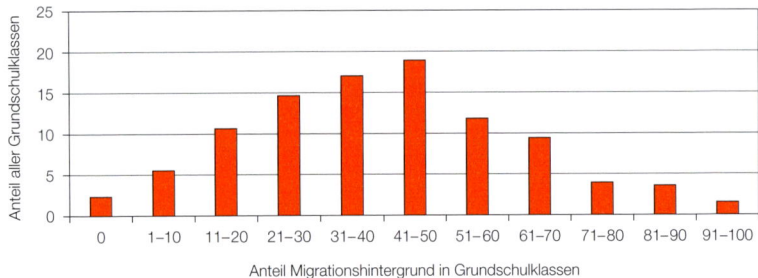

Abbildung 2: Anteil Grundschulklassen im Jahr 2021 nach Anteil Kinder mit Migrationshintergrund

Anmerkung: Alle Angaben in Prozent, basierend auf den 252 IGLU-2021-Klassen (vgl. McElvany u. a. 2023). Migrationshintergrund = mindestens ein Elternteil nicht in Deutschland geboren.

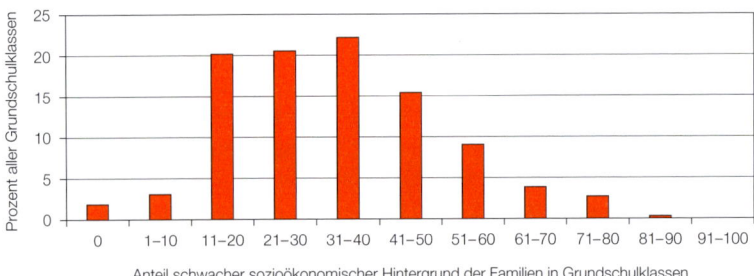

Abbildung 3: Anteil Grundschulklassen im Jahr 2021 nach Anteil Kinder mit schwachem sozioökonomischem Hintergrund der Familien

Anmerkung: Alle Angaben in Prozent, basierend auf den 252 IGLU-2021-Klassen (vgl. McElvany u. a. 2023). Schwacher sozioökonomischer Hintergrund = weniger als 26 Bücher zu Hause (insgesamt 33 Prozent der Schülerschaft).

3.2 Stärkung sozialer Kohäsion durch die Grundschule

3.2.1 · Soziale Beziehungen

Die drei Kerndimensionen sozialer Kohäsion (vgl. Schiefer/Noll 2017; Chan/To/Chan 2006) stehen auch im Fokus der pädagogischen Arbeit von Grundschulen: 1) Soziale Beziehungen, 2) Identifikation und 3) Ausrichtung auf das

Gemeinwohl. Dabei betreffen die sozialen Beziehungen einerseits die Kinder untereinander, andererseits aber auch die Lehrkraft/Pädagoge-Schüler-Beziehungen. Für die von Schiefer und Noll (2017) dargelegten Grundlagen sozialer Beziehungen – Vertrauen, wechselseitige Toleranz, Partizipation am öffentlichen Leben, Erleben von Zugehörigkeit, Solidarität oder auch Kooperation, um gemeinsame Ziele zu erreichen – können und müssen in der Grundschulzeit die Grundlagen gelegt werden. Die Fähigkeit zur Perspektivenübernahme, die bereits in jüngerem Alter beginnt, kann und sollte in der Grundschule bewusst weiter ausgebaut werden und kann im Unterricht gezielt in Lese-, Schreib- und Spielaufgaben integriert werden. Diese Grundlagen können sowohl im Regelunterricht als auch im Ganztagsbereich über eine Vielfalt von Ansätzen u. a. im Kontext von Gruppenarbeiten, Klassenregeln oder gemeinsamen Projekten gefördert werden. Aktuelle empirische Befunde auf der Grundlage einer repräsentativen Stichprobe von Viertklässlerinnen und Viertklässlern in Deutschland zeigen, dass die Lernenden im Mittel mit ihrer Grundschule im Sinne der Zugehörigkeit zufrieden sind (z. B. „Ich bin stolz, dass ich auf diese Schule gehe.", $M = 3{,}57$, $SE = 0{,}01$[15]). Das Bedürfnis nach Zugehörigkeit („belonging") ist eine grundlegende menschliche Motivation, die Gedanken, Gefühle und Verhaltensweisen durchdringt und mit vielen positiven Outcomes verknüpft ist, für die in der Grundschule die Basis gelegt werden kann (vgl. Baumeister/Leary 1995; Ryan/Deci 2017). Im Mittel erleben die Grundschulkinder ihre Schulen etwas weniger, aber immer noch als einen mit positiven Emotionen besetzten Ort (Schulfreude; $M = 2{,}97$, $SE = 0{,}02$) und berichten, prosoziale Verhaltensweisen zu zeigen (z. B. „Ich bin hilfsbereit, wenn andere verletzt, krank, traurig sind."; $M = 3{,}43$, $SE = 0{,}01$) (vgl. Stang-Rabrig/Kleinkorres 2023). Für alle drei Bereiche gilt, dass es Geschlechterunterschiede zugunsten der Mädchen gibt, wobei die Unterschiede bei der Schulfreude am höchsten ausfallen ($\Delta = 0{,}33$). Die mittlere Schulzufriedenheit ist im Jahr 2021 – also nach über einem Jahr pandemiebedingter Einschränkungen – statistisch signifikant höher, als es 2011 und 2016 der Fall war (vgl. Stang-Rabrig/Kleinkorres 2023): Allerdings sind einige Kinder während ihrer Grundschulzeit auch mit negativen Erfahrungen konfrontiert, die mittelfristig für ihr individuelles Wohlbefinden, aber auch ihre Bereitschaft und Fähigkeit zu sozialem Miteinander prägend sein können. Dieses wird bei unterschiedlichen Aspekten deutlich, deren Häufigkeit des Vorkommens in der repräsentativen Stichprobe von Viertklässlerinnen und Viertklässlern erfragt wurde (siehe Tabelle 1). Die Häufigkeit von Mobbing – ebenso wie von fehlender

---

[15] Antwortskala: 1 = Stimme überhaupt nicht zu, 2 = Stimme wenig zu, 3 = Stimme einigermaßen zu, 4 = Stimme stark zu.

Schulzugehörigkeitswahrnehmung – ist in Deutschland im EU-Vergleich nicht auffällig (vgl. European Commission 2023). Jedoch ist die Assoziation zwischen Mobbing beziehungsweise fehlender Schulzugehörigkeit und Lesekompetenz in Deutschland substanziell größer als in vielen anderen Ländern: Die mittleren Lesekompetenzunterschiede zwischen Grundschulkindern, die „wöchentlich" versus „selten/nie" Mobbing ausgesetzt sind, liegen in Deutschland bei 81 Punkten und damit deutlich über dem Durchschnitt von 51 Punkten der 19 teilnehmenden EU-Staaten und Regionen aus IGLU 2021 (Welle 1). Damit ist der Unterschied in Deutschland statistisch signifikant größer als in den meisten anderen EU-Staaten und Regionen. Vergleichbar ist das Muster bei der wahrgenommenen Schulzugehörigkeit mit einem mittleren Unterschied in Deutschland von 41 Punkten zwischen Kindern, die sich zugehörig beziehungsweise nicht zugehörig fühlen, der statistisch signifikant größer ist als der Durchschnitt (22 Punkte) der 19 teilnehmenden EU-Staaten und Regionen aus IGLU 2021 (Welle 1). Es gibt kein EU-Land, das einen größeren Unterschied als Deutschland hat.

Auch wenn die Mittelwerte auf ein insgesamt positives Bild hinweisen, verdeutlichen die Standardabweichungen, dass die Erfahrungen der Kinder deutlich variieren und auch aufgrund der Zusammenhänge mit der Lesekompetenz eine pädagogische Bearbeitung der Situation in den Grundschulen hoch relevant ist.

Tabelle 1: Negative Erfahrungen im sozialen Miteinander in der Grundschule

	Mittelwert	Standard-abweichung
Sich über mich lustig gemacht oder mich beschimpft	3,01	1,14
Mich bei Spielen oder anderen Dingen nicht mitmachen lassen	2,99	1,11
Lügen über mich verbreitet	3,29	1,04
Mir etwas gestohlen	3,65	0,78
Etwas, das mir gehört, absichtlich kaputtgemacht oder beschädigt	3,57	0,84
Mich geschlagen oder mir wehgetan (z. B. durch Schubsen, Schlagen, Treten)	3,15	1,04
Mich gezwungen, Dinge zu tun, die ich nicht wollte	3,58	0,85
Mir online gemeine oder verletzende Nachrichten geschickt	3,68	0,77
Online gemeine oder verletzende Informationen über mich verbreitet	3,79	0,66
Mir gedroht	3,68	0,74

Anmerkung: Prompt: Wie oft haben in diesem Jahr andere Kinder deiner Schule die folgenden Dinge getan (persönlich, per Textnachricht oder im Internet)? Antworten: 1 = Mindestens einmal pro Woche, 2 = Ein- bis zweimal pro Monat, 3 = Einige Male im Jahr, 4 = Nie.

Das Einüben wechselseitiger Toleranz als eine der Grundlagen sozialer Beziehungen ist im Grundschulalter ein relevantes Ziel, da die Kinder in einem Alter sind, in dem sie einerseits ihre eigene individuelle sowie soziale Identität zunehmend definieren (vgl. Tajfel/Turner 1979, 1986) und andererseits Unterschiede zwischen Gruppen u. a. nach Geschlecht, Religion oder finanzieller Lage bewusster wahrnehmen. Gleichzeitig können Eltern bei Grundschulkindern noch deutlicher als bei älteren Schülerinnen und Schülern als begrenzende Faktoren der pädagogischen Bemühungen der Schulen agieren, wenn ihre Werte oder kulturellen Gewohnheiten nicht mit den Werten oder Praktiken der Grundschulen oder anderer Eltern hinsichtlich sozialer Kohäsion übereinstimmen. Dieses kann beispielsweise anhand von konkreten Situationen wie der elterlichen Untersagung der Besichtigung einer Kirche als Teil eines Stadtrundgangs im Sachunterricht oder des Besuchs eines Kindergeburtstags eines andersgeschlechtlichen Kinds oder bei einer Familie mit anderer Religion deutlich werden. Hier haben Schulen und Lehrkräfte teilweise sensible Vermittlungsaufgaben zwischen gesellschaftlich gewünschter Offenheit und Kohäsion und individuellen familiären Überzeugungen und Traditionen wahrzunehmen.

Soziale Beziehungen umfassen neben der Peer-Ebene auch die Lehrkraft-Lernenden-Beziehung. Diese ist in der Grundschulzeit häufig sehr eng, da insbesondere die Klassenlehrkraft oft eine enge Bezugsperson mit viel Unterrichtszeit in der Klasse und über viele Klassenstufen hinweg darstellt. Auf der Basis repräsentativer Daten ist festzuhalten, dass die Kinder in der Grundschule ihre Schüler-Lehrkraft-Beziehung als insgesamt positiv beschreiben (z. B. „Die Lehrerinnen und Lehrer an meiner Schule sind fair zu mir.", M = 3,6, SD = 0,73) und eine hohe konstruktive Unterstützung durch die Deutschlehrkräfte berichten (z. B. „Unser/-e Deutschlehrer/-in ist freundlich zu mir.", „Unser/-e Deutschlehrer/-in ist auch dann nett zu mir, wenn ich einen Fehler mache.", M = 3,6, SE = 0,01).

Die Partizipation am öffentlichen Leben verdeutlicht einen weiteren Teilaspekt sozialer Beziehungen als Kerndimension sozialer Kohäsion, für den in der Grundschule die Grundlagen gelegt werden. Dieses umfasst das Erleben von sozialer Teilhabe ebenso wie den Erwerb von Kompetenzen, die eine Teilhabe ermöglichen. Die Grundschulen ermöglichen die (zukünftige) Teilhabe, indem sie Kindern wesentliche Grundkompetenzen wie Lesen, Schreiben und Rechnen vermitteln. Darüber hinaus und in engem Zusammenhang mit den Grundkompetenzen stehend ist die Vermittlung ausreichender Sprachkompetenzen im Deutschen für die Teilhabe der Kinder als spätere Jugendliche und Erwachsene unerlässlich. Aktuelle Befunde verdeutlichen, dass die Sicherstellung von Grundkompetenzen und sprachlicher Fähigkeiten u. a. im Wortschatz unabhängig von der Herkunft der Kinder nicht umfassend gelingt (vgl. Ludewig u. a. 2022; McElvany u. a. 2023; Stanat u. a. 2022).

3.2.2 Identifikation

Die zweite Dimension der sozialen Kohäsion, die Identifikation, bezieht sich auf die wahrgenommene Mitgliedschaft in einer sozialen Gruppe durch ein Individuum. Dabei steht die Grundschule vor der Aufgabe, die Identifikation von Kindern mit ihrer Klassengemeinschaft, ihrer Schule und darüber mit der Gesellschaft als Ganzer nicht nur zu unterstützen, sondern diese als kompatibel mit weiteren sozialen Identitäten der Kinder – u. a. nach Geschlecht, Familiensprache, Religion oder sozioökonomischer Lage – zu etablieren. Auch im Kontext dieser Kerndimension der sozialen Kohäsion spielen die Eltern der Grundschulkinder eine nicht unerhebliche Rolle, da sie auf die in den Grundschulen vermittelten Werte unterstützend oder kritisch-ablehnend reagieren und von den Kindern möglicherweise wahrgenommene Widersprüche beispielsweise zur Rolle einer Frau unterschiedlich einordnen können.

Stang, König und McElvany (2021) untersuchten die impliziten Einstellungen von 240 Viertklässlerinnen und Viertklässlern in Deutschland mit einem impliziten Assoziationstest. Es zeigte sich, dass bereits in diesem Alter negative implizite Einstellungen gegenüber Kindern mit türkischem Migrationshintergrund vorlagen. Konkret verfügten Kinder ohne Migrationshintergrund im Gegensatz zu Kindern mit türkischem Migrationshintergrund im Mittel über negative implizite Einstellungen. Für die Gesamtstichprobe zeigte sich, dass das Ausmaß an impliziten Einstellungen dabei anteilig durch die Identifikation mit Deutschland vorhergesagt wurde. Allgemein war die mittlere Identifikation mit Deutschland bei Kindern ohne Migrationshintergrund höher (M = 3,31, SD = 0,61, auf einer Zustimmungsskala von 1 bis 4) als bei Kindern mit Migrationshintergrund (M = 2,78, SD = 0,63). Bei Kindern mit Migrationshintergrund stand die Identifikation mit Deutschland in deutlicherem Zusammenhang mit ihrer sozialen Integration (r = ,53) als bei Kindern ohne Migrationshintergrund (r = ,25; vgl. Stang/König/McElvany 2021), was auf die Relevanz der pädagogischen Arbeit und der sozialen Erfahrungen der Kinder in den Grundschuljahren hinweist. Führt das Streben nach sozialer Distinktheit unterstützt durch negative implizite Assoziationen gegenüber einer anderen Gruppe zu deren Abwertung, wird die soziale Kohäsion schon im Kindesalter gefährdet und hat darüber hinaus möglicherweise

Auswirkungen auf die soziale Identifikation der Mitglieder als Teil einer gesamt-gesellschaftlichen Gruppe. Vor dem Hintergrund der negativen Interdependenz sozialer Gruppen haben Grundschulen in der Stärkung der personalen anstelle der sozialen Identitäten der Kinder eine wichtige Funktion in der Förderung sozialer Kohäsion. Das gilt auch für ein Entgegenwirken gegen Prozesse sozialer Distinktheit und für die Herausarbeitung gemeinsamer Werte, Merkmale und Ziele der Kinder trotz ihrer verschiedenen sozialen Identitäten.

3.2.3 Ausrichtung auf das Gemeinwohl

Grundschulen fokussieren in ihren pädagogischen Konzepten auch das Verantwortungsgefühl der Kinder für das Gemeinwohl – hinsichtlich ihrer direkten Klassenumgebung, aber häufig auch darüber hinausgehend mit Blick auf die Schule oder die Gesellschaft. Ein wichtiges Lerndesiderat im Grundschulkontext ist dabei, das (zumindest vorübergehende) Zurückstellen der Befriedigung eigener Bedürfnisse zugunsten der Gemeinschaft zu erlernen. Prosoziales Verhalten im Klassenkontext vorzuleben und zu praktizieren ist eine altersangemessene Aufgabe im Grundschulalter, die das Fördern von Empathie als Voraussetzung für Prosozialität einschließt. Die Übernahme von Verantwortung ist ein weiterer Aspekt, der in den ersten Schuljahren eingeübt wird, beispielsweise durch die wechselnde Übernahme von Aufgaben und Verantwortlichkeiten im Klassenkontext durch die Kinder. Solidarität und soziales Engagement sind weitergehende pädagogische Ziele. Ein Beispiel hierfür ist das typische Format eines Spendenlaufs an vielen Grundschulen. Ein weiterer wichtiger Bereich, der in den Grundschuljahren eine große Rolle spielt, ist die Vermittlung, Akzeptanz und Einhaltung von sozialen Regeln und Normen – die Auseinandersetzung erfolgt in der Regel mit Bezug auf den Klassenkontext („Wir lassen einander aussprechen!"), erfüllt aber eine weit darüber hinausgehende, grundsätzliche Funktion als Mitglied einer Gesellschaft. Maßnahmen wie der Klassenrat sind wichtige Elemente der Grundschulzeit, um das Gemeinwohl und seine Gefährdung bewusst zu machen, zu reflektieren und die individuelle wie auch gemeinsame Verantwortung für die Klassengemeinschaft erfahrbar zu machen und einzuüben. Schließlich kann auch das Vertrauen der Kinder in gesellschaftliche Institutionen durch positive Begegnungen und Thematisierungen gestärkt werden.

Über die Klassenaktivitäten hinaus tragen die Grundschulen auch auf Schulebene über ihre Schulkultur und ihre Werte zur Förderung der Ausrichtung auf das Gemeinwohl bei. Darüber hinaus stellt das übergeordnete Bildungssystem einen weiteren Rahmen dar, der u. a. über die definierten Ziele und Inhalte von (Rahmen-)Lehrplänen eine entsprechende Ausrichtung zur Stärkung der sozialen Kohäsion unterstützen kann. Insgesamt sind die hier thematisierten Potenziale der Unterstützung sozialer Kohäsion durch eine Ausrichtung auf das Gemeinwohl während der Grundschulzeit eng verknüpft mit den Kompetenzen für Demokratie und Zivilgesellschaft, die in dem Gutachten 2020 des AKTIONSRATS-**BILDUNG** thematisiert wurden (vgl. vbw 2020).

3.3 Maßnahmen zur Stärkung sozialer Kohäsion

3.3.1 Schulsystemebene: Zusammensetzung der Schülerschaft

Grundschulen versorgen in der Regel ein regional begrenztes Einzugsgebiet, da Einschulungen aus rechtlichen und praktischen Gründen meistens wohnortnah vorgenommen werden (vgl. vbw 2019). Mit Blick auf die Stärkung der sozialen Kohäsion sind in diesem Zusammenhang zwei Aspekte relevant: Je stärker Wohngebiete sozial homogenisiert sind oder werden, umso weniger kann die lokale Grundschule ein Zusammentreffen verschiedener Gruppen ermöglichen (zur umfangreichen Diskussion zu Desegregation Policy in den USA und Projekten wie Busing vgl. z. B. Johnson 2015). Auf individueller Ebene wird diese Situation zusätzlich dadurch verstärkt, dass in sozial schwächeren Gebieten Eltern mit sozial privilegiertem Hintergrund teilweise gezielt versuchen, ihre Kinder auf andere als die lokalen Grundschulen zu schicken, wodurch die soziale Mischung weiter verringert wird. Auf Ebene der Schulen sind Konzepte der einzelnen Grundschulen in herausfordernden Umfeldern nötig, um attraktiv für alle Schülergruppen zu sein (vgl. Kapitel 3.1). Schließlich bedarf es auf Schulsystemebene eines Bewusstseins für entsprechende Phänomene und der Bereitschaft, diesen – auch durch entsprechende Ressourcen für die betroffenen Schulen und deren professionelle Schulentwicklungsbegleitung – entgegenzuwirken.

3.3.2 Schulsystemebene: Thematisierung in Rahmen- und Lehrplänen

Die inhaltliche Steuerung des Schulsystems erfolgt jenseits der Schulgesetze über die Rahmen- und Lehr- beziehungsweise Bildungspläne. Bezüge zu dem Themenfeld der Unterstützung sozialer Kohäsion sind in den aktuellen Plänen der

Länder der Bundesrepublik Deutschland für Grundschulen durchaus zu finden.[16] Beispielsweise wird in den Bayerischen Leitlinien für die Bildung und Erziehung von Kindern bis zum Ende der Grundschulzeit als oberstes Bildungs- und Erziehungsziel der „eigenverantwortliche, beziehungs- und gemeinschaftsfähige, wertorientierte, weltoffene und schöpferische Mensch" genannt, der bereit ist, Verantwortung in „Familie, Staat und Gesellschaft" zu übernehmen. Sachsen definiert als Ziele und Aufgaben der Grundschulen u. a. für das überfachliche Ziel der Wertorientierung: „Die Schüler entwickeln eigene Wertvorstellungen, indem sie Werte im schulischen Alltag erleben, reflektieren und diskutieren. Dazu gehören insbesondere Erfahrungen der Toleranz, der Akzeptanz, der Anerkennung und der Wertschätzung im Umgang mit Vielfalt." Auch wird dort zur Rolle der Grundschulen festgehalten: „In der Grundschule erleben die Schüler Regeln und Normen des sozialen Miteinanders. Sie lernen dabei verlässlich zu handeln, Verantwortung zu übernehmen, mit Kritik umzugehen sowie Konflikte gewaltfrei zu lösen." Insgesamt werden in den aktuell leitenden Rahmen- und Lehrplänen häufig „Soziale Kompetenzen" oder „Interkulturelle Kompetenz" als angestrebte Ziele erwähnt.

Als Fächer sind für die Thematik der sozialen Kohäsion in der Grundschule der Sachunterricht sowie der Ethikunterricht beziehungsweise Religionsunterricht zentral. In den fachspezifischen Lehrplänen für Sachunterricht oder Ethik beziehungsweise Religion wird „Zusammenleben in der Gemeinschaft" vielfach thematisiert. So werden z. B. für den Sachunterricht in Berlin und Brandenburg als Ziele des Lernens definiert: „Gesellschaftliche Gruppen und sich selbst als Teil unterschiedlicher Gruppen wahrzunehmen; Toleranz, gegenseitiger Respekt, Perspektivenwechsel und Solidarität; Konfliktlösungsverhalten einzuüben (Gewaltprävention); Partizipation am gesellschaftlichen Leben".[14] In Nordrhein-Westfalen wird für das Fach Sachunterricht festgehalten: Schüler sollen am Ende der Schuleingangsphase eigene Gefühle, Bedürfnisse und Interessen sowie die anderer Personen im Zusammenleben in der Klasse und in der Schule benennen und berücksichtigen. Darüber hinaus sieht der Lehrplan vor, dass Schülerinnen und Schüler unterschiedliche Lebensgewohnheiten unter Berücksichtigung der eigenen kulturellen Bedingtheit der Wahrnehmung (u. a. Feste und Bräuche) vergleichen können.[17]

---

[16] Für eine ausführlichere Übersicht siehe https://www.bildungsserver.de/lehrplaene-400-de.html.

[17] Vgl. https://www.schulentwicklung.nrw.de/lehrplaene/lehrplannavigator-grundschule/sachunterricht/lehr plan-sachunterricht/bereiche/bereiche.html.

Die Orientierung der Wertevermittlung erfolgt oft mit Verweis auf die jeweiligen Verfassungen oder Grundlinien der Bundesrepublik Deutschland (u. a. Verweise auf Grundgesetz der Bundesrepublik Deutschland, Verfassung eines Freistaats oder Landes), teilweise auch die Erklärung der Menschenrechte; Ausnahme ist der Religionsunterricht, bei dem die Werte auf die jeweilige Religion bezogen sind. Der niedersächsische Plan für den Sachunterricht konkretisiert hinsichtlich des Bereichs Wertebildung beispielsweise „Bedeutung und Notwendigkeit eines demokratischen, achtsamen, toleranten und respektvollen Umgangs mit anderen" und benennt als konkrete Themen „demokratische Werte, Partizipation und Engagement der Kinder". Für den Sachunterricht in Berlin und Brandenburg werden als Ziele u. a. „Werte und Normen wie Gerechtigkeit, Frieden, Demokratie, Fairness, Respekt und Nachhaltigkeit" genannt.

Eine Erwähnung des Themenfelds „Frieden/Krieg" beziehungsweise ein Bezug auf aktuelle Probleme und Konflikte in der Welt ist nicht durchgängig zu finden. Beispielsweise wird „Friedenserziehung" konkret im bayerischen Plan für den Ethikunterricht genannt,[18] ebenso im Ethikunterricht von Rheinland-Pfalz im Bereich „Ich und die Welt"[19]: „(...) Konflike(n) und deren Folgen in der Welt (Krieg), Möglichkeiten zu einem friedvollen Umgang miteinander". Im Sachunterricht sind „Konflikte und Kriege" in Mecklenburg-Vorpommern als Gründe für Migration im Sachunterricht zu thematisieren. Insgesamt wird im Sachunterricht teilweise auf politische und gesellschaftliche Konflikte verwiesen, wobei Bezüge hier auch häufig Konflikte im Klassen- oder Schulkontext und nicht größere Fragen von Krieg und Frieden betreffen. Vor dem Hintergrund der gesellschaftlichen Entwicklungen und insbesondere der umfassenden Zugänglichkeit von Informationen über tagesaktuelle Geschehnisse über soziale Medien ist die pädagogische Auseinandersetzung mit dem Themenfeld Krieg/Frieden mit Kindern im Grundschulalter ein relevantes Aufgabenfeld für Grundschulen.

Zusammenfassend ergibt die Sichtung der Rahmen- und Lehrpläne der Länder der Bundesrepublik, dass die erste und dritte Kerndimension sozialer Kohärenz – die sozialen Beziehungen sowie die Ausrichtung auf das Gemeinwohl – stärker in den Vorgaben der Länder thematisiert zu werden scheinen als die zweite Kerndimension, die Identifikation. Deren explizite Benennung als Zieldimension und gezielte Förderung stellen demnach ein Desiderat mit Blick auf die soziale Kohäsion der nachwachsenden Generation in Deutschland dar. Für alle drei Kerndimensionen gilt, dass die Thematisierung in den Plänen ein wichtiger Schritt

---

[18] Vgl. https://www.lehrplanplus.bayern.de/fachprofil/textabsatz/24734.
[19] Vgl. https://grundschule.bildung-rp.de/lernbereiche/ethik/mediathek/materialien-zum-teilrahmenplan.html.

ist, über die tatsächliche Umsetzung im Sinne der Vermittlung und Schulkultur in der gelebten Praxis des Bildungssystems aber wenig bekannt ist. Um deren Realisierung zu gewährleisten, gilt es auch die Lehrkräfte in ihrer Ausbildung und mit entsprechenden Konzepten zu unterstützen.

3.3.3 Schulsystemebene: Monitoring

Für viele der im Kontext der sozialen Kohäsion relevanten Aspekte fehlt eine einheitliche Erfassung der entsprechenden Daten auf Landes- sowie Bundesebene. Dieses betrifft sowohl einheitliche Indikatoren für die soziale Zusammensetzung der Schülerschaft einer Schule (z. B. soziale und wirtschaftliche Lage, Migrationshintergrund, Familiensprache, Religion) als auch Daten zu Aspekten wie Mobbing- oder Gewaltvorfällen. Eine entsprechende Erfassung und Datenbereitstellung wäre die notwendige Voraussetzung für ein systematisches Monitoring, das über Einzelstudien mit wechselnden Indikatoren, Auskunftsquellen und Stichproben hinausgeht.

3.3.4 Schul- und Klassenebene: Ausrichtung auf das Gemeinwohl

Auf Schulebene sind mehrere zentralen Maßnahmen zur Stärkung der sozialen Kohäsion angesiedelt, die sich teilweise dann in Maßnahmen auf Klassenebene widerspiegeln.

Die Stärkung des Gemeinwohls ist anders als beispielsweise an Grundschulen in den USA in Deutschland selten explizit formuliertes und nach außen kommuniziertes pädagogisches Ziel von Grundschulen. Eine Maßnahme in diesem Kontext ist die Aufnahme in die pädagogischen Profile der Grundschulen in Verbindung mit einem konkreten Konzept zur Ausgestaltung der Umsetzung entsprechender Bildungsziele (vgl. die Qualitätsbereiche des Deutschen Schulpreises 2023 „[...] Schulen, in denen ein achtungsvoller Umgang miteinander und gewaltfreie Konfliktlösungen nicht nur postuliert, sondern von der Schulgemeinschaft vertreten und im Alltag verwirklicht werden. Die Schulen fördern Mitwirkung und demokratisches Engagement sowie Eigeninitiative und Gemeinsinn im Unterricht und darüber hinaus.").[20] Hierzu bietet sich die Verankerung der Gemeinwohlorientierung und des sozialen Engagements der Schule

---

[20] Vgl. https://www.deutscher-schulpreis.de/sites/default/files/documents/2019-04/Plakat_DSP_Qualitaets bereiche_final.pdf.

und ihrer Mitglieder im Schulprogramm als konkretes Steuerungsinstrument der Schulentwicklung an (vgl. Tillmann 2011). Analog zu der Diskussion um eine zivile Pflichtzeit für Erwachsene ist ein verpflichtendes soziales Engagement der Grundschulkinder eine denkbare Option für die Einzelschulen, wenn dieses mit entsprechender Wertschätzung und konkreten Strukturen für eine gelebte Praxis einhergeht. Für die Umsetzung dieses Bereichs stellen die zeitlichen Möglichkeiten des Ganztags eine wichtige Rahmenbedingung dar.

3.3.5 Schul- und Klassenebene: Soziale Beziehungen und Identifikation

Die aktuelle Metaanalyse von Cipriano und Kolleginnen und Kollegen (2023) weist für schulbasierte Interventionen zum sozialen und emotionalen Lernen insgesamt auf eine Vielzahl von positiven Outcomes hin, die neben Schulklima (mit den stärksten Effekten) auch individuelle Kompetenzen, Peer-Beziehungen und Schulleistungen umfassen.

Ansätze zur Stärkung eines positiven Schulklimas, die sich auch in Grundschulen als wirksam erwiesen haben, setzen häufig dabei an, den schulischen Kontext für alle grundsätzlich positiv zu beeinflussen, indem für alle klar kommunizierte und praktizierte Verhaltensregeln und Konsequenzen in Kombination mit Strukturen und Prozessen für das Lösen von Problemen etabliert werden (vgl. Bradshaw u. a. 2009; Beispiel Positive Behavioral Interventions and Supports, PBIS). Auch für die gezielte Stärkung sozialer Beziehungen existieren theoretisch fundierte und empirisch evaluierte Programme wie beispielsweise RULER, bei dem über sozioemotionales Lernen durch Weiterbildung der Lehrkräfte und Unterrichtsmaßnahmen die Qualität sozialer Interaktionen gestärkt wird (vgl. Rivers u. a. 2013). Die Veränderung des Klassenumfelds erfolgt dabei über die emotionsbezogenen Elemente beziehungsweise Lernansätze „recognizing" (Wahrnehmen eigener und fremder Emotionen), „understanding" (Verstehen der Gründe und Konsequenzen von Emotionen), „labeling" (Benennen der Emotionen mit korrekten und vielfältigen Wörtern) sowie „expressing" und „regulating" (Ausdrücken und Regulieren von Emotionen in sozial angemessener Weise (vgl. Rivers/Brackett, 2011). Ergänzend zu diesen allgemeineren Ansätzen der grundsätzlichen Förderung sozialer Beziehungen beziehungsweise deren Voraussetzungen sind mit Blick auf die Sicherstellung der sozialen Kohäsion in einer heterogenen Gesellschaft auch Lerninhalte fest in die Curricula der Grundschulen zu integrieren, die explizit das tolerante Zusammenleben mit unterschiedlichen gesellschaftlichen Gruppen – beispielsweise nach nationaler Herkunft, Religion, Geschlecht oder geschlechtlicher Orientierung – konkret thematisieren. Hierzu gehört es auch, der Auseinandersetzung mit möglichen anderweitigen Vorprägungen der Kinder im schulischen Kontext nicht auszuweichen (z. B. mit Blick auf Antisemitismus, Rassismus, Homophobie oder Gleichberechtigung von Frauen) und Verstöße gegen die Regeln des toleranten Miteinander im schulischen Kontext zu bearbeiten und wenn nötig auch konsequent zu sanktionieren. Diese Aufgabe der Grundschulen und des pädagogischen Personals ist besonders anspruchsvoll, wenn es sich um Interaktionen und Themen von Kindern mit familiären Wurzeln in Regionen mit aktuellen oder prägenden Konflikten handelt. Es ist Aufgabe des Bildungssystems, seine Lehrkräfte auf diese Aufgabe vorzubereiten und Materialien für entsprechende Unterrichtsansätze zur Verfügung zu stellen.

Neben pädagogischen Maßnahmen und Interventionen zur Stärkung des Schul- und Klassenklimas sowie der sozialen Beziehungen zwischen Lehrenden und Lernenden ist ein Monitoring über eine regelmäßige Befragung der Schulgemeinschaft zu diesen Aspekten eine Maßnahme auf Schulebene, die Rechenschaft über den jeweils aktuellen Stand, Entwicklungen und Hinweise auf Handlungsbedarfe liefern kann.

Gleichzeitig stehen die Grundschulen auch in der Verantwortung, konsequent gegen Mobbing und Gewaltvorfälle vorzugehen. Hierzu müssen im Rahmen der Schulentwicklungsarbeit verbindliche Ansätze und feste Abläufe bei Vorkommnissen entwickelt und vereinbart und bei Bedarf externe Partnerinnen und Partner (z. B. Fachexpertinnen und -experten, Polizei) für die Phasen der Prävention, Intervention und Sanktion einbezogen werden.

3.3.6 Ebene der Schülerinnen und Schüler: Sprachförderung und Sicherung grundlegender Kompetenzen

Auf Ebene der Schülerinnen und Schüler sind zum einen die bereits thematisierten Maßnahmen zur Stärkung sozialer Beziehungen und zur Prävention von Mobbing und Gewalt durch alltägliche Maßnahmen ebenso wie durch spezifische Programme relevant. Zum anderen sind Maßnahmen in zwei weiteren Bereichen besonders vielversprechend, um die soziale Kohäsion grundlegend zu unterstützen: Sprachförderung und Sicherung grundlegender Kompetenzen sowie der Einbezug der Eltern beziehungsweise Familien.

Sprache ist das Kernelement von Bildung, Integration und gesellschaftlicher Teilhabe eines Individuums. Umgekehrt setzt die soziale Kohäsion in einer Gesellschaft eine gemeinsame Sprache voraus. Die umfassende Förderung von deutschen Sprachkompetenzen und die Sicherung grundlegender Kompetenzen sind demnach die Grundlage für Zugehörigkeitserleben und Identifikation als Dimensionen der sozialen Kohäsion. Die Befunde der IGLU-2021-Studie, dass ein Viertel der Grundschulkinder am Ende der vierten Klasse nicht die Mindestkompetenzen im Lesen erreicht, weisen darauf hin, dass Veränderungen dringend notwendig sind, um allen Kindern gesellschaftliche Teilhabe zu ermöglichen (vgl. McElvany u. a. 2023). Gleichzeitig verdeutlichten die Ergebnisse, dass es nach wie vor einen engen Zusammenhang zwischen familiärer Herkunft und Bildungserfolg in den Grundschulen gibt und dass sich dieser seit der ersten Erfassung vor 20 Jahren nicht reduziert hat (vgl. Stubbe u. a. 2023a). Diese Disparitäten betreffen neben dem Kompetenzerwerb auch die Übergangsempfehlungen am Ende der Grundschulzeit auf ein Gymnasium, die auch bei gleichen Leistungen systematisch in Abhängigkeit vom familiären Hintergrund der Kinder variieren (vgl. Stubbe u. a. 2023b).

Notwendige Maßnahmen in diesem Bereich sind vielfältig und müssen greifen, bevor ein Kind auf die weiterführende Schule wechselt (vgl. McElvany/Lorenz 2024; vgl. auch das „Startchancenprogramm" von BMBF und Ländern): Eine effektive Vermittlung dieser grundlegenden Kompetenzen kann nur durch eine systematische Förderung in den ersten Grundschuljahren gelingen, bei der ein qualitativ hochwertiger Unterricht im regulären Klassenkontext für alle Schülerinnen und Schüler mit einem frühzeitigen Aufholen von Kompetenzrückständen in Kleingruppen sowie bei besonderem Förderbedarf mit individueller Unterstützung kombiniert wird. Ein flächendeckendes System der Verknüpfung von Screenings und regelmäßiger individueller Diagnostik unter Nutzung der Möglichkeiten digitaler Medien mit sich anschließender verbindlicher, gezielter Förderung im Rahmen von empirisch als wirksam belegten Förderkonzepten fehlt an Grundschulen in Deutschland bisher allerdings weitgehend. Damit einhergehend ist auch die gezieltere Aus- und Weiterbildung aller Grundschullehrkräfte in den Bereichen der Lese- und Sprachförderung als Aufgabe aller Fächer verstärkt in den Blick zu nehmen. In Zeiten des Lehrkräftemangels muss es auch ein Anliegen sein, die Attraktivität des Lehrkraftberufs durch gute Ausbildung für die Herausforderungen der schulischen Praxis zu steigern. Eine klare Aufgabensetzung und Priorisierung für die Grundschullehrkräfte im Bereich des Unterrichtens und im professionellen Ausbau sowie für das Gestalten von Teamstrukturen verschiedener Professionen für weitere Aufgaben in den Grundschulen sind zu verbessern. Ein zentrales Ziel der Grundschulbildung muss es sein, dass am Ende der Grundschulzeit alle Kinder über ausreichende Deutschkenntnisse verfügen, um entsprechend ihrem Potenzial auf den weiterführenden Schulen weiterlernen zu können und als erwachsene Bürgerinnen und Bürger an der Gesellschaft in Deutschland teilhaben und sich beteiligen zu können. Dieses Ziel steht einer Wertschätzung von Sprachenvielfalt und dem Einbezug anderer Sprachen in das Grundschulgeschehen nicht entgegen, sondern beruht auf der gemeinsamen Grundlage der Wahrnehmung der zentralen Relevanz von Sprache und Sprachkompetenzen.

3.3.7 Ebene der Schülerinnen und Schüler: Einbezug der Familien

Für Kinder im Grundschulalter ist neben der Schule die Familie der zentrale Sozialisationskontext (vgl. Hurrelmann 2002). Insbesondere im Bereich sozio-emotionaler Kompetenzen, die als Grundlage für soziale Kohäsion gestärkt werden müssen, liegt die Aufgabe der Förderung originär zunächst in den Familien, weshalb ihr Einbezug in schulische Fördermaßnahmen umso relevanter ist. Außerdem ist die Grundsteinlegung von gesellschaftlicher Kohäsion durch die Grundschulen über die Gestaltung einer inklusiven Schulgemeinschaft aller an Schule Beteiligten und ihres familiären Umfelds sowie der schulischen Nachbarschaft ein Abbild und mögliches Labor späterer Interaktionen. Um dieses effektiv gestalten zu können, ist nach Goodall und Vorhaus (2011) neben entsprechenden Konzepten auch die Aus- und Weiterbildung des pädagogischen Personals mit dem Ziel eines professionellen Verständnisses von Elternansprache in diesem Bereich notwendig. Dabei stellt die Sensibilität für unterschiedliche soziale und kulturelle Kontexte bei gleichzeitig klarer und zielorientierter Kommunikation und Haltung eine besondere Herausforderung in den reziproken Beziehungen dar. Der Einbezug der Familien kann auf unterschiedlichen Ebenen erfolgen: Organisatorische Elternbeteiligung (z. B. niederschwellig die Mithilfe bei Schulfesten sowie anspruchsvoller die Mitarbeit im Freizeitbereich der Schule), konzeptionelle (z. B. Mitarbeit bei der Erstellung des Schulprogramms) und lernbezogene (z. B. zu Hause mit dem Kind mit Hilfe von durch die Lehrkraft zur Verfügung gestelltem Übungsmaterial lernen, vgl. Schwanenberg u. a. 2013; vgl. auch Hill/Tyson 2009 mit elterlicher Unterstützung zu Hause beziehungsweise in der Schule sowie bildungsbezogene Kommunikation und Sozialisation). Gleichzeitig steht auf Elternseite eine Reihe von möglichen Barrieren einer aktiven Beteiligung entgegen. Hierzu gehören beispielsweise Sprach- und Zeitprobleme, finanzielle Probleme, Unsicherheit oder Wahrnehmung getrennter Zuständigkeiten von Schulen und Familien. Da es vielfache empirische Befunde und Praxiserfahrungen gibt, dass die Erreichbarkeit und Beteiligung verschiedener Gruppen systematisch variiert, sind hier zielgruppenspezifische beziehungsweise -sensible Ansätze nötig, damit dem Angebot der Schulen eine größtmögliche Nutzung durch die Eltern beziehungsweise Familien entspricht. Mit Blick auf die Dimensionen sozialer Kohäsion ist für die Etablierung und Aufrechterhaltung sozialer Beziehungen grundlegende Voraussetzung, schulseitig Räume der Begegnung und des Austauschs zwischen verschiedenen schulischen und außerschulischen Beteiligten zu schaffen (z. B. Elterncafés). Breit angebotene und angenommene Beteiligungs- und Mitentscheidungsmöglichkeiten fördern die Identifikation mit der Schule des Kindes und der Rolle als mitgestaltende Akteurin und mitgestaltender Akteur, wie auch Projekte zum Gemeinwohl unter Beteiligung der Eltern den Blick auf das gesellschaftliche Gemeinwohl unterstützen können. Die Förderung der Elternbeteiligung benötigt insbesondere in Grundschulen in herausfordernder Lage Zeit und Engagement von Seiten der Einzelschulen, wird häufig durch zusätzliche Initiativen und Personen unterstützt (z. B. Konzept „Stadtteilmütter" oder Familiengrundschulzentren Leverkusen) und ist insofern ressourcenintensiv. Schulleitungen kommt eine Schlüsselfunktion für die Etablierung und Aufrechterhaltung einer Öffnung des Systems Schule hin zu den Eltern und Familien zu (vgl. auch Praxisbroschüre des BMFSFJ 2022). Insgesamt ist festzuhalten, dass bisher Konzepte der schulischen Zusammenarbeit mit Eltern eher auf Erziehungsarbeit oder Lernunterstützung als auf Fragen der sozialen Kohäsion ausgerichtet sind.

3.4 Handlungsempfehlungen

Die epochalen und globalen Herausforderungen stellen auch Herausforderungen für die Gesellschaft in Deutschland und damit auch für das Bildungswesen dar. Die Grundschulen sind von hoher Heterogenität in sprachlicher, kultureller, religiöser, weltanschaulicher und sozialer Hinsicht gekennzeichnet. Ihnen kommt eine zentrale Rolle dabei zu, Praktiken des Austauschs (soziale Beziehungen) einzuüben, Kompetenzen mit Blick auf Chancen für alle ihre Position in der Gesellschaft zu finden, gemeinsame Werte (Gemeinsinn, Identifikation) zu vermitteln sowie an demokratische Orientierungen und Kompetenzen heranzuführen. Das vorliegende Kapitel macht dabei Potenziale, aber auch Desiderate deutlich. Zu den erforderlichen Maßnahmen von Grundschulen in diesem Kontext gehören:

Mikroebene

Konsequente Sprachförderung und Sicherung grundlegender Kompetenzen. Erfolgreiche Sprachförderung und Sicherung grundlegender Kompetenzen unabhängig von der sozialen Herkunft durch die Grundschulen sind entscheidende Grundlagen für Zugehörigkeitserleben und Identifikation der Heranwachsenden mit der Gesellschaft in Deutschland. Sprache ist das Kernelement von Bildung, Integration und gesellschaftlicher Teilhabe eines Individuums. Umgekehrt setzt soziale Kohäsion einer Gesellschaft eine gemeinsame Sprache voraus, die bei entsprechendem Bedarf in den Bildungsinstitutionen entwickelt werden muss. Ein umfassendes System der Verknüpfung von Screenings und regelmäßiger individueller Diagnostik unter Nutzung der Möglichkeiten digitaler Medien mit sich anschließender verbindlicher, gezielter Förderung im Rahmen von empirisch als wirksam belegten Förderkonzepten muss an Grundschulen in Deutschland etabliert werden. Damit einhergehend ist auch die gezieltere Aus- und Weiterbildung aller Grundschullehrkräfte in den Bereichen der Lese- und Sprachförderung als Aufgabe aller Fächer zu realisieren. Die Maßnahmen müssen greifen, bevor ein Kind auf die weiterführende Schule wechselt, damit es dort sein Potenzial entfalten und sich zu einer mündigen Bürgerin oder einem mündigen Bürger entwickeln kann.

Intensivierung der Elternarbeit. Die Einbeziehung der Familien birgt besonderes Potenzial für den Erfolg der Maßnahmen zur Förderung der sozialen Kohäsion, da die Familien neben den Schulen die zentrale Sozialisationsinstanz für Kinder im Grundschulalter sind. Schulische Konzepte zum Einbezug der Eltern müssen daher über Partnerschaft bei der Erziehungsarbeit oder Lernunterstützung hinaus auf Fragen der sozialen Kohäsion ausgerichtet werden. Schulleitungen kommt für die Etablierung und Aufrechterhaltung einer Öffnung des Systems Schule hin zu den Eltern und Familien eine Schlüsselfunktion zu. Neben Beteiligungsmöglichkeiten ist es für die Etablierung und Aufrechterhaltung sozialer Beziehungen grundlegende Voraussetzung, schulseitig Räume der Begegnung und des Austauschs zwischen verschiedenen schulischen und außerschulischen Beteiligten zu schaffen. Zusätzlich zu der Erreichbarkeit aller Gruppen ergeben sich bei diesem Thema weitere Herausforderungen, wenn sich Kultur und Werte des Elternhauses von Kultur und Werten der Schule unterscheiden. Schulen müssen mit erprobten Konzepten und entsprechenden Ressourcen unterstützt werden, insbesondere wenn sie sich in herausfordernder Lage befinden.

Mesoebene

Wirksame Konzepte zur Förderung der Dimensionen sozialer Kohäsion. Die Entwicklung und Implementation von Konzepten für die Vermittlung des Erlebens und der Förderung sozialer Kohäsion auch und gerade bei unterschiedlichen Werten, Lebensstilen und Zielen muss zeitnah und konsequent in den Grundschulen umgesetzt werden. Leitend sollte dabei die wirksame Stärkung personaler Identitäten mit der Perspektive der Mitgliedschaft in der deutschen Gesellschaft im Sinne einer gesamtgesellschaftlichen Identität und Identifikation aller Individuen sein. Ergänzend zu einer Integration als wirksam evaluierter Ansätze der grundsätzlichen Förderung sozialer Beziehungen beziehungsweise deren Voraussetzungen, der Identifikation und der Gemeinwohlorientierung sind mit Blick auf die Sicherstellung der sozialen Kohäsion einer heterogenen Gesellschaft auch Lerninhalte fest in die Curricula der Grundschulen zu integrieren, die explizit das tolerante Zusammenleben mit unterschiedlichen gesellschaftlichen Gruppen – beispielsweise nach nationaler Herkunft, Religion, Geschlecht oder geschlechtlicher Orientierung – sowie von Minderheiten konkret thematisieren. Hierzu muss auch die explizite Auseinandersetzung mit möglichen anderweitigen Vorprägungen der Kinder gehören (z. B. mit Blick auf Antisemitismus, Rassismus, Homophobie oder Gleichberechtigung von Frauen). Entsprechende Konzepte sollten auf ihre Wirksamkeit hin empirisch adäquat evaluiert und dann in der Breite verbindlich eingesetzt werden.

Projekte zur Gemeinwohlorientierung. Kinder sollten im Rahmen der Grundschule das wichtige Gut der Gemeinwohlorientierung durch eigenes Handeln und als festen Bestandteil der Schulkultur erfahren können. Dazu gehört die konsequente Ausrichtung schulischer Konzepte auf das aktive Leben von Gemeinsinn, Verantwortungsübernahme und sozialem Engagement. Analog zu der Diskussion um ein ziviles Pflichtjahr für Erwachsene ist ein verpflichtendes soziales Engagement der Grundschulkinder eine Option für die Einzelschulen, wenn dieses mit konkreten Strukturen für eine gelebte Praxis und entsprechender Wertschätzung einhergeht. Eine explizite Verankerung der Gemeinwohlorientierung und des sozialen Engagements der Schule und ihrer Mitglieder im Schulprogramm als konkretes Steuerungsinstrument der Schulentwicklung ist zu empfehlen. Für die Umsetzung dieses Bereichs stellen die zeitlichen Möglichkeiten des Ganztags eine wichtige Rahmenbedingung dar.

Makroebene

Heterogenität an Grundschulen. Grundschulen haben einen zentralen Stellenwert als Ort sozialer Kohäsion. Um die Homogenisierung von Schülerschaften durch Elternentscheidungen zu Umzügen oder Ummeldungen zur Einschulung nicht schon in dieser Phase zu fördern, sind Schulkonzepte zur gleichzeitigen Integration und Förderung unterschiedlicher Schülergruppen in Bezug auf Leistungen oder Sprachkompetenzen und Bedarfe zwingend notwendig. Eine Ressourcenzuweisung, die in Teilen die Schülerschaft und damit verbundene besondere Bedarfe berücksichtigt, sollte grundsätzlich implementiert werden.

Curriculare Verankerung von Identifikation. Die explizite Benennung von Identifikation als Kerndimension sozialer Kohärenz in den Rahmen- und Lehrplänen der Länder der Bundesrepublik und deren gezielte Förderung neben sozialen Beziehungen sowie der Ausrichtung auf das Gemeinwohl stellen ein Desiderat mit Blick auf die soziale Kohäsion der nachwachsenden Generation in Deutschland dar. Für alle drei Kerndimensionen gilt, dass die Thematisierung in den Plänen ein wichtiger Schritt ist, entscheidend aber die tatsächliche Umsetzung im Sinne der Vermittlung im Unterricht und Schulkultur in der gelebten Praxis des Bildungssystems ist. Um deren Realisierung zu gewährleisten, gilt es auch, die Lehrkräfte in ihrer Ausbildung und mit entsprechenden Konzepten zu unterstützen.

Einführung eines systematischen Monitorings von Aspekten sozialer Kohäsion beziehungsweise deren Gefährdung. Eine schulscharfe einheitliche Erfassung und transparente aggregierte Datenbereitstellung für relevante Aspekte im Kontext der sozialen Kohäsion sollte auf Landes- sowie Bundesebene eingeführt werden. Nur so ist der Ist-Stand zu ermitteln, sind zukünftige Entwicklungen zu überwachen und Konsequenzen rechtzeitig zu ziehen. Dies betrifft sowohl einheitliche Indikatoren für die soziale Zusammensetzung der Schülerschaft einer Schule (z. B. soziale und wirtschaftliche Lage, Migrationshintergrund, Familiensprache, Religion) und das Schulklima als auch Daten zu Aspekten wie Mobbing- oder Gewaltvorfällen, Antisemitismus, Rassismus oder Homophobie.

4 Sekundarstufe

4.1 Status quo

Die vorliegende empirische sozialwissenschaftliche und medizinische Datenbasis zu jugendlichem Coping mit Krisenphänomenen verdeutlicht, auf welche Weise Kinder und Jugendliche in den letzten Jahren psychosozial belastet wurden (vgl. Ravens-Sieberer u. a. 2022; Walper/Kuger 2023; Wößmann u. a. 2021). Junge Heranwachsende berichten im Vergleich zur Zeit vor der COVID-19-Pandemie über eine deutlich gesunkene Lebensqualität, mehr gesundheitliche Probleme und eine stärkere Ängstlichkeit. Vor allem Kinder und junge Heranwachsende aus schwächeren sozialen Verhältnissen, mit Migrationshintergrund und mit eingeschränktem Wohnraum waren davon betroffen.

Aber auch positive Wahrnehmungen und Entwicklungen während der COVID-19-Pandemie werden berichtet: Zahlreiche Schülerinnen und Schüler waren durch die neu entstandenen Möglichkeiten zum selbstregulierten Lernen unter Nutzung digitaler Werkzeuge besonders motiviert und konnten Lerninhalte auf diese Weise besser verstehen (vgl. Wößmann u. a. 2021). Manche Jugendliche nahmen in dieser Zeit auch eine Abnahme ihrer psychosozialen Belastungen wahr, beispielsweise indem während der Schulschließungen das Mobbing unter den Gleichaltrigen abgenommen hat (vgl. Werner/Wößmann 2023).

Diese beiden Richtungen von erfolgreichen und weniger erfolgreichen Anpassungen während der COVID-19-Pandemie verdeutlichen, wie sich soziale Diskrepanzen zwischen Kindern und jungen Heranwachsenden in der Sekundarstufe verstärken können (vgl. McElvany u. a. 2023; Stanat u. a. 2022; Stanat u. a. 2023; Wößmann u. a. 2023).

Dieses Auseinanderdriften beziehungsweise Aufgehen der Bildungsschere zeigt sich auch in den Ergebnissen der aktuellen Bildungsvergleichsstudien. Der IQB-Bildungstrend 2022 verzeichnet beispielsweise eine Zunahme der Kopplung zwischen sozialer Herkunft und erreichten Kompetenzwerten. Deutliche Bildungsdefizite der Schülerinnen und Schüler bestehen insbesondere im Fach Deutsch. Dabei hat der Anteil an zugewanderten Schülerinnen und Schülern zugenommen (von fünf auf neun Prozent), die nicht in Deutschland geboren sind (erste Generation). Gleichzeitig ist auch der Anteil der Familien gestiegen, in denen nie oder nur manchmal Deutsch gesprochen wird. Dabei spielt die in der Familie gesprochene Sprache eine wichtige Rolle. Jugendliche, die in ihren Familien nie oder nur manchmal Deutsch sprechen, erreichten geringere Kompetenzwerte als Jugendliche, die in ihren Familien immer Deutsch sprechen.

Im IQB-Bildungstrend 2022 wurden Schülerinnen und Schüler der neunten Jahrgangsstufe in Deutschland in den drei Kompetenzbereichen Lesen, Zuhören und Orthografie getestet und deren Ergebnisse in Bezug gesetzt zu früheren Erhebungen aus den Jahren 2015 und 2009. Ähnlich zu anderen Bildungsvergleichsstudien erfolgt die Einordnung der erzielten Ergebnisse auf Kompetenzskalen mit definierten Kompetenzstufen. Diese reichen beim IQB-Bildungstrend von der niedrigsten Stufe I bis zur höchsten Stufe V. Diese Kompetenzstufen wiederum wurden beim Bildungstrend an den Stufengrenzen normativ interpretiert als Erreichen oder Nichterreichen von Mindest-, Regel- oder Optimalstandards. Diese Standards sind in Übereinstimmung mit den Bildungsstandards der Kultusministerkonferenz im Fach Deutsch mit Bezug zu den Anforderungen für einen einfachen Schulabschluss (ESA) oder einen mittleren Schulabschluss (MSA). Nach diesem Rahmen (siehe Tabelle 2) erreichen Schülerinnen und Schüler der 9. Jahrgangsstufe im Fach Deutsch den Regelstandard für einen mittleren Schulabschluss (MSA), wenn sie die Anforderungen der Aufgaben auf Stufe III bewältigen. Dazu müssen sie beispielsweise im Bereich Lesen und Zuhören in der Lage sein, Informationen, die in einem schriftlichen oder gehörten Text verstreut sind, miteinander zu verknüpfen und den Text ansatzweise als Ganzes zu erfassen. Den Regelstandard für einen einfachen Schulabschluss (ESA) beziehungsweise den Mindeststandard für einen mittleren Schulabschluss (MSA) erreichen sie bei Bewältigung der Anforderungen auf Stufe II. Hierzu müssen 15-Jährige in der Lage sein, einzelne Informationen miteinander zu verknüpfen und zentrale Textstrukturen zu erfassen.

Tabelle 2: Stufengrenzen der integrierten Kompetenzstufenmodelle im Fach Deutsch

Stufe	Wertebereich			Standards	
	Lesen	Zuhören	Orthografie	Erster Schulabschluss (ESA)	Mittlerer Schulabschluss (MSA)
V	Ab 660	Ab 630	Ab 640	Optimalstandard	Optimalstandard
IV	580–659	550–629	550–639		Regelstandard plus
III	500–579	460–549	460–549	Regelstandard plus	Regelstandard
II	420–499	390–459	390–459	Regelstandard	Mindeststandard
Ib	350–419	320–389	310–389	Mindeststandard	
Ia	Unter 350	Unter 320	Unter 310		

Anmerkung: Die angegebenen Punktwerte je Kompetenzbereich entsprechen den Stufengrenzen der veröffentlichten integrierten Kompetenzstufenmodelle des IQB. Für die Berechnungen zum IQB-Bildungstrend 2022 wurde je Kompetenzbereich eine Anpassung der Stufengrenzen vorgenommen, um der veränderten Skalenfestlegung (M und SD der Berichtsmetrik beziehen sich auf das Jahr 2015) Rechnung zu tragen und somit sicherzustellen, dass die inhaltliche Bedeutung der Stufen unverändert bleibt.

Der IQB-Bildungstrend 2022 zeigt folgendes Ergebnisbild: Im Bereich Lesen und Zuhören erreichen oder übertreffen den Regelstandard (Stufe III) für einen mittleren Schulabschluss (MSA) nur ca. 50 Prozent der Neuntklässlerinnen und Neuntklässler, die diesen Abschluss anstreben. In der Orthografie ist der Anteil mit 65 Prozent etwas höher. Im Vergleich zu 2015 sind die Anteile signifikant zurückgegangen, das Niveau hat sich also insgesamt verschlechtert. Ein Drittel der getesteten Jugendlichen erreicht zudem nicht den erforderlichen Mindeststandard (Stufe II) für einen mittleren Schulabschluss (33 Prozent Lesen, 34 Prozent Zuhören, 22 Prozent Orthografie). Auch dies stellt einen signifikanten Anstieg im Vergleich zum Jahr 2015 dar. Zu berücksichtigen ist bei den Ergebnissen allerdings, dass diese Leistungen mehr als ein Jahr vor dem MSA-Abschluss bei den Bildungstrends getestet wurden. Insofern bleibt offen, ob bis zum tatsächlichen MSA-Abschluss nicht doch noch ein etwas größerer Anteil an Jugendlichen die Mindeststandards erreicht hat.

Ähnlich alarmierende Befunde werden auch in der aktuellen PISA-2022-Studie berichtet (vgl. Lewalter u. a. 2023). Hier werden im internationalen Vergleich in regelmäßigem Turnus die Kompetenzen 15-Jähriger in Mathematik, Lesen und Naturwissenschaften untersucht. Nach dem PISA-Schock der 2000er Jahre schnitten die deutschen Schülerinnen und Schüler 2022 so schlecht wie nie ab, in allen drei Domänen der Mathematik, des Lesens und der Naturwissenschaften.

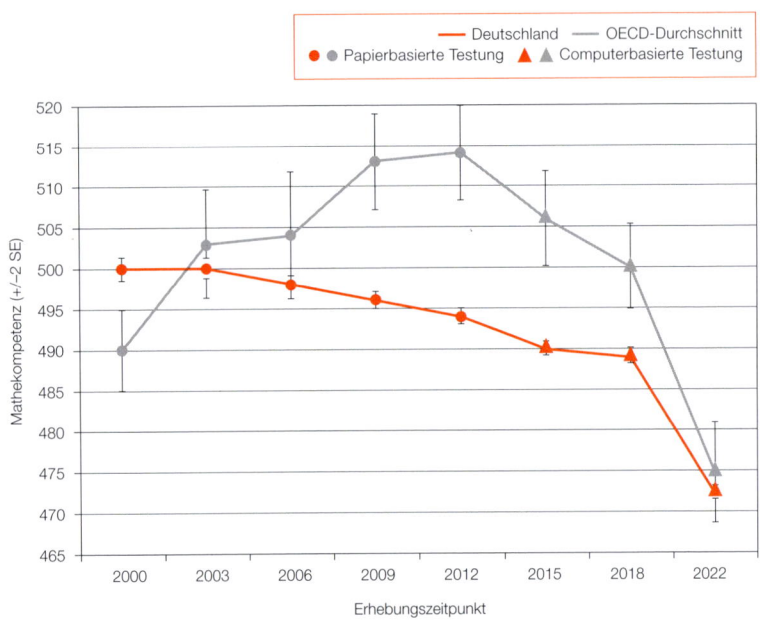

Abbildung 4:   Veränderung der mittleren Mathematikkompetenz von 2000 bis 2022 in Deutschland

Anmerkung: Negative Bildungsentwicklungen mathematischer Kompetenzen von 2000 bis 2022, gemessen über die PISA-Studie der OECD (vgl. Lewalter u. a. 2023, S. 76).

Als Gründe werden u. a. die langen Schulschließungen in Deutschland während der COVID-19-Pandemie genannt, das sinkende Interesse und die wahrgenommene Relevanz der Lerninhalte im Unterricht sowie der relativ hohe Anteil an Schülerinnen und Schülern mit Migrationshintergrund, die aufgrund geringer Deutschkenntnisse immer noch zu wenig gut in das deutsche Bildungssystem integriert sind. Negative Bildungsentwicklungen werden für viele OECD-Staaten berichtet. Allerdings scheint die Schieflage in Deutschland besonders alarmierend, in Anbetracht der starken Kopplung zwischen zentralen Grundkompetenzen und sozialem Hintergrund beziehungsweise Migrationshintergrund, der mangelhaften Realisierung von gezielter individueller Förderung und der wachsenden Kluft zwischen dem, wie Inhalte im Unterricht vermittelt werden, und den Lebenswirklichkeiten der jungen Heranwachsenden.

Für das Bildungssystem in Deutschland zeichnen sich zusammenfassend in zentralen Kompetenzbereichen wie Lesen, Mathematik, Naturwissenschaften deutliche negative Entwicklungstrends ab. Für die Sekundarstufe bedeuten diese Bildungsverluste, dass viele Kinder und Jugendliche bereits mit dem Übertritt von der Grundschule in die Sekundarstufe über deutliche Lücken in zentralen Kompetenzbereichen verfügen (vgl. McElvany u. a. 2023; Stanat u. a. 2022). Darüber hinaus schließen viele Sekundarschülerinnen und -schüler derzeit diese Lücken nicht im Verlauf ihrer Sekundarstufenzeit. Die sozialen Diskrepanzen nehmen zu, insbesondere im Fach Deutsch und in zentralen Lesekompetenzen (vgl. Lewalter u. a. 2023; Stanat u. a. 2023). Grundkompetenzen im Fach Deutsch sowie der Erwerb zentraler Lesekompetenzen sind insbesondere für die gesellschaftliche Teilhabe junger Heranwachsender als besonders kritisch zu betrachten.

Viele Lehrkräfte an den Schulen berichten gleichzeitig von Überforderung, sowohl durch akuten Lehrkräftemangel als auch in Bezug auf die beschränkten pädagogischen Möglichkeiten bei der Unterstützung im Ausgleich der entstandenen Problemlagen (vgl. Ständige Wissenschaftliche Kommission der Kultusministerkonferenz [SWK] 2022a). Zusätzlicher Druck entsteht außerdem durch die Herausforderung in der Integration der zusätzlichen Schülerinnen und Schüler, die von Migration und Flucht betroffen sind. Dieser Anteil ist – wie der IQB-Bildungstrend 2022 verdeutlicht – ebenfalls von 2015 bis 2022 deutlich gestiegen (vgl. Stanat u. a. 2023).

Zudem sind viele Kinder und Jugendliche selbst unzufrieden mit der schulischen Situation (vgl. Andresen u. a. 2022). Sie berichten, dass ihre Schulen nach der Pandemie nun zwar besser digital ausgestattet sind, die pädagogische Praxis in der Nutzung der digitalen Möglichkeiten aber weit zurückfällt. Sie fühlen sich von der Politik in ihren Interessen und ihren Perspektiven nicht wahr- und ernst genommen. Die Bildungskrise betrifft also nicht nur entstandene Leistungsdefizite und die zunehmenden sozialen Leistungsdiskrepanzen, sondern betrifft alle Ebenen im Bildungssystem (wachsende Heterogenität der Lernenden, Überforderung des pädagogischen Personals, geringe prompte Reaktivität und Adaptivität auf Administrationsebene).

Dabei sind Kinder und Jugendliche in der Sekundarstufe in einem Alter, in dem sie die krisenhaften Entwicklungen sehr genau wahrnehmen. Sie befinden sich in einer Lebensphase, die prägend ist für ihre eigene Identitätsentwicklung, aber auch für ihre soziale Identifikation als geschätzte und ernst genommene Mitglieder unserer Gesellschaft. Nach aktuellen Umfragen begegnen Kinder und

Jugendliche in der Sekundarstufe diesen Herausforderungen noch mit einer relativ pragmatischen Haltung (vgl. Calmbach u. a. 2020). Für sie sind Werte wie Vertrauen und Zusammenhalt in der Familie und bei Freunden besonders wichtig, während materieller Wohlstand und berufliche Entwicklungen zwar wünschenswert, aber nicht zentral werteleitend sind. Auch mit Bezug zum Schulalltag berichten junge Heranwachsende im Alter von 14 bis 17 Jahren davon, dass die sozialen Beziehungen zu ihren Mitschülerinnen und Mitschülern und zu ihren Lehrkräften für ihr Wohlbefinden mit am wichtigsten sind. Dieses mag zunächst beruhigen, allerdings kann man auch hier erkennen, dass die sozialen Beziehungen und das individuelle Verortetsein durch sichere Bindungen in der Familie und mit Freunden besonders wichtig werden.

Zu diesem Verortetsein kann auch die Sekundarschule in wesentlicher Hinsicht beitragen, denn Schülerinnen und Schüler halten sich über eine vergleichsweise lange Zeit in ihrer Bildungsbiografie an Sekundarschulen auf. Während sie Kindergärten und Grundschulen nach drei bis vier Jahren wieder verlassen, verbleiben Kinder und Jugendliche in der Sekundarstufe zwischen sechs und neun Jahren in ihren jeweiligen Schulen.

4.2 Möglichkeiten der Förderung sozialer Kohäsion

4.2.1 Ausrichtung auf das Gemeinwohl

Für eine erfolgreiche Ausrichtung auf das Gemeinwohl rücken für die Sekundarstufe drei Aspekte in den Vordergrund: Möglichkeiten zur Übernahme von Verantwortung, Schaffen von Partizipationsmöglichkeiten und Vermittlung demokratischer Kompetenzen.

Nach Schiefer und Noll (2017) sollen junge Menschen ein Verantwortungsgefühl für das Gemeinwohl, beispielsweise an ihrer Schule, entwickeln und bereit sein, gemeinsam vereinbarte Regeln und Normen einzuhalten („compliance"). Dabei müssen die jungen Heranwachsenden in einem bestimmten Ausmaß ihre persönlichen Ziele dem übergeordneten Ziel des gemeinsamen Wohlergehens in der Schule unterordnen. Für eine erfolgreiche Ausrichtung auf das Gemeinwohl sind Maßnahmen von Bedeutung, die darauf abzielen, ein positives Schulklima und ein aufeinander Rücksicht nehmendes Schulleben zu etablieren. Auch gute Kooperationen und Vernetzungen mit außerschulischen Partnern sind hier wichtige Unterstützungsfaktoren. Auf besonders wirksame Ansätze und Maßnahmen im Sekundarbereich wird im nachfolgenden Kapitel genauer eingegangen.

Partizipationsmöglichkeiten an der Schule spielen ebenfalls eine wichtige Rolle für die Ausrichtung auf das Gemeinwohl (vgl. Veerman/Denessen 2021). Im schulischen Kontext sollten Schülerinnen und Schüler ihre Mitwirkungsmöglichkeiten kennen, beispielsweise durch Strukturen in Form von Klassensprecherwahlen und Schülermitverwaltungen (SMV), die wirksam in schulische Entscheidungsprozesse eingebunden sind. Darüber hinaus können Partizipationsstrukturen in Form von Tutorenprogrammen, Medienscouts, Energiescouts, Theatergruppen, Sport-AGs, STEM-Gruppen etc. ein schulisches Umfeld bereitstellen, das sowohl die individuellen Potenziale einzelner Schülerinnen und Schüler stärkt als auch die gemeinsame Identität mit der Schule und den dort angebotenen Partizipationsmöglichkeiten (vgl. Beutel/Höhmann/Schratz 2016). Auch kulturelle identitätsstiftende Inhalte (z. B. in Form von Projekten) tragen in positiver Weise zur Stärkung der kulturellen Teilhabe bei. Neben diesem schulischen Kontext spielen darüber hinaus die Partizipationsmöglichkeiten im Unterricht eine wichtige Rolle und fördern auf Klassenebene den sozialen Zusammenhalt (vgl. Fredricks/ Blumenfeld/Paris 2004; Schnitzler/Holzberger/Seidel 2020).

Neben Fragen der Etablierung gemeinsamer Regeln für ein gutes Miteinander an den Sekundarschulen gilt für die Sekundarschule der Auftrag, ihre Schülerinnen und Schüler für gesellschaftliche und politische Aspekte über den Schulkontext hinaus zu sensibilisieren und zu bilden. Damit werden Fragen der Vermittlung demokratischer Kompetenzen besonders bedeutsam, denen der AKTIONSRAT**BILDUNG** in der Expertise zur Förderung demokratischer Kompetenzen im Jahr 2020 bereits nachgegangen ist (vgl. vbw 2020). Für demokratische Kompetenzen an den Sekundarschulen ist es zentral, den jungen Heranwachsenden im Unterricht politisches Wissen und ein Verständnis über demokratische Strukturen zu vermitteln, sie aber auch in ihrer politischen Selbstwirksamkeit zu stärken. Ziel und Bildungsauftrag an den Sekundarschulen ist es, durch Wissen und Erfolgserwartungen die Motivation so zu steigern, dass man durch eigenes Handeln zur Aufrechterhaltung oder Herstellung demokratischer Werte in unserer Gesellschaft beitragen kann. Auch Themen und curriculare Inhalte zu sozialer Kohäsion und deren Bedeutung für funktionierende Demokratien müssen hierbei eine unterrichtliche Verankerung finden.

Eine Ausrichtung auf das Gemeinwohl an Schulen und in den einzelnen Schul-klassen trägt dazu bei, dass sich Schülerinnen und Schüler sowohl mit der eige-nen Schule, der eigenen Schulklasse, aber auch als wertvolle Mitglieder der Gesellschaft identifizieren. Diese Identifikationsprozesse führen auf Seiten der Schülerinnen und Schüler dazu, dass sie ihr eigenes Handeln als selbstbe-stimmt und intrinsisch motiviert wahrnehmen. Diese Motivation ist nachhaltig wirksam, vor allem dann, wenn diese Motivationsqualitäten häufig und über einen langen Zeitraum erlebt werden und damit längerfristige Interessen und positive Haltungen entstehen (vgl. Krapp/Prenzel 2011; Krapp/Ryan 2002).

Daher sollte es an den Schulen ein wichtiges Ziel sein, diese positiven Identifi-kations- und intrinsischen Motivationsprozesse in Gang zu setzen und über den langen Zeitraum in der Sekundarstufe aufrechtzuerhalten. In der Forschung stellt daher die Ausrichtung auf das Gemeinwohl, insbesondere unter dem Aspekt der Übernahme von Verantwortung, einen wichtigen Faktor für Schulqualität dar (vgl. Edelstein/Fauser 2001) und wird auch beim Deutschen Schulpreis als Bewertungskriterium herangezogen (vgl. Beutel/Höhmann/Schratz 2016; Robert Bosch Stiftung 2023).

Verantwortung als ein zentrales Kriterium für Schulqualität beim Deutschen Schulpreis

Definition: Verantwortung
- Schulen, in denen achtungsvoller Umgang miteinander, gewaltfreie Konflikt-lösung und sorgsamer Umgang mit Sachen nicht nur postuliert, sondern ge-meinsam vertreten und im Alltag verwirklicht werden;
- Schulen, die Mitwirkung und demokratisches Engagement, Eigeninitiative und Gemeinsinn im Unterricht, in der Schule und über die Schule hinaus tatsäch-lich fördern und umsetzen.

Leitfragen für Umsetzungen an den Schulen

Demokratielernen
- Wie werden Schülerinnen und Schüler dabei begleitet, sich als wichtiges Mitglied in einer demokratischen Gesellschaft zu erfahren?

- Wie ermöglicht die Schule den Schülerinnen und Schülern, einen realistischen Blick auf die Welt zu schärfen und eigene Handlungsmöglichkeiten zu erkennen?
- Auf welchen Wegen stellen Lehrkräfte und Schulleitung sicher, dass die Schülerinnen und Schüler auch gesellschaftliche Verantwortung wahrnehmen?

Partizipation

- Wie lernen die Schülerinnen und Schüler in der Schule ihre Mitwirkungsrechte und -möglichkeiten kennen und nutzen?
- Woran ist erkennbar, dass die Schülerinnen und Schüler aktiv und regelmäßig an der Entwicklung der pädagogischen Konzeption der Schule mitwirken?
- Lassen sich vom Schulleitungs- bis zum Lehrerhandeln typische Beispiele dafür finden, dass das Schulleben ein Modell für demokratische Meinungsbildung und Mitwirkung ist?

Verantwortungsübernahme

- Wie vermitteln Schulleitung und Lehrkräfte den Schülerinnen und Schülern altersadäquat die erforderlichen Kompetenzen, um für ihr Leben Verantwortung zu übernehmen?
- In welcher Art und Weise lernen Schülerinnen und Schüler Verantwortung für ihr eigenes Leben und den Lernerfolg ihrer Lerngruppe zu übernehmen?
- Wie und in welchem Umfang können Schülerinnen und Schüler Verantwortung in ihren Klassen, in der Schule und darüber hinaus übernehmen?
- Wie nehmen Schulleitung und Lehrkräfte ihre Verantwortung für den Lernerfolg und die Persönlichkeitsentwicklung der Schülerinnen und Schüler wahr?

4.2.2 Stärkung der sozialen Beziehungen

Die zweite Dimension für soziale Kohäsion ist die Förderung sozialer Beziehungen in den Schulen und im Unterricht (vgl. Urdan/Schoenfelder 2006). Das betrifft sowohl die Beziehungen der Schülerinnen und Schüler untereinander als auch die Beziehungen der Schülerinnen und Schüler zu ihren Lehrkräften. Hinzu kommen Beziehungen, die Schulen mit außerschulischen Partnern und Netzwerken pflegen, sowie die Beziehungen des pädagogischen Personals untereinander. Gute zwischenmenschliche Beziehungen tragen allgemein zur Erfüllung wichtiger psychologischer Grundbedürfnisse bei. Dazu zählen aus lernmotivationstheoretischer Sicht die Bedürfnisse nach sozialer Eingebundenheit, die wiederum eng verbunden sind mit positivem Kompetenz- und Autonomieerleben. Hinzu kommt das Gefühl von Zugehörigkeit („social belonging") sowie von Vertrauen und Sicherheit.

Gute soziale Beziehungen gehen einher mit dem individuellen Erleben von sozialer Eingebundenheit in eine Gemeinschaft und sind ein wichtiger Faktor für hohe Schulmotivation und Wohlbefinden (vgl. Hascher/Edlinger 2009; Ryan u. a. 2023). Das Erleben von sozialer Eingebundenheit ist zudem eng damit verbunden, dass sich junge Heranwachsende als kompetent und autonom in ihren Entscheidungen erleben. Diese drei psychologischen Grundbedürfnisse (soziale Eingebundenheit, Kompetenzerleben, Autonomieerleben) wiederum stellen eine wichtige Determinante für erfolgreichen Unterricht und für erfolgreiche Bildungsentwicklungen dar (vgl. Kiemer u. a. 2016).

Ähnlich zum Konzept der sozialen Eingebundenheit wird beim Gefühl der Zugehörigkeit herausgestellt, dass sich Schülerinnen und Schüler an ihren Schulen und im Unterricht sicher, unterstützt, akzeptiert und respektiert fühlen (vgl. Goodenow/Grady 1993). Das Gefühl von Zugehörigkeit ist wichtig mit Blick auf die sozialen Beziehungen zwischen den Schülerinnen und Schülern untereinander, aber auch mit Blick auf die sozialen Beziehungen zu den Lehrkräften. Erleben Kinder und Jugendliche in der Sekundarstufe ein hohes Maß an sozialer Zugehörigkeit, dann steigt die Wahrscheinlichkeit für aktives Engagement und Partizipation im Unterricht und an der Schule. Darüber hinaus steht ein Gefühl von sozialer Zugehörigkeit in positivem Zusammenhang mit günstigen Identitätsentwicklungen und zwischenmenschlichen Beziehungen an der Schule (vgl. Korpershoek u. a. 2020). Von besonderer Bedeutung für erfolgreiches „Sense of Belonging" an Schulen ist die Einbindung verschiedener sozialer Gruppen, beispielsweise in Bezug auf kulturell-ethnische Subgruppen, Gruppen mit gemeinsamen Interessen oder auch auf Peergroups innerhalb einer Klassengemeinschaft (vgl. Graham 2018). Fühlen sich die Mitglieder einzelner Subgruppen isoliert und ausgegrenzt, erleben sie weniger soziale Zugehörigkeit mit negativen Konsequenzen für die individuellen Bildungsbiografien, aber auch für die Qualität der sozialen Beziehungen an den Schulen insgesamt.

Als dritte Komponente spielt das Vertrauen für gute zwischenmenschliche Beziehungen eine wichtige Rolle. Dabei differenziert man wiederum zwischen Vertrauen in Bezug auf die Mitschülerinnen und Mitschüler, die Lehrkräfte und die Schule als Bildungsinstitution (vgl. Veerman/Denessen 2021). Einige Studien beziehen sich auch auf Vertrauen als ein Ergebnis guter Bildungsprozesse (vgl.

Dinesen/Sønderskov 2018). Besonders wichtig für die Wahrnehmung von Vertrauen sind Aspekte wie die wahrgenommene Hilfsbereitschaft von Seiten der Mitschülerinnen und Mitschüler wie auch die empfundene Fairness, insbesondere von Seiten der Lehrkräfte. Schulen als Bildungsinstitutionen erhalten Vertrauen, wenn sie sichere und verlässliche Orte darstellen. Dieses betrifft in besonderer Weise die Reaktionen im schulischen Kontext auf Bullying und Mobbing. Dieses beinhaltet insbesondere professionelles Verhalten des gesamten pädagogischen Personals, bei dem ein systematisches Monitoring und präventive Maßnahmen konsequent im Schulleben implementiert sind und in konkreten Fällen sofort und konsequent mit angemessenen Sanktionierungen interveniert wird.

Das Erleben von sozialer Eingebundenheit, sozialem Zugehörigkeitsgefühl und Vertrauen sind drei wichtige Aspekte, die positive soziale Beziehungen an Schulen fördern. Dieses wiederum hat positive Auswirkungen darauf, dass Lernende Bildung als wichtigen Wert betrachten (Value-Komponente) und positive Erfolgserwartungen entwickeln (Expectancy-Komponente). Beide Aspekte wiederum führen im Allgemeinen zu einer hohen Bildungsqualität, sowohl in Hinblick auf Leistungsentwicklungen als auch mit Blick auf positive Bildungsbiografien (z. B. geringere Schulabbrüche; vgl. Hulleman/Harackiewicz 2021; Urdan/Schoenfelder 2006). Zugleich stärken diese Aspekte die Identitätsentwicklung der jungen Heranwachsenden und wirken sich wiederum positiv auf die Bereitschaft für eine Orientierung auf das Gemeinwohl aus.

4.2.3 Identifikation mit sozialen Gruppen

Kinder und Jugendliche befinden sich im Verlauf der Sekundarstufe in einer sensiblen Phase der Identitätsentwicklung (vgl. Hannover/Wolter/Zander 2018). Dabei ist von Bedeutung, mit welchen sozialen Gruppen sich Schülerinnen und Schüler an ihren Schulen identifizieren, verbunden mit der Frage, in welcher Art und Weise es sich wiederum auf ihre eigene Identitätsentwicklung auswirkt (vgl. auch Kapitel 1.4 zu psychologischen Aspekten).

Wendet man die Theorie der sozialen Identität (vgl. Tajfel/Turner 1979) auf den Kontext der Sekundarstufe an, sind Schülerinnen und Schüler nicht nur einzigartige Individuen, sondern auch Mitglieder verschiedener sozialer Gruppen. Sie sind beispielsweise Mitglied einer Geschlechtsgruppe oder einer Ethnie, Mitglied einer Schulklasse und gleichzeitig Mitglied einzelner Teilgruppen innerhalb dieser Schulklasse (beispielsweise gehören sie einer bestimmten Religionsgemeinschaft an oder haben sich auf bestimmte Fremdsprachen spezialisiert). Sie sind darüber hinaus Mitglied der gesamten Schulgemeinschaft oder auch verschiedener außerunterrichtlicher Arbeitsgruppen an der Schule (z. B. Sport, Musik, Theater, Umwelt, SMV).

Nach der Theorie der sozialen Identität (vgl. Tajfel/Turner 1979) aktivieren Menschen in gruppenbezogenen Situationen soziale Identitäten, also nicht die auf ihre Einzigartigkeit als Individuum bezogene personale Identität, sondern Identitäten, die auf ihre sozialen Gruppenzugehörigkeiten bezogen sind. Mit der Aktivierung einer sozialen Identität wird dann auch das Bestreben nach einer positiven Bewertung dieser sozialen Identität geweckt. Zur Aufwertung der aktivierten sozialen Identität kann u. a. die Strategie genutzt werden, andere soziale Gruppen abzuwerten. Die Abwertung anderer Gruppen kann den sozialen Zusammenhalt in einer Gemeinschaft wie der Schule gefährden. Im Schulkontext beschrieben sind beispielsweise Ausgrenzungen von besonders leistungsfähigen Schülerinnen und Schülern. Diese Schülerinnen und Schüler zeigen als Folge der Ausgrenzung nicht mehr ihr volles Können oder leiden unter der Ausgrenzung aus der Klassengemeinschaft. Besonders negativ sind Situationen, in denen Mitglieder anderer sozialer Gruppen nicht nur abgewertet, sondern diskriminiert werden, z. B. durch Androhung von Gewalt und durch Machtmissbrauch (vgl. Graeff 2009). Situationen, die die Aktivierung sozialer Identitäten wahrscheinlich machen, können also im Schulkontext soziale Kohäsion schwächen.

Es gibt aber durchaus Möglichkeiten, wie solchen Prozessen entgegengewirkt und der soziale Zusammenhalt sogar gestärkt werden kann. Dazu zählt, dass Schülerinnen und Schüler gemeinsame soziale Identitäten aktivieren, wie z. B. als Mitglieder ihrer Schule oder als Menschen, die bestimmte Werte der Schule (wie z. B. Schule ohne Rassismus) teilen (vgl. Xiao u. a. 2022). Begünstigend für sozialen Zusammenhalt sind somit Bedingungen für inklusive soziale Selbstkategorisierungen. Zudem ist es förderlich, wenn innerhalb der Schule vielfältige Möglichkeiten zur Teilhabe an verschiedenen sozialen Gruppen bestehen, die wiederum unterschiedlich zusammengesetzt sind und damit sich gegenseitig abwertende Prozesse zwischen sozialen Gruppen verhindern. Dazu eignen sich insbesondere Gruppierungsmerkmale, die Menschen frei wählen können (z. B. Mitglied in einer bestimmten AG in diesem Schuljahr zu sein). Begünstigend für sozialen Zusammenhalt ist es außerdem, wenn sich die Kategorisierung auf eine Gruppe bezieht, die sich über ihr Streben und Wirken nach sozialem Zusammenhalt definiert (z. B. Streitschlichtungsteam, Energiescouts, Nachhaltigkeits-AG, Pausenhofteam). Weiterhin begünstigend ist es, wenn Schülerinnen und Schüler ihre verschiedenen sozialen Identitäten als kompatibel erleben (z. B. weiblich zu sein und sich für Informatik zu interessieren).

Für Schulen und den Unterricht bedeutet es, die Angebote und Strukturierungen für soziale Gruppenbildungen unter diesen Perspektiven genau zu analysieren und dafür Sorge zu tragen, dass jede Schülerin beziehungsweise jeder Schüler vielfältige, inklusive und miteinander kompatible soziale Identitäten aktivieren kann.

4.2.4 Bewältigung von krisenbedingten Beeinträchtigungen des Lebens und Lernens

Als vierte Dimension kommen für soziale Kohäsion Anpassungsstrategien bei der Bewältigung krisenbedingter Beeinträchtigungen des Lebens und des Lernens zum Tragen. Diese Anpassungsstrategien und deren Fördermöglichkeiten im Bildungssystem wurden in der Expertise des AKTIONSRATS**BILDUNG** „Bildung und Resilienz" behandelt (vgl. vbw 2022). Krisenbedingte Beeinträchtigungen des Lebens und Lernens stellen externe Stressoren dar. Die Anpassungsleistungen des Individuums, die dem eigenen Erhalt oder sogar der Optimierung dienen, werden als Resilienz bezeichnet, während Fehlanpassungen, die zur Reduktion beitragen, als Vulnerabilität bezeichnet werden. Faktoren, die Resilienz in der Sekundarstufe unterstützen, stellen u. a. gute soziale Netzwerke und Beziehungen zu Gleichaltrigen und Lehrkräften dar, aber auch die Förderung des individuellen Selbstwerts und der Selbstwirksamkeit von Schülerinnen und Schülern. Hinzu kommen begünstigende Faktoren durch Übernahme von Eigenverantwortung und Partizipation sowie die Entwicklung positiver Haltungen in Form von Optimismus und einer konkret umsetzbaren Zukunftsorientierung. Darüber hinaus sind kognitive Problemlösestrategien, Selbstregulation sowie ein achtsamer Umgang mit den eigenen Bedürfnissen und den Bedürfnissen anderer Menschen in gemeinsamen sozialen Gruppen von förderlicher Wirkung.

Begünstigende Faktoren für den resilienten Umgang mit krisenhaften Beeinträchtigungen des Lebens und Lernens (vgl. vbw 2022)

- Stärkung der sozialen Beziehungen mit Gleichaltrigen und Lehrkräften,
- Förderung des individuellen Selbstwerts und der Selbstwirksamkeit,
- Übernahme von Eigenverantwortung und Partizipationsmöglichkeiten,
- Unterstützung positiver Haltungen wie Zukunftsorientierung und Optimismus,
- Anwendung geeigneter Problemlösestrategien, Selbstregulation und achtsamer Umgang mit eigenen und sozialen Bedürfnissen.

Viele begünstigende Faktoren für Resilienz stehen in einem engen Zusammenhang zu den drei Dimensionen für soziale Kohäsion. Insofern stehen Resilienz und soziale Kohäsion in einem wechselseitigen Verhältnis. Resilienz unterstützt soziale Kohäsion und soziale Kohäsion wiederum stellt einen begünstigenden Faktor für Resilienz dar.

4.3 Evidenzbasierte Bildungsmaßnahmen zur Stärkung sozialer Kohäsion

Viele der Maßnahmen wirken wie selbstverständliche Bestandteile von Schule. Aber gerade die Schulschließungen während der COVID-19-Pandemie haben vor Augen geführt, dass sie eben nicht selbstverständlich sind und in welcher vielfältigen Weise Sekundarschulen solche Maßnahmen täglich umsetzen.

Für eine Weiterentwicklung von Schulen in der Förderung der sozialen Kohäsion ist es aufgrund der Vielzahl an Maßnahmen auf den verschiedenen Ebenen der Schule und der Schulklassen zentral, ein konsequentes und systematisches Monitoring zu implementieren (vgl. Corcoran u. a. 2018). Nur über eine systematische Beobachtung und fortlaufende Evaluation kann überprüft werden, welche Maßnahmen an den Schulen in welcher Qualität realisiert werden. Dabei helfen systematische Befragungen und Interviews mit Schülerinnen und Schülern, Eltern, dem pädagogischen Personal und der Schulleitung, wie sie üblicherweise auch im Rahmen wiederkehrender Schulevaluationen stattfinden.

Darüber hinaus werden Indikatoren für soziale Kohäsion in Deutschland im Bildungsmonitoring bislang eher randständig behandelt, sowohl mit Bezug auf die Zusammenfassung der Ergebnisse zu diesen Bereichen als auch hinsichtlich der geforderten Konsequenzen. Eine verstärkte Berücksichtigung des Wohlbefindens von Schülerinnen und Schülern, des Gefühls von Sicherheit und Vertrauen in der Schule, der wahrgenommenen Identifikation mit der Schule und der individuellen Identitätsentwicklung als Indikatoren für ein qualitativ hochwertiges und funktionierendes Bildungssystem wäre durchaus zeitgemäß und in Anbetracht der Bewältigung krisenhafter Situationen ein wichtiges Messinstrument.

4.3.1 Maßnahmen auf Ebene der Schule

Viele Bildungsmaßnahmen auf der Ebene der Schulen orientieren sich an einer Ausrichtung auf das Gemeinwohl, an der Etablierung guter sozialer Beziehungen, an der Bereitstellung von positiven Identifikationsmöglichkeiten und an der Unterstützung der Identitätsentwicklung sowie der Bereitstellung von Unterstützungsstrukturen in krisenhaften Situationen des Lernens und Lebens. Da diese drei Aspekte in engen Wechselverhältnissen stehen, sind die Bildungsmaßnahmen auch nicht direkt den einzelnen Dimensionen zuzuordnen, sondern bei den einzelnen Maßnahmen herausgestellt.

Gerade mit Blick auf eine Ausrichtung auf das Gemeinwohl sind ein in der Schulgemeinschaft entwickeltes, getragenes und für alle wiederkehrend sichtbares Leitbild sowie gemeinsame Verhaltensregeln für einen wertschätzenden Umgang miteinander eine zentrale Maßnahme (vgl. Jäger 2004; Maag Merki 2008; Wullschleger u. a. 2023). Die Fortentwicklung eines gemeinsamen Schulleitbildes dürfte mittlerweile für die meisten Schulen in Deutschland eine Art Standard darstellen. Daher stellt sich hier eher die Frage, wie solche Leitbilder (weiter-)entwickelt werden und welche partizipatorischen Möglichkeiten für alle Mitglieder einer Schulgemeinschaft realisiert werden. Sind Schülerinnen und Schüler in die Entwicklungen solcher Leitbilder und Regeln partizipativ eingebunden, ist die Wahrscheinlichkeit höher, dass diese auch konkret umgesetzt und eingehalten werden (vgl. Schönbächler 2006). Schulleitungen nehmen hier eine wichtige Rolle ein, indem sie partizipatorische Beteiligungsmöglichkeiten für Lehrkräfte und Schülerinnen und Schüler mit steuern und in der Profilierung der Schule das besondere Schulleitbild sichtbar halten (vgl. vbw 2021b). Die konkreten Schwerpunktsetzungen für ein Schulleitbild sind vielfältig. Sie umfassen Aspekte wie soziale Kohäsion (z. B. Schule ohne Rassismus), inhaltliche Schwerpunkte

(z. B. in den Naturwissenschaften, Musik, Sport, Kunst), aber auch grundlegende pädagogische Konzeptionen, die Leitbild für eine Schule sein können (z. B. Jenaplan, Montessori). Viele Schulleitungen berichten, dass sie diese Profilierungen für eine Ausrichtung auf das Gemeinwohl und für eine gemeinsame Identitätsfindung als besonders wertvoll erachten (vgl. Seidel u. a. 2016). Darüber hinaus gelingt es vielen Schulen, beispielsweise durch ein Schullogo positive Identifikationsprozesse bei den Schülerinnen und Schülern zu unterstützen. Manche Schulen betten das in weitere schulische Rituale ein, beispielsweise indem alle neu aufgenommenen Schülerinnen und Schüler ein Kleidungsstück mit Schullogo (T-Shirt, Pullover oder Ähnliches) erhalten beziehungsweise auch weitere Produkte mit Schullogo erwerben können.

Beispiel: Schule ohne Rassismus – Schule mit Courage

Viele Schulen in Deutschland orientieren sich in ihrem Schulleitbild am Netzwerk „Schule ohne Rassismus – Schule mit Courage". In einem Netzwerk setzen sich ca. 4.300 Schulen für die Gleichwertigkeit aller Menschen ein. Mitglieder im Netzwerk setzen sich für die eigene Schule das Ziel, sich gegen jede Form von Gewalt und Diskriminierung einzusetzen. Dazu muss sich ein überwiegender Teil des Lehrpersonals und der Schülerinnen und Schüler für dieses Leitbild aussprechen und sich verpflichten, bei Gewalt und Diskriminierungen sofort einzuschreiten und sich aktiv an der Realisierung des Leitbilds zu beteiligen. Außerdem gibt es eine Selbstverpflichtung zur Durchführung regelmäßiger Schulveranstaltungen zum Thema.[21]

Ein weiteres Maßnahmenbündel betrifft die Implementation digitaler Plattformen für transparente und beschleunigte Kommunikationsprozesse mit Möglichkeiten der Beteiligung verschiedener Interessengruppen an einer Schule. Eine wichtige Schlüsselfunktion bildet hierfür die mittlerweile an vielen Schulen vollzogene Einführung digitaler Plattformen, mit denen die Kommunikationsprozesse an den Schulen in vielfacher Hinsicht transparenter gestaltet wurden und „Räume" für Kommunikation der unterschiedlichen soziale Gruppen an den Schulen ermöglicht werden (beispielsweise zur Kommunikation zwischen Lehrkräften und Schülerinnen und Schülern, zwischen Schulleitungen und den Lehrkräften, Lehrkräften untereinander, mit den Eltern etc.; vgl. vbw 2018).

---

[21] Vgl. https://www.schule-ohne-rassismus.org.

Die Einsetzung von Schülermitverwaltungen sowie die Wahl von Klassenspre-chern, Jahrgangsstufensprechern, Schulsprechern und Vertrauenslehrkräften stellen wichtige Maßnahmen zur Förderung demokratischer Prozesse an Schulen und zur Schaffung vielfältiger Partizipationsmöglichkeiten dar. Auch das Enga-gement von Schülerinnen und Schülern in der Schulbibliothek, beim Pausen-hofdienst, als Energiescouts, als digitale Scouts sind Formen von Partizipati-onsmöglichkeiten, die soziale Kohäsion an Schulen fördern. Dieses hat positive Auswirkungen sowohl auf die Identitätsentwicklung junger Heranwachsender als auch auf die Entwicklung guter sozialer Beziehungen in verschiedenen Grup-pierungen. Auch für die Beziehungen zu Lehrkräften sind diese Aktivitäten wert-voll, da sie häufig die jungen Heranwachsenden in anderen Kontexten als dem Unterricht kennenlernen können. Allerdings beteiligen sich nicht unbedingt alle Schülerinnen und Schüler gleichermaßen an diesen Partizipationsmöglichkei-ten. Daher sind Maßnahmen an Schulen besonders wirksam, bei denen mög-lichst viele junge Heranwachsende für eine Mitwirkung motiviert werden und soziales Engagement auch eine relevante Honorierung erfährt. Eine Möglichkeit könnte z. B. darin bestehen, dass jede Schülerin beziehungsweise jeder Schüler im Verlauf der Sekundarschulzeit für jedes Schuljahr ein Portfolio an sozialen Aktivitäten anfertigt und damit das soziale Engagement dokumentiert. Zur Ho-norierung dieser Leistungen können Schulen beispielsweise mit dem Bildungs-abschluss ein weiteres Zertifikat für soziales Engagement ausstellen, in dem dieser Aspekt gesondert gewürdigt wird und damit auch für weiterführende Bil-dungsphasen (z. B. in Bewerbungsprozessen) genutzt werden kann. Auch so-ziale Aktivitäten der Schülerinnen und Schüler außerhalb der Schule (z. B. als Trainerin oder Trainer im Sportverein, als Musikübungsleiterin oder Musikübungs-leiter, als Tutorin oder Tutor beziehungsweise im Bereich Nachhilfe) können in das Portfolio mit aufgenommen werden.

Gemeinsame schulische Veranstaltungen, die wiederkehrend realisiert werden und in gewisser Weise Rituale für die Schulgemeinschaft darstellen, sind eine weitere begünstigende Maßnahme für die Förderung sozialer Kohäsion an der Schule. Dazu zählen jährliche Schulfeste, Abschlusszeremonien, Konzerte, Schul-konferenzen etc. Gemeinsame schulische Veranstaltungen ermöglichen den Schülerinnen und Schülern weitere Partizipationsmöglichkeiten, beispielsweise in der Unterstützung bei der Vorbereitung solcher Ereignisse, aber auch bei den Veranstaltungen selbst, indem verschiedene soziale Gruppen ihr Engagement an der Schule darstellen können und hierfür auch eine Würdigung erhalten. Das wiederum wirkt sich positiv auf eine Ausrichtung auf das Gemeinwohl aus, ist identitätsfördernd und stärkt die sozialen Beziehungen aller Mitglieder einer Schulgemeinschaft.

Tutorenprogramme stellen effektive Bildungsmaßnahmen auf Schulebene dar, die Schülerinnen und Schüler in zwei unterschiedliche Rollen bringen (vgl. Cohen/Kulik/Kulik 1982). Zumeist fortgeschrittene Schülerinnen und Schüler übernehmen soziales Engagement, indem sie in Nachmittagsbetreuungen und im Schulalltag als Tutoren fungieren und jüngeren Schülerinnen und Schülern wichtige Hilfestellungen anbieten (z. B. in der Hausaufgabenunterstützung als digitale Scouts). Jüngere Schülerinnen und Schüler erfahren durch Tutorenprogramme direkte Unterstützung von älteren Mitschülerinnen und Mitschülern und können auf diese Weise positive Beziehungen auch zu fortgeschrittenen Jahrgangsstufen aufbauen. In der weiteren Entwicklung können dann diese Schülerinnen und Schüler die Rolle als Tutorin oder Tutor übernehmen und lernen, die zuvor erfahrene Unterstützung an jüngere Mitlernende weiterzugeben.

Buddy- beziehungsweise Patenprogramme haben hier eine ähnliche Funktion, organisiert entweder über verschiedene Altersgruppen hinweg (z. B. Unter-, Mittel-, Oberstufe) oder aber auch klassenübergreifend innerhalb einer Jahrgangsstufe. Beide Organisationsformen erlauben es, weitere Beziehungs- und Unterstützungsstrukturen außerhalb des Schulklassenverbands aufzubauen und Schülerinnen und Schüler für eine soziale Unterstützung zu motivieren. Auch diese Programme unterstützen die Qualität der Beziehungen an Schulen, aber auch die Ausrichtung auf das Gemeinwohl an der Schule. Zudem sind sie auf individueller Ebene förderlich für die Identitätsentwicklung der Kinder und Jugendlichen und fördern soziale Identitäten, die auf Mitgliedschaft in Gruppen bezogen sind, welche sich die Stärkung sozialer Kohäsion zum Ziel gemacht haben (vgl. Alqahtani/Murry 2015).

Mentoring-Programme stellen eine zusätzliche schulbezogene Maßnahme dar, die sich als sehr effektiv für die Unterstützung junger Heranwachsender herausgestellt hat. Insbesondere Mentoring-Programme, die benachteiligte Schülerinnen und Schüler gezielt adressieren und fördern, stellen Bildungsmaßnahmen dar, die sich sowohl individuell als sehr effektiv herausstellen als auch zur sozialen Kohäsion an Schulen beitragen (vgl. Resnjanskij u. a. 2021). Beispiele für solche erfolgreichen und evidenzbasierten Maßnahmen sind „Rock your Life", „Balu und du" oder „Arbeiterkind.de"[22].

Mobbing beziehungsweise Bullying stellen die häufigsten Arten von Gewalt an Sekundarschulen dar und können soziale Kohäsion an Schulen in erheblicher

---

[22] Vgl. https://www.arbeiterkind.de.

Weise gefährden (vgl. UNESCO 2017). Vor dem Hintergrund sind Programme, die (Cyber-)Mobbing präventiv verhindern und bei konkreten Fällen intervenierend wirken, eine zentrale Bildungsmaßnahme (vgl. Huber 2011) und müssen flächendeckend an allen Sekundarschulen implementiert sein. Programme wie z. B. Fairplayer[23] oder Medienhelden[24] bieten für Schulen Projekte mit Schülerinnen und Schülern an, in denen diese für das Thema sensibilisiert und konstruktive Konfliktlösungen erarbeitet werden (vgl. Scheithauer u. a. 2019; Schultze-Krumbholz u. a. 2021). Darüber hinaus wird konkret bearbeitet, mit welchen Maßnahmen Schülerinnen und Schüler in unterschiedlichen Rollen bei konkreten Fällen reagieren können. Wichtig ist, dass alle Mitglieder einer Schulgemeinschaft dafür sensibilisiert sind, prompt zu reagieren und Verantwortung für das gemeinsame Wohl aller zu übernehmen. Häufig setzen Anti-Mobbing-Programme bei Schülerinnen und Schülern selbst an. Das ist eine an sich wirksame Interventionsmaßnahme, die aber noch verstärkt wird, wenn auch die Lehrkräfte aktiv in Anti-Mobbing-Programme involviert werden (vgl. Wachs u. a. 2019; Wölfer/ Scheithauer 2014). Erfolgen an Schulen konsequente Reaktionen beziehungsweise Sanktionen bei Gewalt, Diskriminierung und Mobbing, erfahren Schülerinnen und Schüler ihre Schule eher als einen sicheren Ort. Zudem berichten Schülerinnen und Schüler an solchen Schulen über eine höhere soziale Kohäsion als an Schulen, bei denen keine klaren Regelungen existieren und eher inkonsequent reagiert wird (vgl. Mooij/Smeets/Wit 2011).

Fairplayer

- Nachhaltiges Programm zur Förderung sozialer Kompetenzen und Verringerung beziehungsweise Prävention von Mobbing in der Schulklasse (5. bis 6. und 7. bis 9. Jahrgangsstufe),
- 16 aufeinander aufbauende Termine mit Hilfe verschiedener pädagogisch-psychologischer Methoden (soziale Rollenspiele, moralische Dilemmata, Gruppendiskussionen etc.) in ca. vier Monaten,
- Umsetzung durch fortgebildete Multiplikatoren (Lehrerinnen und Lehrer, Schulsozialarbeiterinnen und Schulsozialarbeiter usw.) im Unterricht; Begleitung der Multiplikatoren.

---

[23] Vgl. https://www.fairplayer.de.
[24] Vgl. https://www.medienhelden.de.

Medienhelden

Prävention von Cybermobbing und Förderung von Internet- und Medienkompetenz

- Medienhelden ist ein strukturiertes Präventionsprogramm,
- Zielgruppe: Sekundarschülerinnen und Sekundarschüler der 7. bis 10. Klasse,
- Umsetzung durch fortgebildete Multiplikatoren (Lehrerinnen und Lehrer, Schulsozialarbeiterinnen und Schulsozialarbeiter etc.) im Unterricht; Begleitung der Multiplikatoren,
- Programm wird integriert in das bestehende Schulcurriculum,
- begleitend gibt es auch einen Projekttag zur Umsetzung in der Schule.

WOCHE 1	WOCHE 2
Gefahren von „Neuen Medien" Einleitung	Cybermobbing: **Definitionen und Konsequenzen** Sensibilisierung und Edukation

WOCHE 3	WOCHE 4
Cybermobbing: **Gefühle und Perspektiven** Empathietraining	**Participant-Role-Ansatz und Handlungsmöglichkeiten** Rollenspiele

WOCHE 5 bis 6	WOCHE 7
Wie schützt man sich und andere im Internet? Peer-to-Peer-Tutoring	**Rechtlicher Hintergrund** Moralisches-Dilemma-Diskussion

WOCHE 8 bis 9	WOCHE 10
Elternabend Student-to-Parent-Tutoring	**Reflexion** Quiz (Wissenskonsolidierung)

Abbildung 5: Inhalte des Curriculums, Programmübersicht und Modulinhalte des Medienhelden-Curriculums[25]

---

[25] Vgl. https://www.medienhelden.de.

Eine Reihe von Bildungsmaßnahmen setzt auf Schulebene direkt an der Förderung sozialer, emotionaler Kompetenzen des Lernens (SEL) und sozialer Zugehörigkeit an. Diese Interventionsprogramme sind häufig eingebettet in Schulentwicklungsmaßnahmen und Schulevaluationen und umfassen eine Reihe von Maßnahmenbündeln auf allen Schulebenen. Ein Beispiel für ein sehr umfassendes, evidenzbasiertes Programm stellt CASEL[26] dar. Der Ansatz sieht vor, dass Schulen in einem ersten Schritt eine Bestandsaufnahme der sozialen Beziehungsstrukturen und Angebotsstrukturen zur Förderung sozialen und emotionalen Lernens vornehmen. Auf Basis dieser Evaluation werden Maßnahmenbereiche zur Stärkung sozialen und emotionalen Lernens vorgenommen. Folgende Indikatoren werden herangezogen: Explizite Berücksichtigung von SEL als Unterrichtsinhalte, Integration dieser Inhalte in den Fachunterricht, Schaffen von Möglichkeiten zur Partizipation der Schülerinnen und Schüler auf Schulebene, unterstützendes Schul- und Unterrichtsklima, gute SEL-Kompetenzen auf Seiten der Erwachsenen an der Schule mit Vorbildfunktion, Unterstützung von Disziplin und Einhaltung von Verhaltensregeln an der Schule, gute Beziehungen der Schule zu den Elternhäusern, unterstützende Netzwerke mit außerschulischen Partnern sowie ein implementiertes System kontinuierlicher Schulentwicklung. Maßnahmen dieser Art decken in umfassender Weise wichtige Dimensionen für soziale Kohäsion in den Bereichen der Stärkung der sozialen Beziehungen, der Ausrichtung auf das Gemeinwohl und der Unterstützung von Identifikationsprozessen ab. Damit sind sie auf Ebene der Schule und der Schulentwicklungen sehr wirksame Maßnahmen zur Stärkung sozialer Kohäsion an Schulen (vgl. Corcoran u. a. 2018). Ähnliche Ansätze werden auch bei Interventionen zur Stärkung von sozialer Zugehörigkeit verfolgt, mit vergleichbaren positiven Wirkungen für die Schülerinnen und Schüler (vgl. Allen u. a. 2022). Wird auf Schulebene zudem auch darauf geachtet, dass sich Lernende mit bestimmten sozialen Hintergrundmerkmalen gleichmäßiger auf Klassen- und Niveaustufen verteilen, hat es außerdem positive Wirkungen (vgl. Graham/Kogachi/Morales-Chicas 2022).

In vielen Konzepten und Programmen zur Förderung des sozialen Zusammenhalts an Schulen wird hervorgehoben, dass insbesondere gute soziale Beziehungen unter den pädagogischen Kräften an Schulen eine gelingende Umsetzung dieser Bildungsmaßnahmen darstellen. Aus der Schulforschung ist ebenfalls bekannt, dass Kooperationen zwischen Lehrkräften ein wesentlicher Faktor für ein positives Schulklima und soziale Kohäsion im Kollegium an den Schulen sind (vgl. Gräsel/Fußangel/Pröbstel 2006). Bedingungen für positive soziale Beziehungen und Kooperation zwischen Lehrkräften sind u. a. das Gefühl von Vertrauen

---

[26] Vgl. https://casel.org.

und Sicherheit, aber auch die Wahrnehmung von Autonomieunterstützung. Mit Autonomieunterstützung ist gemeint, dass Lehrkräfte sich autonom und selbstbestimmt in ihrem Handeln erleben, sich gleichzeitig aber auch nicht alleingelassen fühlen, sondern durch klare Strukturen und Verbindlichkeiten unterstützt werden und bei Bedarf auf konkrete Unterstützung zurückgreifen können. Mit Sicherheit wird verstanden, dass Lehrkräfte sich darin sicher fühlen müssen, dass Kolleginnen und Kollegen wertschätzend und unterstützend mit den Informationen umgehen, die in Kooperationen geteilt werden. Für die Stärkung der Kooperation zwischen Lehrkräften ist zudem von Relevanz, dass sich diese Kooperationen auf konkrete Ziele und Aufgabenstellungen beziehen (vgl. Ostermeier 2004). In dieser Hinsicht hat sich u. a. die Einrichtung verschiedener Arbeitsgruppen innerhalb eines Kollegiums (z. B. Fachgruppen, Jahrgangsstufenlehrkräfte, erweiterte Schulleitungen) als hilfreich erwiesen.

Für die Identitätsbildung sind Maßnahmen auf der Schulebene zur vertiefenden Förderung der individuellen Potenziale von Sekundarschülerinnen und -schülern relevant. Dazu zählen Angebote in verschiedenen Feldern wie Sport, Kunst, Musik, Theater, Mathematik oder Naturwissenschaften, die häufig auch in Abstimmung mit dem jeweiligen Profil der Schulen erfolgen (vgl. Seidel u. a. 2016). Zur Identitätsbildung tragen diese schulischen Angebote insofern bei, als Schülerinnen und Schüler auch außerhalb ihres Schulklassenverbands in vielfältiger Weise soziale Beziehungen entwickeln und pflegen. Auf diese Weise werden negative Interdependenzen zwischen verschiedenen sozialen Gruppen und damit negative Einstellungen oder gar Feindseligkeiten zwischen Gruppen abgeschwächt, weil Schülerinnen und Schüler durch ihre Teilnahme in verschiedenen Gruppen immer auch bestimmte soziale Identitäten teilen. Aber auch Angebote, die in gezielter Weise das Erleben von Zugehörigkeit stärken, sind auf Schulebene vorhanden, beispielsweise in Form von Girls' Days oder gezielte Unterstützungsprogramme für Lernende mit spezifischem Förderbedarf (z. B. Sprachförderung). Schulische Maßnahmen zur Förderung von Inklusion, beispielsweise durch die schulische Umsetzung eines Special-Olympics-Programms, fördern positive Einstellungen zu und Interaktionen mit Kindern mit Einschränkungen und insgesamt den sozialen Zusammenhalt an den Schulen (vgl. Siperstein u. a. 2019).

Schulen bieten bei krisenbedingten Beeinträchtigungen des Lernens und Lebens ihrer Schülerinnen und Schüler wichtige Unterstützungsstrukturen an. Dazu zählen Klassenlehrkräfte, Vertrauenslehrkräfte und Jahrgangsstufenlehrkräfte, die sich um die spezifischen Problemlagen in den jeweiligen Altersstufen kümmern und als wichtige Ansprechpersonen an weiteres stützendes Personal wie Schulpsychologen und Sozialarbeiterinnen und -arbeiter weitervermitteln. Diese Art von Netzwerken existiert an den meisten Schulen, allerdings besteht in den meisten Bundesländern nach wie vor eine deutliche Unterbesetzung von Stellen im Bereich der Schulpsychologie und der Sozialarbeit. Gerade mit Blick auf den Umgang mit krisenhaften Situationen wie der COVID-19-Pandemie ist der Bedarf noch einmal deutlich gestiegen (vgl. Ravens-Sieberer u. a. 2022). Das trifft auch im Weiteren auf die Versorgung von Plätzen für Psychotherapie zu.

Die Stärkung sozialer Kohäsion an Schulen erfolgt nicht nur über Maßnahmen innerhalb der Schule, sondern in erheblicher Weise über die Zusammenarbeit und die Netzwerke mit außerschulischen Partnern (vgl. Veerman/Denessen 2021). Dazu zählt im Zusammenhang mit der Förderung individueller Potenziale von Schülerinnen und Schülern die Zusammenarbeit mit Musikschulen, Sportvereinen, Theatergruppen oder Künstlerinnen und Künstlern. Dadurch, dass Kinder und junge Heranwachsende in diesen Organisationen eingebunden und dort aktiv sind, werden in vielfältiger Weise die genannten Dimensionen für die Förderung sozialer Kohäsion unterstützt. Kinder stellen ihre eigenen Bedürfnisse in Relation zu den Bedürfnissen einer Gruppe (z. B. eines Sportteams), übernehmen Verantwortung, erleben ihre eigenen Stärken und Schwächen, bauen persönliche Beziehungen zu Gleichaltrigen außerhalb des lernbezogenen Kontexts von Unterricht und Schule auf, lernen Kinder und Jugendliche aus weiteren sozialen Schichten und Kontexten kennen. Häufig fangen Kinder und Jugendliche in diesen Kontexten auch an, sich selbst ehrenamtlich zu engagieren, als Trainerinnen oder Trainer, Tutorinnen oder Tutoren, Übungsleiterinnen oder Übungsleiter etc. Neben diesen Partnerschaften zur Förderung individueller Potenziale pflegen viele Schulen auch Beziehungen zu Stiftungen, Universitäten, Wirtschaftsunternehmen, lokalen Initiativen, die wiederum das ehrenamtliche Engagement und dessen positive Wirkungen für die Schule als einen Teil der Gesellschaft explizieren. Auch diese Netzwerke tragen zur Stärkung des sozialen Zusammenhalts an Schulen bei.

4.3.2 Maßnahmen auf Ebene der Schulklasse

Neben den beschriebenen Maßnahmen auf der Schulebene gibt es eine Reihe weiterer Bildungsmaßnahmen, die vorrangig in den Schulklassen und im Unterricht umgesetzt werden.

Für die Stärkung sozialer Beziehungen im Schulklassenverband spielen Lehrkräfte eine zentrale Rolle. Sie planen und realisieren die sozialen Abläufe und Aktivitäten während des Unterrichts und sind wichtige Initiatoren für Interaktionen im Klassenverband.

Vertrauensvolle Beziehungen zwischen Lehrkräften und ihren Schülerinnen und Schülern wirken sich positiv auf deren Erleben von Unterricht und auf ihr Engagement in der Schule aus (vgl. Martin/Collie 2019). Sie fördern die soziale Eingebundenheit, soziales Zugehörigkeitsgefühl und Vertrauen, was sich wiederum positiv auf die Lernmotivation, das Interesse und den sozialen Zusammenhalt in der Klasse auswirkt (vgl. Seidel/Prenzel 2006; Seidel/Rimmele/Prenzel 2003). Insbesondere Schülerinnen und Schüler an Brennpunktschulen konnten von Maßnahmen zur Stärkung der Beziehungen zu ihren Lehrkräften profitieren, indem sie aus Sicht der Lehrkräfte verbesserte soziale, verhaltensbezogene, emotionale und akademische Anpassungen zeigten (vgl. Murray/Malmgren 2005).

Mit Bezug zu sozialen Organisationsformen, in denen im gesamten Klassenverband gemeinsam interagiert wird (in Deutschland das sogenannten fragendentwickelnde Klassengespräch), spielen dialogisches Lehren, eine positive Fehlerkultur, prozessorientierte Rückmeldungen und Lehrerenthusiasmus eine wichtige Rolle für gute Lehrer-Schüler-Beziehungen.

Dialogisches Lehren ist ein Unterrichtsansatz, der sich aus der Kritik am eng geführten fragend-entwickelnden Klassengespräch heraus entwickelt hat (vgl. Mercer/Howe 2012). Beim dialogischen Lehren wird betont, dass Lehrkräfte bei der Initiierung von Interaktionen auf den Dialog achten, indem Fragen an die Lernenden möglichst zum Denken anregen und sich gleichzeitig möglichst viele Schülerinnen und Schüler am Gespräch beteiligen (vgl. Böheim/Schindler/Seidel 2022). Auf Beiträge der Lernenden reagieren Lehrkräfte nicht mit einer sofortigen Einordnung und Bewertung (häufig gefolgt von einem weiteren Input), sondern sie fragen durch trainierbare dialogische Reaktionsformen weiter nach und motivieren dabei auch direkte Gespräche zwischen den Schülerinnen und Schülern. Darüber hinaus lässt sich über dialogische Interaktionsformen der bislang sehr hohe Redeanteil von Lehrkräften (70 bis 80 Prozent der Unterrichtszeit in dieser Organisationsform) reduzieren und gleichzeitig das Engagement der Schülerinnen und Schüler erhöhen.

Weiterhin zu berücksichtigen ist die Etablierung einer positiven Fehlerkultur im Klassenverband (vgl. Oser/Spychinger 2005). Durch Meldungen signalisieren

Lernende in der Regel, dass sie sich am Klassengespräch beteiligen möchten. Werden sie aufgerufen und äußern sich verbal, dann findet dieses in der Regel in einem klassenöffentlichen Raum statt. Sind die Beiträge nicht oder nur teilweise korrekt und wird dieses von der Lehrperson klassenöffentlich bewertet, führt es zu negativen Motivationsprozessen, indem sich Schülerinnen und Schüler beschämt oder negativ bewertet fühlen. Aber auch bei korrekten Beiträgen führen Bewertungen von Seiten der Lehrkraft zu sozialen Kategorisierungen, z. B. indem eine Schülerin beziehungsweise ein Schüler im sozialen Verband mit bestimmten Attributen versehen werden kann (als „Checker", „Nerd", „fleißig" etc.). Grundsätzlich ist es förderlich, wenn im Unterricht soziale Vergleichsprozesse zurückgenommen werden und stattdessen individuelle Bezugsnormen in den Vordergrund treten (vgl. Mummendey 1985). Gerade die systematische Anwendung sozialer Vergleichsnormen bei Klassenarbeiten kann hier dem sozialen Zusammenhalt abträglich sein, weil durch den sozialen Vergleich innerhalb einer Klasse wiederum soziale Kategorisierungen und entsprechende Stereotypisierungen erfolgen.

In diesem Zusammenhang kommt auch die Rolle von Rückmeldungen ins Spiel (vgl. Hattie/Timperley 2007). Auch hier belegt die umfangreiche Forschungsliteratur, dass Rückmeldungen in klassenöffentlichen Situationen besondere Herausforderungen an die Lehrkräfte stellen. Rückmeldungen haben sich dann als positiv im Sinne einer Förderung der Motivation und des Lernens herausgestellt, wenn diese sich auf den konkreten Lernprozess beziehungsweise die Lernaktivitäten konzentrieren und zusätzlich Hilfestellungen für die Anwendung weiterer Lernstrategien beinhalten. Rückmeldungen, die sich auf nicht veränderbare Merkmale des Schülers beziehungsweise der Schülerin beziehen oder sehr allgemeiner Natur sind, sind eher kontraproduktiv (z. B. „das hast du mal wieder sehr gut gelöst"; „du bist einfach ein guter Schüler") und können sich negativ auf die Motivation und das weitere Lernen auswirken.

Darüber hinaus ist zu berücksichtigen, dass insbesondere der gezeigte Enthusiasmus bei Lehrkräften eine positive Auswirkung auf die Qualität von Lehrer-Schüler-Beziehungen hat (vgl. Lazarides u. a. 2021). Haben Schülerinnen und Schüler in einer Klasse den Eindruck, dass ihre Lehrkraft sie gern unterrichtet und Spaß am Thema hat, überträgt sich dies in positiver Weise auf das emotionale und motivationale Erleben der Schülerinnen und Schüler. Auch Humor unterstützt positive Beziehungsstrukturen zwischen Lehrkräften und ihren Schülerinnen und Schülern (vgl. Dresel u. a. 2014).

**MyTeachingPartner: Ein evidenzbasiertes Trainingsprogramm
zur Förderung von Lehrer-Schüler-Beziehungen im Unterricht**

MyTeachingPartner ist ein Fortbildungsprogramm für Lehrkräfte zur Verbesserung ihrer Beziehungen zu den Schülerinnen und Schülern (vgl. Allen u. a. 2011). Das Programm beinhaltet drei zentrale Bausteine:

Video-Bibliothek mit Beispielen guter Praxis: Im Zusammenhang mit dem Programm liegen in der Video-Bibliothek über 400 Videobeispiele für alle Jahrgangsstufen und mit Bezug zu einer breiten Vielfalt an unterrichtsbezogenen Kontexten bereit. Diese Beispiele ermöglichen es Lehrkräften, sich hier für den eigenen Unterricht anregen zu lassen und diese Situationen zu analysieren.

Fortbildungskurs: Im Fortbildungskurs lernen Lehrkräfte über wichtige evidenzbasierte Elemente für effektive Interaktionen, reflektieren ihre eigenen Fähigkeiten mit Bezug zu diesen Elementen und wenden ihr Wissen auf ihre eigenen Klassen an.

Coaching-Programm: Im Coaching-Programm arbeiten Lehrkräfte für ein Schuljahr mit einem professionellen Coach. Lehrkräfte filmen dazu alle zwei Wochen ihren Unterricht und erhalten dafür ein Kameraset. Das Video wird in eine digitale Plattform hochgeladen, so dass der Coach und die Lehrkraft das Video gemeinsam analysieren können. Dazu markiert zunächst der Coach relevante Sequenzen und kommentiert diese. Darauf folgt eine Ergänzung der Sequenzen und Kommentierungen durch die Lehrkraft. Abschließend diskutieren beide gemeinsam die Sequenzen und planen weitere Optimierungen zur Umsetzung im Unterricht für die nächste Videoaufnahme.

Das Programm ist intensiv beforscht und belegt u. a. positive Wirkungen auf die Leistungsentwicklungen und sozialen Fähigkeiten der Schülerinnen und Schüler, deren Lehrkräfte am Programm teilgenommen haben. Insbesondere soziale Disparitäten in den Leistungsentwicklungen der Schülerinnen und Schüler werden durch das Programm verringert.

Kooperative Arbeitsformen und soziale Gruppenprozesse werden im Verhältnis zu klassenöffentlichen Interaktionen im Unterricht in Deutschland bislang relativ wenig umgesetzt. Das ist insbesondere für die Förderung sozialer Identifikationsprozesse und für die Qualität sozialer Beziehungen im Klassenverband ausbaufähig und optimierbar. Zum kooperativen Lernen gibt es einen breiten Forschungsstand, so dass die Bedingungen für gelingendes kooperatives Lernen gut geklärt sind und entsprechend im Unterricht realisiert werden müssten (vgl. Ramiah/Hewstone 2013; Kyndt u. a. 2013; Sung/Yang/Lee 2017). Kooperatives Lernen erfordert aus pädagogischer Sicht eine genaue Planung, sowohl in Hinblick auf die Entscheidung, wie eine Gruppe zusammengesetzt sein sollte, als auch auf die Aufgabenstellung(en) sowie die Aktivitäten, mit denen die Aufgabenstellung erfolgreich gelöst werden kann. Zentral ist das Schaffen einer positiven Interdependenz zwischen Gruppenmitgliedern in dem Sinne, dass die Aufgabe nur dann gelöst werden kann, wenn alle Mitglieder einer Gruppe ihre geforderten Aktivitäten umsetzen. Hilfreich ist u. a., wenn den Mitgliedern einer kooperativ arbeitenden Gruppe ein strukturierender Rahmen und klare Aufgabenzuteilungen vorgegeben werden (sogenannte Skripte; vgl. Kollar/Fischer/Hesse 2006; Vogel/Weinberger/Fischer 2021). Für die Förderung von sozialer Kohäsion gilt es, die Gruppenzusammensetzungen zu diversifizieren und variabel zu gestalten, um anzuregen, dass Schülerinnen und Schüler vielfältige soziale Identitäten entwickeln, die mit jeweils anderen Peers geteilt werden – um negative Interdependenzen der Gruppen zu verhindern.

Auch die Sitzordnungen in den Schulklassen können eine wichtige Rolle in Hinblick auf soziale Gruppenprozesse und die Entwicklung vielfältiger sozialer Identitäten spielen. Dazu wechseln Lehrkräfte vor allem in jüngeren Jahrgangsstufen häufig mehrfach im Verlauf eines Schuljahres die Sitzordnungen, mit dem Ziel, die Zusammensetzungen von Schülerinnen und Schülern systematisch zu durchmischen und breiter durchmischte Beziehungs- und Freundschaftsstrukturen im Klassenverband anzuregen (vgl. Blume u. a. 2019; Rohrer/Keller/Elwert 2021).

Darüber hinaus können Rollenspiele und projektbezogene Aktivitäten die Ausrichtung auf das Gemeinwohl im Schulklassenverband fördern und gleichzeitig die Interessen junger Heranwachsender stärken (vgl. Knogler/Masch 2017). Planspiele stellen einen wichtigen handlungsorientierten Unterrichtsansatz für die Förderung demokratischer Kompetenzen bei Schülerinnen und Schülern dar und wurden vom AKTIONSRAT**BILDUNG** in einer gesonderten Expertise ausführlich dargestellt (vgl. vbw 2020). Ein Beispiel für den Sekundarbereich (ab der neunten Jahrgangsstufe) ist das Planspiel „Energetingen"[27]. Ziel dieses Planspiels ist es, Schülerinnen und Schüler mit komplexen und relevanten gesell-

---

[27] Vgl. https://www.medienhelden.de/.

schaftlichen Herausforderungen vertraut zu machen und am Beispiel der Energie-wende über demokratische Prozesse zu Lösungen zu gelangen. Die Schülerinnen und Schüler übernehmen dabei Rollen für die unterschiedlichen Institutionen im Landkreis Energetingen und nehmen dabei deren Perspektiven ein, sie dis-kutieren ihre Positionen und handeln gemeinsam auf der Basis demokratischer Prozesse Lösungen problemorientiert aus. Das Planspiel wurde bereits von mehreren tausend Schülerinnen und Schülern in Deutschland gespielt und wurde mehrfach ausgezeichnet, u. a. mit dem Deutschen Planspielpreis 2015. Neben positiven Effekten auf den Wissenserwerb der Teilnehmenden fördert das Planspiel die Motivation und die wertebezogenen Einstellungen. Die Lernen-den trauen sich nach Teilnahme an politischen Planspielen eher zu, über poli-tische Fragen mitzudiskutieren und sich politisch zu beteiligen.

Klassenmanagement stellt einen dritten zentralen Bereich für die Förderung von sozialer Kohäsion in einer Schulklasse dar. Klassenmanagement ist eine der drei Basisdimensionen für guten Unterricht und bietet einen organisierenden Rahmen dafür, dass sich alle Schülerinnen und Schüler konzentriert mit den Lerninhalten auseinandersetzen können (vgl. Seidel 2020). Besteht in der Klasse Unruhe und werden Schülerinnen und Schüler beim Lernen gestört, hat dieses auch negative Auswirkungen auf das soziale Gefüge im Klassenraum. Zum Klassenmanagement gehören zunächst Lehrstrategien, die präventiv Störungen vermeiden, und eine Arbeitsatmosphäre der Konzentration. Dazu zählen päda-gogische Ansätze wie Reibungslosigkeit und Schwung, Allgegenwärtigkeit und Überlappung, Gruppenmobilisierung sowie Abwechslung und Herausforderung. Darüber hinaus zählen zum Klassenmanagement Lehrstrategien, die sich bei auftretenden Störungen auf konkrete Disziplinierungsmaßnahmen beziehen.

Soziale Kohäsion als curricularer Lerninhalt. Die drei dargestellten Bereiche des Klassenmanagements, kooperativen Lernens und der Förderung sozialer Beziehungen im Klassenverband stellen wichtige Dimensionen für eine gute Un-terrichtsqualität dar und fördern gleichzeitig soziale Kohäsion. Daneben ist aber auch zu berücksichtigen, dass das Thema der sozialen Kohäsion an sich und deren gesellschaftliche Bedeutung wichtige curriculare Lerninhalte darstellen, wie sie beispielsweise in Fächern wie Politik und Gesellschaft, Ethik oder Psy-chologie vermittelt werden sollten (vgl. vbw 2020). Programme wie CASEL zur Förderung sozialen Lernens an Schulen haben beispielsweise die curriculare Vermittlung der Inhalte des Förderprogramms in Unterricht in ihrem Schulent-wicklungsprogramm verankert (vgl. Corcoran u. a. 2018). Lehrkräfte vermitteln dabei den Schülerinnen und Schülern konkretes Wissen über soziales Lernen und ihre Fördermöglichkeiten im Unterricht und an der Schule. Auf diese Weise will man erreichen, dass Schülerinnen und Schüler die Aktivitäten der Schule und der Lehrkräfte zur Förderung des sozialen Lernens besser einordnen und verstehen können. Über diesen Vermittlungsmechanismus versuchen Schulen so eine bessere Realisierung ihrer Schulaktivitäten zu erreichen.

4.4 Handlungsempfehlungen

Zusammenfassend zeigen die Ausführungen, dass soziale Kohäsion an Schulen und im Unterricht auf vielfältige Weise gefördert wird. Trotz der Vielzahl an implementierten Maßnahmen im Sekundarschulbereich stellt sich allerdings die Frage, wie der Stellenwert dieser Maßnahmen in seiner gesellschaftlichen Relevanz für alle Mitglieder einer Schulgemeinschaft fortwährend sichtbar gemacht werden kann und bestehende Maßnahmen einer kritischen Reflexion unterzogen werden können und wie darauf aufbauend Defizite erkannt werden und systematische Weiterentwicklungen stattfinden können. Für die Sekundarstufe lassen sich folgende Handlungsempfehlungen formulieren.

Mikroebene

Konsequentes Monitoring, präventive Maßnahmen und prompte Reaktionen bei Gewalt und Diskriminierung an Schulen. Bullying und Mobbing – sowie im weiteren Rahmen Gewalt und Diskriminierung – stellen für Schülerinnen und Schüler an Sekundarschulen einen der größten psychosozialen Belastungsfaktoren dar. Daher muss dem professionellen Umgang in solchen Fällen für die Förderung sozialer Kohäsion an Schulen besondere Aufmerksamkeit gewidmet werden. Nach aktuellem Forschungsstand ist es erforderlich, dass an allen Schulen flächendeckend ein systematisches Monitoring und präventive Maßnahmen implementiert sind. Deren Effekte sind auch fortlaufend zu evaluieren und zu optimieren. Alle Mitglieder einer Schule (Lehrkräfte, weiteres pädagogisches Personal, Schulleitung sowie alle Schülerinnen und Schüler) tragen Verantwortung dafür, genau hinzusehen und konkrete Fälle frühzeitig anzuzeigen. Bei konkreten Fällen ist es bedeutsam, dass das pädagogische Personal professionell handelt, indem es sie ernst nimmt und prompt mit entsprechenden Reaktionen beziehungsweise Sanktionen reagiert. Die Lehrkräftebildung trägt hier Verantwortung, die Grundlagen für diesen professionellen Umgang zu verankern. Der professionelle Umgang mit solchen Fällen sollte auch Gegenstand fortlaufender Fortbildungen und Evaluationen von Lehrpersonen sein.

Soziale Kohäsion als curriculare Lerninhalte vermitteln. Wichtige Kernbereiche für soziale Kohäsion, wie sie für die Dimensionen Ausrichtung auf das Gemeinwohl, Identifikation und soziale Beziehungen dargelegt wurden, müssen im Unterricht in ihrer Relevanz für demokratische Gesellschaften als curriculare Lerninhalte vermittelt werden. Dies kann in verschiedenen Unterrichtsfächern wie Politik und Gesellschaft, Ethik und Psychologie, aber auch in Jour-fixe-Besprechungen der Schulklassen mit ihren Klassenleiterinnen und -leitern oder im Rahmen von Projektwochen erfolgen. Ziel ist es, den jungen Heranwachsenden relevantes Wissen zu Gelingensfaktoren für demokratische Gesellschaften zu vermitteln und ihre persönlichen Beitragsmöglichkeiten handlungsnah aufzuzeigen. Bislang erfolgen viele Aktivitäten auf Unterrichts- und Schulebene indirekt und ohne korrespondierende explizite Vermittlungsprozesse. Eine verstärkte Wissensvermittlung zielt darauf ab, die schul- und unterrichtsbezogenen Aktivitäten für alle Beteiligten transparent und besser verständlich zu machen und damit identifikationsfördernde Prozesse zu stärken.

Mesoebene

Status quo und Entwicklungsbedarfe an Schulen systematisch ermitteln. Sekundarschulen spielen für die Förderung sozialer Kohäsion eine wichtige Rolle. Durch die Schulorganisation bieten sie in der Regel bereits eine Vielzahl an relevanten Bildungsmaßnahmen auf Schul- und Klassenebene an. Gerade aufgrund dieser Fülle gilt es, an den einzelnen Schulen ein systematisches, transparentes und konsequentes Monitoring zu implementieren. Dieses Monitoring bildet eine zentrale Grundlage dafür, bestehende Maßnahmen kritisch zu analysieren und fortlaufend zu optimieren. Wichtig ist hierbei, alle relevanten Akteurinnen und Akteure einzubeziehen (Schulleitung, pädagogisches Personal, Schülerinnen und Schüler, Eltern). Status quo und Entwicklungsbedarfe müssen verpflichtender Gegenstand fortlaufender Schulevaluationen sein.

Makroebene

Soziales Engagement der Schülerinnen und Schüler in Deutschland durch ein Portfolio und Schulzertifikat besonders anerkennen. Bislang erfährt das soziale Engagement der Schülerinnen und Schüler in Deutschland noch wenig offizielle Anerkennung in den Bildungsabschlüssen. Darüber hinaus sind es häufig nur kleine Gruppen von Schülerinnen und Schülern, die sich in besonderer

Weise an ihrer Schule engagieren und zur sozialen Kohäsion beitragen. Um bestehendes Engagement zu würdigen und gleichzeitig ein Mindestmaß für alle vorzusehen, schlagen wir die Einführung eines „Soziales-Engagement-Portfolios" über die Schulzeit vor. Im Portfolio dokumentieren die Schülerinnen und Schüler für jedes Schuljahr ihr soziales Engagement. Es sind für das Portfolio Mindestanforderungen definiert, die alle Schülerinnen und Schüler bis zum Schulabschluss erreichen müssen. Darüber hinaus ist darüber nachzudenken, dass besonders engagierte Schülerinnen und Schüler einen gesonderten Bonus erhalten, beispielsweise indem sie ihre Abschlussnoten verbessern können. Die Schule stellt über das Portfolio zusammen mit dem Bildungsabschluss ein Zertifikat aus, das auch in weiterführenden Bildungseinrichtungen und für berufliche Karrierewege Anerkennung findet.

Erfolgreiche Mentoring-Programme für benachteiligte Schülerinnen und Schüler flächendeckend ausrollen. Mentoring-Programme für benachteiligte Schülerinnen und Schüler, die sich in bisherigen Modellversuchen und Studien als besonders erfolgreich herausgestellt haben, müssen an Schulen flächendeckend ausgerollt werden. Gleichzeitig sollte empirisch evaluiert und dokumentiert werden, welche wirtschaftlichen und sozialen Vorteile diese Programme für den Staat bieten, z. B. durch ein Vermeiden weiterer Bildungsdefizite und sozialer Schieflagen. Insbesondere Brennpunktschulen müssen gesonderte Unterstützungen erhalten.

Soziale Kohäsion als Indikator in systematisches Bildungsmonitoring mit aufnehmen. Da soziale Kohäsion ein zentrales Maß für die Qualität unseres Bildungssystems in Deutschland darstellt, sollte eine fortlaufende Evaluation und Messung wichtiger Indikatoren zum Bestandteil von nationalem Bildungsmonitoring werden. Darüber hinaus sollte ein verbindliches Set an Indikatoren für soziale Kohäsion auch Gegenstand fortlaufender Schulevaluationen sein.

5 Berufliche Bildung

Berufsbildung und -ausübung waren immer ein Instrument zur Stärkung der sozialen Kohäsion. Zurzeit ist dieses jedoch sowohl durch gesamtgesellschaftliche Entwicklungen als auch durch Entwicklungen innerhalb des Bildungssystems nicht mehr unbedingt selbstverständlich.

In der Berufsbildung können sich überlagernde disruptive, aber auch kontinuierliche Entwicklungen (vgl. vbw 2022) mittelfristig einen Effekt auf die soziale Kohäsion haben.

So ist der demografische Wandel etwa durch das Aussteigen großer Geburtskohorten aus dem Erwerbsleben mit einem Fachkräftemangel verbunden. Dieser dürfte in der Zukunft u. a. zu einer erhöhten Erwerbsmigration führen. Nach einer klassischen, durchaus strittigen Argumentationsfigur (vgl. Jennissen u. a. 2023) wird die durch Einwanderung steigende Diversität zumindest kurz- und mittelfristig die soziale Kohäsion der Gesellschaft destabilisieren.

Unter dem Stichwort „digital divide" (vgl. Vassilakopoulou/Hustad 2023) wird des Weiteren seit mehreren Dekaden diskutiert, ob die Unterschiede im Zugang, in der aktuellen Nutzung und in der Effizienz der Nutzung digitaler Ressourcen die soziale Kohäsion bedrohen können. Diese Unterschiede können sich auf außerberufliche, aber auch auf berufliche Lebenswelten beziehen.

Die Dekarbonisierung stellt in Teilen von Wirtschaft und Gesellschaft eine substanzielle Bedrohung für etablierte Betriebe, Betriebsteile beziehungsweise Teile der Belegschaft dar. Sie droht, bislang als wertvoll erachtete Kompetenzen zu entwerten und so u. a. berufliche Identitäten und damit unter Umständen auch soziale Kohäsion in Frage zu stellen.

Die Berufsbildung hat sich weiterhin mit wichtigen Entwicklungen innerhalb des Bildungssystems auseinanderzusetzen, welche die soziale Kohäsion bedrohen: Aktuelle Studien zu Leistungen von Schülerinnen und Schülern allgemeinbildender Schulen, vor allem der IQB-Bildungstrend (vgl. Stanat u. a. 2023), IGLU 2021 (vgl. McElvany u. a. 2023) oder der ifo-Chancenmonitor (vgl. Wößmann u. a. 2023), weisen regelmäßig auf bedeutende Schwächen in basalen Kompetenzen und auf eine hohe Leistungsheterogenität hin. Basale Kompetenzen, die Bildungschancen sichern, umfassen – so die Ständige Wissenschaftliche Kommission der Kultusministerkonferenz (SWK) in ihrem Gutachten zur Grundschule – grundlegende kognitive Fähigkeiten, sprachliche, mathematische sowie sozial-emotionale Kompetenzen (vgl. SWK 2022b). Ohne ausreichend basale Kompetenzen könnten Teile der Bevölkerung den Anschluss an eine Berufsbildung und damit an ökonomische und gesellschaftliche Teilhabe verlieren. Insbesondere wenn Migration aus Regionen mit niedrigerem generellem Bildungsniveau ansteigt, dürfte sich diese Situation verschärfen. Dabei ist davon auszugehen, dass sich das vorauszusetzende Niveau der Basiskompetenzen für moderne Berufe in Zukunft voraussichtlich eher erhöhen und nicht sinken wird.

Das Konzept der Heterogenität wird in Wissenschaft und Praxis unterschiedlich interpretiert. Dieses ist u. a. dadurch begründet, dass die Festlegung didaktisch relevanter Differenzlinien übergeordnete Zielsetzungen erfordert. Euler und Severing (2020) legen beispielsweise – unter dem Anspruch inklusiver Berufsbildung – zentrale Daten zu Migrationshintergrund, Fluchterfahrung, Behinderung beziehungsweise Beeinträchtigung und Bildungsabschluss als Indikatoren einer Heterogenität dar. An den Berufsschulen wird seit jeher eine heterogene Schülerschaft unterrichtet. Das liegt darin begründet, dass Klassen nicht nach Leistungsvoraussetzungen, sondern nach dem gewählten Ausbildungsberuf gebildet werden. Die Heterogenität der Lernenden ist mit Blick auf die soziale Kohäsion für die Berufsbildung ambivalent. Sie birgt einerseits Exklusionsrisiken und kann damit gehaltvolle soziale Beziehungen in Schule und Betrieb bedrohen. Die Heterogenität kann andererseits bei der didaktischen Nutzung der Diversität eine Chance für die Stärkung sozialer Beziehungen in Schule, Betrieb und darüber hinaus sein.

Verschiedene Indikatoren zeigen schließlich einen deutlichen Rückgang der Attraktivität beruflicher Bildung beziehungsweise der dadurch ermöglichten beruflichen Tätigkeiten an, die zum Teil mit einem schlechten Image in Bezugsgruppen von Jugendlichen verbunden sind. Teile der Berufsbildung führen zu Tätigkeiten, die – etwa über Schicht- oder Wochenendarbeit oder Präsenznotwendigkeiten – im deutlichen Widerspruch zu propagierten Modellen des sogenannten New Work stehen.

Diese spezifischen Phänomene bedrohen perspektivisch die soziale Kohäsion in und durch die Berufsbildung. Sie rufen nach Maßnahmen in den verschiedenen Bereichen der Berufsbildung.

5.1 Stärkung der sozialen Kohäsion in beruflichen Schulen

Die Förderung der sozialen Kohäsion in Schulen hat vielfältige Vorteile (vgl. Allen u. a. 2022; Fredricks/Blumenfeld/Paris 2004) und kann an erforschten Modellen ansetzen. Ältere Studien zeigen, dass „schools' ability to enhance membership and authentic work for students depends on a complex ecology" (Newman/ Wehlage/Lamborn 1992, S. 34). Für berufliche Schulen müssen daher diese Maßnahmen an die Spezifika beruflicher Bildung angepasst werden.

Soziale Kohäsion wird als graduelles, multidimensionales Konzept verstanden, das drei Dimensionen (vgl. Schiefer/Noll 2017; Veerman/Denessen 2021) hat, nämlich soziale Beziehungen, Identität und Gemeinsinn (vgl. Kapitel 1.4).

5.1.1 Die Schaffung von Gemeinsinn an beruflichen Schulen

Die Schaffung des Gemeinsinns, also die Ausrichtung auf das Gemeinwohl, umfasst die Übernahme von Verantwortung sowie die Akzeptanz sozialer Ordnung. Die Maßnahmen können in beruflichen Schulen sowohl auf der Klassenebene (Mikroebene) als auch auf der Schulebene (Mesoebene) ansetzen.

Auf der Klassenebene, also der Mikroebene, bedeutet dies zunächst den Einsatz von Unterrichtsmethoden, die den Gemeinsinn stärken. Das sind an beruflichen Schulen die Methoden des Lernens mit Lernsituationen (vgl. Wilbers 2023), die Methoden des kooperativen Lernens sowie das umfassende an beruflichen Schulen in Österreich entstandene COOL*-Projekt (vgl. Neuhauser/Wittwer 2002).

COOL* (kooperatives offenes Lernen):
Freiheit, Kooperation, Selbstverantwortung im Klassenzimmer

Das Konzept des kooperativen offenen Lernens (COOL*) wurde von einer Gruppe von Lehrkräften an einer berufsbildenden Schule in Österreich auf der Folie des

Dalton-Plans entwickelt.[28] Dieser war von der US-amerikanischen Reformpädagogin Helene Parkhurst (1887 bis 1973) konzipiert worden. Die Prinzipien des Dalton-Plans adressieren unmittelbar die soziale Kohäsion und werden im COOL*-Konzept als Freiheit, Kooperation und Selbstverantwortung aufgenommen. Dabei werden fünf Qualitätsfelder definiert, nämlich Kooperation; Lernen und Entwicklung; Unterricht; Organisation und Kommunikation; Feedback, Reflexion und Evaluation. Gut ausgeprägte Kommunikationsstrukturen sind kennzeichnend für das COOL*-Konzept, z. B. die Einrichtung eines Klassenrats (Lernende und Lehrende) oder COOL*zilien (alle COOL*-Lehrkräfte).

Schon Einführungswochen können an beruflichen Schulen so gestaltet werden, dass sie den Gemeinsinn stärken. Im Sinne eines präventiven Klassenmanagements ist dabei die soziale Ordnung zu formen, etwa durch die Vereinbarung beziehungsweise die Hinführung zu Klassen- und Schulregeln.

Ein weiteres Instrument zur Stärkung des Gemeinsinns auf der Klassenebene sind alle Verfahren, die darauf zielen, mögliche und faktische Bedrohungen des Gemeinsinns zu verhindern. Das umfasst Anti-Mobbing- beziehungsweise Anti-Bullying-Programme sowie alle Verfahren zum Umgang mit persönlichen Krisen der Schülerinnen und Schüler. Um die Notwendigkeit derartiger Verfahren einschätzen zu können, sind entsprechende Monitoring-Instrumente zu verankern, vor allem im Qualitätsmanagement.

Die Maßnahmen zur Stärkung des Gemeinsinns auf der Klassenebene (Mikroebene) sollten ergänzt werden durch Maßnahmen auf der Schulebene (Mesoebene). Dazu gehören Methoden, die Schülerinnen und Schüler klassenübergreifend vernetzen. Das sind vor allem Mentoring, Tutoring oder Service-Learning-Modelle, bei denen Schülerinnen und Schüler als Anbieter von Service fungieren. Anzuführen sind weiterhin Methoden, welche die Schule mit dem Umfeld vernetzt, z. B. Service-Learning-Modelle, bei denen Schülerinnen und Schüler als Nachfragende von Service involviert sind.

---

[28] Vgl. https://www.cooltrainers.at/.

Azubi-Coaching: Azubis werden von Studierenden im Einstieg begleitet

Das Projekt Azubi-Coaching richtet sich an Jugendliche, bei denen Startschwierigkeiten in einer dualen Berufsausbildung zu erwarten sind.[29] Das Projekt der IHK Nürnberg für Mittelfranken und der Friedrich-Alexander-Universität Erlangen-Nürnberg (FAU) setzt auf ein Mentoring-Programm. Studierende der Berufs- und Wirtschaftspädagogik begleiten Auszubildende während des ersten Ausbildungsjahres in einer Eins-zu-eins-Betreuung. Studierende werden sowohl in universitären Seminaren als auch gemeinsam mit Azubis durch Seminare eines externen Anbieters begleitet, die die Persönlichkeitsentwicklung unterstützen sollen.

Rituale, etwa Schulfeste, Preisverleihungen oder Ehrungen von Schülerinnen und Schülern, können in beruflichen Schulen den Gemeinsinn stärken. Die im Qualitätsmanagement an beruflichen Schulen übliche Leitbildarbeit bietet ein hohes Potenzial zur Förderung des Gemeinsinns. Auch auf der Schulebene können Maßnahmen getroffen werden, die möglichen Bedrohungen des Gemeinsinns entgegenwirken könnten. Dazu zählen klare Schulregeln und ein ausgebautes schulisches Krisenmanagement. Weiterhin sind dies schulweite Programme zur Vermeidung und zum Monitoring von Bullying, Mobbing und Rassismus, wie die Tätigkeit im Netzwerk „Schule ohne Rassismus – Schule mit Courage".

Auf der Ebene des Berufsbildungssystems (Makroebene) sind die Maßnahmen auf der Mikroebene und der Mesoebene zu stärken und zu ermöglichen. Dazu gehören klare bildungspolitische Ziele, die Schaffung von Freiräumen für die schulische Implementierung und der Aufbau von Unterstützungssystemen.

5.1.2 Die Stärkung sozialer Beziehungen in beruflichen Schulen

Soziale Beziehungen sind in diesem Gutachten ein weiterer Aspekt der sozialen Kohäsion. Das betrifft die Stärkung sozialer Netzwerke, der politischen und sozialen Partizipation, des Vertrauens und der gegenseitigen Toleranz. Solche Ansätze können in zwei Richtungen angelegt werden (vgl. Szreter/Woolcock 2004), nämlich als Stärkung sozialer Beziehungen innerhalb von Gruppen („bonding"), aber auch als Stärkung sozialer Beziehungen zwischen Gruppen („bridging").

---

[29] Vgl. https://azubicoaching.info.

Ein zentrales Instrument zur Stärkung der politischen und sozialen Partizipation auf der Klassenebene sind Formen des Demokratielernens. Demokratie ist kein Selbstläufer und der Erhalt ist eine Aufgabe aller Demokratinnen und Demokraten. Schulen, auch beruflichen Schulen, kommt dabei eine zentrale Bedeutung zu. Die moderne Geschichte der Berufsbildung ist eng mit der staatsbürgerlichen Erziehung verbunden (vgl. Lempert 1974). In der Literatur werden unterschiedliche Vorschläge zur Modellierung von Demokratiekompetenz unterbreitet (vgl. Bokelmann 2021). So legt die Gesellschaft für Politikdidaktik und politische Jugend- und Erwachsenenbildung (GPJE) Anforderungen an nationale Bildungsstandards für den Fachunterricht in der politischen Bildung an Schulen vor. Diese unterscheiden politische Urteilsfähigkeit, z. B. die Beurteilung von politischen Ereignissen, Problemen und Kontroversen, die politische Handlungsfähigkeit, z. B. die Fähigkeit, eigene Überzeugungen formulieren und vertreten zu können, und die methodischen Fähigkeiten, z. B. sich selbständig in der aktuellen Politik orientieren zu können (vgl. GPJE 2004). Von der EU wurde das Reference Framework of Competences for Democratic Culture (RFCDC) entwickelt. Es unterscheidet 20 Kompetenzen, die in vier Bereichen „values", „attitudes", „skills" und „knowledge and critical understanding" gebündelt werden. Für die Kompetenzen des RFCDC (vgl. CE 2018a) werden weitere Deskriptoren (vgl. CE 2018b) vorgeschlagen, welche die Kompetenzen präzisieren und umfangreiche Hinweise zum Assessment bieten. Außerdem werden vielfältige Hinweise zur Verankerung in Schulen gegeben (vgl. CE 2018c).

Das Demokratielernen spielt an beruflichen Schulen eine starke Rolle in den allgemeinbildenden Fächern, z. B. in Bayern im Fach Politik und Gesellschaft. Aber erst, wenn der Unterricht in diesem Fach verwoben ist in den Gesamtkontext des Unterrichts, wird die Förderung der Demokratiekompetenz erfolgreich sein. Ein zentrales Prinzip der didaktischen Diskussion ist dabei der sogenannte Beutelsbacher Konsens (vgl. Schneider 1999), der aber typischerweise nur im Blick auf den Politikunterricht reflektiert wird. Aus Sicht der Kommission „Demokratie und Bildung" sollten vier Komponenten zusammenwirken, damit Schülerinnen und Schüler Demokratie lernen: Beteiligung, Debatte, Begegnung und Engagement (vgl. Hamm u. a. 2023). Die methodische Gestaltung des Unterrichts sollte dieses – ebenso wie die Gestaltung des Schullebens – unterstützen. Die Toolbox Demokratiebildung der Hertie-Stiftung (2023) bietet dazu eine Fülle von Anregungen. Für berufliche Schulen bietet auch der Modellversuch WerteBS vielfältige Impulse (vgl. Rieder 2022).

WerteBS: Wertebildung und Demokratieerziehung in der Berufsschule

Das Projekt der Stiftung Bildungspakt Bayern mit zwölf beruflichen Schulen in Bayern zielt darauf, Werte und Demokratie erfahrbar und erlebbar zu machen. Dabei soll das Demokratielernen in allen drei Handlungsfeldern der Schulentwicklung (Organisations-, Personal- und Unterrichtsentwicklung) intensiviert und ausgebaut werden. Dazu werden Wertebildung und Demokratieerziehung fächerübergreifend vernetzt und Gelegenheiten für eine intensivere Erfahr- und Erlebbarkeit von Werten und Demokratie an der Berufsschule und Berufsfachschule geschaffen. Außerdem werden die Berufsschulen und Berufsfachschulen in Bayern bei der Einführung des neuen Lehrplans für das Unterrichtsfach Politik und Gesellschaft unterstützt.

Neben der Demokratiebildung spielen zur Stärkung der sozialen Beziehungen auf der Ebene der Klasse etliche Methoden eine Rolle. Das sind – neben der etablierten Methode der Arbeit mit Lernsituationen – vor allem Klassenrituale, erlebnispädagogische Methoden wie outward bound sowie Methoden, die auf soziales Engagement der Schülerinnen und Schüler beruflicher Schulen abstellen. Dabei kann auch das Instrument des Ehrenamtsnachweises integriert werden.

Die Förderung der sozialen Kohäsion in der beruflichen Bildung hat einen wichtigen Konnex zur beruflichen Bildung für nachhaltige Entwicklung (BBNE beziehungsweise BNE). So adressiert diese im Drei-Säulen-Modell ökologische, ökonomische und soziale Aspekte (vgl. Ansmann/Kastrup/Kuhlmeier 2023). Die Förderung der sozialen Kohäsion wird hier anschlussfähig an die umfangreiche Theorie und Praxis im Bereich der beruflichen Bildung für nachhaltige Entwicklung.

AZADI (Hindi für „Freiheit"): Zusammenarbeit der Modeschule Nürnberg mit dem indischen STOP (Stop Trafficking and Oppression of Children and Women)

Die Modeschule (B5) der Stadt Nürnberg hat 2022 den Nachhaltigkeitspreis der Stadt Nürnberg für die lange Tätigkeit im Netzwerk rund um AZADI erhalten. In jährlich wechselnden Kollektionen werden Vorschläge für neue Designs aus den Modeschulen B5 in Nürnberg wie auch aus der Modeschule NIFT-TEA in Tirupur, Südindien, eingebracht. Diese werden von einem Team der Akteure weiterentwickelt, zu einer Kollektion zusammengestellt und zur Marktreife gebracht. Musterstücke werden von der Schneiderei in Delhi oder Gokul Knitwear hergestellt und dem Kundenkreis (ökofaire Modegeschäfte, Weltläden) in Deutschland und Österreich vorgestellt. Die Gesamtorder aller europäischen Läden wird in der Folge in Delhi beziehungsweise Tirupur produziert und von FARCAP importiert, die den weiteren Vertrieb übernimmt. „AZADI" bedeutet „Freiheit" auf Hindi und zielt auf die Verhinderung ausbeuterischer Arbeitssituationen. Die indische NGO STOP (Stop Trafficking and Oppression of Children and Women) in Neu-Delhi ist dabei ein wichtiger Partner. Hier findet die Konfektion von AZADI statt.

Die Stärkung sozialer Beziehungen auf der Klassenebene sollte durch Maßnahmen auf der Schulebene flankiert werden. Dazu zählt die Arbeit mit qualitativ hochwertigen Lernsituationen, aber auch die Integration des Demokratielernens in das Schulleitbild. So wurde an beruflichen Schulen in Bayern das Handlungsfeld „Wertebildung und Demokratieerziehung" im Qualitätsmanagement für staatliche Schulen (QmbS) verankert und entsprechende Unterstützungsstrukturen aufgebaut, z. B. Themenportale für die Fortbildung von Lehrkräften. Das ebenfalls integrierte Handlungsfeld „Schulen unter Nachhaltigkeitsgesichtspunkten organisieren und führen" bietet mit Blick auf den sozialen Aspekt von Nachhaltigkeit Unterstützungsmöglichkeiten und eine Fülle von Impulsen für die Arbeit an beruflichen Schulen.

Die Entwicklung beziehungsweise der Stand der sozialen Beziehungen zwischen den Lernenden, zwischen Lernenden und Lehrenden und zwischen Lehrenden an beruflichen Schulen sollte auf der Schulebene im Qualitätsmanagement verfolgt werden (Monitoring). Das kann mit einer datengestützten Schulentwicklung realisiert werden.

Zur Stärkung der sozialen Beziehungen auf der Schulebene kann weiterhin die Partizipation der Schülerinnen und Schüler durch rechtlich vorgesehene Instrumente intensiviert werden. Dazu zählt z. B. die Unterstützung der Schülermitverantwortung (SMV). Darüber hinausgehend ist die Integration in das an beruflichen Schulen etablierte Qualitätsmanagement ein wichtiger Hebel zur Stärkung der sozialen Beziehungen an beruflichen Schulen.

Ein wichtiges Instrument zur Stärkung sozialer Beziehungen ist die Förderung grundlegender sprachlicher Kompetenz. Diese ermöglicht das gegenseitige Verständnis, sowohl zwischen Individuen als auch zwischen Gruppen. An beruflichen Schulen in Bayern wurde 2016 das durchgängige Unterrichtskonzept der Berufssprache Deutsch eingeführt (vgl. Wilbers 2023).

Bayerisches Unterrichtskonzept „Berufssprache Deutsch"

Das Unterrichtskonzept „Berufssprache Deutsch" ist an beruflichen Schulen in Bayern breit curricular verankert. Es umfasst sowohl den berufsbezogenen Sprachunterricht als auch den sprachsensiblen Fachunterricht. Daher ist die Kooperation von Fach- und Sprachlehrkraft unumgänglich. Die Schulen wurden verpflichtet, ein schulinternes Konzept zur sprachlichen Förderung zu erstellen, das z. B. Bedarfsanalysen, Fördermaßnahmen oder Fragen der Evaluation berücksichtigt. An den Schulen ist in enger Kooperation mit den Leitungsstrukturen ein Schulteam einzurichten. Die sprachliche Förderung wird in der didaktischen Jahresplanung verankert. Das Unterrichtskonzept wurde schulextern durch ein Unterstützungssystem flankiert. Es umfasst beispielsweise Bildungsangebote für Lehrkräfte in allen drei Phasen, Unterrichtsmaterialien, die Integration schulexterner Kurse oder die Bereitstellung von Ressourcen für begleitende Sprachförderung.

Die eher auf Lernende gerichteten Maßnahmen können ergänzt werden durch Maßnahmen, die die sozialen Netzwerke zwischen Lehrkräften stärken. Dabei könnte eine Orientierung am Konzept des Feelgood-Managements aus Unternehmen (vgl. Lange 2019) hilfreich sein. Zu adressieren wären im Sinne des „bondings" auch Fragen der Transparenz über den Einsatz von Lehrkräften, Vertretungen und Ermäßigungen. Im Sinne eines „bridgings" sind auch Maßnahmen zur Stärkung der Verbindungen zu Betrieben als Ausbildungs- und Praktikumsbetrieben zu reflektieren. Hier könnte neben den etablierten Instrumenten, etwa regelmäßige Treffen mit Auszubildenden, auch die Integration von Daten beziehungsweise Einschätzungen aus den Unternehmen gestärkt werden, etwa im Zuge der schulischen Selbstevaluation beziehungsweise einer datengestützten Schulentwicklung.

Auf der Makroebene sind das Demokratielernen, die Bildung für nachhaltige Entwicklung, das Sprachenlernen zu unterstützen. Alle drei Bereiche sind in beruflichen Schulen bereits curricular verankert und oft durch Unterstützungsstrukturen flankiert. Diese sollten evaluiert, gegebenenfalls überarbeitet und verstetigt werden.

5.1.3 Die Förderung der Identitätsentwicklung in beruflichen Schulen

Die Förderung der Identitätsentwicklung an beruflichen Schulen kann auf der Klassen- und Schulebene ansetzen.

Auf der Klassenebene geht es dabei vor allem um die Identitätsarbeit durch die Lehrkraft. Die Bezugspunkte einer Identitätsarbeit sind dabei vielfältig und reichen von der Klasse über den Beruf und die Erwerbstätigkeit bis hin zu der Gesellschaft und ihren Bevölkerungsteilen. Im schulischen Teil der Ausbildung bietet sich – in Abgrenzung zur betrieblichen Identitätsarbeit – vor allem die Ausrichtung an kulturell definierten Gruppen an. Die Förderung sollte sich an bewährten Gestaltungsmerkmalen orientieren.

Die Identitätsarbeit der Lehrkraft an beruflichen Schulen sollte dabei das Ziel verfolgen, die Lernenden darin zu unterstützen, multiple und als miteinander kompatibel erlebte Identitäten zu entwickeln, die die Grundlage für positive Intergruppenbeziehungen in einer diversen Gesellschaft bilden. Darüber hinaus kann die berufliche Schule – gerade bei Berufen, die von Auszubildenden als mit einem negativen Image verbunden erlebt werden – diesbezügliche Identitätsstrategien stärken. Für die berufliche Bildung sind diese Methoden nicht umfassend curricular verankert, wenig entwickelt und dürften auch wenig verbreitet sein.

Die Bedeutung der Heterogenität der Lernenden für die Förderung der sozialen Kohäsion für die Berufsbildung wurde bereits herausgestellt. Gemäß der Rahmenvereinbarung über die Berufsschule nutzt diese „die Chancen der Heterogenität ihrer Schülerinnen und Schüler und richtet ihren Unterricht mit entsprechender individueller Förderung vor dem Hintergrund unterschiedlicher Erfahrungen, Fähigkeiten und Begabungen aller Schüler und Schülerinnen" (KMK 2021, S. 3) aus. Besonders dem personalisierten Lernen wird dabei ein großes Potenzial zugeschrieben (vgl. Holmes u. a. 2018). Dieser Ansatz kann als kompetenzorientierter Ansatz (vgl. Wilbers 2021) weiterhin bedeutsame Beiträge zur gezielten Förderung der Basiskompetenzen in beruflichen Schulen leisten. Bezüglich der Verankerung von personalisiertem Lernen an beruflichen Schulen kann auf die Ergebnisse des Projekts „Perlen 4.0" (vgl. Stiftung Bildungspakt Bayern 2021), aber auch auf Projekte zum Einsatz von künstlicher Intelligenz zurückgegriffen werden.

Auf der Schulebene sind die Bedingungen für die Identitätsarbeit sowie das personalisierte Lernen zu stärken. Dazu zählt vor allem die Berücksichtigung im Leitbild der Schule beziehungsweise im Qualitätsmanagement.

Auf der Makroebene ist das personalisierte Lernen – zumindest über entsprechende Beschlusslagen der KMK, nicht jedoch umfassend in den Curricula – hinterlegt. Die Identitätsarbeit ist nur in Teilen der Berufsbildung und dort auch meist spezifisch mit Blick auf wenige Facetten einer multiplen Identität einer diversen Gesellschaft curricular verankert. In beiden Fällen – Identitätsarbeit und personalisiertes Lernen – sind Unterstützungsstrukturen nur schwach oder gar nicht entwickelt.

5.2 Stärkung der sozialen Kohäsion in der betrieblichen Ausbildung

Die Stärkung der sozialen Kohäsion kann im Betrieb an der Schaffung von Gemeinsinn, der Stärkung sozialer Beziehungen und der Förderung der Identitätsentwicklung ansetzen, und zwar sowohl auf der Ebene der Gruppe der Auszubildenden und Ausbildenden (Mikroebene) als auch auf der betrieblichen Ebene (Mesoebene).

5.2.1 Die Schaffung von Gemeinsinn in der betrieblichen Ausbildung

Die Schaffung des Gemeinsinns umfasst die Übernahme beziehungsweise das Erleben von Verantwortung sowie die Akzeptanz sozialer Ordnung.

Auf der Ebene einzelner Gruppen innerhalb des Betriebs (Mikroebene) sollte frühzeitig und systematisch eine Hinführung zur sozialen Ordnung des Betriebs erfolgen. Dies ist ein wichtiges Element eines Onboardings von Auszubildenden (vgl. vbw 2023). Das Onboarding hat diese Integration der Auszubildenden sicherzustellen, sowohl mit Blick auf die Normen und Werte des Betriebs als auch mit Blick auf die soziale Struktur.

Von grundlegender Bedeutung ist weiterhin die stufenweise und systematische Übertragung von Verantwortung an Auszubildende. Sie kann bis hin zur Übernahme spezifischer Projekte oder Betriebsteile, etwa Filialen, reichen. Ziel ist das Hineinwachsen in betriebliche Praxisgemeinschaften („communities of practice") während der betrieblichen Ausbildung (vgl. Billett 2001). Dabei spielt die Teilhabe beziehungsweise -nahme an realer, nicht an simulierter Arbeit im betrieblichen Kontext eine große Rolle. Die systematische Einbindung in betriebliche Aufgaben ist dabei besonders bedeutend (vgl. Felder/Caprani/Duemmler 2020). Sie wird jedoch in einzelnen Betrieben und Branchen durch einen erhöhten Rentabilitätsdruck und moderne Arbeitsorganisationen erschwert (vgl. Duemmler/Felder/Caprani 2021).

Die soziale Kohäsion kann darüber hinaus durch ein Teamcoaching beziehungsweise Teambuilding unterstützt werden. Nach den Analysen von Hackman und Wageman (2005) sollte sich dies weniger auf die sozialen Beziehungen von Arbeitsgruppen konzentrieren, sondern vor allem auf die Anstrengungen, die die Gruppenmitglieder gemeinsam bei der Durchführung von Aufgaben erbringen („team effort"), die Leistungsstrategien („strategies") und die Kompetenzen der Teammitglieder („knowledge and skills").

Auf der betrieblichen Ebene (Mesoebene) ist dem Rechnung zu tragen, dass das Onboarding systematisch erfolgt. Das heißt, dass Prozesse und Verantwortlichkeiten geklärt und implementiert sind sowie diese auch überwacht werden. Außerdem ist das Hineinwachsen in betriebliche Praxisgemeinschaften durch die systematische Übertragung von Verantwortung sowie gegebenenfalls Maßnahmen des Teamcoaching zu gewährleisten.

Auf der betrieblichen Ebene ist die Leitbildarbeit ein wichtiges Instrument zur Stärkung des Gemeinwohls. Leitbilder für den Betrieb und/oder für den Ausbildungsbereich können den Gemeinsinn stärken. Dies verlangt jedoch, dass die Leitbildarbeit wirksam gestaltet wird, das heißt vor allem, dass sie partizipativ erfolgt. Eng damit in Verbindung steht ein umfassender Gestaltungsansatz, der auf die Wertschätzung und Anerkennung aller Mitarbeiterinnen und Mitarbeiter zielt – im Rahmen des Diversity Managements. Die Initiative „Charta der Vielfalt" bietet Hilfen für die Verankerung in kleinen und mittleren Unternehmen (KMU) und Großbetrieben.

Für die Ausrichtung auf das Gemeinwohl als Aspekt der sozialen Kohäsion ist im betrieblichen Kontext das Organizational Citizenship Behavior bedeutsam. Dabei werden in der Literatur Antezedenzien auf der individuellen Ebene, der Teamebene und der organisationalen Ebene herausgearbeitet (vgl. Hohagen 2021).

5.2.2 Die Stärkung sozialer Beziehungen in der betrieblichen Ausbildung

Die Stärkung der sozialen Beziehungen meint hier die Stärkung sozialer Netzwerke, der politischen und sozialen Partizipation, des Vertrauens und der gegenseitigen Toleranz.

Auf der Mikroebene können die sozialen Beziehungen zwischen den Auszubildenden einer Gruppe („bonding") gestärkt werden. Dazu zählen vor allem Formen des „community building" in der betrieblichen Ausbildung. Weiterhin sind die sozialen Beziehungen zwischen verschiedenen Gruppen („bridging") in der betrieblichen Ausbildung angesprochen. Die Zusammenarbeit unterschiedlicher Betriebsbereiche, unterschiedlicher Berufe über Hierarchiestufen hinweg spielt in neuen Produktionskonzepten eine zentrale Rolle (vgl. Wilbers 2019). In der betrieblichen Ausbildung sind jedoch Bereiche oft getrennt, beispielsweise der gewerblich-technische und der kaufmännische Bereich. Allerdings spielen in einigen Ausbildungsbetrieben Formen des gemeinsamen Lernens im gewerblich-technischen und kaufmännischen Bereich – ohne dass dazu verlässliche Zahlen existieren – in Unternehmen schon heute eine wichtige Rolle. Zu nennen sind insbesondere abgrenzbare Projekte, die berufsübergreifend ausgelegt sind und in denen etwa Auszubildende in den kaufmännischen und den gewerblich-technischen Berufen gemeinsam tätig sind. Dazu gehören auch – eher auf die personale Kompetenz der Auszubildenden zielende – gemeinsame Tätigkeiten in Projekten, etwa zum Ausbildungsmarketing. Auch wechselseitiges Training zählt dazu, etwa durch Vermittlung von Versicherungsgrundlagen für Fachinformatikerinnen und Fachinformatiker durch Kaufleute für Versicherungen und Finanzen in Versicherungsunternehmen. Größere Betriebe führen Einführungswochen zu Beginn der Ausbildung berufsübergreifend durch. Diese Formen betrieblicher Berufsausbildung haben eine stark unterschiedliche fachliche Nähe und scheinen auch unterschiedliche Grade der Autonomie für Auszubildende zu haben.

Die soziale und politische Partizipation zielt im Betrieb zunächst auf Formen der formellen Mitbestimmung in der Ausbildung und spricht damit vor allem die Arbeit der Jugend- und Auszubildendenvertretung (JAV) an. Für das Demokratielernen im Betrieb gibt es im Vergleich zu beruflichen Schulen bislang nur wenig ausgebaute Unterstützungsangebote, etwa aus dem Programm „Demokratie leben" des Bundesministeriums für Familie, Senioren, Frauen und Jugend.

Auf der Mesoebene müssen die sozialen Beziehungen auch vor dem Hintergrund der veränderten Bedingungen beruflicher Arbeit betrachtet werden. New Work wird als Reaktion auf veränderte Arbeitsbedingungen und Ansprüche verstanden. New Work zielt auf eine räumliche und zeitliche Flexibilität der Arbeit, auf Agilität, Sinnstiftung und Selbstführung (vgl. Hofmann/Piele/Piele 2019). Die erhöhte zeitliche und örtliche Flexibilität verändert die Bedingungen, unter denen sich soziale Kohäsion im Betrieb entwickeln kann. Dabei ist die Bedeutung einer Arbeit von zuhause aus beziehungsweise im Homeoffice beziehungsweise von Remote Work für die sozialen Beziehungen im Betrieb umstritten. Sie wird auch in der Praxis kontrovers diskutiert. Einschätzungen reichen von „Zerstörung von Bindung und Kommunikation" bis hin zu „Präsenzkult" oder „Präsenznostalgie". Die empirischen Studien zur Produktivität oder zum Zusammengehörigkeitsgefühl dieser Arbeit von zuhause aus heben noch stark auf die Situation vor und während der Corona-Krise ab. Außerdem haben sie regelmäßig erhebliche Probleme, die Komplexität der Fragestellung und auch den Kontext abzubilden, etwa mit Blick auf unterschiedliche Arbeits- oder Betriebsstrukturen (vgl. Kagerl/ Starzetz 2023). Die Gestaltung sozialer Beziehungen in Unternehmen steht vor besonderen Herausforderungen, wenn bestimmte Teile des Betriebs die Möglichkeit zum Arbeiten von zuhause aus bieten, während andere, wie beispielsweise Shopfloor-Tätigkeiten oder personennahe Dienstleistungen in der Pflege, dieses nicht ermöglichen. Für die berufliche Ausbildung ergibt sich hier die Herausforderung, die inzwischen so genannte mobile Ausbildung zu gestalten (vgl. BIBB 2023).

Konzept der mobilen Ausbildung der DATEV eG

Das Konzept zielt auch darauf, den Umgang mit hybriden Arbeitsmodellen zu vermitteln. Dabei wird ein Gamification-Ansatz verfolgt, das heißt, in spielerischer Weise müssen verpflichtende und freiwillige Challenges durchlaufen werden. Die Challenges sind so konzipiert, dass die Auszubildenden ihre Arbeitsweise in hybriden Arbeitswelten reflektieren, ihre Kompetenzen ausbauen und ihr eigenes Netzwerk aufbauen. Die Ausbildung wird über mehrere Level strukturiert, startend beim Beginner-Level. Dieses erste Level ist ausschließlich mit einer Präsenz an einem Standort verbunden. Ab dem Novice-Level besteht die Möglichkeit, bis zu vier Tage mobil zu arbeiten. Über die erreichten Level wird die

Anzahl der Tage, die mobil gearbeitet werden können, erhöht. Das Konzept hat den ersten Preis des HR Excellence Awards 2023 erhalten.

Zur Stärkung der sozialen Beziehungen in der Arbeit bieten sich mehrere Bezugsmodelle an, insbesondere die Theorie der psychologischen Sicherheit (vgl. Newman/Donohue/Eva 2017) und die SOS-Theorie („Stress as Offense to Self"). Das SOS-Modell geht davon aus, dass Bedrohungen des Selbstwertes einer Person als Stressoren bei der Arbeit wirken, die zwei Ursachen haben, nämlich der Stress durch die eigene wahrgenommene Unzulänglichkeit („Stress through Insufficiency") und der Stress durch Erleben einer Abwertung durch Andere („Stress as Disrespect"). Die Stärkung der sozialen Beziehungen kann daher an beiden Formen der Selbstwertbedrohung ansetzen – oder aber den Selbstwert stärken, wobei vor allem Wertschätzung eine zentrale Rolle spielt (vgl. Semmer u. a. 2019).

Eine weitere Möglichkeit zur Stärkung der sozialen Kohäsion ist die Förderung der Freiwilligentätigkeit der Beschäftigten, das sogenannten Corporate Volunteering (vgl. Dempsey-Brench/Shantz 2022; Howard/Serviss 2022).

Auf der Makroebene sind vor allem die Bedingungen einer Bildung zu demokratischer Kompetenz zu berücksichtigen, die im Gutachten „Bildung zur demokratischen Kompetenz" (vgl. vbw 2018) für mehrere Sektoren der Berufsbildung untersucht wurden. Dabei zeigt sich curricular eine große Varianz über Sektoren, Ausbildungsberufe, Fächer und Bundesländer. Das Gutachten empfiehlt u. a., die Förderung politischer und zivilgesellschaftlicher Bildung als festen Bestandteil zu verankern – curricular, methodisch und in der Professionalisierung des Bildungspersonals.

5.2.3 Die Förderung der Identitätsentwicklung in der betrieblichen Ausbildung

Betriebliche Lernwelten bieten für die Identitätsarbeit besondere Potenziale. Identität ist dabei ein dynamisches Konstrukt, das als soziale Identität vielfältige Bezugspunkte über Gruppen hat. In Betrieben werden vor allem auch die berufliche Identität, die Identität als berufstätige Person und die Betriebsidentität als Organizational Citizenship (vgl. Hohagen 2021; Manville/Ober 2003) relevant.

Die berufliche Identität ist während der Ausbildung auszuhandeln. Beruf erweist sich dabei als ein multidimensionales Konstrukt – mit gesellschaftlichen, aber auch individuellen Funktionen (vgl. Beck 2019; Büchter 2021; Seifried u. a. 2019). So versteht Beck (2019) Beruflichkeit als ein sechsdimensionales Konstrukt. Eine individuelle Funktion des Berufs ist die berufliche Identität. Dies ist nicht auf Ausbildungsberufe und stabile Beschäftigungsverhältnisse beschränkt, sondern wird auch für fragmentierte Arbeits- beziehungsweise Beschäftigungsverhältnisse reflektiert (vgl. Pabst 2022). Reinhold verbindet die Entwicklung der beruflichen Identität mit der Bewältigung von Entwicklungsaufgaben, u. a. der Transformation schulischer Lernkonzepte in betriebliche Lernkonzepte und der Entwicklung eines beruflichen Arbeitskonzepts (vgl. Reinhold 2014).

Das Konzept der beruflichen Identität wird nicht einheitlich begriffen (vgl. Heinrichs/Wuttke/Kögler 2022). Klotz, Billett und Winther präzisieren „vocational identity as how people negotiate and align their personality with an occupation's norms and practices or, more precisely, as the fit between an individual's perception of the occupational world and his or her self-perception" (Klotz/Billett/Winther 2014, S. 4). Die berufliche Identität hat empirisch starke Zusammenhänge mit Commitment und Arbeitszufriedenheit (vgl. Berg 2017). Sie hat konzeptionell einen engen Bezug zu Fachsprache (vgl. Janich 2012) und zu Fachkompetenz.

Die Entwicklung der beruflichen Identität wird auch durch das Image und das soziale Ansehen des Berufs beeinflusst. Das Berufsimage – als Bündelung zutreffender oder auch nicht zutreffender Vorstellungen über Berufe (vgl. Ebbinghaus 2022) – ist ein mehrdimensionales Konstrukt mit einer langen Forschungstradition (vgl. Ebner/Rohrbach-Schmidt 2021). Die berufliche Identität hat enge Bezüge zur Identifikation mit dem Beruf. Berufliche und betriebliche Identifikation variieren systematisch zwischen Ausbildungsberufen, Ausbildungsjahren und -betrieben und haben in den Ausbildungsjahren häufig einen u-förmigen Verlauf (vgl. Kirchknopf/Kögler 2022).

Im Forschungsprojekt „Aushandlung beruflicher Identitäten" (vgl. Duemmler/Felder/Caprani 2021; Felder/Caprani/Duemmler 2020) des Schweizer Nationalfonds wird herausgestellt, dass sich Lernende in der Berufsausbildung aktiv mit dem mitunter negativen Ansehen von Beruf und Arbeitsbedingungen auseinandersetzen. Soziale Anerkennung bleibt hier oft verwehrt, so dass die Lernenden Strategien entwickeln, um den Selbstwert zu erhalten beziehungsweise zu steigern. „Ein mangelndes gesellschaftliches Prestige ihrer Berufsausbildung stellt für sie eine Herausforderung, wenn nicht gar eine Bedrohung dar. Identitätsstrategien können Lernenden helfen, ihre Arbeitsleistung, ihren Beruf und ihr berufliches Selbstbild wertzuschätzen" (Felder/Caprani/Duemmler 2022, S. 4). Dabei werden drei zentrale Identitätsstrategien herausgestellt: Das Bewusstwerden der beruflichen Kompetenzen, die Wertschätzung beruflicher Arbeitserfahrungen und die Verbindung mit persönlichen Entwicklungswünschen beziehungsweise -zielen, die eröffnet werden. Je nach Branche kommen besondere Anforderungen, z. B. schwierige Arbeitsbedingungen, hinzu, die spezifische Strategien erfordern (vgl. Duemmler/Caprani/Felder 2017). Identität ist dabei ein dynamisches Konstrukt.

In der beruflichen Ausbildung ist die Förderung der beruflichen Identität als Ziel der beruflichen Bildung nicht flächendeckend berücksichtigt. Den Ausbildungsordnungen im dualen System liegen sogenannte Standardberufsbildpositionen zugrunde. Das sind Positionen, die in Ausbildungsordnungen für alle neu geordneten Ausbildungsberufe verankert werden. Die im Jahr 2020 vom Hauptausschuss des Bundesinstituts für Berufsbildung (vgl. BIBB 2020) beschlossenen Standardberufsbildpositionen sehen die explizite Förderung der beruflichen Identität nicht vor. Identitätsfragen werden darin lediglich im Kontext der sexuellen Identität adressiert (vgl. BIBB 2021). Das steht im Widerspruch zu wissenschaftlichen Ergebnissen, welche die Bedeutung der beruflichen Identität im kaufmännischen Bereich (vgl. Thole 2020) oder im gewerblich-technischen Bereich (vgl. Bremer/Haasler 2004; Reinhold 2014), auch in geschlechtsunkonventionellen Berufen (vgl. Richter/Jahn 2015) herausarbeiten. Im Bereich der Pflegeberufe wird – obwohl die Bedeutung der beruflichen Identität in der Wissenschaft betont wird (vgl. Fischer 2013; Mohr/Riedlinger/Reiber 2022) – das Ziel der Förderung der beruflichen Identität nicht curricular verankert. Vor diesem Hintergrund ist wenig verwunderlich, dass gezielte Maßnahmen zur Förderung der beruflichen Identität, wie sie z. B. vom EHB (vgl. Duemmler/Caprani/Felder 2017) entwickelt wurden, wenig verbreitet erscheinen. Dabei können auch betriebliche Informations- und Reflexionsangebote die Entwicklung der beruflichen Identität fördern.

Besondere Aufmerksamkeit ist aus betrieblicher Sicht der Freisetzung beziehungsweise der Nichtübernahme zu widmen, denn dieses Outplacement hat eine große Bedeutung für die Identifikation der verbleibenden Mitglieder (vgl. Dick 2017).

5.3 Stärkung der sozialen Kohäsion im Zeitalter postindustrieller Migration

Es ist davon auszugehen, dass es in Zukunft in Deutschland zu einer verstärkten Erwerbsmigration kommen wird, die Fragen der sozialen Kohäsion und deren Adressierung durch die Berufsbildung von einer besonderen Seite her aufwirft.

5.3.1 Postindustrielle Migration und soziale Kohäsion in Deutschland

White (1993) prägte den Begriff der postindustriellen Migration, die sich – vor allem mit Blick auf die Heterogenität der Einwandernden – deutlich von früheren größeren Bevölkerungsbewegungen abgrenzt. Postindustrielle Einwanderung findet in Europa seit den 1990er Jahren statt und ist neben der Erwerbsmigration durch Asylsuchende, Höherqualifizierte und irreguläre beziehungsweise illegale Einwanderung geprägt (vgl. Jennissen u. a. 2023, S. 20ff.). Typische Merkmale postindustrieller Migration mit hoher Relevanz für die Berufsbildung sind die Diversität der Migrationstypen und damit der Migrantinnen und Migranten, die Diversität der Vorbildung (Hochqualifizierte, berufliche Qualifizierte, Unqualifizierte und Personen mit unzureichenden Basiskompetenzen), regionale Differenzen (z. B. Migration von Minderheiten in Mehrheitsgebiete, aber auch aus dem ländlichen Raum) sowie Differenzen im Verbleib (dauerhaft, aber auch temporär).

Für die Berufsbildung sind vor allem vier Typen der Migration bedeutsam, nämlich die Migration infolge von Flucht und Asyl, die EU-Binnenmigration im Zuge der Personenfreizügigkeit, die Bildungs- und Erwerbsmigration aus Drittstaaten und die illegale beziehungsweise irreguläre Migration.

2022 wurden 136.542 Asylerstanträge von Volljährigen gestellt (vgl. Heß 2023). Nach dem Freizügigkeitsmonitoring sind seit 2014 insgesamt 481.610 Personen aus den EU-Staaten migriert, wobei 13.065 im Jahr 2022 zugewandert sind (vgl. Graf 2023a).

Die Bildungs- und Erwerbsmigration aus Drittstaaten ist dabei vielfältig. Im Sommer 2023 wurde das Gesetz zur Weiterentwicklung der Fachkräfteeinwanderung verabschiedet, wobei die Änderungen, z. B. zur neuen sogenannten Chancenkarte, erst im Jahr 2024 in Kraft treten. In der folgenden Übersicht wurden von den Drittstaatsangehörigen mit Ersterteilung eines Aufenthaltstitels im Rahmen der Bildungs- und Erwerbsmigration im Jahr 2022 insgesamt 14.225 Erwerbsmigrierende als Fachkraft mit Berufsausbildung (§ 18a AufenthG) sowie 14.075 Ausbildungsmigrierende im Rahmen einer Berufsausbildung (§ 16a AufenthG) berücksichtigt (vgl. Graf 2023b). Für die Berufsbildung nicht relevant werden hier die Migration im Zuge der EU-Blue-Card sowie studentische Migration angesehen, die beide mit einem Hochschulstudium verbunden sind. Nicht relevant dürfte auch die Saisonarbeit sein, bei der eine dauerhaftere Integration nicht angestrebt wird.

Tabelle 3: Migrationstypen mit Relevanz für die Berufsbildung (eigene Darstellung)

	I	II	III	IV
Typ	Flucht und Asyl	EU-Binnenmigration (Personenfreizügigkeit)	Erwerbsmigration aus Drittstaaten	Illegale bzw. irreguläre Migration
Rechtskreis	Asylrecht	Europarecht (insbes. AEU-Vertrag)	Einwanderungsrecht (insbes. FEG)	„Sans Papiers"
Ca. Personen (2021)	150.000 (Erstanträge)	500.000	40.000	Sehr unterschiedliche Ansätze und Zahlen
Politische Einschätzung (D)	Primär nicht wirtschaftspolitisch	In Zukunft vermutlich stark abnehmend	In Zukunft vermutlich zunehmend	(Wirtschafts-) Politisch kaum betrachtet
Zusätzliche Erwerbspersonen		Stark abgeschwächt	Hohes Potenzial	

Anmerkung: Daten sind noch nicht verifiziert.

Nach dem Zweiten Weltkrieg kam es zu größeren Migrationsbewegungen, insbesondere infolge der Anwerbung sogenannter Gastarbeiter ab 1955 und der Verankerung von Arbeitnehmerfreizügigkeit in den Römischen Verträgen 1957, die jedoch erst in den 2010er Jahren mit Wanderungsbewegungen aus Polen, Rumänien, Bulgarien, Kroatien und Ungarn große Bedeutung erlangten. Hinzu kamen die Fluchtbewegungen vor allem in den Jahren 2015 und 2016. Die Zugewanderten insgesamt stammen aus den neuen EU-Mitgliedsländern (28,2 Prozent), der übrigen ehemaligen Sowjetunion (16,3 Prozent), dem Balkan und der Türkei (14,7 Prozent), den Asylherkunftsländern (9,8 Prozent) und dem Rest der Welt (19,4 Prozent). Vor allem die Geflüchteten aus den Asylherkunftsländern haben Schwierigkeiten, auf dem deutschen Arbeitsmarkt Fuß zu fassen. In Zukunft könnte es zu einer weiteren Zuwanderung aus Europa kommen, die jedoch keinen nachhaltigen Beitrag zur Fachkräftesicherung leistet. Vielmehr handelt es sich um einen Austausch in einem zusammenwachsenden Europa (vgl. Geis-Thöne 2022).

Durch das sukzessive Ausscheiden der Babyboomer in Kombination mit vergleichsweisen kleinen Nachfolgekohorten wird nach der Erwerbspersonenvorausberechnung 2020 des Statistischen Bundesamts (vgl. Statistisches Bundesamt 2020) die Zahl der Erwerbspersonen in den 2020er Jahren deutlich zurückgehen. Der Beitrag der Einwanderung zur Stärkung der Wirtschaftsleistung Deutschlands ist aufgrund von Datenlücken nur schwer abschätzbar (vgl. Geis-Thöne 2022).

Zur Sicherung des Erwerbspersonenpotenzials werden jedoch nicht alle vier hier ausgewiesenen Typen der Migration in Frage kommen. Die Zuzüge über das Asyl- und Flüchtlingssystem betrugen von 2010 bis 2021 etwa 13 Prozent – und werden nicht durch die Belange des deutschen Arbeitsmarkts gesteuert. Die Migration durch Flucht und Asyl beruht verfassungsrechtlich nicht auf ökonomischen Erwägungen, sondern fußt politisch im Asylrecht. In der Berufsbildung dominiert, vor allem seit der europäischen Flüchtlingskrise 2015, die Diskussion um Migration infolge von Flucht und Asyl. Hier hat sich inzwischen ein bedeutendes Forschungsfeld entwickelt. Illegale beziehungsweise irreguläre Migration wird in Deutschland sowohl wirtschaftspolitisch als auch bildungswissenschaftlich – anders als in den USA (vgl. Banks 2021) – kaum reflektiert.

Zur Sicherung des Erwerbspersonenpotenzials in Deutschland wird eine (reguläre) Erwerbsmigration notwendig sein. Gut die Hälfte der Migration erfolgte in diesem Bereich seit 2010 aus Ländern der Europäischen Union, vor allem als Folge der EU-Osterweiterung und der Arbeitnehmerfreizügigkeit. Dieses Potenzial ist jedoch in Zukunft mit Blick auf die demografische Situation in den Herkunftsländern, das Lebensalter sowie die zunehmende Konvergenz der Pro-Kopf-Einkommen stark begrenzt. Noch ist die Erwerbsintegration aus Drittstaaten gering, obwohl vor allem im Zuge der sogenannten Westbalkan-Regelung (vgl. Adunts u. a. 2022) positive Erfahrungen vorliegen.

Angesichts der Arbeitslosenquoten von Personen ohne Berufsausbildung und der hohen Zahl von Geflüchteten ohne Berufsausbildung sollte sich aus ökonomischer Sicht die Förderung der Erwerbsintegration auf beruflich qualifizierte Personen konzentrieren. Als Haupthemmnis für die Gruppe gelten die Prozesse der Anerkennung im Ausland erworbener beruflicher Qualifikationen in Deutschland. Dieses wird zurzeit mit der Reform des Zuwanderungsgesetzes diskutiert (vgl. Fitzenberger 2023).

Geis-Thöne folgert: „Soll den negativen Auswirkungen des demografischen Wandels auf die Arbeitskräftebasis in den nächsten Jahren effektiv entgegengewirkt werden, muss die deutsche Migrationspolitik ihren Fokus also auf den außereuropäischen Raum richten" (2022, S. 46). Für eine qualifizierte Zuwanderung bieten sich Länder vor dem zweiten demografischen Übergang nicht an, ebenso wenig wie Länder, die den zweiten demografischen Übergang schon länger hinter sich haben, wie Russland oder China. Viel versprechend ist demgegenüber qualifizierte Zuwanderung aus Ländern wie Indien, Bangladesch oder Indonesien (vgl. Geis-Thöne 2022), aber auch aus anderen Ländern, welche die genannten Bedingungen erfüllen.

Bei der Steuerung der Migration sind Push-Pull-Faktoren (vgl. Deutscher Bundestag 2020) zu berücksichtigen. Die multivariate Analyse der Veränderungen von Beschäftigten- und Bevölkerungszahlen zwischen 2015 und 2019 zeigt, dass Wanderungsbewegungen nach regionalen Mustern erfolgen (vgl. Geis-Thöne 2020). „Als zentrale Determinante der Zielortwahl der zugewanderten Personen konnten mittels multivariater Analysen die Bestände an Personen aus den Herkunftsländern und damit die herkunftslandspezifischen sozialen Netzwerke identifiziert werden. Des Weiteren hat offensichtlich auch die Beschäftigungssituation eine bedeutende Rolle gespielt (vgl. Geis-Thöne 2020, S. 22). Zusammenfassend kann gesagt werden, dass die Offenheit der Gesellschaft und die Existenz ethnischer Communities eine zentrale Rolle spielen (vgl. Geis-Thöne 2022, S. 50f.).

Die Migration führt zu gesellschaftlichen Herausforderungen (vgl. Jennissen u. a. 2023, S. 43ff.): In der Öffentlichkeit, aber auch in der Wissenschaft – hier aber regelmäßig mit unterschiedlichen Befunden – wird die durch Migration erhöhte Diversität mit Verlustängsten, einem generellen Verlust an Vertrauen, aber auch einem Gefühl erhöhter Unsicherheit und Kriminalität verbunden. Eine klassische Argumentation formuliert Putnam: „Ethnic diversity is increasing in most advanced countries, driven mostly by sharp increases in immigration. In the long run immigration and diversity are likely to have important cultural, economic, fiscal, and developmental benefits. In the short run, however, immigration and ethnic diversity tend to reduce social solidarity and social capital" (Putnam 2007, S. 137). Allerdings wird auch gesellschaftspolitisch hinterfragt, ob wirklich Diversity und nicht doch Segregation betrachtet werden muss (vgl. Uslaner 2012).

5.3.2 Förderung der sozialen Kohäsion im Migrationsprozess

Mit Blick auf die soziale Kohäsion der Gesellschaft kann die Berufsbildung einen wichtigen Beitrag leisten. Jennissen u. a. (2023) empfehlen vor dem Hintergrund niederländischer Erfahrungen eine systematische Form der Integration entlang des gesamten Migrationszyklus („migration cycle"). Dieser Grundgedanke lässt sich vor dem spezifischen Hintergrund der deutschen Berufsbildung adaptieren und durch sechs Phasen präzisieren:

1) Regionale Bedarfsclusterung und Identifikation der Zielregion: In Zusammenarbeit von Betrieben, Kammern und Verbänden werden in der ersten Phase regionale Cluster für Fachkräftebedarfe bestimmt. Bei der Reflexion der Zielregionen können die genannten bevölkerungsstatistischen Überlegungen leitend sein. Auf dieser Grundlage werden Zielregionen identifiziert, in denen Fachkräfte attrahiert und qualifiziert werden sollen. Auch private Dienstleister können in dieser Phase einen wichtigen Beitrag erbringen, sollten jedoch klaren Qualitätsstandards entsprechen.

2) Konstitution regionaler Bildungsnetzwerke in Zielregion: In einem zweiten Schritt werden in der Zielregion Bildungsprovider ausgewählt und zusammengebracht. Sie übernehmen in der nächsten Phase die Aufgabe einer sprachlichen und grundlegenden fachlichen Qualifikation der Migrantinnen und Migranten. Beim Aufbau wirken die Auslandshandelskammern in der Region unterstützend. Teilweise kann auf das Netzwerk beruflicher Auslandsschulen sowie das Netzwerk des Goethe-Instituts zurückgegriffen werden. Die Auswahl sollte nach transparenten Prozessen auf der Grundlage von ausgewiesenen Qualitätsstandards für die Qualifikation und Zertifizierung der Provider erfolgen.

3) Qualifikation und Anerkennung in Zielregion: In der Zielregion müssen mit Hilfe prognostischer Verfahren Lernende identifiziert beziehungsweise ausgewählt werden. Mit Hilfe lokaler Kräfte der regionalen Bildungsprovider werden in Vorbereitung des Einsatzes in Deutschland fachliche, personale und sprachliche Basiskompetenzen entwickelt. Außerdem erfolgt die Anerkennung beruflicher Qualifikationen, z. B. via Valikom und MySkills (vgl. Promberger u. a. 2023). Mit Blick auf die Integration in eine deutsche Berufsausbildung ist die Entwicklung (berufs-)sprachlicher Kompetenzen in dieser Phase unabdingbar. Für den Nachweis sprachlicher Kompetenzen sind verlässliche Verfahren notwendig, etwa telc-Prüfungen oder Goethe-Zertifikate. Die lokalen Kräfte können dabei durch deutsches Bildungspersonal unterstützt werden, indem es ein Mentoring für das lokale Bildungspersonal in der Zielregion bereitstellt

und ein Training per Distanzunterricht übernimmt. Dabei können die Kammern und Verbände unterstützen und die IHK Fosa in das Netzwerk integriert werden.

4) Ankommen („arrival") und Wohnsitznahme („residence") in einer deutschen Region: In der nächsten Phase werden die mit der Residenz verbundenen Probleme (z. B. Mobilitäts-, Beschulungs- oder Wohnprobleme) durch regionale beziehungsweise kommunale Netzwerke zügig gelöst. Mit Blick auf den Azubi-Life-Cycle (vgl. vbw 2023) erfolgt als Start der Qualifikationsphase in Deutschland ein Onboarding in Ausbildungsbetrieb und Berufsschule.

5) Qualifikation und Integration in einer deutschen Region: In dieser Phase erfolgt die Entwicklung von fachlichen, personalen und sprachlichen Kompetenzen im Rahmen einer gegebenenfalls verkürzten Ausbildung. Die berufssprachliche Kompetenzentwicklung muss zur Gewährleistung eines Erfolges der Qualifikation in der deutschen Region auf eine zertifizierte sprachliche Qualifizierung im Herkunftsland aufbauen können. Die Ausbildung wird flankiert durch eine soziale Betreuung und kohäsive Bildungsmaßnahmen in Schule und Betrieb, einschließlich Belegschaft und Ausbildungsklasse. Außerdem werden in dieser Phase der Aufbau und die Integration in die Gesellschaft und die Bildung migrantischer Communities in den Blick genommen. Dabei dürfte auch ein Qualifizierungsbedarf für das betroffene Bildungspersonal, etwa bezüglich kohäsiver Bildungsmaßnahmen, auftreten.

6) Retention und Überleitung in einer deutschen Region („transition"): Zum Abschluss des Azubi-Life-Cycle (vgl. vbw 2023) sollen der ordnungsgemäße Abschluss der Ausbildung sowie die Überleitung in reguläre Beschäftigung unterstützt werden.

Diese Form der systematischen Gewinnung und Integration von Fachkräften für Deutschland erfordert die Konstitution neuer Netzwerke zwischen Institutionen der Berufsbildung, aber auch darüber hinaus. Die berufliche Bildung vor dem Hintergrund der Erwerbsmigration ist wenig erforscht und bislang weitgehend intransparent. Kursorische Berichte aus der Berufsbildungspraxis zeigen sowohl erfolgreiche Modelle als auch Fälle mit deutlichen Missständen auf. Der Forschungs- und Entwicklungsbedarf scheint erheblich und wird der zukünftigen Bedeutung nicht gerecht.

5.4 Handlungsempfehlungen

Mikroebene

Identitätsarbeit verankern. Die Identitätsarbeit sollte in Schule und Betrieb mit Blick auf die Zugehörigkeit zu multiplen gesellschaftlich-sozialen Gruppen, die Identität als Erwerbstätige beziehungsweise Erwerbstätiger und den Beruf ausgerichtet und ausgebaut werden.

Demokratisches Lernen im berufsbezogenen Lernbereich sichern. Das demokratische Lernen sollte – über die dafür explizit vorgesehenen Fächer beziehungsweise Lernbereiche hinaus – im fachbezogenen Unterricht und in der betrieblichen Ausbildung intensiviert werden.

Berufssprachliche Förderung gewährleisten. Nach dem Vorbild des bayerischen Unterrichtskonzepts „Berufssprache Deutsch" sollte die berufsbezogene Sprachförderung an beruflichen Schulen gesichert beziehungsweise verstetigt werden. Auch Betriebe sollten einen Beitrag zur sprachlichen Entwicklung der Auszubildenden leisten.

Mesoebene

Identitätsarbeit, demokratisches Lernen und berufssprachliche Förderung flankieren. Die Identitätsarbeit, das demokratische Lernen und die berufssprachliche Förderung sind sowohl als Aufgabe von Schule und Betrieb zu stärken als auch in institutionellen Vorgaben, etwa Leitbild der Institution und mittelfristigen Zielen, zu berücksichtigen.

Soziale Kohäsion monitoren. Die Entwicklung der sozialen Kohäsion sollte in Schulen und Betrieben im Qualitätsmanagement verfolgt werden. Für berufliche Schulen kann dies Teil einer datengestützten Schulentwicklung sein.

Betrieblich-berufliche Communities of Practice sicherstellen. Die nicht nur periphere Partizipation an betrieblich-beruflichen Communities of Practice ist zu gewährleisten. Insbesondere ist im Betrieb Sorge zu tragen, dass stufenweise Aufgaben mit steigender Verantwortung übernommen werden, auch bei erschwerten Bedingungen, etwa einem hohen Wettbewerbsdruck.

Makroebene

Unterstützung der Identitätsarbeit sicherstellen. Die Identitätsarbeit sollte umfassend curricular verankert werden. Außerdem sollte die diesbezügliche Forschung für das schulische und betriebliche Lernen vertieft, gute Praxisbeispiele ausgetauscht und die Aus- und Fortbildung intensiviert werden.

Unterstützung für das Demokratielernen in Schule und Betrieben stärken. Die Bildung zu demokratischer Kompetenz ist bereits curricular verankert und ist methodisch und durch die Professionalisierung des Bildungspersonals in allen Institutionen und Sektoren der Berufsbildung zu stärken (vgl. vbw 2020). Dabei ist vor allem der berufsbezogene Lernbereich zu berücksichtigen.

Unterstützung berufssprachlicher Förderung verstetigen. Die Unterstützung und Qualifizierung des Bildungspersonals für die berufssprachliche Förderung sollte verstetigt und gegebenenfalls ausgebaut werden.

Erwerbsmigration aus Drittstaaten als Herausforderung der Berufsbildungsforschung anerkennen. Die Berufsbildung muss ihre einseitige Orientierung an Migration infolge von Flucht und Asyl überwinden und sich zur Erwerbsmigration aus Drittstaaten verhalten.

Erwerbsmigration aus Drittstaaten mit und in Berufsbildung qualitativ hochwertig gestalten. Die Erwerbsmigration aus Drittstaaten sollte durch eine systematisch angelegte Berufsbildung zum Wohl der Individuen, Betriebe und Gesellschaften gestaltet werden. Dazu sind in kooperativen Projekten und Modellversuchen Qualitätsstandards, Prozesse und Rechtsrahmen zu entwickeln, welche die erfolgreiche Erwerbsmigration ermöglichen.

6 Hochschule

Die Phase eines Hochschulstudiums ist oft durch tiefgreifende Veränderungen in der sozialen Vernetzung von jungen Erwachsenen geprägt. Im Studium werden wichtige Weichen für den weiteren beruflichen Lebensweg gestellt und ein neues Lehr-Lern-Umfeld betreten. Oft findet in dieser Phase eine Ablösung vom Elternhaus statt. Der Wechsel an die Hochschule führt dazu, dass sich bisherige soziale Beziehungen reduzieren und neue Kontakte geknüpft werden müssen. Er ist oft mit einem biografischen Übergang in neue Verhältnisse verbunden, denn viele Erstsemester wechseln den Wohnort und führen zum ersten Mal eigenständig einen Haushalt. Die Herausforderungen der neuen Lebenssituation führen zu einem hohen Bedarf an sozialer Unterstützung, den die bisherigen Kontakte nicht immer beziehungsweise nicht mehr erfüllen können. Darüber hinaus bietet das neue Umfeld auch Gelegenheiten, neue Beziehungen zu knüpfen, die zudem ein tragfähiges soziales Netzwerk für die folgenden Lebensjahrzehnte bilden können. Die Phase des Hochschulstudiums ist durch die Neuzusammenstellung von Gruppen (Jahrgangskohorten, Studienfachgruppen, extracurriculare Studierendenvereinigungen) besonders geeignet, Bridging-Sozialkapital herzustellen. Die Teilhabe an höherer Bildung und die damit verbundenen Möglichkeiten der wirtschaftlichen und sozialen Teilhabe können das gegenseitige Vertrauen und das Vertrauen in staatliche Institutionen, aber auch die Verbreitung von Werten wie Solidarität und Gemeinwohlorientierung stärken.

6.1 Status quo: Krisenphänomene in der Hochschule

Studierende stehen vor vielfältigen Herausforderungen, die durch die Krisen der letzten Jahre noch an Brisanz gewonnen haben. In Studien, die den Übergang von der Schule oder vom vorherigen Beruf beziehungsweise von einer Ausbildung in die Hochschule und die anschließende Sozialisation ins Studium untersuchen, wird diese Lebensphase als schwierig und krisenbehaftet beschrieben (vgl. Petzold-Rudolph 2018, S. 64). Der Übergang an die Hochschule ist ein kritisches Lebensereignis. Die Hochschule zeichnet sich durch eine unter Umständen unbekannte Sozialkultur aus, insbesondere für Studierende aus Nicht-Akademiker-Familien, und das Hineinwachsen in die Fachkultur ist eine herausfordernde Aufgabe (vgl. Lämmlein/Gerdiken 2022). Studierende müssen oft selbst finanziell für sich sorgen: Aktuelle Daten zeigen, dass 63 Prozent aller Studierenden während der Vorlesungszeit einer Erwerbstätigkeit nachgehen, mehr als die Hälfte davon, weil es zur Finanzierung des Lebensunterhalts unbedingt notwendig ist (vgl. Kroher u. a. 2023). Von den Eltern finanziell unterstützt werden fast 83 Prozent der Studierenden, 20 Prozent auch von ihrem Partner oder ihrer Partnerin. Dass sie eine BAföG-Förderung erhalten, geben knapp zehn Prozent der Befragten an. Insgesamt zeigt sich, dass es eine erhebliche Gruppe von Studierenden gibt, die über sehr geringe monatliche Gesamteinnahmen verfügen (vgl. Kroher u. a. 2023).

Besonders in Zeiten der COVID-19-Pandemie, die die Möglichkeiten, Kontakte zu pflegen oder neue Kontakte zu knüpfen, erheblich eingeschränkt hat, nahm die Einsamkeit unter jungen Menschen zu (vgl. Thomas 2022). Im Sommer 2021 räumen 51 Prozent der Studierenden ein, Beratungsbedarf aufgrund des Mangels an sozialen Kontakten zu haben (vgl. Kroher u. a. 2023). Auch die neuartige und zunächst unbekannte Lernsituation erforderte Einarbeitung und stellte nicht nur neue und höhere Lernanforderungen, sondern brachte auch organisatorische Hürden mit sich. So berichten insgesamt fast 70 Prozent der Studierenden, dass sie Beratungsbedarf zu studienbezogenen Themen haben. 44 Prozent aller Studierenden melden Beratungsbedarf an aufgrund von Lern- und Leistungsproblemen oder Prüfungsangst. Knapp 16 Prozent der Studierenden berichten von einer studienerschwerenden gesundheitlichen Beeinträchtigung, wobei psychische Erkrankungen die größte Rolle spielen (vgl. Kroher u. a. 2023).

Während der Pandemie haben manche Studierende und auch deren Eltern unter den wirtschaftlichen Folgen gelitten. Aber auch die Isolation und der Wegfall sozialer Kontakte, die Einschränkung des Bewegungsradius und die allgemeine Verunsicherung haben bei Studierenden ebenso wie bei Beschäftigten an Hochschulen zu Belastungen geführt (vgl. Schweiger 2022). Besonders unter der Pandemie gelitten haben Studierende mit Kindern (acht Prozent aller Studierenden; vgl. Kroher u. a. 2023) aufgrund des Wegfalls von Betreuungsmöglichkeiten sowie Studierende mit Vorerkrankungen und studiengefährdenden Beeinträchtigungen (vgl. Hoyt u. a. 2021). Fast 25 Prozent aller Studierenden in Deutschland geben an, unter einer gesundheitlichen Beeinträchtigung zu leiden; 16 Prozent (und damit fünf Prozentpunkte mehr als fünf Jahre zuvor) berichten, dass diese Beeinträchtigung das Studium erschwert (vgl. Kroher u. a. 2023, S. 42f.). Mit Blick auf die Möglichkeiten der sozialen Integration wiegt besonders schwer, dass 65 Prozent der Studierenden mit Beeinträchtigung eine psychische Erkrankung angeben, aber auch Bewegungs-, Seh- oder Hörbeeinträchtigungen (2,5 Prozent, 1,9 Prozent und 1,1 Prozent) können soziale Interaktionen erschweren. Ob die erhebliche Erhöhung des Anteils von Studierenden mit studienerschwerender Beeinträchtigung auf die Studien- und Lebensbedingungen unter COVID-19 zurückzuführen ist, müssen künftige Erhebungen zeigen.

Die Auswirkungen der COVID-19-Pandemie in der Hochschule sind vor dem Hintergrund zu reflektieren, dass Hochschulen soziale Ungleichheiten oft eher reproduzieren als ausgleichen. Gesellschaftliche Ungleichheiten werden verstärkt, wenn in der universitären Lehre Lebensrealitäten diverser sozialer Gruppen ausgeblendet oder marginalisiert werden (vgl. Schweiger 2022). Zu einer Kumulation von Nachteilen kam es in der Pandemie, weil ökonomische Schwierigkeiten, enge Wohnverhältnisse und eine schlechte technische Ausstattung zu zusätzlichen Schwierigkeiten im Studium führten (vgl. Karakose 2021; Katz/Jordan/Ognyanova 2021).

Der Aufwand der Lehrenden für die Online-Lehre ist gestiegen und die Betreuung von Studierenden hat sich verschlechtert. Die COVID-19-Pandemie hat die Universitäten vor die Herausforderung gestellt, ihre Lehre innerhalb kurzer Zeit auf Online-Lehre umzustellen. Eine empirische Erhebung der Auswirkungen zeigt, dass Studierende vielfach den fehlenden Austausch untereinander und mit Lehrenden beklagen (Abbildung 6).

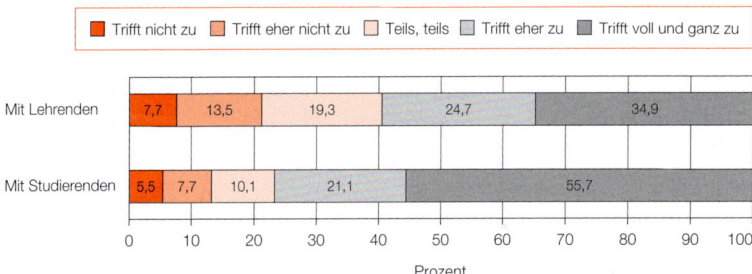

Abbildung 6: Fehlender persönlicher Austausch mit Studierenden oder Lehrenden während der COVID-19-Pandemie (eigene Darstellung)

Anmerkung: Die Studierendenbefragung in Deutschland: Eine neue, integrierte Datenbasis für Forschung, Bildungs- und Hochschulpolitik 2021.[30] Fragestellung: „Wenn Sie an Ihre bisherigen Erfahrungen mit digitaler Lehre denken: Inwiefern stimmen Sie den folgenden Aussagen zu?", Antwortmöglichkeiten: „Mir fehlt der persönliche Austausch mit anderen Studierenden", „Mir fehlt der persönliche Austausch mit Lehrenden".

---

[30] Vgl. https://www.dzhw.eu/publikationen/pub_show?pub_id=7943.

Die Möglichkeiten der gegenseitigen Unterstützung und Gruppenarbeit fielen unter den Kontaktbeschränkungen oftmals aus. Insbesondere Studienanfängerinnen und Studienanfänger hatten kaum die Chance, ihre Lernprozesse im Austausch mit anderen zu organisieren und implizites Wissen im persönlichen präsentischen Kontakt zu erwerben. Hochschulen sind eine Institution der Wissensgenerierung und -vermittlung, der Erprobung von Kompetenzen, der Kritik und Reflexion der Bewertung von Wissensbeständen und der Selbstreflexion (vgl. Schweiger 2022). Daher kann die persönliche Interaktion für die Herausbildung eines professionellen Selbstkonzepts und einer Identität sehr zentral sein. Didaktische Methoden, die darauf zielen, Studierende einzubeziehen, denen es schwerfällt, sich in größeren Gruppen zu äußern, können unter den Rahmenbedingungen digitaler Lehre kaum umgesetzt werden, wenn Studierende selten ihre Kamera nutzen. Selbst wenn Videos verfügbar wären, sind diese beim Teilen einer Präsentation oft nicht mehr sichtbar, so dass Reaktionen der Zuhörenden nicht beobachtbar sind (vgl. Schweiger 2022). Präsenzlehre ist sehr viel besser als reine Online-Lehre geeignet, den Zusammenhalt und die soziale Kohäsion unter Studierenden zu fördern. Manchmal wurden Ungleichheiten durch digitale Lehre aber auch reduziert, z. B. wenn Lehrinhalte flexibel abgerufen oder der Wohnort nach eigenen Bedürfnissen gewählt werden konnte. Das kommt Personen zugute, die andere zu versorgen haben, ihr eigenes Lerntempo bestimmen möchten oder weitere Lernstrategien oder Hilfsmittel einsetzen können.

Durch den Angriffskrieg Russlands auf die Ukraine Anfang 2022 und die dadurch ausgelöste Inflation haben sich die Herausforderungen für die Absicherung des Lebensunterhalts Studierender deutlich verstärkt. Eine Studie, die die Auswirkungen der Inflation auf Studierende untersucht, kommt zu dem Schluss, dass Studierende stärker durch die Preissteigerungen betroffen sind als der Bevölkerungsdurchschnitt, weil sie größere Anteile ihrer Einnahmen für Warmmiete und Ernährung ausgeben müssen, die besonders teuer geworden sind (vgl. Meier/Thomsen/Kroher 2023).

Die Studierendenschaft ist insgesamt über die Zeit heterogener geworden: 42 Prozent der Studierenden leben in einer festen Partnerschaft und zehn Prozent sind verheiratet. Etwa acht Prozent haben Kinder und zwölf Prozent übernehmen weitere Pflegeaufgaben für Verwandte, Freundinnen oder Freunde – was Fragen bezüglich der Vereinbarkeit dieser Aufgaben mit dem Studium aufwirft (vgl. Kroher u. a. 2023). Etwa 17 Prozent der Studierenden an deutschen Hochschulen haben einen Migrationshintergrund und 15 Prozent sind als internationale Studierende zum Studium nach Deutschland gekommen. Die unterschiedlichen Lebenssituationen spiegeln sich auch in den gewählten Studienformaten wider: Neben 80 Prozent im Standard-Präsenzstudium gibt es fünf Prozent dual Studierende, zehn Prozent Fernstudierende und knapp fünf Prozent in berufsbegleitenden Studiengängen. Diese Studienformate sind insbesondere an privaten Hochschulen zu finden und werden häufiger von Studierenden über 30 Jahren oder Studierenden mit Kindern gewählt (vgl. Kroher u. a. 2023).

Angesichts der vielfältigen Herausforderungen stellt sich die Frage, wie ein Studium und der weitere Lebensweg gelingen können. Soziale Beziehungen und Freundschaften tragen zur Resilienz und Zufriedenheit von Studierenden bei (vgl. Niemeyer 2020). Soziale Kohäsion wird während des Bildungsprozesses gestärkt und kann als „soziales Kapital" auf den Arbeitsmarkt und in die Gesellschaft mitgenommen werden.

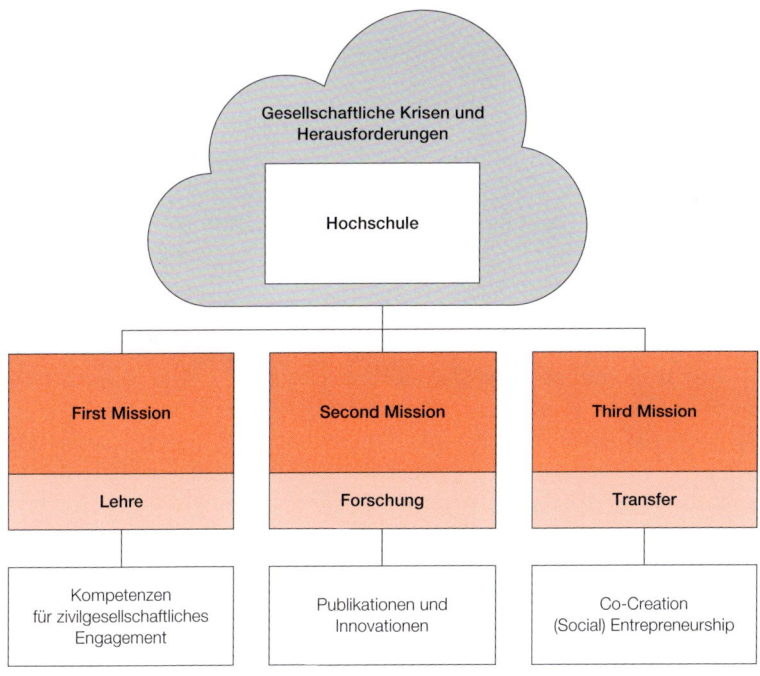

Abbildung 7:   Beitrag von Hochschulen zu sozialem Zusammenhalt in den zentralen Aufgabenfeldern

Die Hochschule trägt in vielfältiger Weise durch die Erfüllung ihrer Kernaufgaben zur Genese von sozialer Kohäsion bei (siehe Abbildung 7). In der Lehre werden wichtige Entwicklungsaufgaben bewältigt, die soziale Identität (fort-) entwickelt und Kompetenzen für zivilgesellschaftliches Engagement erworben. Im Bereich der Forschung tragen Hochschulen zur Entwicklung von Innovationen bei, die die ökonomische Grundlage für eine Fortentwicklung des Gemeinwesens sind, und im Bereich des Transfers können als Beispiele die Förderung von (Social) Entrepreneurship oder die Co-Creation von sozialen Innovationen genannt werden, die der Stärkung des Gemeinwesens dienen.

6.2 Beitrag der Hochschulen zu den Kerndimensionen sozialer Kohäsion

In einem Studium finden Kommunikationsprozesse statt, die über einen Konsens zu gesellschaftlicher Kohäsion führen (vgl. Stadler-Altmann/Winkler/Moser 2023). Wie andere Bildungsphasen auch ist das Studium Teil eines Vergesellschaftungsprozesses, in dem Individuen einen individuellen und gesellschaftlich verantworteten Sozialisationsprozess erleben. Das Studium hilft jungen Menschen, ihren Platz in der Gesellschaft zu finden. Hier überlagern sich das auf Erkenntnis ausgerichtete Wissenschaftssystem und das auf Qualifikation und Persönlichkeitsbildung ausgerichtete Bildungssystem (vgl. Stadler-Altmann/Winkler/Moser 2023).

Für die soziale Integration von Studierenden spielt das Campusleben, also z. B. die Teilnahme am Hochschulsport oder in Studierendenklubs, eine Rolle. Zu Studierendenverbänden zählen lokale Studierendenschaften, politische, religiöse oder fachlich orientierte studentische Vereinigungen, Studentenverbindungen und Aktionsbündnisse. Die Forschung zeigt zum Teil, dass eine Mitgliedschaft in Studierendenklubs mit besseren akademischen Leistungen und dem Verbleib an der Hochschule korreliert (vgl. Malette/Ismailzai 2020; Thornton/Miller/Perry 2020). In Bezug auf die Frage, ob Studierendenklubs auch geeignet sind, internationale Studierende oder Angehörige ethnischer Gruppen besser zu integrieren, wird allerdings festgestellt, dass von diesen Gruppen jeweils unterschiedliche Klubs präferiert werden. Somit tragen internationale Studierendenklubs dazu bei, dass die Studierenden zwar innerhalb ihrer Gruppen gut vernetzt sind, aber kaum Bindungen zu einheimischen Studierenden aufbauen (vgl. Park 2014; Malette/Ismailzai 2020).

Die aktive Mitgliedschaft und insbesondere die Übernahme von Führungsaufgaben in den studentischen Vereinigungen wird mit einer Reihe von positiven Effekten für die Persönlichkeit verbunden, etwa mit größeren Fortschritten bei der Entwicklung von Autonomie, Unabhängigkeit und der Festlegung von Zielen (vgl. Foubert/Grainger 2006). Auch wenn nicht kausal geklärt werden kann, ob bestimmte persönliche Anlagen die Beteiligung in Vereinigungen und die Übernahme von Führungsaufgaben fördern, so dürften die Erfahrungen in Vereinen zu einer Stärkung des Selbstbewusstseins und der Selbstwirksamkeit beitragen.

Die Lebensphase Studium ist für die Fortentwicklung des sozialen Netzwerks Studierender von Bedeutung, mit Blick sowohl auf berufliche wie auch private Kontexte. Die Kommilitoninnen und Kommilitonen haben oft ähnlich gelagerte Interessen, was eine gute Basis für das Knüpfen neuer Kontakte darstellt. Es gibt in der Regel vielfältige Gelegenheiten für informelle Kontakte oder auch zur Bildung von Arbeits- und Lerngruppen, in denen Teamarbeit erlernt und vertieft werden kann und die zur Identifikation mit dem gewählten Fach oder der Hochschule beitragen. Forschungsergebnisse zeigen, dass soziale Kohäsion nicht nur als „soziales Kapital" ins weitere berufliche und private Leben mitgenommen werden kann, sondern dass soziale Kohäsion auch schon für den Studienerfolg von Bedeutung ist.

Soziale und akademische Integration im Studium. Soziale Kohäsion hat eine hohe Bedeutung für Studierende. In der Hochschulforschung wird bei Analysen des Studienerfolgs beziehungsweise des Studienabbruchs, häufig auf theoretische Modelle verwiesen, die der sozialen Integration eine zentrale Rolle zuschreiben. Schon Spady (1970) sieht eine fehlende soziale Integration in die Universität als wichtigste Ursache von Studienabbrüchen an. Soziale Integration beeinflusst die Zufriedenheit im Studium und das institutionelle Commitment, welches wiederum für die Entscheidung zum Verbleib oder Abbruch des Studiums von Bedeutung ist. Soziale Integration wird in diesem Modell von drei Faktoren beeinflusst: Der normativen Übereinstimmung zwischen Studierenden und ihrer hochschulischen Umwelt, freundschaftlichen Beziehungen unter Studierenden und der intellektuellen Entwicklung der Studierenden. Tinto (1975) bezieht sich auf das Modell von Spady (1970), unterscheidet aber zusätzlich zwischen einer akademischen und einer sozialen Dimension von Integration an der Hochschule. Unter sozialer Integration an der Hochschule werden die soziale Vernetzung der Studierenden untereinander und die Qualität der Interaktion mit Lehrenden verstanden. Wichtig ist hierbei die Identifikation mit der Gruppe der Studierenden beziehungsweise als Mitglied der Hochschule. Lerngruppen spielen eine Rolle bei der Orientierung sowie als gegenseitige Unterstützung und Motivation (vgl. Petzold-Rudolph 2018, S. 167). Zur akademischen Integration gehören die intellektuelle Entwicklung der Studierenden und die Studienleistungen, aber auch die Identifikation mit den sozialen Normen der Hochschule sowie das Arbeitsengagement der Studierenden zur Erreichung ihrer Lernziele. Die Bedeutung sozialer und akademischer Integration für den Studienerfolg ist bereits in einer Vielzahl an Studien untersucht und empirisch bestätigt worden (vgl. Petzold-Rudolph 2018).

Auch im Bedingungsmodell des subjektiven Studienerfolgs von Gold (1988) spielt die Integration ins Studium eine zentrale Rolle. Integration vermittelt hier die Auswirkungen von Arbeitshaltungen, emotionaler Labilität, Soziabilität und intellektuellen Fähigkeiten im Zusammenspiel mit personellen und organisatorischen Aspekten der Hochschulumwelt. Die als personelle Aspekte bezeichneten Faktoren umfassen ähnlich wie bei Tinto (1975) die Qualität und Intensität der Beziehungen zu Kommilitonen und Lehrenden sowie die soziale und fachliche Anerkennung durch andere Studierende, die organisatorischen Aspekte meinen die Studienstruktur.

Soziale und akademische Integration sind von enormer Bedeutung für den Studienerfolg. Die Identifikation mit dem Fach und dem Studium verbessert die Studienleistungen und Noten im Studium (vgl. Majer 2018). Soziale und akademische Integration an der Hochschule erhöhen die Zufriedenheit im Studium (vgl. Weber u. a. 2018). Zudem belegen viele Studien, dass soziale und akademische Integration an der Hochschule die Intention reduzieren, das Studium abzubrechen (vgl. Isleib/Woisch 2018; Weber u. a. 2018; Isleib/Woisch/Heublein 2019). Eine hohe Identifikation mit dem Studiengang korreliert mit einer besseren subjektiven Gesundheit und geringeren seelischen Belastungen bei Studierenden (vgl. Obst/Kötter 2020).

Auch bei nicht traditionellen Studierenden, also Personen ohne schulische Hochschulzugangsberechtigung, reduzieren soziale und akademische Integration Abbruchintentionen (vgl. Dahm/Becker/Bornkessel 2018). Studierende mit studienerschwerender Beeinträchtigung haben eine höhere Wahrscheinlichkeit, über einen Studienabbruch nachzudenken. Insbesondere Studierende mit psychischer Beeinträchtigung hadern häufiger mit dem Studium (vgl. Rußmann/Netz/Lörz 2023). Unterschiede zu nicht beeinträchtigten Studierenden in der Wahrscheinlichkeit, das Studium abzubrechen, werden in beträchtlichem Maße durch eine geringere Zufriedenheit mit akademischen Leistungen und den erworbenen

Qualifikationen sowie geringere Zufriedenheit mit der Betreuung durch Lehrende erklärt, aber auch durch die geringere soziale Integration. Eine geringere Kontakthäufigkeit mit Kommilitoninnen und Kommilitonen und eine als gering wahrgenommene Unterstützung tragen zu häufigeren Abbruchintentionen bei (vgl. Rußmann/Netz/Lörz 2023).

In der Literatur werden vielfältige Faktoren untersucht, die die soziale und akademische Integration von Studierenden beeinflussen. Auch hier ist das Modell von Tinto (1975) ein wichtiger Ausgangspunkt. In diesem Modell werden die soziale Herkunft (der familiäre Hintergrund), individuelle Merkmale und die schulischen Erfahrungen als zentrale Determinanten sozialer und akademischer Integration angesehen.

Die soziale Herkunft der Studierenden beeinflusst die soziale und akademische Integration ins Studium: Eine Studie zeigt, dass Studierende aus wirtschaftlich besser gestelltem Elternhaus sich sozial und akademisch besser integriert fühlen (vgl. Muja u. a. 2021, S. 35). In den meisten Ländern, in denen diese Frage untersucht wurde, hat sich dieser Zusammenhang bestätigt. Zugleich zeigen die Daten für fast alle Länder, dass sich diejenigen, die eine mittlere oder hohe Studienintensität berichten, stärker sozial integriert fühlen (vgl. Muja u. a. 2021). Das Zugehörigkeitsgefühl von Studierenden muss während der ersten Semester entwickelt werden, was als dynamischer Prozess beschrieben werden kann, in dem Beziehungen, Gemeinschaft, Identität und Emotionen eine Rolle spielen (vgl. Garvey u. a. 2018). Studierende, die Minderheitsgruppen an Hochschulen angehören, berichten über weniger Zufriedenheit und ein niedrigeres Zugehörigkeitsgefühl zu ihrer Hochschule als Studierende aus der gesellschaftlichen Mehrheit (vgl. Fan/Luchok/Dozier 2021).

Interessanterweise ist bei höherem Zeitaufwand für Erwerbstätigkeit die soziale Integration ins Studium höher; allerdings leidet die akademische Integration, also die Interaktion mit Lehrenden, unter umfangreicher Erwerbstätigkeit: Muss zu viel Zeit für die Sicherung des Lebensunterhalts durch Erwerbstätigkeit aufgewendet werden, vermindern sich die Gelegenheiten, die soziale Integration mit anderen Studierenden und den Kontakt zu Lehrenden zu pflegen. Studierende, die Studium und Erwerbstätigkeit vereinbaren können, fühlen sich sozial besser integriert (vgl. Muja u. a. 2021, S. 35f.). Erklärt wird dieses durch die zusätzlichen Kontakte, da Studierende während ihrer Erwerbstätigkeit oft andere arbeitende Studierende treffen oder mit ihnen zusammenarbeiten. Die akademische Integration leidet jedoch, wenn mehr als 20 Stunden pro Woche gearbeitet wird, weil die Studierenden weniger Zeit an der Hochschule und in Kontakt mit Lehrenden verbringen. Auch die Rahmenbedingungen im Studium können die soziale Integration an der Hochschule beeinflussen. So zeigt Petzold-Rudolph (2018), dass Mängel in der Studienorganisation, ein erheblicher Umfang und die Verschränkung von Studienanforderungen, geringe Praxis- und Forschungsbezüge und die Wahrnehmung stark eingeschränkter Handlungsspielräume durch rigide Prüfungsformen und -termine sowie geringe Wahlmöglichkeiten eine geringe Identifikation mit dem Studiengang begründen. Im Lehramtsstudium ist die Fragmentierung in unterschiedliche Studienbereiche und die damit verbundene Segregation hinderlich für die soziale Integration, aber auch die Größe der Universität und eine hohe Zahl von Studierenden, große Lehrveranstaltungen und wenig Kontakt- und Partizipationsmöglichkeiten schränken die soziale Integration ein. Positiv hingegen wirken ein vielfältiges Angebot, eine gute Reputation der Hochschule, eine zugewandte Lehr-Lern-Atmosphäre und vielfältige Prüfungsformen mit guter Betreuung, während außercurriculare Aktivitäten oder ausgeprägte Kontakte zum Hochschulpersonal in dieser Studie eine geringe Bedeutung für Integration haben (vgl. Petzold-Rudolph 2018).

Die Frage, was gesellschaftliche Kohäsion im Allgemeinen stärkt, wird von Studien auf der Makroebene von Ländermerkmalen untersucht. So konnte gezeigt werden, dass es eine starke positive Korrelation zwischen der gesellschaftlichen Kohäsion und dem Knowledge Index gibt, der den Bildungsstand, den ökonomischen Innovationsgrad und die Informations- und Kommunikationsinfrastruktur abbildet (vgl. Dragolov u. a. 2013). Dieses soll als erster Hinweis auf die hohe Bedeutung von Bildung und Wissenschaft für die Genese von gesellschaftlicher Kohäsion gewertet werden. Hochschulen tragen in besonderem Maße dazu bei, indem sie nicht nur Lehre und akademische Bildung bereitstellen, sondern durch ihre Grundlagenforschung und angewandte Forschung auch die Basis für wirtschaftliche und gesellschaftliche Innovationen schaffen. Bibliometrische Studien zeigen, dass der Forschungsoutput in westeuropäischen Ländern im 20. Jahrhundert stark angestiegen ist. Dabei nimmt die Forschungsuniversität in allen Ländern eine zentrale Rolle ein (vgl. Powell/Dusdal 2017), auch wenn, wie in Deutschland, die außeruniversitäre Forschung höhere Steigerungsraten bei den zur Verfügung stehenden finanziellen Mitteln verzeichnet (vgl. Dusdal u. a. 2020).

Eine Studie untersucht das Vertrauen von Studierenden in gesellschaftliche Institutionen zu Zeiten der COVID-19-Pandemie, die besondere soziale und finanzielle Herausforderungen für Studierende zur Folge hatte (vgl. Schirmer 2021). In dieser Studie berichten Studenten, im Vergleich zu Studentinnen, ein höheres Vertrauen in politische Institutionen, internationale Studierende und Studierende mit Migrationshintergrund ein geringeres Vertrauen in politische Institutionen als deutsche Studierende und Studierende an Universitäten ein höheres Institutionenvertrauen als Studierende der Hochschulen für angewandte Wissenschaften. Interessant ist, dass das Gefühl der Sicherheit, eine positive Bewertung der Corona-Maßnahmen und die subjektive Bewertung der eigenen finanziellen Sicherheit positiv mit Institutionenvertrauen korrelieren. Das gilt auch für soziales Vertrauen und Auslandsaufenthalte, die ebenfalls positiv mit Institutionenvertrauen assoziiert sind (vgl. Schirmer 2021). Aus letzterem Ergebnis folgert Schirmer (2021), dass internationale Mobilität über ein Auslandssemester eine gute Möglichkeit darstellt, Studierende dabei zu unterstützen, aktive und verantwortungsvolle Gesellschaftsmitglieder zu werden, und damit zu Recht unter diesem Ziel der europäischen Bildungspolitik gefördert werde.

Hochschulen haben eine zentrale Funktion für die gesellschaftliche Integration von Minderheiten, wie das Beispiel der Inklusion der indigenen Bevölkerung in Neuseeland zeigt (vgl. Durie 2009). Mitglieder von Minoritäten, die ein Studium erfolgreich absolvieren, werden in eine Kultur der Transparenz, Offenheit und Sensibilität für gesellschaftliche Themen sozialisiert und sind nach ihrem Studienabschluss über ihre Professionen gesellschaftlich integriert. Zudem tragen sie umgekehrt dazu bei, dass auch das Wissen indigener Gruppen gesellschaftlich wahrgenommen wird (vgl. Durie 2009). In Deutschland können diese Ergebnisse auf Studierende mit Migrationshintergrund übertragen werden, aber auch auf internationale Studierende. Für internationale Studierende aus Ländern mit anderer Sprache ist der Erwerb der deutschen Sprache Voraussetzung für den erfolgreichen Abschluss eines deutschsprachigen Studiengangs und eine gute soziale Integration an der Hochschule. Aber auch beim Studium englischsprachiger Studiengänge sollte der Erwerb der deutschen Sprache obligatorisch sein, um eine spätere Beschäftigung in Klein- und Mittelunternehmen (KMU) in Deutschland zu einer realisierbaren Option zu machen.

Im Bereich der Lehrerbildung wirkt sich die Arbeit der Universitäten auch auf andere Bildungsphasen aus. In der Lehrerbildung sollten angehende Lehrkräfte ermuntert werden, in ihrem Unterricht nicht nur den Erwerb kognitiver Kompetenzen und dessen Prüfbarkeit zu betonen, sondern auch bürgerschaftliches

Engagement und damit soziale Kohäsion zu fördern (vgl. Westheimer 2022). Sie sollten ihre Schülerinnen und Schüler nicht nur in gesellschaftswissenschaftlichen Fächern, sondern auch in den Naturwissenschaften zum Nachdenken über gesellschaftliche Zusammenhänge und Auswirkungen von Technologie anregen. Angehende Lehrerinnen und Lehrer sollten zur Stärkung demokratischer Normen beitragen, indem sie sich selbst am Diskurs über Themen von öffentlichem Interesse und am bürgerlichen und politischen Leben beteiligen und ihre Schülerinnen und Schüler ebenfalls dazu ermuntern (vgl. Westheimer 2022).

Soziale Netzwerke spielen eine große Rolle beim Übergang von der Hochschule in den Arbeitsmarkt. Ein Großteil der Absolventen und Absolventinnen sucht die erste Stelle und etwa die Hälfte findet eine Stelle über soziale Kontakte. Entgegen den Erwartungen sind nicht „weak ties", sondern enge Kontakte hilfreich, die nicht nur Informationen weitergeben, sondern aktiv unterstützen (vgl. Haug/Kropp 2002). Studien zeigen, dass Absolventinnen und Absolventen, die ihren ersten Job über Netzwerke gefunden haben, nicht unbedingt einen Einkommensvorteil haben, aber häufiger einen ihrer Fachrichtung und dem Niveau der Ausbildung angemessenen Arbeitsplatz finden, insbesondere, wenn die Jobs über hochschulische Kontakte oder Praktika gefunden werden (vgl. Franzen/ Hangartner 2005; Weiss/Klein 2011). Eine amerikanische Studie stellt fest, dass es für Absolventinnen und Absolventen am wichtigsten ist, eine „bedeutungsvolle Beschäftigung" zu haben, einen „Beitrag zum Gemeinwohl leisten zu können" und „intrinsisches Interesse" an der Aufgabe zu haben (vgl. Allan/Owens/ Duffy 2017).

Personen, die ein akademisches Studium absolviert haben, zeigen eine höhere politische Partizipation, wobei Master-Absolventen sich stärker beteiligen als solche des Bachelors und Studierende der Geistes- und Sozialwissenschaften mehr als Absolventinnen und Absolventen anderer Studienbereiche (vgl. Mühleck/Hadjar 2023). Als Gründe werden der Erwerb der dafür notwendigen Kompetenzen während des Studiums, die größere Motivation, einen höheren Status durch entsprechende Beteiligung zu erlangen, und Sozialisationserfahrungen in der Familie oder den Bildungseinrichtungen angesehen. Interessanterweise gibt es Unterschiede in den sozialen Mechanismen der politischen Partizipation zwischen den von Mühleck und Hadjar (2023) untersuchten Ländern.

6.3 Konzeption von Bildungsmaßnahmen

Hochschulen verfolgen einen Bildungsanspruch, der neben exzellenter fachbezogener Lehre auch die soziale und persönliche Entwicklung und Reflexionsfähigkeit der Studierenden befördert (vgl. Lämmlein/Gerdiken 2022). Hochschulen werden mit staatlichen Förderprogrammen angeregt, zum Wissenstransfer zwischen Hochschule und Zivilgesellschaft beizutragen (vgl. Backhaus-Maul/Grottker/Sattler 2018).

Da die studentische Integration eine hohe Bedeutung für den Studienerfolg hat, konzentrieren sich Maßnahmen innerhalb der Hochschulen auf Maßnahmen der Motivierung und Aktivierung durch die Implementierung von Beratungsangeboten (vgl. Petzold-Rudolph 2018, S. 136). Es hat sich jedoch auch gezeigt, dass die Anwendung von „active learning"-Methoden in der Lehre die soziale Integration, das institutionelle Commitment und die Absicht der Studierenden, an der Hochschule zu verbleiben, verbessern können (vgl. Braxton/Milem/Sullivan 2000). Da solche didaktischen Methoden oft nicht in den großen Einführungsvorlesungen angewendet werden (können), sollten sie durch Begleitübungen flankiert werden, in denen aktivierende Lehrmethoden eingesetzt werden. Kleinere Seminare bieten zudem mehr Raum für Gemeinschaftsarbeiten und -projekte, aber auch für eine intensivere Interaktion zwischen Studierenden und Lehrenden. Eine Rolle spielt in diesem Zusammenhang auch eine didaktische Weiterbildung von Lehrenden an Hochschulen, die darauf zielt, aktivierende Elemente einzubauen und Fragetechniken zu entwickeln, die einen aktiven Diskurs unter Studierenden fördern.

Hochschulen sollten reflektieren, wie sie Sozialkompetenzen fördern können (vgl. Dürnberger 2009). Sozialkompetenzförderlich sind kooperatives Lernen und aktives Lösen von Problemen sowie die Konsistenz dieser Methoden mit den Lernzielen und der Prüfung (vgl. Dürnberger 2009). Die Vermittlung sozialer Kompetenzen an Hochschulen könnte in verhaltensorientierten Trainings erfolgen (vgl. Bergmann 2009). Neben kurzen Inputs zur kognitiven Einordnung und Generalisierung werden in diesen Kursen ähnlich wie in der Personalentwicklung in Unternehmen Gelegenheiten für eigene Erfahrungen in Übungen und Feedback- und Reflexionsprozessen gegeben. Werden solche Trainings von Trainern aus der Wirtschaft und nicht von Hochschullehrenden selbst durchgeführt, besteht die Gefahr, dass die Förderung der Sozialkompetenzen wenig nachhaltig und unverbunden mit den Studieninhalten erfolgt.

Das hochschulische Umfeld und die Lernarrangements sollten Gruppenarbeit zwischen Studierenden ermöglichen und stärken, da Lern- und Arbeitsgruppen eine wichtige Rolle für die soziale Integration der Studierenden spielen und zudem geeignet sind, den Lerneffekt zu steigern. Solche Lerngruppen können beispielsweise im Rahmen von Tutorien oder als Seminarübungen initiiert werden, zumal außercurriculare Aktivitäten durch Studierende, die zeitlich durch Erwerbsarbeit oder familiäre Verpflichtungen eingeschränkt sind, selten wahrgenommen werden können.

Kulturelle Angebote an Hochschulen wie z. B. Orchester, Theatergruppen oder Chöre können auch ein Ort der Förderung sozialer Kohäsion sein. Eine Studie, die untersucht, warum sich Studierende in solchen Projekten engagieren, zeigt, dass das Bedürfnis nach Gemeinschaftserfahrung dominierend ist (vgl. Lämmlein/Gerdiken 2022). In kulturellen Projekten können Studierende in einem geschützten Raum Neues ausprobieren, Führungserfahrungen sammeln und Verantwortung übernehmen. Sie können die Bereitschaft entwickeln, Fehler zuzulassen, können Selbstwirksamkeit erleben und einen Ausgleich zum Studium finden. Dadurch leisten diese Angebote einen wichtigen Beitrag zur Persönlichkeitsentwicklung (vgl. Lämmlein/Gerdiken 2022). Interessanterweise stärkt die Teilnahme an kulturellen Angeboten nicht nur die persönlichen Fähigkeiten, sondern auch die Identifikation mit der Hochschule, da die Ergebnisse der Arbeit kultureller Angebote oft im Namen der Hochschule öffentlich präsentiert werden und soziale Anerkennung finden.

Bei der Lehrmethode „Service Learning"[31] arbeiten Studierende in Projekten gemeinnütziger Organisationen mit. Sie bearbeiten dabei reale Probleme der Zivilgesellschaft und werden von Partnern wie kommunalen oder gemeinnützigen Organisationen unterstützt (vgl. Gerholz 2018). Diese Methode hat sich bewährt, um Verknüpfungen zwischen Engagement-Erfahrung und akademischem Lernen herzustellen. Sie zielt darauf ab, fachlich-theoretische Lerninhalte des Studiums mit dem Lernen in Engagement-Projekten zivilgesellschaftlicher Organisationen zu verbinden. Dabei werden Studierende angeleitet, ihre Engagement-Erfahrung wissenschaftlich zu reflektieren. Die Methode kann fachspezifisch oder fachübergreifend eingesetzt werden. Oft wird das zivilgesellschaftliche Engagement zusätzlich mit Credit Points belohnt. Durch Service Learning sollen

---

[31] Zum Service Learning an der Martin-Luther-Universität Halle-Wittenberg siehe: https://www.servicelearning. uni-halle.de/index.php?id=17; Handlungsleitfaden: https://www.agentur-mehrwert.de/wp-content/uploads/ 2018/05/Praxisleitfaden.pdf.

Studierende ihr Selbstwertgefühl erhöhen und prosoziales Verhalten verbessern, Empathie stärken, Vorurteile und Stereotype über Minderheiten verringern, die erlebte Selbstwirksamkeit erhöhen, die Selbst- und Fremdwahrnehmung verbessern, Teamfähigkeit, Führungs- und Kommunikationskompetenz entwickeln, das Sozialklima positiv beeinflussen und den Transfer wissenschaftlichen Wissens in die Praxis fördern (vgl. Backhaus-Maul/Grottker/Sattler 2018, S. 9). In einer empirischen Studie an der Universität Wien wurde herausgefunden, dass Lehramtsstudierende überzeugt sind, dass „Service Learning" die Sorge um das Wohlergehen anderer stärkt, dass es dazu beiträgt, die sozialen Probleme benachteiligter Gruppen zu erkennen, dass es Verständnis für die Welt außerhalb des Klassenzimmers weckt und daher in den Lehrplan der Lehrerausbildung aufgenommen werden sollte (vgl. Steed-Vamos/Laven/Singh 2022). Es sei jedoch nicht einfach, diese Form des Unterrichts umzusetzen, weil Unterstützungsangebote fehlten und das Curriculum und Bildungssystem nicht flexibel genug seien.

Ansätze zur Förderung sozialer Innovationen betonen, dass Hochschulen nicht nur eine zentrale Rolle bei der Bewältigung von großen gesellschaftlichen Herausforderungen haben und daher Forschung und Lehre vorantreiben müssen, sondern ökonomischen und sozialen Einfluss auf ihre jeweiligen Standorte haben (vgl. Baturina 2022). Durch Service-Learning-Projekte kann die Hochschule einen Beitrag zu sozialen Innovationen leisten und zugleich eine sehr gute Lerngelegenheit für Studierende schaffen. Um geeignete Projekte durchführen und einen nachhaltigen Impact erreichen zu können, sollten Lehrende und Studierende in lokale soziale Netzwerke eingebunden sein und sozial innovative Projekte gemeinsam mit Akteuren der Zivilgesellschaft entwickeln. Das Ziel der Hochschulen sollte nicht nur sein, Studierende und Absolventinnen und Absolventen mit Kompetenzen auszustatten, sondern auch, sie für ein aktives bürgerschaftliches Engagement vorzubereiten, das zu sozialer Kohäsion und einer reduzierten Exklusion von sozialen Gruppen führt.

Nicht nur in Bezug auf die soziale Kohäsion unter Studierenden, sondern auch mit Blick auf die Organisation Hochschule als Ganzes stellt sich die Frage, was die so vielfältige und differenzierte Organisation Hochschule zusammenhält. Mit welchen Mechanismen wird ein Zusammenhalt von Universitäten gewährleistet angesichts einer hohen Vielfalt von Disziplinen und dort vertretenen Fachkulturen sowie angesichts eines aus systemischer, organisationssoziologischer Perspektive lose gekoppelten Systems (vgl. Weick 2009) weitgehend unabhängig arbeitender Professuren beziehungsweise Lehrstühle? Wilkesmann (2013, S. 214) argumentiert, dass diese Kohäsion früher durch eine normative Verpflichtung auf Professionsstandards, wie beispielsweise die Regeln guter wissenschaftlicher Praxis, gewährleistet wurde. Durch die zunehmende Bedeutung von New Public Management kommen jedoch ökonomische Steuerungsimpulse hinzu, die geeignet sind, die Kohäsion der Organisation Hochschule zu stärken. Diese ökonomischen Anreize und der von ihnen ausgelöste Wettbewerb um Mittel und Positionen fördern allerdings auch Erosionstendenzen, die geeignet sind, die Kohäsion zu gefährden, woraus Wilkesmann (2013) folgert, dass das Wissenschaftssystem ständig zwischen Vielfalt und Kohäsion oszilliert.

6.4 Handlungsempfehlungen

Mikroebene

Soziale Interaktionen in der Studieneingangsphase und im Studienverlauf fördern. Da soziale und akademische Integration eine Schlüsselrolle für den Studienerfolg spielen, ist besonders in Studieneingangsphasen darauf zu achten, dass Studierende gut in ihrer Kohorte an der Hochschule ankommen und auch Kontakte zu Lehrpersonen gepflegt werden. Insbesondere für Studierende aus Familien ohne Hochschulerfahrung ist die Integration in das Hochschulleben eine große Herausforderung. Daher sind gezielte Angebote von Initiativen[32] sehr hilfreich. Die Integration kann durch verschiedene Instrumente wie Orientierungswochen, Kennenlernwochen oder Planspiele gefördert werden. Aber auch während der Lehrveranstaltungen sollte es Gelegenheit und Anlass zu Gruppenarbeiten und persönlichen Interaktionen geben. Eine interaktive Ausgestaltung der Lehrveranstaltungen und die persönliche Betreuung wissenschaftlicher Arbeiten durch die Lehrenden sind Möglichkeiten, die akademische Einbettung zu verbessern (vgl. Deuer/Huf/Wild 2020).

Hochschulgruppen unterstützen. Kurs- und studiengangübergreifende Angebote wie hochschulinterne Kulturgruppen, Hochschulchöre und -orchester, Fachschaften oder der Hochschulsport bieten Möglichkeiten für eine Vernetzung (vgl. Deuer/Huf/Wild 2020). Solche Angebote und Gruppen fördern insbesondere das Verständnis und die soziale Kohäsion über die verschiedenen Disziplinen hinweg.

---

[32] Vgl. z. B. https://www.arbeiterkind.de.

Architektonische Gestaltung: Raum für Begegnungen schaffen. Auch die architektonische Ausgestaltung der Hochschul- und Bibliotheksgebäude sollte aus dem Blickwinkel reflektiert werden, ob die Räume für interaktive hybride Veranstaltungen ausgelegt sind und wie gut sich virtuelle Anteile integrieren lassen. Bieten die Gebäude oder Freiflächen die Möglichkeit zu informellen Treffen in Vorlesungspausen, lassen sich Gruppenarbeitsräume für eine konzentrierte Zusammenarbeit finden?

Soziale Kohäsion insbesondere bei vulnerablen Studierendengruppen fördern. Zur Förderung sozialer Kohäsion im Studium ist insbesondere auf die Bedarfe von Studierenden mit höheren alltäglichen Belastungen zu achten. Dieses sind beispielsweise Studierende mit studienerschwerender gesundheitlicher Beeinträchtigung, Studierende mit Kindern oder mit Care-Aufgaben sowie Studierende mit sehr niedrigen monatlichen Einnahmen und Studierende, die zur Sicherung ihres Lebensunterhalts in größerem Umfang erwerbstätig sein müssen. Diesen Gruppen könnte eine kluge Kombination von Formaten persönlicher und virtueller Kommunikation eine Beteiligung an Gruppenarbeiten mit Kommilitoninnen und Kommilitonen ermöglichen.

Mesoebene

Partizipation und Teilhabe an der Hochschule fördern. Auf der Ebene der Hochschule muss es gelingen, den Studierenden die Besonderheiten der eigenen Hochschule im Vergleich zu anderen Hochschulen zu vermitteln, so dass sie sich mit der Institution identifizieren können. Sie sollten die Hochschule nicht als Ort der passiven Wissensaufnahme erleben, sondern als einen Ort, den sie als Studierende mitgestalten können (vgl. Deuer/Huf/Wild 2020).

Verknüpfung von Lehrinhalten und außerhochschulischen Erfahrungen fördern. Lehrende sollten engagiert, fair und respektvoll mit Studierenden umgehen, eine hohe Expertise in ihren Lehrgebieten haben und in der Lage sein, eine Verknüpfung zwischen Lehrinhalten und den Erfahrungen der Studierenden herzustellen (vgl. Deuer/Huf/Wild 2020). Insbesondere bei dual Studierenden besteht die Herausforderung, die Inhalte von betrieblicher und universitärer Ausbildung zu verbinden.

Fachidentifikation und kohortenübergreifende Interaktion fördern. Studierende sollten eine Bindung an ihren Studiengang entwickeln. Dazu können

189

ein regelmäßiger Kontakt zu Lehrenden und gut verfügbare Ansprechpersonen im Studium sowie spezielle Programme, wie z. B. ein Mentoring-Programm
mit Lehrenden oder zwischen älteren und jüngeren Studierenden, beitragen. Die
Ergebnisse einer empirischen Studie zeigen allerdings auch, dass eine starke
Bindung an den Studiengang in bestimmten Fällen zu Selbstausbeutung und
eigener Überforderung führen kann (vgl. Obst/Kötter 2020). Diese Gefahr sollte
bei der Förderung der Bindung an den Studiengang im Blick behalten werden.

Peer-Interaktion in die Online-Lehre integrieren. Auch bei der Online-Lehre
sollte der soziale Aspekt einbezogen werden, indem Lehrende z. B. neben der
Wissensvermittlung Aktivitäten einplanen, die den Studierenden Spaß machen
und zu Interaktion anregen.

**Vernetzung und Kooperation in Wohnheimen und Studierendenklubs för-
dern.** Um die Integration von Studierenden an Hochschulen zu fördern, könnte
bei der Planung von Einführungswochen oder im Rahmen von Lehrveranstaltungen bewusst die Vernetzung und Kooperation gefördert werden. Beispiele
könnten Veranstaltungen in Studierendenwohnheimen sein und die Einrichtung
von Pendlerzentren, in denen Studierende die Zeiten zwischen Lehrveranstaltungen nicht nur für Studienarbeiten, sondern auch für soziale Begegnungen
nutzen können. Vereine und Studierendenklubs könnten dazu angeregt werden,
klubübergreifende Veranstaltungen zu planen, die geeignet sind, die soziale
Segregation tendenziell aufzulösen (vgl. Park 2014).

Makroebene

Ungleichheiten im Zugang zur Online-Lehre ausräumen. Auch nach der
Pandemie wird die Online-Lehre eine größere Rolle spielen, als es vorher der Fall
war. Dabei ist zu beachten, dass auch benachteiligte Studierende aktiv in den
Lernprozess einbezogen werden und Ungleichheiten in der Nutzung digitaler
Zugänge (Geräte, Netzversorgung) ausgeräumt sind.

Zusätzliche Online-Beratungsangebote anbieten. Für die Unterstützung
von Studierenden mit psychosozialen Problemen oder Störungen wie Ängsten
könnten auch Online-Angebote zur Beratung eingerichtet oder – sofern sie
während der Pandemie aufgebaut wurden – beibehalten werden, die eine nie-
drige Hemmschwelle haben.

Soziale Praxisprojekte in die Curricula integrieren. In den Curricula und Akkreditierungskriterien für Studiengänge sollte die Fähigkeit zur Übernahme sozialer und gesellschaftlicher Verantwortung als übergreifende Kompetenz größere Beachtung finden. Beispielsweise könnten fachlich geeignete Praxisprojekte (z. B. Service Learning) einen breiteren Raum bekommen und durch geeignete Module vor- und nachbereitet werden, so dass eine reflektierte Bearbeitung erfolgen kann. Das könnte auch dazu dienen, die Translation theoretisch erworbenen Wissen in die Praxis zu erlernen.

Förderung der Identifizierung mit der Hochschule. Mit Blick auf die Gestaltung der Zusammenarbeit an Hochschulen sollte auch der Aspekt der Integration und der Förderung einer gemeinsamen Identität reflektiert werden. Auch wenn ein Branding mit Hochschullogos auf Shirts oder Tassen eher an amerikanischen Hochschulen zu finden ist, könnte eine bewusstere Förderung einer organisationalen Identität zur Kohäsion in den Instituten, Fakultäten und der Institution beitragen und so eine Kultur schaffen, die auch Studierende anregt, sich mit ihrer Hochschule zu identifizieren.

7 Weiterbildung

Zahlreiche Krisensymptome der Epochenwende werden auch in der Erwachsenen- und Weiterbildungsforschung diskutiert und bearbeitet: demografische Herausforderungen, Klimawandel, Bildungsgerechtigkeit, verstärkte Migration, wachsender Populismus und Nationalismus, Bruch mit universalistischen Orientierungen, neue Wege und Inhalte globaler Vernetzung sowie großer Fachkräftemangel. Aber gerade auch die Abkehr vom Gemeinwohl, eine Individualisierung und Singularisierung sowie der Rückzug ins Private, verbunden mit diffuser Unsicherheit und neuen Formen des Eskapismus, sind in der Weiterbildung diskutierte Aspekte der Gefährdung sozialer Kohäsion.

7.1 Status quo: Weiterbildungstypische Krisenphänomene und Problembereiche

Eine Verunsicherung traditioneller Lebensorientierungen wird in der Erwachsenen- und Weiterbildung seit längerer Zeit beobachtet, durch die aktuelle Epochenwende hat sich bei Anbietern und Teilnehmenden diese Verunsicherung allerdings noch verstärkt. Neue Ängste vor äußerer und innerer Gewalt gefährden die soziale Kohäsion in pluralen modernen Gesellschaften.

Soziale Aspekte. Die Förderung der gesellschaftlichen Teilhabe und des interkulturellen Austauschs wird in der Erwachsenen- und Weiterbildung intensiv analysiert und diskutiert. Um das Verständnis zwischen den Menschen zu fördern und den sozialen Zusammenhalt zu stärken, werden hohe Weiterbildungsquoten angestrebt.

Schwierig ist das, weil benachteiligte und bildungsarme soziale Gruppen in der Gesellschaft schwer zu erreichen sind. Nach den aktuellen Befunden aus der LEO-Studie verfügen beispielsweise noch immer 6,2 Millionen Erwachsene, also zwölf Prozent der deutschsprachigen Bevölkerung zwischen 18 und 64 Jahren, über eine sehr geringe Literalität (darunter übrigens 70 Prozent deutsche Staatsangehörige, Männer überwiegen leicht), so dass sie allenfalls einfache Sätze lesen und schreiben können. Erstaunlich ist, dass die Mehrheit dieser Personen berufstätig ist und 58 Prozent Deutsch als erste Sprache erlernt haben (vgl. Grotlüschen 2021). Wenn man die aktuellen Ergebnisse zum Kompetenzerwerb in den Grundschulen berücksichtigt, ergibt sich vermutlich mit zeitlicher Verzögerung in den nächsten Jahren im Erwachsenenalter weiter ein hoher Förderbedarf.

Es ist ein seit Jahren nachweisbares Faktum, dass trotz historisch steigender Weiterbildungsquoten die Teilnahme an Weiterbildung in Deutschland im internationalen Vergleich als relativ niedrig einzuschätzen ist. Insbesondere die sozialen Gruppen mit geringer Vorbildung nehmen an Weiterbildung – und dies seit vielen Jahren – weniger teil (vgl. BMBF 2019; Gillen/Elsholz/Meyer 2010). Die durch die Pandemie in den Jahren 2021/2022 deutlich rückläufigen Teilnehmendenzahlen in der Weiterbildung und die zusätzlich sich zeigenden ungleichen Chancen von sozialen Gruppen konnten noch nicht in vollem Umfang kompensiert werden – am besten noch in jenen Weiterbildungseinrichtungen, die neben analogen Lernformaten auch Online-Formate und hybrides Lernen realisieren konnten (vgl. vbw 2022, S. 220).

Ein weiteres Feld des erhöhten Förderbedarfs ergibt sich durch die hohe Migration in Deutschland. Heute haben ca. 26 Prozent der Bevölkerung in Deutschland (von ca. 84 Millionen) einen Migrationshintergrund, das sind 21,2 Millionen Menschen – darunter 52 Prozent mit deutscher Staatsangehörigkeit und 48 Prozent mit einer ausländischen Staatsangehörigkeit. Das Qualifikationsniveau der Zuwandernden und bereits Zugewanderten ist so heterogen wie deren ethnische Herkunft oder religiöse Orientierung. Der Weiterbildungsbedarf ist entsprechend differenziert (vgl. Tippelt 2020). Besonders einige Großstädte – wie z. B. Berlin, München, Hamburg, Bremen, Mannheim, Frankfurt – haben einen besonders starken internationalen Zuzug. Wenn sich die ökonomischen Erwartungen des IAB an den künftigen Fachkräftebedarf bewahrheiten, wird dies die künftigen Entwicklungen in der Weiterbildung massiv prägen.

Die ukrainischen Flüchtlingsströme aufgrund des russischen Angriffskrieges sind eine neue gravierende Herausforderung. Diese akuten Fluchterfahrungen großer Bevölkerungsgruppen und auch der außereuropäische Zuzug haben u. a. zu verstärkten Anstrengungen bei der Entwicklung von Sprach- und Integrationskursen geführt. Gegenseitige Anerkennung, Respekt und Achtung im Umgang mit Fremdheit sind gefordert, um den sozialen Zusammenhalt zu festigen. In der Erwachsenen- und Weiterbildung geht man davon aus, dass soziale und kulturelle Mobilität immer eine beidseitige Herausforderung an die zuziehenden neuen und die angestammten einheimischen sozialen Gruppen darstellt (vgl. Öztürk 2023). Die sprachlichen und beruflichen Integrationskurse sind ein Resultat – einer zweifelsohne umkämpften – europäischen Einwanderungspolitik

und diese wiederum auch ein Ergebnis von regionalen ökonomischen und ökologischen Problemen sowie politischen und religiösen Konflikten in außereuropäischen Ländern und Zonen. Die sprachliche und berufliche Integration hat in
den letzten Jahren Fortschritte gemacht – und das hohe Engagement in der
Weiterbildung hat zu den bisherigen Integrationserfolgen erheblich beigetragen.

7.1.1 Personale und kulturelle Aspekte

In modernen Gesellschaften geht es schon seit geraumer Zeit – und das ist für
die Weiterbildung relevant – um die Sicherung von Identität im Rahmen hoch-
flexibler und fluider Lebensbiografien. Ulrich Becks Werk zur Risikogesellschaft
(1986) thematisierte öffentlichkeitswirksam die damit verbundene Individualisierung als einen Prozess der Entstandardisierung bisheriger Biografiemuster.
Individualisierung wird im Rahmen von reflexiven Modernisierungstheorien als
ein Prozess charakterisiert, in dem die Abhängigkeit des Individuums von seiner
unmittelbaren Umgebung abnimmt (vgl. Loo/Reijen 1992; Beck 1986). Traditionelle Lebensformen mit ihren hohen Normierungsleistungen für individuelles
Handeln verlieren in diesem Prozess an Bedeutung und jedes einzelne Subjekt
muss sich im Rahmen seiner gesellschaftlichen Ressourcen einen eigenen Le-
bensstil erarbeiten.

Eine Steigerung der Beck'schen Individualisierungsthese ergibt sich aus der
Analyse der Gesellschaft der Singularitäten von Reckwitz (2019). Dieser betont,
dass heute das Besondere Trumpf sei, dass das Einzigartige prämiert werde und
dass das Allgemeine und Standardisierte eher reizlos geworden sei. Das neue
Maß der Dinge seien die authentischen Subjekte mit originellen Interessen für
unverwechselbare Güter und Events. Spätmoderne Gesellschaften feierten das
Singuläre, Modernität führe im Grunde zu einem Bruch mit den Gewissheiten
früherer Zeiten und könne zu einer Gefährdung sozialer Kohäsion beitragen. Daraus entstehen aber gerade in der Epochenwende neue Aufgaben einer reflexiven Jugendbildung und der politischen und kulturellen Erwachsenenbildung.

Wenn es stimmt, dass individualisierte, ja singularisierte Gesellschaften durch
frei wählbare Lebensstile, durch die nachlassende Wirkung von Normen, ge-
meinschaftlichen Werten und Verpflichtungen geprägt sind, dann würden sich
den Individuen ungeahnte Spielräume eröffnen. Für manche ist dies sicher zu-
treffend, für andere allerdings kommt es in der singularisierten Ich-Gesellschaft
zu einer Abkehr von gemeinwohlorientiertem Denken und Handeln. Der Begriff

der Singularität hat auch negative Konnotationen: sei es im Hinblick auf eine zunehmende Vereinzelung und Vereinsamung von Individuen oder hinsichtlich der Zunahme egoistischer Haltungen von Menschen, die das Gemeinwohl und das zivilgesellschaftliche Engagement aus dem Blick verlieren.

Man muss die singularisierten Ich-Überhöhungen in den Programmen der Erwachsenen- und Weiterbildung keineswegs bedienen, stattdessen kann man an der realistischen Überlegung festhalten, dass die Gesellschaft aus der familialen Sozialisation von Individuen und den sozialen Kontakten in Institutionen und besonders in Bildungsinstitutionen hervorgeht. Gesellschaft geht durch Sozialisation dem individuellen (Er-)Leben immer schon voraus. Der Abschied aus der Geborgenheit stabiler menschlicher Beziehungen mit festen sozialen Strukturen in eine singularisierte Welt ohne feste Signaturen kann manche gleichzeitig mit Gefahren konfrontieren, weil politisch und sozial zu viele in die Irre geführt werden – damit sind u. a. Orientierungslose, Irrationale, auch teilweise sogenannte Querdenker gemeint.

Erwachsenen- und Weiterbildung dagegen in Stellung zu bringen, ist schwierig und dennoch ist dieses u. a. auch Aufgabe der politischen Bildung: Das Programm einer politischen und kulturellen Erwachsenenbildung ist also den durchaus möglichen negativen Auswirkungen von Individualisierung oder Singularisierung präventiv vorgeordnet. In jedem Fall beschäftigt sich die Erwachsenenbildung mit diesen neuen gesellschaftlichen Entwicklungen.

7.1.2 Ökonomische Aspekte

Wenn man soziale Kohäsion fokussiert, stellt sich die Frage, wie man durch Weiterbildung einerseits die notwendige Höherqualifizierung erreichen und andererseits die im Rahmen des segmentierten Arbeitsmarkts drohende Fehlbeschäftigung und Arbeitslosigkeit von Beschäftigtengruppen verhindern kann. Es ist zu beobachten, dass die expansive Entwicklung des Bildungs- und des Weiterbildungssystems auf die Strukturen des Beschäftigungssystems zurückwirkt und sich gleichzeitig technische und arbeitsorganisatorische Veränderungen des Beschäftigungssystems mit zeitlichen Verzögerungen auf die Bildungs- und Weiterbildungsentwicklung auswirken. Dabei wird in der Arbeitsmarktforschung in Europa eine Jobpolarisierung diagnostiziert, was bedeutet, dass für die Höherqualifizierten und auch die Niedrigqualifizierten bestimmte Segmente des Arbeitsmarkts bedeutungsvoll bleiben und diese in Teilbereichen jeweils zu Lasten der mittleren Lohnsegmente sogar quantitativ zunehmen (vgl. Goos/Alan/Salomons 2009). Evident ist, dass historisch der Anteil der Erwerbstätigen ohne Berufsabschluss rückläufig ist. Bei sinkender Tendenz wird derzeit von ca. elf Prozent Erwerbstätigen ohne Berufsabschluss ausgegangen, der Anteil der beruflich Qualifizierten liegt seit 2005 über 50 Prozent und der Anteil der Erwerbstätigen mit Hochschulabschluss mit steigender Tendenz bei über 40 Prozent (vgl. Bertelsmann Stiftung 2019, S. 26). Auf die soziale Kohäsion wirkt sich besonders aus, dass ein niedriges schulisches oder berufliches Qualifikationsniveau erhebliche Risiken birgt, arbeitslos zu werden oder nur ein äußerst niedriges Lohnniveau zu erreichen, wobei die Hälfte aller Arbeitslosen derzeit geringqualifiziert ist (vgl. IAB 2019, S. 3).

Die Weiterbildung ist gefordert, weil vor allem durch die Digitalisierung die kognitiven und interaktiven Anforderungen an vielen Arbeitsplätzen wachsen. Ein Trend in der Weiterbildung ist daher, sich auf die digital hervorgerufene Höherqualifizierung und die Steigerung der individuellen Kompetenzen einzustellen (vgl. Dede 2010; vbw 2017).

Auf der anderen Seite gibt es ein nach wie vor bestehendes Arbeitsmarktsegment der Niedrigqualifizierten, also Personen mit niedriger Schul- und Berufsausbildung, deren Beschäftigungssicherheit und deren Aufstiegsmöglichkeiten gefährdet sind. Die neuen beruflich orientierten Weiterbildungsprogramme – wie die nationale Weiterbildungsinitiative – reagieren auf diese die soziale Kohäsion gefährdende Entwicklung, wobei besonders für Grundbildung bei eingetretener Arbeitslosigkeit dringend Weiterbildungsangebote fortzuentwickeln sind (vgl. Böhm 2019, S. 8). Die Förderung von Basiskompetenzen ist dabei besonders angesprochen:

„Ausgangspunkt für alle weiteren Maßnahmen und Initiativen ist die gemeinsame Überzeugung, dass Alphabetisierung und Grundbildung die Voraussetzungen für ein selbstbestimmtes Leben, für lebenslanges Lernen sowie für gesellschaftliche und berufliche Teilhabe sind (…). Für alle Beteiligten ist es eine wichtige Aufgabe, möglichst viele Bürgerinnen und Bürger zu erreichen, die durch Bildungsangebote ihre Schreib- und Lesekompetenzen verbessern könnten" (BMBF/KMK 2016, S. 3).

Eine nachhaltige Wirkung der Bildungsmaßnahmen ist jedoch nur zu erwarten, wenn Bund, Länder, Kommunen und gesellschaftlich relevante Partner, z. B. die Organisationen der Weiterbildung, gemeinsam daran arbeiten, das sichtbare Kompetenzproblem in Teilen der erwachsenen Bevölkerung zu bearbeiten. Aus der Perspektive der Erwachsenen- und Weiterbildung (vgl. Tippelt 2023) hat sich die Aktivierung von Personen aus den relevanten Zielgruppen als besondere Anforderung im Kontext des sozialen Zusammenhalts erwiesen.

7.2 Alterstypische Möglichkeiten zur Förderung von Zusammenhalt und sozialer Kohäsion

Das Thema „Erwachsenenbildung und sozialer Zusammenhalt" umfasst kulturelle, berufliche, politische Weiterbildung wie auch ehrenamtliche und bürgerschaftliche Bildung (vgl. Meilhammer 2018) und das Erwachsenenalter bietet spezifische Zugänge zur Förderung von Zusammenhalt und Kohäsion. Gliederungslogisch sind die folgenden Ausführungen an der Einleitung sowie an der psychologischen und ökonomisch-soziologischen Grundlegung in den einleitenden Kapiteln orientiert.

7.2.1 Schaffung von Gemeinsinn

Man kann sagen, dass die historischen Wurzeln einer den Gemeinsinn thematisierenden Didaktik bereits im 17. Jahrhundert bei Comenius (1657) zu finden sind: sein „Omnes, Omnia, Omnino" – heute „Bildung für alle" – ist auch heute eine zentrale normative Forderung mehrerer Träger der Weiterbildung, auch wenn sie in der Realität vor Ort schwer einzulösen ist. Allerdings sind Bildung und Weiterbildung ein Recht für alle, was dazu führt, dass sich die Organisationen der Weiterbildung auf die diversen Erwartungen sehr verschiedener sozialer Milieus und sozialer Gruppen einstellen müssen (vgl. Iller/Schmidt-Hertha 2020).

Über die Vermittlung und Aneignung basaler Sprach- und Selbstregulationskompetenzen hinaus kann – neben den anderen Bildungsinstitutionen – auch die Erwachsenen- und Weiterbildung ein Orientierungswissen bereitstellen, das zur kognitiv instrumentellen Modulierung der Welt befähigt, das die ästhetisch expressive Begegnung und Gestaltung von Umwelt (z. B. durch Sprache, Kunst, Literatur und Musik) ermöglicht, das es den Lernenden erlaubt, sich normativ evaluativ sowie verantwortungsethisch mit Wirtschaft und Gesellschaft auseinanderzusetzen (durch Geschichte, Ökonomie, Politik und Gesellschaftskunde) und das auch mit Problemen konstitutiver Rationalität konfrontiert (z. B. durch Ethikkurse, Philosophie und Religion). Erst auf der Basis eines breiten Wissenskanons (vgl. Baumert/Kunter 2006) ist soziale Kohäsion tragfähig.

Dabei ist die Stärkung von Gemeinsinn mit Bildungszielen und ambitionierten sozialen Herausforderungen verknüpft: kritischer Gebrauch der eigenen Vernunft, handlungsfähige Mitglieder der Gesellschaft (Kohäsion) und Kompetenz- und Qualifikationsvermittlung (siehe z. B. die Ziele für das Bildungssystem im Nationalen Bildungsbericht seit 2008).

7.2.2 Stärkung interpersonaler und sozialer Beziehungen

Wissenschaftlich arbeitende Erwachsenenbildner haben dem Symbolischen Interaktionismus immer wieder eine besondere Eignung für die Orientierung am Teilnehmenden und für die Klärung interpersonaler Beziehungen zugeschrieben (vgl. Nolda 2002; Tietgens 1983). In seinem Theorieentwurf zum Symbolischen Interaktionismus hat Mead (1934) die Begriffe der sozialen Rollenübernahme und der Empathie geprägt. Dabei verfolgte er die Frage, wie individuelle Handlungen über wechselseitige Verhaltenserwartungen zu einer Gruppenaktivität und letztlich zur Ausformulierung menschlicher Gesellschaften werden (vgl. Joas 1992). Die zugrundeliegenden Ideen wurden in der Erwachsenenbildung intensiv reflektiert (vgl. Wittpoth 2020; Kaiser 2023), weil die soziale Wirklichkeit durch interaktive, aufeinander bezogene Handlungsabläufe und durch den Austausch von Erfahrungen generiert wird und dieses in der Praxis der Erwachsenen- und Weiterbildung realisiert werden kann. Vor allem die sozial-kognitive Rollenübernahmefähigkeit verhilft dem Individuum dazu, „das eigene Verhalten an dem Verhalten des Anderen auszurichten. Da diese Fähigkeit reziprok stattfindet, wird dadurch ein gemeinsames beziehungsweise kollektives Handeln ermöglicht" (vgl. Joas 1992, S. 251). Moderne Gesellschaften sind durch eine hohe Diversität der Rollenerwartungen, Werte und Normen zu charakterisieren und sie steigern durch stetige Veränderungsprozesse ihre Heterogenität in und zwischen den Gruppen. Dieses verstärkt den Nährboden für konfliktgeladene Interaktionen, die beispielsweise durch Interessenantagonismen gegensätzlicher sozialer Gruppen, Prozesse sozialer Ausgrenzung, Überbetonung von Individualismus oder überzogene „Gleichmacherei" verhärtet werden (vgl. Tippelt 1986). Das soziale Befinden ist nach Vester (1991) keine rein individuelle Angelegenheit, sondern unterliegt einem gesellschaftlichen Kodex. Die Dekodierung ist demnach nicht als „private Bewusstseins- und Gedächtnisleistung" (vgl. Vester 1991, S. 74) zu sehen, sondern geschieht durch gesellschaftlich vermittelte Prozesse und die Stärkung interpersonaler Beziehungen.

Im Zusammenhang mit Emotionen kommt der Empathie neben der Rollenübernahmefähigkeit – die eine äußerst wichtige Fähigkeit für pädagogische Fachkräfte darstellt – eine besondere Funktion bei der Festigung sozialer Beziehungen zu. Empathie ermöglicht dem Individuum, neben kognitiven Prozessen auch
Emotionen zu erfassen. Für das Lernen von neuen Kontexten kann Empathie
eine besondere Rolle spielen. Das Lernen eines neuen Inhalts erfordert gerade
in der Erwachsenenbildung die Bereitschaft, eine neue Sichtweise anzunehmen
und sie mit der eigenen in Einklang zu bringen (vgl. Tippelt 1986; Dewey 1916).
Dieses wiederum kann die Übernahme neuer Perspektiven – wie es in der Erwachsenenbildung angestrebt wird – unterstützen (vgl. Guiora/Brannon/Dull
1972). Wird zudem ein verallgemeinerter Standpunkt im Sinne der Rollenübernahme eingenommen, vermögen sich Individuen von ihren festgefahrenen Positionen zu lösen und sich die allgemeineren Zielstellungen der Gemeinschaft zu
eigen zu machen. Geradezu im Widerspruch zu diesen Überlegungen steht die
von Reckwitz (2019) analysierte Gesellschaft der Singularitäten, denn hier fehlen
soziale Rollenübernahme und empathische Interaktion vollkommen. Die Aufgaben einer reflexiven politischen und kulturellen Erwachsenenbildung sind es aber
herauszuarbeiten, dass soziale Beziehungen das wechselseitige Verstehen von
individuellen Absichten Erwachsener ermöglichen und dass die Kenntnis und
Akzeptanz gemeinsamer Regeln eine Grundvoraussetzung sozialen Lebens
sind (vgl. Brumlik 1983; Kaiser 2023).

Diese Annahmen haben Folgen für das pädagogische Handeln und die Gestaltung erwachsenenpädagogischer Institutionen sowie der pädagogischen Pro-
fessionalisierungsprozesse. Insbesondere die dabei notwendige pädagogische
Teilnehmendenorientierung ist vielschichtig (vgl. Tietgens 1983), denn es gilt die
Motive, das Vorwissen und die Lerninteressen der lernenden Erwachsenen zu
verstehen, um daran anzuknüpfen. Fachwissen, fachdidaktisches Wissen, pädagogisches Wissen, Organisations- und Interaktionswissen sowie Beratungswis-
sen werden fruchtbar, wenn sie sich an den Lebenslagen und Lebenswelten von
Adressaten und Adressatinnen orientieren. Kompetenztheoretische Konzepte
pädagogischer Professionalität bedürfen demnach der Fähigkeit zur Rollenübernahme als Voraussetzung für die praktische Teilnehmendenorientierung,
wenn sie interpersonale und soziale Beziehungen im Erwachsenenalter stärken
sollen.

Besonders nach den Erfahrungen der COVID-19-Pandemie wurde die kommunale Weiterbildung vor Ort als Möglichkeit gesehen, die sozialen Beziehungen
der dort Wohnenden zu intensivieren. Erwachsenen- und Weiterbildung können

durch kommunale Begegnungen den Zusammenhalt von sozial heterogenen Bürgerinnen und Bürgern festigen – eine plausible These, die aber noch wissenschaftlich zu erhärten ist.

7.2.3 Zugehörigkeit zu sozialen Gruppen: Subsidiäre Strukturen

In der Erwachsenen- und Weiterbildung herrscht das allgemeine Prinzip der Subsidiarität, das die Eigenverantwortung des Einzelnen zu den Aufgaben der Gemeinschaft in Beziehung bringt. Das Subsidiaritätsprinzip ist insofern von Bedeutung, als es auch den Vorrang der Leistungserbringung durch die freien gemeinnützigen und privaten Träger vor den staatlichen Trägern betont (vgl. Tippelt/Eckert/Barz 1996; Schrader 2011). Das hat zur Folge, dass in der Weiterbildung die Leistungen zu wesentlichen Teilen von nicht staatlichen freien Trägern erbracht werden, obwohl die Gesamtzuständigkeit und Letztverantwortung auf Seiten staatlicher Ministerien liegt (vgl. Voßkuhle 2019; Born 2018). Die Pluralität der Weiterbildungsstrukturen aus Anbieterperspektive orientiert sich an fünf Ebenen (vgl. Schrader 2011):

- Die „traditionellen", öffentlich geförderten Anbieter wie Volkshochschulen, Kirchen, Kammern, Gewerkschaften und Parteien sowie die Bildungswerke der Landeszentralen.
- Die eher beruflichen Angebote der Arbeitgeberverbände, der Betriebe und der Handwerksorganisationen.
- Die immer wieder neu entstehenden Initiativen, Selbsthilfegruppen, Vereine und Bürgerbewegungen.
- Die privaten und kommerziellen Anbieter, die von kleineren Trainer- und Beraternetzwerken bis hin zu ausgelagerten Personalentwicklungs- und Weiterbildungsabteilungen größerer Unternehmen reichen.
- Die immer bedeutenderen Anbieter wissenschaftlicher beziehungsweise hochschulischer Weiterbildung, wobei staatliche und private Hochschulen aktiv sind.

Um dieses zu ordnen, sind pädagogische Weiterbildungsorganisationen mit übergeordneten sozialen Einheiten und den diesbezüglichen Erwartungsstrukturen, den sogenannten Trägern, verbunden. Es sind also die weltanschaulich und werteorientierten Träger, die über die formale Legitimation verfügen, die Rechte und Pflichten in der Aushandlung mit Instanzen des politischen Systems zu formulieren (vgl. Voßkuhle 2019). Die Träger haben das Recht, Einfluss und Eingriffe in den Lebensverlauf der pädagogisch Anderen zu legitimieren, und hierbei knüpfen sie an Orientierungen von sozialen Gruppen und Milieus an. Soziale Gruppen wählen aus dem subsidiären pluralen Weiterbildungsangeboten das für sie jeweils Wichtige (vgl. Schrader 2023), drücken dabei durch ihren Kursbesuch bei einem bestimmten Träger aber gleichzeitig gewisse Bindungen und Zugehörigkeiten zu Gemeinschaften aus.

Für das Thema soziale Kohäsion ist es besonders relevant, dass sich Träger und pädagogische Organisationen zugleich als Gemeinschaften begreifen, so dass ein Bezug zur Lebenswelt von Teilnehmenden gewahrt bleibt (vgl. Schütz/Luckmann 2003) und die Bedingungen für Reziprozität, Vertrauen und Solidarität gesetzt sind. Übergeordnete Träger verfügen über die Orientierungskraft des Angebots zur Kompetenzentwicklung oder auch der jeweils kommunizierten Werte für die Einrichtungen. Träger bilden also eine spezifische Organisationskultur mit prägenden Werten aus, beanspruchen damit Alleinstellungsmerkmale (vgl. Wahl/Nittel/Tippelt 2022) und geben damit Gelegenheit, soziale Zugehörigkeit von Teilnehmern und Teilnehmerinnen auszudrücken.

7.2.4   Identitätsbildung und Orientierung am Gemeinwohl

In der Weiterbildungsforschung wurde lange zwischen personaler und sozialer Identität unterschieden. Heute überwiegt die Annahme, dass alle Identitätsvorstellungen sozial konstruiert werden (vgl. Schrader 2023). Weil moderne Gesellschaften hoch differenziert sind und sowohl die Ausdifferenzierung von Weiterbildungsorganisationen als auch die Differenzierung von pädagogischen Zielgruppen und Adressaten relevant sind, ist es schwieriger geworden, die Identitätsbildung im Erwachsenenalter zu beschreiben. Nach Erikson (1973) ist Identitätsbildung ein lebenslanger Prozess, der sich im Spannungsfeld von Intimität und Isolierung im frühen Erwachsenenalter, von Generativität und Stagnation im mittleren Alter und von Integrität und Verzweiflung im höheren Alter vollzieht. In einem bildungstheoretischen Verständnis von Identität geht es in der Erwachsenenbildung um die Bereitschaft, zwischen personaler und sozialer Identität sowie zwischen Identitäts- und Qualifikationslernen eine „Identitätsbalance" zu erzielen (vgl. Tietgens 1981, S. 26). Darüber hinaus hat die Erwachsenenbildung in verschiedenen Diskussionssträngen die Identitätsentwicklung implizit und explizit bearbeitet. Es wurde beispielsweise versucht, die Identitätssuche von Erwachsenen in Bezug auf verschiedene gesellschaftliche Entwicklungen und Risiken sowie auftretende normative und situative kritische Lebensereignisse zu deuten (vgl. u. a. Wittpoth 2020).

- Aus einer wissensgesellschaftlichen Sicht wird der mögliche Mangel an Problemlösekompetenz und Kreativität vom Einzelnen als kritisch empfunden. Die Aneignung von basalen Sprach-, Rechen- und Selbstregulationskompetenzen (Kulturwerkzeuge) kann dazu beitragen, die eigene Identität zu stärken. Kompetenztheoretische Konzepte pädagogischer Professionalität bedürfen der Fähigkeit, an die Motive, das Vorwissen und die Lerninteressen der Lernenden anzuschließen.

- Aus Sicht der Arbeits- und Dienstleistungsgesellschaft benötigen Lernende immer höhere Fachkompetenzen, weil der Arbeitsmarkt diese nachfragt, und gleichzeitig – als Schattenseite der segmentierten Arbeitsgesellschaft – kommt es beispielsweise durch Arbeitslosigkeit oder Leistungsdruck zu kritischen Lebensereignissen, die sich auf die Identitätsentwicklung auswirken, vor allem in den prekären sozialen Milieus. Die Nachfrage nach Supervision, Coaching, professionellen Beratungssettings, Team Planning ist im Umgang mit solchen Herausforderungen auf Seiten der pädagogischen Organisationen selbstverständlicher geworden (vgl. Schiersmann 2023).

- Aus einer zivilgesellschaftlichen Perspektive gilt es die Partizipation Erwachsener zu unterstützen, damit sich Menschen solidarisch in sozialen Netzen bewegen können. Eine Dimension des zivilgesellschaftlichen Engagements wird im identitätsstiftenden „Wir-Gefühl" von pädagogisch Tätigen in sozialen Welten gesehen, was bedeutet, dass die wechselseitige Verantwortlichkeit gegenüber den jeweils anderen erkannt wird (vgl. Nittel 2011; Seitter 2011).

- Aus Sicht der Risikogesellschaft wissen wir, dass Probleme entstehen, weil es schwierig ist, sich eine Identität anzueignen, die durch das unmittelbare nahe soziale Umfeld nicht immer gestützt werden kann. Auch in der Erwachsenenbildung führt einerseits die Temporalisierung (also zeitliche Entgrenzung des Lernens), Topographisierung (räumliche Entgrenzung, jeder Raum kann zum Lernort werden), Digitalisierung (Verstetigung und Beschleunigung des Lernens) und die fortschreitende Erosion der Validität des Wissens (vgl. Seitter 2011) auf Seiten der Teilnehmenden zu einer wachsenden Selbstbezüglichkeit und andererseits in den alltäglichen Lebensvollzügen zu neuen Ungewissheiten, mit prekären, schwierig einzuschätzenden Risikolagen. Im ungünstigen Fall treffen nun Klienten, die in fortschreitenden Individualisierungs- und Risikolagen besonders stützungs- und beratungsbedürftig sind, auf tendenziell verunsicherte Professionelle, die eine Unterminierung des Vertrauens in ihre Interventionen befürchten (vgl. Nittel 2011). Aus einer eher optimistischen Perspektive dagegen kommt es zu einer wünschenswerten Symmetrie in den Professionellen-Adressaten-Beziehungen (vgl. Helsper/Tippelt 2011).

- Aus Sicht der Einwanderungsgesellschaft kommt es darauf an, Migranten-
milieus auch sozial zu unterscheiden, weil bei Migrantinnen und Migranten
bei deren Identitätsentwicklung nicht allein die Ethnien oder die Nationalitä-
ten bestimmend sind. Es geht darum, tieferliegende soziale Orientierungen
zu erfassen, um z. B. adaptive Integrationsmilieus oder entwurzelte Milieus
oder die immer wieder unterschätzten globalen kosmopolitischen Milieus
sowie die hochkulturell und vielseitig gebildeten universalistischen sozialen
Milieus der Migrantinnen und Migranten zu unterscheiden. Bedeutsam für die
Identitätsentwicklung sind nicht nur die Nationalität, sondern auch die aus der
Milieuzugehörigkeit erwachsenen Lebensziele, Bildungsinteressen und Erwartungen der äußerst heterogenen Migrantinnen und Migranten (vgl. Bremer
2007; Barz/Tippelt 2007).
- Aus Sicht der Erlebnisgesellschaft werden heute Biografien zunehmend ent-
standardisiert, es entstehen Patchwork-Biografien, in denen sehr unterschiedliche soziale Erfahrungen aus diversen Kontexten kultureller Art in einer bio-
grafisch geprägten Identität verschmelzen (vgl. Schulze 2000).
- Eine Gesellschaft des langen Lebens oder Altersgesellschaft schließlich fordert intergenerationelle Kompetenz heraus; das Hineindenken in die Identitätsentwicklung anderer Altersgruppen, anderer Generationen und Kohorten ist
gefordert. Wenn eine abnehmende Zahl Erwachsener unter 50 Jahren einer
starken Zunahme der 50- bis 64-Jährigen und der 65- bis 90-Jährigen gegen-
übersteht, hat dies nicht nur Auswirkungen auf die Sozialsysteme, sondern
auch auf Bildung, individuelle und kollektive Krisenerfahrungen. Generell be-
scheinigen zurückliegende Altersstudien älteren Menschen ein hohes Leis-
tungspotenzial, das allerdings unbedingt entsprechender Förderung bedarf
(vgl. Kohli u. a. 2000; Baltes/Baltes 1990). Im intergenerationellen Dialog können jüngere Lernende erkennen, dass im demografischen Wandel Ältere
über hohe Ressourcen, über Berufs- und Lebenserfahrung wie über kristal-
line Intelligenz verfügen, was in beruflichen wie auch in kulturellen und politischen Wirkungsfeldern von großer Bedeutung ist (vgl. Chisholm/Larson/
Mossoux 2005). Ältere können ihrerseits durch Empathie und Perspektivenübernahme u. a. die besondere Kreativität, die hohe fluide Intelligenz und die
Zukunftsoffenheit der Jüngeren wahrnehmen und anerkennen. Didaktisch
kann man durch gemeinsame Partizipation voneinander, durch Interaktion
miteinander und durch Reflexion übereinander lernen.

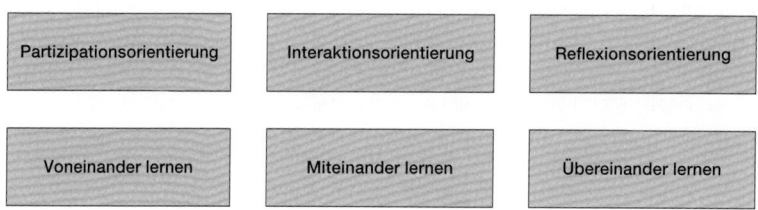

Abbildung 8:   Didaktische Prinzipien intergenerationellen Lernens
(in Anlehnung an Schmidt/Tippelt 2009, Franz 2014)

Vor dem Hintergrund dieser sehr verschiedenen Perspektiven auf die Identitätsentwicklung des Einzelnen und der Forderung, das Gemeinwohl im Blick zu behalten, hat die politische Weiterbildung einen besonderen Stellenwert: Politische Bildung und die Vermittlung politischer Kompetenz in öffentlicher Verantwortung ist ein eigener und von anderen Lernfeldern abgrenzbarer biografischer Lern-, Erfahrungs- und Bildungsraum über die gesamte Lebensspanne. Außerschulische politische Bildung ist freiwillig, subsidiär organisiert und kann nicht gegen die Interessen Erwachsener (wie auch Jugendlicher) realisiert werden. Politische Kompetenz ist schwer zu definieren, aber umfasst u. a. die kritische Verarbeitung von Wissen, um Verunsicherungen und Irritationen zu bearbeiten, erfordert Ambiguitätstoleranz und Kompromissbereitschaft, um Selbstwirksamkeit zu entdecken und Identitätsbildung zu fördern (vgl. Sander 2023). Trotz der diagnostizierten Verunsicherung angesichts der Zeitenwende ist die aktuelle Nachfrage zur politischen Weiterbildung eher gering. In der politischen Bildung sieht man seit Ende der 1990er Jahre ein neues Verhältnis zwischen einerseits selbstbestimmt-autonomen und andererseits institutionell-vermittelten Lernformen. Man spricht in der politischen Erwachsenenbildung von einer „Dienstleistung für freie Bürger und Bürgerinnen" (vgl. Sander 2007, S. 146) und es wird kritisch herausgearbeitet, dass sich außerschulische politische Bildung zu einem festen Bestandteil einer aufklärenden und lernenden politischen Kultur entwickeln konnte. Gleichzeitig werden aber eine eher stagnierende öffentliche Wertschätzung, eine zu geringe Forschung zur politischen Bildung und eine nicht hinreichende Finanzierung von freien Trägern und staatlichen Förderungen beklagt. Es komme zu Engpässen bei der Professionalisierung und zu einer eher geringen Nachfrage in der politischen Bildung (vgl. Becker/Krüger 2011). Dieses wiederum liegt nicht im Interesse des Gemeinwohls.

Auch die Weiterbildungsverbund- und Volkshochschulstatistik zeigt (vgl. DIE 2018), dass der Themenbereich „Politik und Gesellschaft" sowohl bei den Angeboten als auch bei den durchgeführten Veranstaltungen bei weniger als drei Prozent liegt. Der stärkste Anbieter ist der gewerkschaftsnahe Weiterbildungsträger „Arbeit und Leben (AL)", der über 40 Prozent seiner Angebote explizit dem Bereich „Politik und Gesellschaft" zuordnet, während der größte allgemeine Weiterbildungsträger, der Deutsche Volkshochschulverband (DVV), ca. zwei Prozent der Angebote dem Bereich „Politik und Gesellschaft" zuweist. Trotz des relativ niedrigen Anteils der politischen Bildung bei den Angeboten erreicht die politische Weiterbildung immerhin acht Prozent der Teilnehmenden in der Weiterbildung bei einer insgesamt – besonders in der beruflichen Weiterbildung – wachsenden Teilnehmendenquote. Durch eine noch stärkere Anerkennung und Öffentlichkeitsarbeit der politischen Bildung können beispielsweise die Möglichkeiten des Sonder- und Bildungsurlaubs stärker genutzt werden (vgl. AfeB 1976, 1985), was sich möglicherweise auf die Weiterbildungsquote – beispielsweise im ehrenamtlichen Bereich – positiv auswirkt.

In der politischen Weiterbildung wird aber vor allem durch die bereits angesprochene Teilnehmenden- und eine explizite Zielgruppen- und Adressatenorientierung versucht, die Interessierten für die Politische Bildung zu gewinnen. Der Bundesausschuss politische Bildung (bap) nennt in den Grundbegriffen der politischen Bildung (vgl. bap 2022) über diese Leitprinzipien hinaus wichtige didaktische Orientierungen, die geeignet sind, Teilnahmequoten zu sichern und eventuell zu steigern:

Tabelle 4: Zielgruppen- und Adressatenorientierung in der politischen Bildung

- Lebenswelt- und Alltagsorientierung (Nähe zu den Interessen der Adressaten)
- Biografisches Lernen und Subjektorientierung (individuelles Lernen)
- Empowerment (Stärken aufzeigen)
- Erfahrungs- und Handlungsorientierung (praktische zivilgesellschaftliche Bedeutung)
- Problem- und Kompetenzorientierung (kein „träges" Wissen vermitteln)
- Wissenschaftsorientierung (evidentes, überprüfbares Wissen bearbeiten)
- Plurale Zugänge sichern (plurale Trägerschaft)
- Geschichts- und Zukunftsperspektiven (z. B. Zukunftswerkstätten, Erzählcafés)

Auf europäischer Ebene wurde in diesem Kontext die „Bürgerkompetenz" stark gemacht und in den Referenzrahmen zum lebenslangen Lernen der Europäischen Union (vgl. Europäisches Parlament und Europäischer Rat 2006) integriert. Aber heute steht die Aufklärung zu weltweiten autokratischen Trends durch Weiterbildung in einer Konkurrenz zu den massenmedialen Informationsangeboten. Aktuell sind die Widerstandsfähigkeit und die Konfliktfähigkeit des Einzelnen und der Gesellschaft zu thematisieren sowie das Wissen über sicherheitspolitische Fragen in der politischen Bildung zu präzisieren. Auch die immer dringlichere Analyse von unzutreffender Information durch Medien, insbesondere soziale Medien (Fake News), wird als Aufgabe organisierter politischer Bildung von wachsender Bedeutung erkannt.

7.2.5 Kompetenzförderung im Erwachsenenalter: Bewältigung krisenbedingter Beeinträchtigungen

Erwachsenen- und Weiterbildung kann sich – mit den Zielen von Zusammenhalt und Kohäsion – nur entfalten, wenn die basalen Sprach- und Selbstregulationskompetenzen (Kulturwerkzeuge) in vollem Umfang beherrscht werden. Gemeint sind hier das kompetente Verfügen über die Verkehrssprache, eine basale Mathematisierungskompetenz, grundlegende fremdsprachliche Kompetenz, die Kompetenz in der Nutzung von Informationstechnologien und die Befähigung zur Selbstregulation des Wissenserwerbs. Allerdings gibt es hier enorme kompensatorische Aufgaben, die die Einrichtungen der Erwachsenen- und Weiterbildung aufgreifen müssen (vgl. Gnahs/Pielorz 2023; Grotlüschen 2018). Die Organisationen der Weiterbildung haben sich vor allem in ihren Grundbildungsprogrammen hohe Anerkennung erworben. Dabei knüpfen sie implizit und explizit an Ergebnisse von OECD-Studien an. Die OECD (2013) hat u. a. mit der PIAAC-Studie nach dem Vorbild der PISA-Studie (für die 15-Jährigen) auch für die 18- bis 64-Jährigen die Kompetenzdomänen Lesen, Alltagsmathematik und technologiebasiertes Problemlösen analysiert. Zu Recht werden diese Basiskompetenzen für die Teilhabe am beruflichen und sozialen Leben hervorgehoben. Die aktuellen Weiterbildungsstrategien schließen hier an und unterstützen sowohl moderne Fachkräfteentwicklung als auch explizit wichtige Maßnahmen zur Alphabetisierung und Grundbildung (vgl. BMAS 2019). Auch in hoch entwickelten modernen Gesellschaften werden das Recht auf Grundbildung und die Notwendigkeit der Alphabetisierung/Literalität im Interesse des Gemeinwohls eingefordert und teilweise realisiert (vgl. Grotlüschen 2018).

7.3 Chancen und Aktivitäten der Erwachsenen- und Weiterbildung für mehr gesellschaftlichen Zusammenhalt und soziale Kohäsion: Kontextualisierung der Förderung von sozialer Kohäsion

Weiterbildungsorganisationen können die soziale Kohäsion stärken: 1) mikroanalytisch durch die Fokussierung personenzentrierter Bildung u. a. durch die Steigerung der Dialogfähigkeit und Perspektivenübernahme der Lehrenden und Planenden – beim digitalen wie beim präsenten Lernen, 2) mesoanalytisch durch adäquate Öffentlichkeitsarbeit und zielgruppenorientiertes Marketing und 3) makroanalytisch durch vertikale und horizontale Kooperation auf der Basis einer verantwortungsethisch geprägten Trägerpolitik.

7.3.1 Mikroebene: Förderung personen- und interaktionszentrierter Bildung

Bis in die 1980er Jahre wurde in der Erwachsenenbildung immer wieder vor der „Verzweckung" des Subjekts gewarnt und ein Spannungsverhältnis von Qualifikations- und Bildungsanspruch unterstellt. In neueren Debatten wird eine „zweckfreie Bildung" als denkbar schlechte Möglichkeit kritisiert, wenn man Identität, Gestaltungskompetenz und gesellschaftliche Kohäsion unterstützen will (vgl. Arnold/Brater 2023, S. 332). Vor dem Hintergrund traditionell-bildungsphilosophischer Begründungen – verbunden mit dem Anspruch der „proportionierlichen" Entwicklung aller Ich-Kräfte der Persönlichkeit – haben verschiedene Weiterbildungsanbieter vor allem die Allgemeinbildung in den Bereichen Sprachen, Kunst und Kultur zur Stärkung personenzentrierter Bildung fokussiert. Dagegen ist nichts einzuwenden, aber wenn sich diese Orientierung gleichzeitig in einer Zurückhaltung gegenüber beruflichen Fort- und Weiterbildungsangeboten äußert, ist dieses problematisch. Die einseitige Betonung allgemeiner Bildung wich in den 1980er Jahren einer Orientierung, die eine Stärkung der rationalen Vernunft anstrebte, um Erwachsene in ihrer „Suchbewegung" (vgl. Tietgens 1983) dabei zu fördern, ihre gesellschaftliche Lage kritisch wahrzunehmen und mitzugestalten.

„Gerade die neueren Ansätze der Kompetenzentwicklung zeigten zudem, dass Lernende auch und gerade in zweckorientierten Angeboten die Gestaltungskompetenzen entwickeln, auf denen auch das autonome gestaltende und solidarische Handeln in Lebenswelt und Gesellschaft getragen wird. Berufsbildung und Persönlichkeitsentwicklung erweisen sich nur im Licht einer bildungsphilosophisch überlieferten Engführung als Gegensätze, nicht aber in ihren Kompetenzwirkungen (…)" (Arnold/Brater 2023, S. 333).

Man hat in neueren Debatten zunehmend erkannt, dass in künstlerischen Übungen Kooperation und Selbstwirksamkeitserleben entwickelt werden, die aber auch für eine berufliche Gestaltungskompetenz und für die Selbstreflexion konstitutiv sind. Umgekehrt wird auch in der beruflichen Weiterbildung von Erwachsenen, z. B. in der Bildung von Führungskräften, ein enger Zusammenhang von Beruf und Persönlichkeitsentwicklung sichtbar. Aktuell wird im Kontext der neueren Lernkulturforschung das informelle Lernen in seinen persönlichkeitsorientierten Wirkungen analysiert und es wird erkannt, dass Selbstorganisation, Selbststeuerung und die Selbstlernkompetenz auch ergänzend zur institutionalisierten Weiterbildung starke Wirkungen auf den gesellschaftlichen Zusammenhalt entfalten. Das wird auch von der Teilnahmeforschung in der Weiterbildung aufgegriffen, die den Zusammenhang von familialen und schulischen Lernerfahrungen zum Lernen im Erwachsenenalter herausgearbeitet hat (früh schon vgl. Strzelewicz/Raapke/Schulenberg 1966). Informelles Lernen und Sozialisation im Erwachsenenalter sind wichtige Quellen des Kompetenzerwerbs und beeinflussen das Lernen im Beruf, in Kultur und Freizeit. Dabei ist auch das informelle Lernen vom Bildungshintergrund und von der sozialen Herkunft abhängig (vgl. Tippelt/Schmidt-Hertha 2020). Bourdieu (1982) hat aufgezeigt, wie durch Sozialisation und informelles Lernen individuelle Denk- und Handlungsmuster (Habitus) geprägt und vermittelt über die ökonomischen, sozialen und kulturellen Ressourcen (Kapital) Bildungskarrieren und divergente Lebenslagen beeinflusst werden. Die resultierenden Probleme der Bildungsungleichheit und die sehr divergenten Fähigkeiten zum selbstorganisierten Lernen zwischen Individuen können den sozialen Zusammenhalt gefährden. Daher sind bei den intendierten Lernprozessen im Erwachsenenalter diese Divergenzen in einer lebenswelt- und milieusensiblen Didaktik zu berücksichtigen. Es geht darum, im Sinne des sozialen Zusammenhalts die Interaktionen zwischen sehr unterschiedlichen Personen anzuregen. Die folgende für intergenerationelle Lerngruppen entwickelte Checkliste kann dabei unterstützend sein (vgl. Franz 2014), wobei die aufgeworfenen Fragen für heterogene Lerngruppen (Bildung, Milieu, Lebenswelt, Alter, Gender, internationale Zusammensetzung u. a.) allgemein hilfreich sein können (vgl. DIE – WB-Web 2023):

Tabelle 5: Interaktionsorientierung in intergenerationellen (heterogenen) Lerngruppen
(Checkliste für die Praxis)

Reflexion im Vorfeld	■ Welche Interaktionsformen möchte ich zum Thema der Veranstaltung zwischen Generationen (Milieus/Migrationsgruppen u. a.) anregen?
	■ Welche Methoden eignen sich dafür besonders gut?
	■ Wie will ich selbst mit den Teilnehmenden interagieren?
Beobachtungsperspektiven während der Veranstaltung	■ Wie gestaltet sich die Interaktion zwischen den Teilnehmenden?
	■ Gibt es Schwierigkeiten oder konflikthaltige Situationen? An welchen Stellen treten diese auf?
	■ Ist die Interaktion einseitig?
Flexible Reaktion während der Veranstaltung	■ Wie kann ich bei Schwierigkeiten intervenieren? Lässt sich eine Metakommunikation mit Teilnehmenden führen?
	■ Wie kann ich bei einseitig verlaufender Kommunikation reagieren? Lässt sich eventuell eine Metakommunikation mit Verweis auf aufgestellte Gesprächsregeln führen?

Bereits in der Teilnahmeforschung wird der Frage nachgegangen, warum Personen, die sozioökonomische und soziokulturelle Benachteiligungen aufweisen und daher nicht für den Besuch von Weiterbildungsveranstaltungen prädestiniert sind – im Sinne individueller Resilienz –, dennoch an Weiterbildung partizipieren. Die Teilnahmeforschung gibt Auskunft über die distinkten Lebensstile zwischen sozialen Gruppen und Milieus, so dass die Weiterbildungsorganisationen die vielfältigen Unterschiede der Bildung in den zu erreichenden sozialen Milieus und des sehr heterogenen Lernens von Teilnehmenden reflektieren können (vgl. Barz/Tippelt 2004).

7.3.2 Mesoebene: Stärkung institutioneller Verantwortung

Trotz der langsam steigenden Weiterbildungsquoten ist eine empirisch eher abnehmende soziale Bindung an einzelne Weiterbildungsinstitutionen festzustellen. Das kann Ausdruck der bereits erwähnten Individualisierung von erwachsenen Adressaten und Adressatinnen sein, es kann aber auch mit einer großen Heterogenität der Interessen der Teilnehmenden zusammenhängen.

Auf Heterogenität und Diversität kann man organisatorisch mit einem reflexiven Marketingmodell reagieren. Marketing erbringt aber nur dann einen Gewinn für das Gemeinwohl, wenn die Angebots-, Kommunikations-, Preis- und Distributionspolitik die aktive Partizipation und die soziale Inklusion von potenziellen Adressaten und Adressatinnen in einer Region verbessert. Ökonomische Organisationsziele werden dabei nicht unwichtig, weil diese das finanzielle Fundament für die sozialen und gesellschaftspolitischen Anliegen von Bildungseinrichtungen darstellen, allerdings geht es vorrangig darum, die Perspektivenübernahme des Weiterbildungspersonals und der Teilnehmenden sowie der Zielgruppen selbst anzuregen, um die Dialogfähigkeit aller beteiligten Akteure zu fördern (vgl. Tippelt/Reich-Claassen 2023). Reflexives Marketing ist anspruchsvoll und realisiert sich als Bedarfsanalyse über die Exploration von relevanten Zielgruppen und Adressaten (u. a. Lebensweltanalyse, Einstellungen zur Weiterbildung, Weiterbildungsinteressen, Weiterbildungsbarrieren), dann über die Konkurrenz- und Wettbewerbsanalyse (Bekanntheitsgrad, Image, Konkurrenzumfeld der jeweiligen Institution beziehungsweise Organisation in einem bestimmten thematischen Bereich) bis hin zu der konkreten Zielgruppenanalyse: den Themeninteressen und der optimalen Weiterbildungsveranstaltung für ausgewählte (auch benachteiligte) Zielgruppen, Erprobung und Evaluation dieser Angebote unter der bewertenden Kontrolle von Teilnehmern und Teilnehmerinnen.

Unabhängig von der hohen Pluralität und Heterogenität der nachfragenden Erwachsenen müssen die Organisationen der Erwachsenen- und Weiterbildung durch die rationale Trennung von solider Wissensbasis und fundierter Meinung einerseits und unzureichender Information und Fake News andererseits zu einer verantwortungsvollen Orientierung beitragen. Daher ist die weitere Stärkung wissenschaftsbasierter Erwachsenen- und Weiterbildung notwendig, denn die Qualität einer zur sozialen Kohäsion beitragenden Erwachsenen- und Weiterbildung basiert wesentlich auf den fachlichen, personalen und sozialen Kompetenzen des lehrenden, planenden und leitenden pädagogischen Personals.

Hervorzuheben ist die digitale Souveränität in der Erwachsenen- und Weiterbildung, denn es gilt im Interesse des sozialen Austauschs so zu informieren, dass keine Verständnislücken in der Bevölkerung entstehen und keine soziale Bevölkerungsgruppe vom Nutzen neuen Wissens und neuer Medien abgeschnitten ist.

Institutionelle Verantwortung spiegelt sich in der Weiterbildung auch in der Wertschätzung des freiwilligen Engagements. Für ein freiwilliges Engagement in der Gesellschaft gibt es im deutschsprachigen Raum zahlreiche Bezeichnungen, wie Freiwilligenarbeit (in Anlehnung an das Konzept des Volunteerings im englischsprachigen Raum) und ehrenamtliches oder bürgerschaftliches Engagement (vgl. Klie/Roß 2005). Das Engagement ist demnach vielfältig, aber neben den formalisierten Kontexten (Vereinen, Kirchen, Verbänden, Gewerkschaften etc.) gibt es zunehmend Möglichkeiten, in eher informellen Settings (Initiativen, Projekte etc.) aktiv zu sein (vgl. Gensicke 2013).

Zahlreiche Organisationen der allgemeinen Erwachsenenbildung sind auf das ehrenamtliche und bürgerschaftliche Engagement im Rahmen ihrer eigenen Dienstleistungen angewiesen. Das Eintreten für das zivilgesellschaftliche Engagement hat aber darüber hinaus positive Wirkungen für die ehrenamtliche Verbandsarbeit – von THW und Feuerwehr bis zu Naturschutz- und Sportverbänden. Der seit 1999 erhobene Freiwilligensurvey weist auf eher geringe geschlechtsspezifische quantitative Differenzen der Partizipation beim freiwilligen Engagement hin. Im Vergleich zur Erhebung im Jahr 2014 ist das freiwillige Engagement bei Männern allerdings leicht zurückgegangen (2014: 42,5 Prozent; 2019: 40,2 Prozent), wohingegen es bei Frauen leicht zugenommen hat (2014: 37,7 Prozent; 2019: 39,2 Prozent). Insgesamt ist von 1999 bis 2019 bei Frauen ein deutlicherer Anstieg zu verzeichnen als bei Männern (Anstieg bei Frauen: 12,9 Prozent; bei Männern: 4,4 Prozent). Was die Altersdifferenzen betrifft, ist festzuhalten, dass die Altersgruppe der 30- bis 49-Jährigen bei der Erhebung im Jahr 2019 die höchste Quote beim freiwilligen Engagement (44,7 Prozent) erzielt, gefolgt von den 14- bis 29-Jährigen (42,0 Prozent) und den 50- bis 64-Jährigen (40,6 Prozent). Über die Zeitspanne von der ersten Erhebung 1999 bis hin zur letzten Erhebung 2019 ist in allen Altersgruppen ein Wachstum des freiwilligen Engagements zu verzeichnen. Der Anstieg fällt bei der Altersgruppe der über 65-Jährigen (1999: 18,0 Prozent; 2019: 31,2 Prozent) am stärksten aus.

Ehrenamtliche Tätigkeit wird insbesondere als sinnvolle Handlungsperspektive für Ältere jenseits der Erwerbsarbeit oder der Hausarbeit gesehen (vgl. Backes 2006). Im Verlauf des Alterns kann ehrenamtliche Tätigkeit Selbst- und Altersbilder verändern und zu einer positiven psychosozialen Entwicklung beitragen, weil Kommunikationsbedürfnisse befriedigt und Einsamkeit neutralisiert werden kann. „Diese Arbeit kann ermutigen, sich auch anderen Aufgaben zu stellen und Altern nicht nur als Verlust und Rückzug, sondern auch ‚mit Perspektiven' zu erleben und zu leben" (Backes 2006, S. 87). Die gesellschaftliche Bedeutung liegt darüber hinaus darin, dass Ehrenamtliche eine beträchtliche personelle Ressource und somit eine wichtige Basis für die Existenz vieler Vereine, Verbände und kultureller Institutionen darstellen. Um einem Ehrenamt nachgehen zu können, nehmen viele Ältere Weiterbildungsangebote in Anspruch, weil sie sich neues Wissen und neue Kompetenzen aneignen wollen und müssen.

Der Freiwilligensurvey zeigt demnach einen deutlichen Anstieg des freiwilligen Engagements bei den über 65-jährigen Menschen schon seit den 1990er Jahren (vgl. BMFSFJ 2010). Auch der Deutsche Alterssurvey bestätigt aktuell diese Entwicklung und sieht ein starkes ehrenamtliches Engagement bei den 70- bis 85-Jährigen (vgl. Simonson u. a. 2022). Allerdings zeigen aktuelle Ergebnisse aus anderen Studien, dass das freiwillige Engagement ab dem mittleren siebten Lebensjahrzehnt nachlässt (vgl. Burkhardt/Schupp 2019).

In der repräsentativen CiLL-Studie (Competencies in Later Life) – konzipiert als Erweiterungsstudie zu PIAAC – gaben rund 30 Prozent der Personen zwischen 66 und 80 Jahren an, generell ehrenamtlich aktiv zu sein; Männer und Frauen unterscheiden sich bei der Teilnahmehäufigkeit auch hier wenig (Männer 32 Prozent, Frauen 29 Prozent), aber Frauen sind häufiger in sozialen Bereichen engagiert. Allerdings gibt es Altersunterschiede, denn 37 Prozent der 66- bis 70-Jährigen, 30 Prozent der 71- bis 75-Jährigen und 19 Prozent der 76- bis 80-Jährigen sind ehrenamtlich aktiv. Differenziert man nach Qualifikation, zeigen sich Bildungsunterschiede, denn Personen mit hoher akademischer Qualifikation (51 Prozent) sind deutlich häufiger ehrenamtlich aktiv als Personen mit mittlerer oder einfacher Qualifikation (19 Prozent). Es ergibt sich also ein ambivalentes Bild, denn einerseits ist ein starker Zuspruch zum gemeinwohlfördernden bürgerschaftlichen Ehrenamt zu verzeichnen, andererseits ist auch hierbei soziale Ungleichheit gegeben (vgl. Friebe/Schmidt-Hertha/Tippelt 2014).

7.3.3 Makroebene: Wahrung öffentlicher Verantwortung

Seit vielen Jahren formulieren die UNESCO zur allgemeinen Erwachsenenbildung und die OECD zur beruflichen Weiterbildung empirisch gut begründete und bildungspolitisch reflektierte Aussagen zur Erwachsenen- und Weiterbildung. Die verschiedenen Anregungen zum Themenfeld „Gemeinwohl, Verantwortung und Kohäsion" brauchen allerdings eine Bildungswende, um sie zu realisieren. Beide internationale Organisationen sehen die Entwicklungen in der Erwachsenen- und Weiterbildung eng mit dem Wandel und den Umbrüchen in der offenen Gesellschaft des 21. Jahrhunderts verbunden (vgl. Popper 2003).

Die UNESCO (2019) hebt Menschenrechte und die Verantwortung für Menschenwürde als Aufgabe und internationale Herausforderung für die Erwachsenenbildung hervor: Die Unantastbarkeit der Menschenwürde jedes einzelnen Individuums, der Wille zur Gerechtigkeit und die Förderung der Verantwortung

für das Gemeinwesen gelten als Fundamente humaner Erwachsenenbildung –
auch wenn das bei internationalen Konferenzen manchmal als Bildung im westlichen oder europäischen Kontext nicht von allen als verbindlich akzeptiert wird.
Die internationale Kooperation und Verständigung sowie die Solidarität mit anderen Ländern bleiben Kern einer universellen Erwachsenenbildung. Dabei haben
sich Städtepartnerschaften, Kultur-, Wissenschafts- und Bildungsaustausch als
sinnvoll erwiesen, den sozialen Zusammenhalt zu festigen.

Die OECD (2022) sieht die Erwachsenen- und Weiterbildung auf die Verbesserung von Rahmenbedingungen angewiesen und fordert eine stete Qualitätsver-
besserung. Die hinreichende Finanzierung der Erwachsenen- und Weiterbildung
wird als eine Grundvoraussetzung für eine kohäsive, qualitativ solide Bildung
heterogener Bevölkerungsgruppen dargestellt. Es wird auch herausgearbeitet,
dass sich die Teilnehmerinnen und Teilnehmer in der Erwachsenen- und Weiterbildung in dem beschriebenen massiven Spannungsfeld zwischen hoher
fachlicher, sozialer und personaler Kompetenzentwicklung und zugleich massiven Defiziten in der Grundbildung bewegen, auch in Deutschland. Diese Defizite wirken sich auf die Partizipation und Kohäsion in komplexen Industrie- und
Dienstleistungsgesellschaften sowie in anspruchsvollen Demokratien absolut
einschränkend aus.

Im Grundsatzpapier zur Nationalen Dekade für Alphabetisierung und Grundbildung aus dem Jahr 2015 ist dokumentiert, dass Bund und Länder Hinweise
von der UNESCO und der OECD aufgreifen, um das Grundbildungsniveau der
erwachsenen Bevölkerung im Interesse sozialer Kohäsion zu erhöhen. Aber
trotz des offensichtlichen Bedarfs gibt es eine deutliche Differenz von Angebot
und Nachfrage in der kompensatorischen Weiterbildung, was die Suche nach
neuen Formen und neuen Inhalten der Grundbildung (breiter, integrativer, koope-
rativer) ausgelöst hat.

Noch weitgehend unklar ist die Wirkung des KI-Tools ChatGPT in den weiter
entwickelten Versionen im Kontext der Grundbildung und in ihrer Bedeutung für
soziale Kohäsion der erwachsenen Bevölkerung. Fundierte, schnelle und solide
Einschätzungen sind aber dringend erforderlich.

Angesichts der in der Weiterbildung voneinander abgeschotteten Teilmärkte, die
nach jeweils völlig unterschiedlichen Prinzipien funktionieren, ist im Interesse
von Gemeinwohl und Verantwortung die Kooperation von Organisationen notwendig. In der Erwachsenen- und Weiterbildung geht es dabei vor allem um

kommunale und private Einrichtungen, um kirchliche, gewerkschaftliche, wirtschaftliche und politische Organisationen, aber auch um zweckorientierte ehrenamtliche und zivilgesellschaftliche Initiativen (vgl. Schrader 2011).

Um eine öffentliche Förderung zu erhalten, wird in Deutschland in zahlreichen Weiterbildungsgesetzen eine Orientierung der Träger am Gemeinwohl als notwendig eingeschätzt. Die Einführung einer Umsatzsteuer in der Erwachsenen- und Weiterbildung – wie es diskutiert wird – würde steigende Kursgebühren auslösen, die von den Teilnehmenden zu tragen wären. Dieses widerspräche dem Anliegen, den sozialen Zusammenhalt durch Erwachsenen- und Weiterbildung zu fördern (vgl. Münchner Erklärung[33] der großstädtischen Volkshochschulen in Deutschland, Österreich und der Schweiz vom 25.05.2023).

Sodann gilt es im Interesse sozialer Kohäsion zwischen den Trägern (z. B. durch Landeskuratorien oder -beiräte) eine offene und Konkurrenz überwindende Arbeitskultur zu schaffen. Es hat sich empirisch erwiesen, dass das Synergie- und Kooperationspotenzial nur dann ausgeschöpft werden kann, wenn zwischen den Weiterbildungsträgern und anderen institutionellen Akteuren ein hohes Vertrauensverhältnis und ein enger Austausch von Erfahrungen und Daten möglich sind. Besonders die Förderung der Prozesse des lebenslangen Lernens in kooperativen Verbundstrukturen erfordert soziale und pädagogische Einrichtungen, deren Leistungen wechselseitig aufeinander bezogen sind. Vertikale Kooperation meint dabei die weitsichtige Kooperation im System des lebenslangen Lernens von der frühkindlichen Bildung über Schule, berufliche Bildung, Hochschule bis zur Erwachsenen- und Weiterbildung. Horizontale Kooperation meint die Zusammenarbeit der Organisationen der Erwachsenen- und Weiterbildung und ihrer jeweiligen externen Partnereinrichtungen. Der für Kooperationen notwendige Freiraum wird von den pädagogisch Handelnden in der Erwachsenenbildung gegenüber anderen Bereichen als höher eingeschätzt – dieses zeigten empirische Analysen in den Lernenden Regionen (vgl. Tippelt u. a. 2009) und im DFG-geförderten PAELL-Projekt (vgl. Nittel/Schütz/Tippelt 2014). Aber sicher bedarf es zur Kooperation mit externen Einrichtungen wiederum eines Mandats durch die eigene pädagogische Institution, damit in der Initiative ihrer Mitarbeitenden kein Regelverstoß gesehen wird.

---

[33] Vgl. https://ru.muenchen.de/2023/96/Konferenz-der-grossstaedtischen-Volkshochschulen-in-Muenchen-107166.

7.4 Handlungsempfehlungen

Historisch war und in der „Epochenwende" ist die Erwachsenen- und Weiterbildung massiv gefordert, wenn die Zielsetzungen der sozialen Kohäsion von Individuen und Gruppen erreicht werden sollen.

- Hervorzuheben ist insbesondere die dauerhafte Unterstützung der Ehrenamtlichkeit, des bürgerschaftlichen Engagements und der Freiwilligendienste. Finanzielle Kürzungen in diesem Bereich sind dysfunktional.
- Im beruflich organisierten Bereich der Weiterbildung sind Professionalisierung, Monitoring, öffentliche und private Verantwortung die herausragenden Herausforderungen.

Mikroebene

Von der Politik sind zu erwarten
- die langfristige Förderung zur sprachlichen und beruflichen Integration von Migrantinnen und Migranten sowie von benachteiligten deutschen Bürgerinnen und Bürgern,
- die stabile Förderung der Grundbildung (besonders des Nachholens von Bildungs- und Berufsabschlüssen), um die gesellschaftliche Teilhabe zu verbessern und kompensatorisch sozialen Benachteiligungen und Bildungsdefiziten entgegenzuwirken.

Mesoebene

Von der Politik sind zu erwarten
- die Förderung der politischen Weiterbildung und der internationalen Erwachsenenbildung, um den interkulturellen Austausch zu ermöglichen, um globale Vernetzungen zu verstehen und enge populistische Strömungen in Deutschland und international zu hinterfragen,
- die Förderung der ökologischen Weiterbildung, um im Klimawandel zu orientieren und die Dynamik internationaler Konflikte zu verstehen.

Makroebene

Von der Politik sind zu erwarten

- das kompromisslose Eintreten für eine demokratische Gesellschaft, die die freie Entfaltung der Wissensgenerierung und der Wissenskommunikation sowie den offenen Diskurs garantiert,
- der Ausbau der Grundförderung der Weiterbildung für berufliche, politisch-kulturelle und allgemeine Weiterbildungsangebote – ein massives Anliegen der Weiterbildungsverbände und -organisationen.

Basis hierfür ist eine humane Persönlichkeitsbildung (vgl. Arnold/Brater 2023), die nicht gesinnungsethisch, sondern verantwortungsethisch legitimiert ist und die die sozialen Beziehungen, die individuelle Identität jeder Bürgerin und jedes Bürgers und das aktive Eintreten für das Gemeinwohl stärkt. Belastbare empirische Programm- und Angebotsanalysen liegen hierzu noch zu wenig vor – am deutlichsten noch in der VHS-Statistik (vgl. DIE 2020), die derzeit auf die bessere Erfassung der Angebotsstrukturen umgestellt wird.

In der Erwachsenen- und Weiterbildung ist für die Verbesserung des sozialen Zusammenhalts die didaktische Einsicht wichtig, dass es darum geht, den Auslegungshorizont für das Situationsverstehen zu erweitern. Hierfür sind die Erkenntnisse der empirischen Bildungsforschung auch im Erwachsenenalter notwendig, denn es gilt das Handeln der Praxis, der Politik und generell der Institutionen für die Herausforderungen des sozialen Zusammenhalts und der gesellschaftlichen Kohäsion durch eine verantwortungsethische Bildung und durch empirisches Wissen zu stärken.

Literatur

Abrams, D./Hogg, M. A. (1988): Comments on the motivational status of self-esteem in social identity and intergroup discrimination. In: European Journal of Social Psychology, Vol. 18, No. 4, pp. 317–334. – https://doi.org/10.1002/ejsp.2420180403.

Acemoglu, D./Johnson, S. (2023): Power and progress: Our thousand-year struggle over technology and prosperity. – New York: PublicAffairs.

Acemoglu, D./Restrepo, P. (2020): Robots and jobs: Evidence from US labor markets. In: Journal of Political Economy, Vol. 128, No. 6, pp. 2188–2244. – https://doi.org/10.1086/705716.

Adams, K. S./Christenson, S. L. (2000): Trust and the family-school relationship examination of parent-teacher differences in elementary and secondary grades. In: Journal of School Psychology, Vol. 38, No. 5, pp. 477–497. – https://doi.org/10.1016/S0022-4405(00)00048-0.

Adunts u. a. 2022 = Adunts, D./Brücker, H./Fendel, T./Hauptmann, A./Keita, S./Konle-Seidl, R. (2022): Gesteuerte Erwerbsmigration nach Deutschland. IAB-Forschungsbericht 23/2022. – Nürnberg: Institut für Arbeitsmarkt- und Berufsforschung.

AfeB 1976 = Arbeitsgruppe für Empirische Bildungsforschung – AfeB (Hrsg.) (1976): Wissenschaftliche Begleitung des Bildungsurlaubs: Texte der wissenschaftlichen Begleitung des Bildungsurlaubs-, Versuchs- u. Entwicklungsprogrammes (BUVEP) der Bundesregierung. – Heidelberg: esprint.

AfeB 1985 = Arbeitsgruppe für Empirische Bildungsforschung – AfeB (Hrsg.) (1985): Bildungsurlaub und Weiterbildung: Studie zur Integration des Bildungsurlaubs in der Weiterbildung. – Heidelberg: AfeB.

Alan u. a. 2021 = Alan, S./Baysan, C./Gumren, M./Kubilay, E. (2021): Building social cohesion in ethnically mixed schools: An intervention on perspective taking. In: Quarterly Journal of Economics, Vol. 136, No. 4, pp. 2147–2194. – https://doi.org/10.1093/qje/qjab009.

Albada, K./Hansen, N./Otten, S. (2021): Polarization in attitudes towards refugees and migrants in the Netherlands. In: European Journal of Social Psychology, Vol. 51, No. 3, pp. 627–643. – https://doi.org/10.1002/ejsp.2766.

Alesina, A./Giuliano, P./Reich, B. (2021): Nation-Building and Education. In: Economic Journal, Vol. 131, No. 638, pp. 2273–2303. – https://doi.org/10.1093/ej/ueab001.

Algan, Y./Cahuc, P. (2010): Inherited trust and growth. In: American Economic Review, Vol. 100, No. 5, pp. 2060–2092. – https://doi.org/10.1257/aer.100.5.2060.

Algan, Y./Cahuc, P. (2014): Trust, growth, and well-being: New evidence and policy implications. In: Aghion, P./Durlauf, S. N. (Eds.) (2014): Handbook of Economic Growth. – Amsterdam: North Holland, pp. 49–120. – https://doi.org/10.1016/B978-0-444-53538-2.00002-2.

Allan, B. A./Owens, R. L./Duffy, R. D. (2017): Generation me or meaning? Exploring meaningful work in college students and career counselors. In: Journal of Career Development, Vol. 44, No. 6, pp. 502–515. – https://doi.org/10.1177/0894845316667599.

Allen u. a. 2022 = Allen, K.-A./Jamshidi, N./Berger, E./Reupert, A./Wurf, G./May, F. (2022): Impact of School-Based Interventions for Building School Belonging in Adolescence: A Systematic Review. In: Educational Psychology Review, Vol. 34, No. 1, pp. 229–257. – https://doi.org/10.1007/s10648-021-09621-w.

Allen u. a. 2011 = Allen, J. P./Pianta, R. C./Gregory, A./Mikami, A. Y./Lun, J. (2011): An interaction-based approach to enhancing secondary school instruction and student achievement. In: Science, Vol. 333, No. 6045, pp. 1034–1037. – https://doi.org/10.1126/science.1207998.

Alqahtani, R./Murry, F. R. (2015): High school peer buddy program: Impact on social and academic achievement for students with disabilities. In: European Journal of Educational Sciences, Vol. 2, No. 1, pp. 1–16. – https://doi.org/10.19044/ejes.v2no1a1.

Alsaker, F. D. (2012): Mutig gegen Mobbing in Kindergarten und Schule. – Bern: Hans Huber.

Anders, Y. (2013): Stichwort: Auswirkungen frühkindlicher, institutioneller Bildung und Betreuung. In: Zeitschrift für Erziehungswissenschaft, Jg. 16, Nr. 2, S. 237–275. – https://doi.org/10.1007/s11618-013-0357-5.

Anders, Y./Hachfeld, A./Wilke, F. (2015): AQuaFam: Ansätze zur Erhöhung der Anregungsqualität in Familien. Abschlussbericht. – Freie Universität Berlin.

Anders u. a. 2021 = Anders, Y./Kluczniok, K./Ballaschk, I./Bartels, K. C./Blaurock, S./Grimmer, J./Große, C./Hummel, T./Kurucz, C./Resa, E./Then, S./Wieduwilt, N./Roßbach, H.-G. (2021): Policy-Brief zum fünften Zwischenbericht zur wissenschaftlichen Evaluation des Bundesprogramms „Sprach-Kitas: Weil Sprache der Schlüssel zur Welt ist": Ergebnisse der Beobachtungsstudie zur pädagogischen Qualität in ausgewählten Sprach-Kitas. Freie Universität Berlin, Otto-Friedrich-Universität Bamberg. – https://doi.org/10.20378/irb-53128.

Anders u. a. 2023 = Anders, Y./Kluczniok, K./Ballaschk, I./Bartels, K. C./Blaurock, S./Grimmer, J./Große, C./Hummel, T./Kurucz, C./Resa, E./Then, S./Wieduwilt, N./Roßbach, H.-G. (2023): Policy Brief zum fünften Zwischenbericht zur wissenschaftlichen Evaluation des Bundesprogramms „Sprach-Kitas: Weil Sprache der Schlüssel zur Welt ist": Ergebnisse zur Sicherung der Nachhaltigkeit des Bundesprogramms und zu den Gelingensfaktoren für den Transfer des Programms in Landesstrukturen. Freie Universität Berlin, Otto-Friedrich-Universität Bamberg.

Anders, Y./Oppermann, E. (2024): Frühpädagogische Qualität in Kindertageseinrichtungen: Eine Erweiterung des Struktur-Prozess-Modells. In: Zeitschrift für Erziehungswissenschaft. – https://doi.org/10.1007/s11618-024-01218-7.

Anders, Y./Roßbach, H. G. (2019): Qualität in der Kindertagesbetreuung. In: Köller, O./Hasselhorn, M./Hesse, F./Maaz, K./Schrader, J./Solga, H./Spieß, K./Zimmer, K. (Hrsg.) (2019): Das Bildungswesen in Deutschland. Bestand und Potenziale. – Bad Heilbrunn: Klinkhardt, S. 441–470.

Andresen u. a. 2022 = Andresen, S./Lips, A./Rusack, T./Schröer, W./Thomas, S./ Wilmes, J. (2022): Verpasst? Verschoben? Verunsichert? Junge Menschen gestalten ihre Jugend in der Pandemie. – Universitätsverlag Hildesheim. – https://doi.org/10.18442/205.

Ansmann, M./Kastrup, J./Kuhlmeier, W. (Hrsg.) (2023): Berufliche Handlungs-kompetenz für nachhaltige Entwicklung (Berichte zur beruflichen Bildung). – Leverkusen: Barbara Budrich.

Antweiler, C./Rusch, H./Voland, E. (2020): Ein evolutionär-anthropologischer Blick auf soziale Kohäsion. In: Bochmann, C./Döring, H. (Hrsg.) (2020): Gesell-schaftlichen Zusammenhalt gestalten. – Wiesbaden: Springer VS, S. 27– 52. – https://doi.org/10.1007/978-3-658-28347-6_3.

Arnold, R./Brater, M. (2023): Persönlichkeitsbildung. In: Arnold, R./Nuissl, E./ Schrader, J. (Hrsg.) (2023): Wörterbuch Erwachsenen- und Weiterbildung, 3. Aufl. – Bad Heilbrunn: Klinkhardt, S. 330–333. – https://doi.org/10.35468/ wbeb2022-223.

Arrow, K. J. (1972): Gifts and exchanges. In: Philosophy & Public Affairs, Vol. 1, No. 4, pp. 343–362.

Assmann, A. (2020): Die Wiedererfindung der Nation. Warum wir sie fürchten und warum wir sie brauchen. – München: Beck.

Auswärtiges Amt 2023: Integrierte Sicherheit für Deutschland. Nationale Sicher-heitsstrategie. – Berlin. URL: https://www.bmi.bund.de/SharedDocs/down loads/DE/veroeffentlichungen/2023/nationalesicherheitsstrategie.pdf;jse ssionid=A4B5014B8F448AB0F8AF2EF4A8823654.live862?__blob=publica tionFile&v=1. – Download vom 16.02.2024.

Autor, D. (2022): The labor market impacts of technological change: From un-bridled enthusiasm to qualified optimism to vast uncertainty. NBER Wor-king Paper 30074. – Cambridge, MA: National Bureau of Economic Re-search. – https://doi.org/10.3386/w30074.

Autor, D./Mindell, D. A./Reynolds, E. B. (2022): The work of the future: Building better jobs in an age of intelligent machines. – Cambridge, MA: MIT Press. – https://doi.org/10.7551/mitpress/14109.001.0001.

Autorengruppe Fachkräftebarometer (2021): Fachkräftebarometer Frühe Bildung 2021. Weiterbildungsinitiative Frühpädagogische Fachkräfte. – München. – https://doi.org/10.36189/wiff32021.

Backes, G. M. (2006): Widersprüche und Ambivalenzen ehrenamtlicher und freiwilliger Arbeit im Alter. In: Schroeter, K. R./Zängl, P. (Hrsg.) (2006): Altern und bürgerschaftliches Engagement. Aspekte der Vergemeinschaftung und Vergesellschaftung in der Lebensphase Alter. – Wiesbaden: VS-Verlag, S. 63–95. – https://doi.org/10.1007/978-3-531-90148-0_4.

Backhaus-Maul, H./Grottker, L./Sattler, C. (2018): Wissenstransfer zwischen Hochschulen und Zivilgesellschaft. Service Learning als ein Transferbaustein. In: HDS Journal, Nr. 1+2, S. 4–11.

Baier u. a. 2022 = Baier, F./Borrmann, S./Hefel, J./Thiessen, B. (2022): Europäische Gesellschaften zwischen Kohäsion und Spaltung: Rolle, Herausforderungen und Perspektiven Sozialer Arbeit (1. Bd.). – Opladen: Barbara Budrich. – https://doi.org/10.2307/j.ctv2r3369d.

Baltes, P./Baltes, M. (1990): Successful aging: Perspectives from the behavioral sciences. – Cambridge, MA: Cambridge University Press. – https://doi.org/10.1017/CBO9780511665684.

Banks, A. M. (2021): Civic education in the age of mass migration. Implications for theory and practice. – New York: Teachers College Press.

bap 2022 = Bundesausschuss Politische Bildung (2022): Grundbegriffe der Politischen Bildung. – Bonn: Gustav-Stresemann-Stiftung.

Barz, H./Tippelt, R. (Hrsg.) (2004): Weiterbildung und soziale Milieus in Deutschland, 2. Aufl. – Bielefeld: Bertelsmann.

Barz, H./Tippelt, R. (Hrsg.) (2007): Praxishandbuch Milieumarketing. – Bielefeld: Bertelsmann.

Baturina, D. (2022): Pathways towards enhancing HEI's role in the local social innovation ecosystem. In: Păunescu, C./Lepik, K.-L./Spencer, N. (Eds.) (2022): Social innovation in higher education. – Cham: Springer International Publishing, S. 37–59. – https://doi.org/10.1007/978-3-030-84044-0_3.

Baumann, C. (2018): Die Herausforderungen für den sozialen Zusammenhalt in der Europäischen Union. In: Hohnerlein, E./Hennion, S./Kaufmann, O. (Hrsg.) (2018): Erwerbsverlauf und sozialer Schutz in Europa. – Berlin/ Heidelberg: Springer, S. 21–25. – https://doi.org/10.1007/978-3-662-560 33-4_2.

Baumeister, R. F./Leary, M. R. (1995): The need to belong: Desire for interpersonal attachments as a fundamental human motivation. In: Psychological Bulletin, Vol. 117, No. 3, pp. 497–529. – https://doi.org/10.1037/0033-2909. 117.3.497.

Baumert, J./Kunter, M. (2006): Stichwort: Professionelle Kompetenz von Lehrkräften. Zeitschrift für Erziehungswissenschaft, Jg. 9, S. 469–520. – https:// doi.org/10.1007/s11618-006-0165-2.

Beck, K. (2019): „Beruflichkeit" als wirtschaftspädagogisches Konzept. Ein Vorschlag zur Begriffsbestimmung. In: Seifried, J./Beck, K./Ertelt, B.-J./Frey, A. (Hrsg.) (2019): Beruf, Beruflichkeit, Employability. – Bielefeld: wbv Publikation, S. 19–33.

Beck, U. (1986): Risikogesellschaft: auf dem Weg in eine andere Moderne. – Frankfurt a. M.: Suhrkamp.

Becker, H./Krüger, T. (2011): Weiterbildung und Politik. In: Tippelt, R./Hippel, A. (Hrsg.) (2011): Handbuch Erwachsenenbildung/Weiterbildung. – Wiesbaden: VS Verlag für Sozialwissenschaften, S. 635–651. – https://doi.org/10. 1007/978-3-531-94165-3_39.

Berg, C. (2017): Zusammenhänge zwischen beruflicher Identität, Commitment und Arbeitszufriedenheit. In: Zeitschrift für Arbeitswissenschaft, Jg. 71, Nr. 3, S. 169–178. – https://doi.org/10.1007/s41449-017-0066-7.

Bergamaschi u. a. 2022 = Bergamaschi, A./Blaya, C./Arcidiacono, F./Steff, J. (2022): Blatant and subtle prejudice, and the role of teachers in conveying tolerance and respect for the other. In: Intercultural Education, Vol. 33, No. 1, pp. 17–34.

Bergmann, G. (2009): Integrierte Förderung der sozialen Kompetenz in der Hochschulausbildung. In: Robertson-von Trotha, C. Y. (Hrsg.) (2009): Problemkreise der Angewandten Kulturwissenschaft: Schlüsselqualifikationen für Studium, Beruf und Gesellschaft. Technische Universitäten im Kontext der Kompetenzdiskussion. – Karlsruhe: Universitätsverlag, S. 255–276.

Bertelsmann Stiftung (2019): Bertelsmann Stiftung – Jahresbericht 2018. – Gütersloh: Bertelsmann Stiftung.

Beutel, S.-I./Höhmann, K./Schratz, M. (2016): Handbuch Gute Schule – Sechs Qualitätsbereiche für zukunftsweisende Praxis. – Stuttgart: Klett-Kallmeyer.

Bezouw, M. J. van/Toorn, J. van der/Becker, J. C. (2020): Social creativity: Reviving a social identity approach to social stability. In: European Journal of Social Psychology, Vol. 51, No. 2, pp. 409–422. – https://doi.org/10.1002/ejsp.2732.

BIBB 2020 = Bundesinstitut für Berufsbildung – Hauptausschuss (2020): Empfehlung des Hauptausschusses des Bundesinstituts für Berufsbildung zur „Anwendung der Standardberufsbildpositionen in der Ausbildungspraxis".

BIBB 2021 = Bundesinstitut für Berufsbildung (2021): Datenreport zum Berufsbildungsbericht 2021. Höherqualifizierende Berufsbildung – Wege des beruflichen Aufstiegs. – Bonn: Bundesinstitut für Berufsbildung.

BIBB 2023 = Bundesinstitut für Berufsbildung – Hauptausschuss (2023): Empfehlung des Hauptausschusses des Bundesinstituts für Berufsbildung vom 20.06.2023 zum planmäßigen „Mobilen Ausbilden und Lernen". Verzeichnis Empfehlungen zur beruflichen Bildung: Nr. 179.

Billett, S. (2001): Learning through work: workplace affordances and individual engagement. In: Journal of Workplace Learning, Vol. 13, No. 5, pp. 209–214. – https://doi.org/10.1108/EUM0000000005548.

Blanc, G./Kubo, M. (2021): Schools, Language, and Nations: Evidence from a Natural Experiment in France. Working Paper, Brown University.

Blanchard, O./Rodrik, D. (2021): Combatting inequality: Rethinking government's role. – Cambridge, MA: MIT Press. – https://doi.org/10.7551/mitpress/134 69.001.0001.

Blue-Banning u. a. 2004 = Blue-Banning, M./Summers, J. A./Frankland, H. C./ Nelson, L. L./Beegle, G. (2004): Dimensions of family and professional partnerships: Constructive guidelines for collaboration. In: Exceptional Children, Vol. 70, No. 2, pp. 167–184. – https://doi.org/10.1177/0014402 90407000203.

Blumann, C. (2018): Die Herausforderungen für den sozialen Zusammenhalt in der Europäischen Union. In: Hohnerlein, E./Hennion, S./Kaufmann, O. (Hrsg.) (2018): Erwerbsverlauf und sozialer Schutz in Europa. – Berlin/ Heidelberg: Springer, S. 21–25. – https://doi.org/10.1007/978-3-662-560 33-4_2.

Blume u. a. 2019 = Blume, F./Göllner, R./Moeller, K./Dresler, T./Ehlis, A.-C./ Gawrilow, C. (2019): Do students learn better when seated close to the teacher? A virtual classroom study considering individual levels of inattention and hyperactivity-impulsivity. In: Learning and Instruction, Vol. 61, pp. 138–147. – https://doi.org/10.1016/j.learninstruc.2018.10.004.

BMAS 2019 = Bundesministerium für Arbeit und Soziales (Hrsg.) (2009): Strategiepapier Nationale Weiterbildungsstrategie. – Berlin.

BMBF 2019 = Bundesministerium für Bildung und Forschung (Hrsg.) (2019): Weiterbildungsverhalten in Deutschland 2018. Ergebnisse des Adult Education Survey. AES-Trendbericht. Stand: Juli 2019. – Bonn: Bundesministerium für Bildung und Forschung.

BMBF/KMK 2016 = Bundesministerium für Bildung und Forschung/Kultusministerkonferenz (2016): Grundsatzpapier zur Nationalen Dekade für Alphabetisierung und Grundbildung 2016–2026. Den funktionalen Analphabetismus in Deutschland verringern und das Grundbildungsniveau erhöhen. – Berlin.

BMFSFJ 2010 = Bundesministerium für Familie, Senioren, Frauen und Jugend (Hrsg.) (2010): Hauptbericht des Freiwilligensurveys 2009 – Zivilgesellschaft, soziales Kapital und freiwilliges Engagement in Deutschland 1999–2004– 2009. – Berlin.

BMFSFJ 2022 = Bundesministerium für Familie, Senioren, Frauen und Jugend (Hrsg.) (2022): Begleitung von Eltern mit Grundschulkindern. – URL: https:// elternchancen.de/fileadmin/user_upload/Aktuellmeldungen/aktive_PDF_ f%C3%BCrs_Netz_Grundschule.pdf. – Download vom 15.01.2024.

Böheim, R./Schindler, A. K./Seidel, T. (2022): Engaging teachers in dialogic discourse practices: Challenges, effective PD approaches and teachers' individual development. In: Superfine, A. C./Goldman, S. R./Ko, M.-L. M. (Eds.) (2022): Advances in Learning Sciences. Teacher learning in changing contexts: Perspectives from the learning sciences. – London: Routledge, pp. 15–34. – https://doi.org/10.4324/9781003097112-3.

Böhm, M. J. (2019): The Causes and Consequences of Job Polarization, and their Future Perspectives. In: Work in the Age of Data. – BBVA, S. 3–11.

Bokelmann, O. (2021): Demokratiepädagogik in Kooperation von Jugendhilfe und Schule. Eine explorativ-empirische Untersuchung der Aneignung demokratischer Kompetenzen, Reihe Soziale Arbeit als Wohlfahrtsproduktion, Nr. 25. – Wiesbaden: Springer VS. – https://doi.org/10.1007/978-3-658-36 965-1.

Born, A. (2018): Geschichte der Erwachsenenbildungsforschung. In: Tippelt, R./Hippel, A. von (Hrsg.) (2018): Handbuch Erwachsenenbildung/Weiterbildung, Bd. 2, 6. Aufl. – Wiesbaden: Springer, S. 341–354. – https://doi. org/10.1007/978-3-531-19979-5_17.

Bos u. a. (2007) = Bos, W./Lankes, E.-M./Prenzel, M./Schwippert, K./Walther, G./Valtin, R. (2007): Internationale Grundschul-Lese-Untersuchung 2001 (IGLU 2001), Version 1. – Berlin: IQB – Institut zur Qualitätsentwicklung im Bildungswesen. – http://doi.org/10.5159/IQB_IGLU_2001_v1.

Bourdieu, P. (1982): Die feinen Unterschiede. – Frankfurt a. M.: Suhrkamp.

Bradshaw u. a. (2009) = Bradshaw, C. P./Koth, C. W./Thornton, L. A./Leaf, P. J. (2009): Altering School Climate through School-Wide Positive Behavioral Interventions and Supports: Findings from a Group-Randomized Effectiveness Trial. In: Prevention Science, Vol. 10, pp. 100–115. – https://doi.org/10.1007/s11121-008-0114-9.

Braxton, J. M./Milem, J. F./Sullivan, A. S. (2000): The influence of active learning on the college student departure process: Toward a revision of Tinto's theory. In: The Journal of Higher Education, Vol. 71, No. 5, pp. 569–590. – https://doi.org/10.2307/2649260.

Bremer, H. (2007): Soziale Milieus, Habitus und Lernen: Zur sozialen Selektivität des Bildungswesens am Beispiel der Weiterbildung. – Weinheim: Juventa.

Bremer, R./Haasler, B. (2004): Analyse der Entwicklung fachlicher Kompetenz und beruflicher Identität in der beruflichen Erstausbildung. In: Zeitschrift für Pädagogik, Jg. 50, Nr. 2, S. 162–181. – https://doi.org/10.25656/01:4805.

Brumlik, M. (1983): Symbolischer Interaktionismus. In: Lenzen, D./Mollenhauer, K. (Hrsg.) (1983): Enzyklopädie Erziehungswissenschaft. – Stuttgart: Klett-Cotta, S. 232–245.

Brünig, B./Fleischmann, F. (2015): Understanding the veiling of Muslim women in the Netherlands. In: Journal for the Scientific Study of Religion, Vol. 54, No. 1, pp. 20–37. – https://doi.org/10.1111/jssr.12166.

Büchter, K. (2021): Beruf und Beruflichkeit – Historische (Dis-)Kontinuität von Diskursen, Funktionen und Sichtweisen. In: Bellmann, L./Büchter, K./Frank, I./Krekel, E. M./Walden, G. (Hrsg.) (2021): Schlüsselthemen der beruflichen Bildung in Deutschland. Ein historischer Überblick zu wichtigen Debatten und zentralen Forschungsfeldern. – Leverkusen: Barbara Budrich, S. 185–199.

Burkhardt, L./Schupp, J. (2019): Wachsendes ehrenamtliches Engagement: Generation der 68er häufiger auch nach dem Renteneintritt aktiv. In: DIW Wochenbericht, Nr. 42. – Berlin: DIW, S. 765–773. – https://doi.org/10.18723/diw_wb:2019-42-1.

Calmbach u. a. 2020 = Calmbach, M./Flaig, B./Edwards, J./Möller-Slawinski, H./ Borchard, I./Schleer, C. (2020): Wie ticken Jugendliche. Bundeszentrale für Politische Bildung. – URL: https://www.bpb.de/die-bpb/presse/presse mitteilungen/313113/sinus-jugendstudie-2020-wie-ticken-jugendliche/. – Download vom 08.02.2024.

Castillo u. a. 2023 = Castillo, J. C./Bonhomme, M./Miranda, D./Iturra, J. (2023): Social cohesion and attitudinal changes toward migration: A longitudinal perspective amid the COVID-19 pandemic. In: Frontiers in Sociology, No. 7. – https://doi.org/10.3389/fsoc.2022.1009567.

CE 2018a = Council of Europe (2018a): Reference Framework of Competences for Democratic Culture (RFCDC). Volume 1: Context, concepts and model. – Brussels: Council of Europe Publishing.

CE 2018b = Council of Europe (2018b): Reference Framework of Competences for Democratic Culture (RFCDC). Volume 2: Descriptors of competences. – Brussels: Council of Europe Publishing.

CE 2018c = Council of Europe (2018c): Reference Framework of Competences for Democratic Culture (RFCDC). Volume 3: Guidance for implementation. – Brussels: Council of Europe Publishing.

Chan, J./To, H.-P./Chan, E. (2006): Reconsidering Social Cohesion: Developing a Definition and Analytical Framework for Empirical Research. In: Social Indicators Research, Vol. 75, No. 2, pp. 273–302. – https://doi.org/10.1007/ s11205-005-2118-1.

Chisholm, L./Larson, A./Mossoux, A. F. (2005): Lebenslanges Lernen: Die Ein-stellungen der Bürger in Nahaufnahme. Ergebnisse einer Eurobarometer-Umfrage. – Luxemburg: Amt für amtliche Veröffentlichungen der Europä-ischen Gemeinschaften.

Cikara, M./Botvinick, M. M./Fiske, S. T. (2011): Us versus them: social identity shapes neural responses to intergroup competition and harm. In: Psy-chological Science, Vol. 22, No. 3, pp. 306–313. – https://doi.org/10.1177/ 0956797610397667.

Cinnirella, F./Schueler, R. (2018): Nation Building: The Role of Central Spending in Education. In: Explorations in Economic History, Vol. 67, pp. 18–39. – https://doi.org/10.1016/j.eeh.2017.08.002.

Cipriano u. a. 2023 = Cipriano, C./Strambler, M. J./Naples, L. H./Ha, C./Kirk, M./ Wood, M./Sehgal, K./Zieher, A. K./ Eveleigh, A./McCarthy, M./Funaro, M./ Ponnock, A./Chow, J. C./Durlak, J. (2023): The state of evidence for social and emotional learning: A contemporary meta-analysis of universal school-based SEL interventions. In: Child Development, Vol. 94, No. 5, pp. 1181–1204. – https://doi.org/10.1111/cdev.13968.

Clarke, B. L./Sheridan, S. M./Woods, K. E. (2010): Elements of healthy family-school relationships. In: Christenson, S. L./Reschly, A. L. (Eds.) (2010): Handbook of school-family partnerships. – New York: Routledge, pp. 61–79. – https://doi.org/10.4324/9780203876046-9.

Cohen u. a. 2020 = Cohen, F./Oppermann, E./Anders, Y./Erdem-Möbius, H./ Hemmerich, F. (2020): Familien & Kitas in der Corona-Zeit. Zusammenfassung der Ergebnisse. – URL: https://web.archive.org/web/202010270943 31/https://www.uni-bamberg.de/fileadmin/efp/forschung/Corona/Ergebnis bericht_Corona-Studie_2020.pdf. – Download vom 31.01.2024.

Cohen, P. A./Kulik, J. A./Kulik, C.-L. C. (1982): Educational Outcomes of Tutoring: A Meta-analysis of Findings. In: American Educational Research Journal, Vol. 19, No. 2, pp. 237–248. – https://doi.org/10.3102/0002831201 9002237.

Coleman, J. S. (1988): Social capital in the creation of human capital. In: American Journal of Sociology, Vol. 94, pp. 95–120. – https://doi.org/10.1086/ 228943.

Conger, R. D./Conger, K. J./Martin, M. J. (2010): Socioeconomic status, family processes, and individual development. In: Journal of Marriage and Family, Vol. 72, No. 3, pp. 685–704. – https://doi.org/10.1111/j.1741-3737.2010. 00725.x.

Corcoran u. a. 2018 = Corcoran, R. P./Cheung, A. C. K./Kim, E./Xie, C. (2018): Effective universal school-based social and emotional learning programs for improving academic achievement: A systematic review and meta-analysis of 50 years of research. In: Educational Research Review, Vol. 25, pp. 56–72. – https://doi.org/10.1016/j.edurev.2017.12.001.

Cordier u. a. 2018 = Cordier, R./Vilaysack, B./Doma, K./Wilkes-Gillan, S./Speyer, R. (2018): Peer inclusion in interventions for children with ADHD: A systematic review and meta-analysis. In: BioMed Research International, Art. 7693479. – https://doi.org/10.1155/2018/7693479.

Correll, J./Park, B. (2005): A model of the ingroup as a social resource. In: Personality and Social Psychology Review, Vol. 9, No. 4, pp. 341–59. – https://doi.org/10.1207/s15327957pspr0904_4.

Dahm, G./Becker, K./Bornkessel, P. (2018): Determinanten des Studienerfolgs nicht-traditioneller Studierender. Zur Bedeutung der sozialen und akademischen Integration, der Lebensumstände und des Studienkontextes für die Studienabbruchneigung beruflich qualifizierter Studierender ohne Abitur. In: Bornkessel, P. (Hrsg.) (2018): Erfolg im Studium: Konzeptionen, Befunde und Desiderate. – Bielefeld: wbv, S. 108–174.

Dauth u. a. 2021 = Dauth, W./Findeisen, S./Suedekum, J./Woessner, N. (2021): The adjustment of labor markets to robots. In: Journal of the European Economic Association, Vol. 19, No. 6, pp. 3104–3153. – https://doi.org/10.1093/jeea/jvab012.

Dede, C. (2010): Comparing Frameworks for „21st Century Skills". In: Bellanca, J./Brandt, R. (Eds.) (2010): 21st Century Skills. Rethinking How Students Learn. – Bloomington, IN: Solution Tress Press.

Deitelhoff u. a. 2020 = Deitelhoff, N./Groh-Samberg, O./Middell, M./Schmelzle, C. (2020): Gesellschaftlicher Zusammenhalt – Umrisse eines Forschungsprogramms. In: Deitelhoff, N./Groh-Samberg, O./Middell, M. (Hrsg.) (2020): Gesellschaftlicher Zusammenhalt: Ein interdisziplinärer Dialog. – Frankfurt a. M.: Campus Verlag, S. 9–40.

Delhey, J./Dragolov, G. (2016): Happier together. Social cohesion and subjective well-being in Europe. In: International Journal of Psychology, Vol. 51, No. 3, pp. 163–242. – https://doi.org/10.1002/ijop.12149.

Dempsey-Brench, K./Shantz, A. (2022): Skills-based volunteering: A systematic literature review of the intersection of skills and employee volunteering. In: Human Resource Management Review, Vol. 32, No. 4, Art. 100874. – https://doi.org/10.1016/j.hrmr.2021.100874.

Derman-Sparks, L./LeeKeenan, D./Nimmo, J. (2015): Leading anti-bias early childhood programs: A guide for change. – New York/London: Teachers College Press.

Deuer, E./Huf, S./Wild, S. (2020): „Denn wie man sich bettet, so studiert man" – Der Einfluss der Einbettung auf die Abbruchneigung dual Studierender. In: Beiträge zur Hochschulforschung, Jg. 42, Nr. 3, S. 32–55.

Deutscher Bundestag (2020): Push- und Pull-Faktoren in der Migrationsforschung. WD 1 – 3000 – 027/20. – Berlin: Bundestag.

Dewey, J. (1916): Demokratie und Erziehung. Eine Einleitung in die philosophische Pädagogik. – Braunschweig: Westermann.

Dick, R. van (2017): Identifikation und Commitment fördern, 2. Aufl. – Göttingen: Hogrefe. – https://doi.org/10.1026/02806-000.

DIE 2018 = DIE – Deutsches Institut für Erwachsenenbildung (2018): WB Verbundstatistik. – Bielefeld: wbv.

DIE 2020 = DIE – Deutsches Institut für Erwachsenenbildung (2020): Volkshochschul-Statistik, 59. Folge. – Bielefeld: wbv.

DIE – WB-Web (2023) = Deutsches Institut für Erwachsenenbildung – Leibniz-Zentrum für Lebenslanges Lernen (DIE) WB-Web (2023): Kompetenz für Erwachsenen- und Weiterbildner/innen. Hier: Intergenerationelles Lernen. – Bonn: DIE. – URL: https://wb-web.de. – Download vom 05.03.2024.

Dinesen, P. T./Sønderskov, K. M. (2018): Ethnic Diversity and Social Trust: A Critical Review of the Literature and Suggestions for a Research Agenda. In: Uslaner, E. (Ed.) (2018): The Oxford Handbook on Social and Political Trust. – London: Oxford University Press, pp. 175–204. – https://doi.org/10.1093/oxfordhb/9780190274801.013.13.

Dorn u. a. 2023 = Dorn, F./Fuest, C./Gstrein, D./Immel, L./Neumeier, F. (2023): Economic deprivation and radical voting: Evidence from Germany. Revised version of ifo Working Paper No. 336. – München.

Dorn, F./Gstrein, D./Neumeier, F. (2023): Stabile Demokratien in wirtschaftlich schweren Zeiten? Studie im Auftrag der Gemeinnützigen Hertie-Stiftung im Rahmen der „Hertie-Kommission Demokratie und Bildung". – München: ifo Institut.

Dragolov u. a. 2013 = Dragolov, G./Zsófia, I./Lorenz, J./Delhey, J./Boehnke, K. (2013): Radar gesellschaftlicher Zusammenhalt. Gesellschaftlicher Zusammenhalt im internationalen Vergleich. – Gütersloh: Bertelsmann Stiftung.

Dresel u. a. 2014 = Dresel, M./Bieg, S./Fasching, M./Steuer, G./Nitsche, S./Dickhäuser, O. (2014): Humor von Lehrkräften in der Schülerwahrnehmung: Abgrenzung von Lehrerenthusiasmus und Zusammenhänge mit Dimensionen des Unterrichts. In: Psychologie in Erziehung und Unterricht, Jg. 61, Nr. 1, S. 56–74. – https://doi.org/10.2378/peu2014.art06d.

Duemmler, K./Caprani, I./Felder, A. (2017): Berufliche Identität von Lernenden im Detailhandel. Studienergebnisse und Schlussfolgerungen für die Berufsbildung. Ein Ratgeber für Lehrpersonen und Berufsbildner und Berufsbildnerinnen. – Zollikofen: EHB.

Duemmler, K./Felder, A./Caprani, I. (2021): Aktuelle Arbeits- und Produktionsbedingungen im Schweizer Maurerhandwerk. Einflüsse auf die betrieblichen Ausbildungsbedingungen aus Sicht von Lernenden. In: Zeitschrift für Berufs- und Wirtschaftspädagogik, Nr. 4, S. 538–559. – https://doi.org/10.25162/zbw-2021-0022.

Durie, M. (2009): Vice-Chancellors' Forum 2009: Towards social cohesion: The indigenisation of higher education in New Zealand. – Kuala Lumpur.

Durkheim, E. (1897): Le suicide. Etude de sociologie. – Paris: Alcan.

Dürnberger, H. (2009): Förderung von Sozialkompetenzen an der Hochschule. Masterarbeit. Augsburg.

Dusdal u. a. 2020 = Dusdal, J./Powell, J. J. W./Baker, D. P./Fu, Y. C./Shamekhi, Y./Stock, M. (2020): University vs. research institute? The dual pillars of German science production, 1950–2010. In: Minerva, Vol. 58, No. 3, pp. 319–342. – https://doi.org/10.1007/s11024-019-09393-2.

Ebbinghaus, M. (2022): Pflege? Damit kann ich mich (nicht) sehen lassen … Zum Image von Pflegeberufen und seiner Bedeutung für die Berufswahl Jugendlicher. Report 1/2022. – Bonn: Bundesinstitut für Berufsbildung.

Ebner, C./Rohrbach-Schmidt, D. (2021): Das gesellschaftliche Ansehen von Berufen – Konstruktion einer neuen beruflichen Ansehensskala und empirische Befunde für Deutschland. In: Zeitschrift für Soziologie, Jg. 50, Nr. 6, S. 349–372. – https://doi.org/10.1515/zfsoz-2021-0026.

Edelstein, W./Fauser, P. (2001): Demokratie lernen und leben. Gutachten zum Programm. BLK. – https://doi.org/10.25656/01:239.

Ekoh u. a. 2023 = Ekoh, P. C./Iwuagwu, A. O./George, E. O./Walsh, C. A. (2023): Forced migration-induced diminished social networks and support, and its impact on the emotional wellbeing of older refugees in Western countries: A scoping review. In: Archives of Gerontology & Geriatrics, Vol. 105, Art. 104839. – https://doi.org/10.1016/j.archger.2022.104839.

Elicker u. a. 1997 = Elicker, J./Noppe, I. C./Noppe, L. D./Fortner-Wood, C. (1997): The parent-caregiver relationship scale: Rounding out the relationship system in infant child care. In: Early Education and Development, Vol. 8, No. 1, pp. 83–100. – https://doi.org/10.1207/s15566935eed0801_7.

Erikson, E. H. (1973): Identität und Lebenszyklus. – Frankfurt a. M.: Suhrkamp.

Essien, I./Calanchini, J./Degner, J. (2021): Moderators of intergroup evaluation in disadvantaged groups: A comprehensive test of predictions from system justification theory. In: Journal of Personality and Social Psychology, Vol. 120, No. 5, pp. 1204–1230. – https://doi.org/10.1037/pspi0000302.

Euler, D./Severing, E. (2020): Heterogenität in der Berufsbildung. Vielfalt gestalten. – Gütersloh: Bertelsmann Stiftung.

Europäisches Parlament und Europäischer Rat (2006): Empfehlungen zu Schlüsselkompetenzen für lebensbegleitendes Lernen, S. 9. – URL: https://www.agenda-erwachsenenbildung.de/fileadmin/user_upload/agenda-erwachsenenbildung.de/PDF/Schluesselkompetenzen_fuer_lebensbegleitendes_Lernen.pdf. – Download vom 29.01.2024.

European Commission (2023): Children's reading competence and well-being in the EU. An EU comparative analysis of the PIRLS results. – URL: https://data.europa.eu/doi/10.2766/820665. – Download vom 05.03.2024.

Fan, X./Luchok, K./Dozier, J. (2021): College students' satisfaction and sense of belonging: differences between underrepresented groups and the majority groups. In: SN Social Sciences, Vol. 1, No. 1, Art. 22. – https://doi.org/10.1007/s43545-020-00026-0.

Felder, A./Caprani, I./Duemmler, K. (2020): Die Bedeutung der betrieblichen Berufspraxis: Wie berufliche Identität im Betrieb gefördert wird. Transfer: Berufsbildung in Forschung und Praxis, Nr. 1.

Felder, A./Caprani, I./Duemmler, K. (2022): Wie Lernende in der Berufsbildung ihre berufliche Identität entwickeln. Zusammenfassung der Forschungsergebnisse, 2. Aufl. – Haute école fédérale en formation professionnelle HEFP.

Fischer, R. (2013): Berufliche Identität als Dimension beruflicher Kompetenz. – Bielefeld: Bertelsmann. – https://doi.org/10.3278/6004350w.

Fitzenberger, B. (2023): Erwerbszuwanderung aus Drittstaaten könnte und sollte gestärkt werden. IAB-Forum 08.02.2023. – Nürnberg: Institut für Arbeitsmarkt- und Berufsforschung.

Fleischmann, F./Leszczensky, L./Pink, S. (2019): Identity threat and identity multiplicity among minority youth: Longitudinal relations of perceived discrimination with ethnic, religious, and national identification in Germany. In: British Journal of Social Psychology, Vol. 58, No. 4, pp. 971–990. – https://doi.org/10.1111/bjso.12324.

Forschungsgruppe Weltanschauungen in Deutschland (2022): Religionszuge-hörigkeiten 2022. – URL: https://fowid.de/meldung/religionszugehoerig keiten-2022. – Download vom 29.01.2024.

Foubert, J. D./Grainger, L. U. (2006): Effects of involvement in clubs and orga-nizations on the psychosocial development of first-year and senior college students. In: NASPA Journal, Vol. 43, No. 1, pp. 166–182. – https://doi.org/10.2202/1949-6605.1576.

Franz, J. (2014): Intergenerationelle Bildung: Lernsituationen gestalten und An-gebote entwickeln. – Bielefeld: Bertelsmann. – https://doi.org/10.3278/43/0044w.

Franzen, A./Hangartner, D. (2005): Soziale Netzwerke und beruflicher Erfolg. In: Kölner Zeitschrift für Soziologie und Sozialpsychologie, Jg. 57, Nr. 3, S. 443–465. – https://doi.org/10.1007/s11577-005-0184-7.

Fredricks, J. A./Blumenfeld, P. C./Paris, A. H. (2004): School Engagement: Po-tential of the Concept, State of the Evidence. In: Review of Educational Research, Vol. 74, No. 1, pp. 59–109. – https://doi.org/10.3102/00346543074001059.

Freitas u. a. 2021 = Freitas, I. da S./Oliveira, G. E. de/Lima, V. da S./Melo, M. H. da S. (2021): Evidence-based interventions for promoting prosocial beha-vior in schools: Integrative review. In: Psicologia: Teoria e Prática, Vol. 23, No. 3, pp. 1–30. – https://doi.org/10.5935/1980-6906/ePTPPE14091.

Friebe, J./Schmidt-Hertha, B./Tippelt, R. (Hrsg.) (2014): Kompetenzen im hö-heren Lebensalter: Ergebnisse der Studie „Competencies in Later Life" (CiLL). – Bielefeld: wbv. – https://doi.org/10.3278/85/0014w.

Fuchs, S. (2020): Geltungsbereiche des sozialen Kapitals in Deutschland. Eine Prüfung der Messinvarianz, der Verteilung und der Auswirkung von so-zialem Vertrauen, Reziprozität und formalen Netzwerken. – Wiesbaden: Springer VS. – https://doi.org/10.1007/978-3-658-28877-8.

Fukuyama, F. (2001): Social capital, civil society and development. In: Third World Quarterly, Vol. 22, No. 1, pp. 7–20. – https://doi.org/10.1080/713701144.

Garvey u. a. 2018 = Garvey, J. C./Guyotte, K. W./Latopolski, K. S./Sanders, L. A./ Flint, M. A. (2018): Belongingness in residence halls: Examining spaces and contexts for first-year students across race and gender. In: Journal of The First-Year Experience & Students in Transition, Vol. 30, No. 2, pp. 9–25.

Geis-Thöne, W. (2020): Zuwanderung aus den neuen EU-Mitgliedsländern kommt in vielen Regionen an. Eine Analyse der Veränderungen von Bevölkerung und Beschäftigung in den Kreisen. – Köln: Institut der deutschen Wirtschaft (IW).

Geis-Thöne, W. (2022): Die Bedeutung der Zuwanderung für den wirtschaftlichen Erfolg Deutschlands. Aktueller Stand und politische Gestaltungsmöglichkeiten. – Köln: Institut der deutschen Wirtschaft (IW).

Gensicke, T. (2013): Freiwilliges Engagement als Bildungsprozess. Zivilgesellschaft und Freiwilligentätigkeit in Deutschland zwischen 1999 und 2009. In: Erwachsenenbildung. Vierteljahresschrift für Theorie und Praxis, Jg. 59, Nr. 1, S. 11–15. – https://doi.org/10.3278/EBZ1301W011.

Gerholz, K.-H. (2018): Zur Verbindung von Service Learning und ziviler Verantwortungsfähigkeit. Ergebnisse einer prozessanalytischen Studie in der Lehrer_innenbildung. In: HDS Journal, Nr. 1+2, S. 12–18.

Gillen, J./Elsholz, U./Meyer, R. (2010): Soziale Ungleichheit in der beruflichen und betrieblichen Weiterbildung. Stand der Forschung und Forschungsbedarf, Arbeitspapier Nr. 91. – Düsseldorf: Hans-Böckler-Stiftung. – URL: https://www.econstor.eu/bitstream/10419/116654/1/hbs_arbp_191.pdf. – Download vom 21.02.2024.

Gnahs, D./Pielorz, M. (2023): Kompetenzbilanzierung. In: Arnold, R./Nuissl, E./ Schrader, J. (Hrsg.) (2023): Wörterbuch Erwachsenen- und Weiterbildung, 3. Aufl. – Bad Heilbrunn: Klinkhardt, S. 244–245.

Goddard, R. D./Tschannen-Moran, M./Hoy, W. K. (2001): A multilevel examination of the distribution and effects of teacher trust in students and parents in urban elementary schools. In: The Elementary School Journal, Vol. 102, No. 1, pp. 3–17. – https://doi.org/10.1086/499690.

Gold, A. (1988): Studienabbruch, Abbruchneigung und Studienerfolg. Vergleichende Bedingungsanalysen des Studienverlaufs. – Frankfurt a. M.: Lang.

González, B. S./Lelkes, Y. (2022): Do social media undermine social cohesion? A critical review. In: Social Issues and Policy Review, Vol. 17, No. 1, pp. 155–180. – https://doi.org/10.1111/sipr.12091.

Goodall, J./Vorhaus, J. (2011): Review of best practice in parental engagement. Department of Education, UK. – URL: https://assets.publishing.service. gov.uk/government/uploads/system/uploads/attachment_data/file/182 508/DFE-RR156.pdf. – Download vom 29.01.2024.

Goodenow, C./Grady, K. E. (1993): The Relationship of School Belonging and Friends' Values to Academic Motivation Among Urban Adolescent Students. In: The Journal of Experimental Education, Vol. 62, No. 1, pp. 60–71. – https://doi.org/10.1080/00220973.1993.9943831.

Goos, M./Alan, M./Salomons, A. (2009): Job Polarization in Europe. In: American Economic Review, Vol. 99, No. 2, pp. 58–63. – https://doi.org/10.1257/ aer.99.2.58.

Göritz, A. S./Rennung, M. (2019): Interpersonal synchrony increases social cohesion, reduces work-related stress and prevents sickdays: A longitudinal field experiment. Gruppe. Interaktion. Organisation. In: Zeitschrift für Angewandte Organisationspsychologie, Jg. 50, Nr. 1, S. 83–94. – https:// doi.org/10.1007/s11612-019-00450-8.

GPJE 2004 = GPJE Gesellschaft für Politikdidaktik und politische Jugend- und Erwachsenenbildung (Hrsg.) (2004): Anforderungen an Nationale Bildungsstandards für den Fachunterricht in der Politischen Bildung an Schulen, 2. Aufl. – Schwalbach: Wochenschau Verlag.

Gradstein, M./Justman, M. (2002): Education, social cohesion, and economic growth. In: American Economic Review, Vol. 92, No. 4, pp. 1192–1204. – https://doi.org/10.1257/00028280260344722.

Graeff, P. (2009): Social capital: the dark side. In: Svendsen, G. T./Svendsen, G. L. H. (Eds.) (2009): Handbook of Social Capital. The Troika of Sociology, Political Science and Economics. – Cheltenham: Edward Elgar, pp. 143–161. – https://doi.org/10.4337/9781848447486.00017.

Graf, J. (2023a): Freizügigkeitsmonitoring: Migration von EU-Staatsangehörigen nach Deutschland. Jahresbericht 2022. – Nürnberg: Bundesamt für Migration und Flüchtlinge, Forschungszentrum Migration, Integration und Asyl.

Graf, J. (2023b): Monitoring zur Bildungs- und Erwerbsmigration. Jahresbericht 2022. – Nürnberg: Bundesamt für Migration und Flüchtlinge, Forschungszentrum Migration, Integration und Asyl.

Graham, S. (2018): Race/Ethnicity and Social Adjustment of Adolescents: How (Not if) School Diversity Matters. In: Educational Psychologist, Vol. 53, No. 2, pp. 64–77. – https://doi.org/10.1080/00461520.2018.1428805.

Graham, S./Kogachi, K./Morales-Chicas, J. (2022): Do I Fit In: Race/Ethnicity and Feelings of Belonging in School. In: Educational Psychology Review, Vol. 34, No. 4, pp. 2015–2042. – https://doi.org/10.1007/s10648-022-09709-x.

Granderath, J. S. (2022): Social cohesion through education? On the value of adult learning and education as a resource in meeting grand societal challenges in Germany. – Fernuniversität Hagen.

Gräsel, C./Fußangel, K./Pröbstel, C. (2006): Lehrkräfte zur Kooperation anregen – eine Aufgabe für Sisyphos? In: Zeitschrift für Pädagogik, Jg. 52, Nr. 2, S. 205–219.

Grigoryan u. a. 2023 = Grigoryan, L./Seo, S./Simunovic, D./Hofmann, W. (2023): Helping the ingroup versus harming the outgroup: Evidence from morality-based groups. In: Journal of Experimental Social Psychology, No. 105, pp. 1–10. – https://doi.org/10.1016/j.jesp.2022.104436.

Grotlüschen, A. (2018): Grundbildung von Erwachsenen. In: Tippelt, R./Schmidt-Hertha, B. (Hrsg.) (2018): Handbuch Bildungsforschung, 4. Aufl. – Wiesbaden: Springer, S. 1261–1278. – https://doi.org/10.1007/978-3-531-19981-8_56.

Grotlüschen, A. (Hrsg.) (2021): Alphabetisierung und Grundbildung von Erwachsenen. In: Zeitschrift für Pädagogik, Jg. 10, H. 4, Beiheft 67. – Weinheim/Basel: Beltz Juventa.

Guiora, A./Brannon, R./Dull, C. (1972): Empathy and second language learning. In: Language Learning, Vol. 22, No. 1, pp. 111–130. – https://doi.org/10.1111/j.1467-1770.1972.tb00077.x.

Guiso, L./Sapienza, P./Zingales, L. (2011): Civic capital as the missing link. In: Benhabib J./Bisin, A./Jackson, M. O. (Eds.) (2011): Handbook of Social Economics. – Amsterdam: North-Holland, pp. 417–480. – https://doi.org/10.10 16/B978-0-444-53187-2.00010-3.

Hachfeld u. a. 2016 = Hachfeld, A./Anders, Y./Kuger, S./Smidt, W. (2016): Triggering parental involvement for parents of different language backgrounds: the role of types of partnership activities and preschool characteristics. In: Early Child Development and Care, Vol. 186, No. 1, pp. 190–211. – https://doi.org/10.1080/03004430.2015.1007370.

Hachfeld u. a. 2011 = Hachfeld, A./Hahn, A./Schroeder, S./Anders, Y./Stanat, P./Kunter, M. (2011): Assessing teachers' multicultural and egalitarian beliefs: The Teacher Cultural Beliefs Scale. In: Teaching and Teacher Education, Vol. 27, pp. 986–996. – https://doi.org/10.1016/j.tate.2011.04.006.

Hackel, L. M./Zaki, J./Bevel, J. J. van (2017): Social identity shapes social valuation: evidence from prosocial behavior and vicarious reward. In: Social Cognitive and Affective Neuroscience, Vol. 12, No. 8, pp. 1219–1228. – https://doi.org/10.1093/scan/nsx045.

Hackman, J. R./Wageman, R. (2005): A Theory of Team Coaching. In: The Academy of Management Review: AMR, Vol. 30, No. 2, pp. 269–287. – https://doi.org/10.5465/amr.2005.16387885.

Hamm u. a. 2023 = Hamm, I./Finke, M./Kinnert, D./Krüger, T./Meyerding, M./Nassehi, A. (2023): Mehr und Besser. Vorschläge für eine Demokratiebildung von Morgen. Bericht der Hertie-Kommission Demokratie und Bildung im Auftrag der Gemeinnützigen Hertie-Stiftung. – Frankfurt a. M.: Hertie-Stiftung.

Hannover, B./Wolter, I./Zander, L. (2018): Entwicklung von Selbst und Identität: Die besondere Bedeutung des Jugendalters. In: Gniewosz, B./Titzmann, P. F. (Hrsg.) (2018): Handbuch Jugend. Psychologische Sichtweisen auf Veränderungen in der Adoleszenz. – Stuttgart: Kohlhammer, S. 237–255.

Hartmann, N. (1940): Der Aufbau der realen Welt. – Springer Link. – https://doi.org/10.1515/9783111442013.

Hascher, T./Edlinger, H. (2009): Positive Emotions and Well-Being in School – An Overview of Methods and Results. In: Psychologie in Erziehung und Unterricht, Jg. 56, Nr. 2, S. 105–122.

Hattie, J./Timperley, H. (2007): The power of feedback. In: Review of Educational Research, Vol. 77, No. 1, pp. 81–112. – https://doi.org/10.3102/003465430298487.

Haug, S./Kropp, P. (2002): Soziale Netzwerke und der Berufseinstieg von Akademikern. Eine Untersuchung ehemaliger Studierender an der Fakultät für Sozialwissenschaften und Philosophie in Leipzig. Arbeitsbericht des Instituts für Soziologie 32. – URL: https://ams-forschungsnetzwerk.at/downloadpub/soziale_netzwerke_berufseinstieg_akademikerinnen.pdf. – Download vom 29.01.2024.

Heinrich-Böll-Stiftung (2022): Sozialatlas 2022: Daten und Fakten über das, was unsere Gesellschaft zusammenhält. – Berlin: Heinrich-Böll-Stiftung. – URL: https://www.boell.de/sozialatlas. – Download vom 08.02.2024.

Heinrichs, K./Wuttke, E./Kögler, K. (2022): Berufliche Identität, Identifikation und Beruflichkeit. Eine Verortung aus der Perspektive einer theoriegeleiteten empirischen Berufsbildungsforschung. In: bwp@. Berufs- und Wirtschaftspädagogik – online, Profil 7, S. 1–28.

Hellmann, D. M./Fiedler, S./Glöckner, A. (2021): Altruistic giving toward refugees: Identifying factors that increase citizens' willingness to help. In: Frontiers in Psychology, No. 12, Art. 689184. – https://doi.org/10.3389/fpsyg.2021.689184.

Helsper, W./Tippelt, R. (2011): Ende der Profession und Professionalisierung ohne Ende? Zwischenbilanz einer unabgeschlossenen Diskussion. In: Zeitschrift für Pädagogik, Nr. 57, S. 268–288.

Hertie-Stiftung (2023): Toolbox Demokratiebildung. Begleitend zum Bericht der Hertie-Kommission Demokratie und Bildung im Auftrag der Gemeinnützigen Hertie-Stiftung. Frankfurt a. M.: Hertie-Stiftung.

Heß, B. (2023): Potenziale von Asylantragstellenden. Analyse der „SoKo"-Sozialstrukturdaten. – Nürnberg: Bundesamt für Migration und Flüchtlinge, Forschungszentrum Migration, Integration und Asyl.

Hill, N. E./Tyson, D. F. (2009): Parental involvement in middle school: A meta-analytic assessment of the strategies that promote achievement. In: Developmental Psychology, Vol. 45, No. 3, pp. 740–763. – https://doi.org/10.10 37/a0015362.

Hofmann, J./Piele, A./Piele, C. (2019): New Work. Best Practices und Zukunftsmodelle. – Stuttgart: Fraunhofer-Institut für Arbeitswirtschaft und Organisation IAO.

Hohagen, S. (2021): Freiwilliges Verhalten am Arbeitsplatz. Die Bedeutung von Kompetenzen für Organizational Citizenship Behavior. – Wiesbaden: Springer Nature. – https://doi.org/10.1007/978-3-658-35910-2.

Holmes u. a. 2018 = Holmes, W./Anastopoulou, S./Schaumburg, H./Mavrikis, M. (2018): Personalisiertes Lernen mit digitalen Medien. Ein roter Faden. – Stuttgart: Robert Bosch Stiftung GmbH.

Houri, A. K./Thayer, A. J./Cook, C. R. (2019): Targeting parent trust to enhance engagement in a school-home communication system: A double-blind experiment of a parental wise feedback intervention. In: School Psychology, Vol. 34, No. 4, pp. 421–432. – https://doi.org/10.1037/spq0000318.

Hövermann, A (2013): Anomia – Normlosigkeit und Vorurteile in verschiedenen lokalen Kontexten. In: Grau, A./Heitmeyer, W. (Hrsg.) (2013): Menschenfeindlichkeit in Städten und Gemeinden. – Weinheim: Beltz, S. 132–149.

Hövermann, A./Messner, S. F./Zick, A. (2015): Anomie, marketization, and prejudice toward purportedly unprofitable groups: Elaborating a theoretical approach on anomie-driven prejudices. In: Acta Sociologica, Vol. 58, No. 3, pp. 215–231. – https://doi.org/10.1177/0001699315587988.

Howard, M. C./Serviss, E. (2022): The antecedents and outcomes of corporate volunteering: an employee- and organizational-level meta-analysis. In: Journal of Managerial Psychology, Vol. 37, No. 2, pp. 93–110. – https://doi.org/10.1108/JMP-01-2021-0018.

Hoyt u. a. 2021 = Hoyt, L. T./Cohen, A. K./Dull, B./Maker Castro, E./Yazdani, N. (2021): „Constant stress has become the new normal": Stress and anxiety inequalities among U. S. college students in the time of COVID-19. In: The Journal of Adolescent Health, Vol. 68, No. 2, pp. 270–276. – https://doi.org/10.1016/j.jadohealth.2020.10.030.

Huber, A. A. (2011): Anti-Mobbing-Strategien für die Schule. Praxisratgeber zur erfolgreichen und nachhaltigen Intervention. – Köln: Carl Link.

Hulleman, C. S./Harackiewicz, J. (2021): The utility-value intervention. In: Walton, G. M./Crum, A. J. (Eds.) (2021): Handbook of wise interventions: How social psychology can help people change. – New York: The Guilford Press, pp. 100–125.

Hummel, T. G./Anders, Y. (2022): Vertrauen als Fundament einer erfolgreichen Erziehungs- und Bildungspartnerschaft zwischen Fachkräften und Familien in der institutionellen Kindertagesbetreuung. In: Schweer, M. K. W. (Hrsg.) (2022): Facetten des Vertrauens und des Misstrauens. Herausforderungen für das soziale Miteinander. – Heidelberg: Springer, S. 133–151. – https://doi.org/10.1007/978-3-658-29047-4_8.

Hummel, T. G./Cohen, F./Anders, Y. (2020): Fachdidaktisches Wissen von pädagogischer Fachberatung im Handlungsfeld Zusammenarbeit mit Familien. In: Zeitschrift für Pädagogik, Jg. 66, Nr. 4, S. 480–499.

Hummel, T. G./Cohen, F./Anders, Y. (2022): The role of partnership practices in strengthening parental trust. In: Early Child Development and Care, Vol. 193, No. 3, pp. 401–416. – https://doi.org/10.1080/03004430.2022.2093868.

Hummel u. a. 2022 = Hummel, T. G./Cohen, F./Gessulat, J./Anders, Y. (2022): Measuring interaction quality between parents and professionals and its relation to preschool characteristics. In: International Journal of Educational Research Open, Vol. 3, Art. 100195. – https://doi.org/10.1016/j.ijedro.2022. 100195.

Hurrelmann, K. (2002): Einführung in die Sozialisationstheorie. – Weinheim/Basel: Beltz Juventa.

IAB 2019 = Institut für Arbeitsmarkt- und Berufsforschung (2019): Qualifikationsspezifische Arbeitslosenquoten. – URL: https://doku.iab.de/arbeits marktdaten/qualo_2019.pdf. – Download vom 06.02.2024.

Iacoviello u. a. 2017 = Iacoviello, V./Berent, J./Frederic, N. S./Pereira, A. (2017): The impact of ingroup favoritism on self-esteem: A normative perspective. In: Journal of Experimental Social Psychology, No. 71, pp. 31–41. – https:// doi.org/10.1016/j.jesp.2016.12.013.

Iller, C./Schmidt-Hertha, B. (2020): Weiterbildung im Alter: Beteiligung, Erwartungen und Erträge. In: Schmidt-Hertha, B./Hillmert, S./Haberzeth, E. (Hrsg.) (2020): Lebenslang lernen können: Gesellschaftliche Transformationen als Herausforderung für Bildung und Weiterbildung. – Bielefeld: wbv Publikation, S. 45–66. – https://doi.org/10.3278/6004776w.

Irmscher, H.-D. (2021): Herder – Auch eine Philosophie der Geschichte zur Bildung der Menschheit. – URL: https://www.reclam.de/data/media/978-3-15-014221-9.pdf. – Download vom 31.01.2024.

Isleib, S./Woisch, A. (2018): Studienerfolg jenseits gymnasialer Zugangswege zum Studium. In: Bornkessel, P. (Hrsg.) (2018): Erfolg im Studium: Konzeptionen, Befunde und Desiderate. – Bielefeld: wbv, S. 29–58.

Isleib, S./Woisch, A./Heublein, U. (2019): Ursachen des Studienabbruchs: Theoretische Basis und empirische Faktoren. In: Zeitschrift für Erziehungswissenschaft, Jg. 22, Nr. 5, S. 1047–1076. – https://doi.org/10.1007/s11618-019-00908-x.

Jäger, M. (2004): Transfer in Schulentwicklungsprojekten. – Wiesbaden: VS Verlag für Sozialwissenschaften. – https://doi.org/10.1007/978-3-322-83388-4.

Jäger, S./Noy, S./Schoefer, B. (2022a): The German model of industrial relations: Balancing flexibility and collective action. In: Journal of Economic Perspectives, Vol. 36, No. 4, pp. 53–80. – URL: https://pubs.aeaweb.org/doi/pdf plus/10.1257/jep.36.4.53. – Download vom 08.02.2024.

Jäger, S./Noy, S./Schoefer, B. (2022b): What does codetermination do? In: ILR Review, Vol. 75, No. 4, pp. 857–890. – https://doi.org/10.1177/00197939 211065727.

Jäger, S./Schoefer, B./Heining, J. (2020): Labor in the boardroom. In: Quarterly Journal of Economics, Vol. 136, No. 2, pp. 669–725. – https://doi.org/10. 1093/qje/qjaa038.

Janich, N. (2012): Fachsprache, Fachidentität und Verständigungskompetenz – zu einem spannungsreichen Verhältnis. In: Berufsbildung in Wissenschaft und Praxis, Jg. 41, Nr. 2, S. 10–13.

Janssen u. a. 2012 = Janssen, M./Bakker, J. T./Bosman, A. M./Rosenberg, K./ Leseman, P. P. (2012): Differential trust between parents and teachers of children from low-income and immigrant backgrounds. In: Educational Studies, Vol. 38, No. 4, pp. 383–396. – https://doi.org/10.1080/03055698.20 11.643103.

Jennissen u. a. 2023 = Jennissen, R./Bovens, M./Engbersen, G./Bokhorst, M. (2023): Migration Diversity and Social Cohesion. – Cham: Springer International Publishing. – https://doi.org/10.1007/978-3-031-14224-6.

Joas, H. (1992): Pragmatismus und Gesellschaftstheorie. – Frankfurt a. M.: Suhrkamp.

Johnson R. C. (2015): Long-run impacts of school desegregation & school quality on adult attainments (NBER Working Paper 16664). – Cambridge, MA: National Bureau of Economic Research. – URL: https://www.nber.org/ papers/w16664. – Download vom 29.01.2024.

Kagerl, C./Starzetz, J. (2023): Working from home for good? Lessons learned from the COVID-19 pandemic and what this means for the future of work. In: Journal of Business Economics, Vol. 93, No. 1–2, pp. 229–265. – https:// doi.org/10.1007/s11573-022-01124-6.

Kaiser, A. (2023): Symbolischer Interaktionismus. In: Arnold, R./Nuissl, E./Schrader, J. (Hrsg.) (2023): Wörterbuch Erwachsenen- und Weiterbildung, 3. Aufl. – Bad Heilbrunn: Klinkhardt, S. 393–394. – https://doi.org/10.35468/wbeb 2022-264.

Karakose, T. (2021): Emergency remote teaching due to COVID-19 pandemic and potential risks for socioeconomically disadvantaged students in higher education. In: Educational Process International Journal, Vol. 10, No. 3, pp. 53–61. – https://doi.org/10.22521/edupij.2021.103.4.

Kármán, B./Szekeres, Á./Papp, G. (2022): Interventions for acceptance and inclusion of people with intellectual disability: A systematic review. In: Journal of Applied Research in Intellectual Disabilities, Vol. 35, No. 3, pp. 641–654. – https://doi.org/10.1111/jar.12968.

Katz, V. S./Jordan, A. B./Ognyanova, K. (2021): Digital inequality, faculty communication, and remote learning experiences during the COVID-19 pandemic: A survey of U. S. undergraduates. In: PloS one, Vol. 16, No. 2. – https://doi.org/10.1371/journal.pone.0246641.

Kelly u. a. 2017 = Kelly, M. E./Duff, H./Kelly, S./Power, J. E. M./Brennan, S./Lawlor, B. A./Loughrey, D. G. (2017): The impact of social activities, social networks, social support and social relationships on the cognitive functioning of healthy older adults: a systematic review. In: Systematic Reviews, No. 6, pp. 1–18. – https://doi.org/10.1186/s13643-017-0632-2.

Kiemer u. a. 2016 = Kiemer, K./Gröschner, A./Kunter, M./Seidel, T. (2016): Instructional and motivational classroom discourse and their relationship with teacher autonomy and competence support – findings from teacher professional development. In: European Journal of Psychology in Education, Vol. 33, pp. 377–402. – https://doi.org/10.1007/s10212-016-0324-7.

Kikas, E./Peets, K./Niilo, A. (2011): Assessing Estonian mothers' involvement in their children's education and trust in teachers. In: Early Child Development and Care, Vol. 181, No. 8, pp. 1079–1094. – https://doi.org/10.1080/0300 4430.2010.513435.

Kikas u. a. 2011 = Kikas, E./Poikonen, P. L./Kontoniemi, M./Lyyra, A. L./Lerkkanen, M. K./Niilo, A. (2011): Mutual trust between kindergarten teachers and mothers and its associations with family characteristics in Estonia and Finland. In: Scandinavian Journal of Educational Research, Vol. 55, No. 1, pp. 23–37. – https://doi.org/10.1080/00313831.2011.539852.

Kim u. a. 2018 = Kim, B./Jee, S./Lee, J./Lee, S. M./An, S. (2018): Relationships between social support and student burnout: A meta-analytic approach. In: Stress & Health: Journal of the International Society for the Investigation of Stress, Vol. 34, No. 1, pp. 127–134. – https://doi.org/10.1002/smi.2771.

Kirchknopf, S./Kögler, K. (2022): Die Entwicklung beruflicher und betrieblicher Identifikation in der kaufmännischen Ausbildung. In: Zeitschrift für Berufs- und Wirtschaftspädagogik, Jg. 118, Nr. 2, S. 171–206. – https://doi.org/10.25162/zbw-2022-0008.

Klie, T./Roß, P. S. (2005): Wie viel Bürger darf's denn sein!? Bürgerschaftliches Engagement im Wohlfahrtsmix. In: Archiv für Wissenschaft und Praxis der sozialen Arbeit, Nr. 36, S. 20–43.

Klotz, V. K./Billett, S./Winther, E. (2014): Promoting workforce excellence: formation and relevance of vocational identity for vocational educational training. In: Empirical Research in Vocational Education and Training, Vol. 6, No. 1, pp. 1–20. – https://doi.org/10.1186/s40461-014-0006-0.

Kluczniok u. a. 2013 = Kluczniok, K./Lehrl, S./Kuger, S./Rossbach, H.-G. (2013): Quality of the home learning environment during preschool age – Domains and contextual conditions. In: European Early Childhood Education Research Journal, Vol. 21, No. 3, pp. 420–438. – https://doi.org/10.1080/1350293X.2013.814356.

KMK 2021 = Ständige Konferenz der Kultusminister der Länder in der Bundesrepublik Deutschland. (2021): Rahmenvereinbarung über die Berufsschule. Beschluss der Kultusministerkonferenz vom 12.03.2015 i. d. F. vom 09.09.2021. – Bonn.

Knogler, M./Masch, K. (2017): Die Verknüpfung von Evaluation und Entwicklung. Design-basierte Forschung mit Planspielen. In: Petrik, A./Rappenglück, S. (Hrsg.) (2017): Handbuch Planspiele in der Politischen Bildung. – Schwalbach/Ts.: Wochenschau Verlag, S. 220–226.

Kohlberg, L. (1995): Die Psychologie der Moralentwicklung. – Frankfurt a. M.: Suhrkamp Taschenbuch Wissenschaft.

Kohli u. a. 2000 = Kohli, M./Kühnemund, H./Motel, A./Szydlik, M. (2000): Grunddaten zur Lebenssituation der 40–85-jährigen deutschen Bevölkerung. Ergebnisse des Alters-Survey. – Wiesbaden: VS-Verlag.

Kollar, I./Fischer, F./Hesse, F. W. (2006): Collaboration Scripts – A Conceptual Analysis. In: Educational Psychology Review, Vol. 18, No. 2, pp. 159–185. – https://doi.org/10.1007/s10648-006-9007-2.

Kondor u. a. 2023 = Kondor, D./Bennett, J. S./Gronenborn, D./Antunes, N./Hoyer, D./Turchin, P. (2023): Explaining population booms and busts in Mid-Holocene Europe. In: Scientific Reports, Vol. 13, Art. 9310. – https://doi.org/10.1038/s41598-023-35920-z.

Korpershoek u. a. 2020 = Korpershoek, H./Canrinus, E. T./Fokkens-Bruinsma, M./Boer, H. de (2020): The relationships between school belonging and students' motivational, social-emotional, behavioural, and academic outcomes in secondary education: a meta-analytic review. In: Research Papers in Education, Vol. 35, No. 6, pp. 641–680. – https://doi.org/10.1080/02671522.2019.1615116.

Krapp, A./Prenzel, M. (2011): Research on Interest in Science: Theories, methods, and findings. In: International Journal of Science Education, Vol. 33, No. 1, pp. 27–50. – https://doi.org/10.1080/09500693.2010.518645.

Krapp, A./Ryan, R. M. (2002): Selbstwirksamkeit und Lernmotivation. In: Zeitschrift für Pädagogik. Selbstwirksamkeit und Motivationsprozesse in Bildungsinstitutionen, Nr. 44, S. 54–82. – URL: https://www.pedocs.de/volltexte/2011/3931/pdf/ZfPaed_44_Beiheft_Krapp_Ryan_Selbstwirksamkeit_D_A.pdf. – Download vom 09.02.2024.

Kroher u. a. 2023 = Kroher, M./Beuße, M./Becker, K./Ehrhardt, M.-C./Gerdes, F./Koopmann, J./Schommer, T./Schwabe, U./Steinkühler, J./Völk, D./Peter, F./Buchholz, S. (2023): Die Studierendenbefragung in Deutschland: 22. Sozialerhebung. Die wirtschaftliche und soziale Lage der Studierenden in Deutschland 2021. – URL: https://www.bmbf.de/SharedDocs/Publikationen/de/bmbf/4/31790_22_Sozialerhebung_2021.pdf?__blob=publicationFile&v=9. – Download vom 06.02.2024.

Krüger, J. T./Höffler, T. N./Parchmann, I. (2022): Trust in science and scientists among secondary school students in two out-of-school learning activities. In: International Journal of Science Education, Part B: Communication and Public Engagement, Vol. 12, No. 2, pp. 111–125. – https://doi.org/10.1080/21548455.2022.2045380.

Kuger, S./Kluczniok, K. (2009): Prozessqualität im Kindergarten-Konzept, Umsetzung und Befunde. In: Roßbach, H. G./Blossfeld, H. P. (Hrsg.) (2009): Frühpädagogische Förderung in Institutionen. – Wiesbaden: VS Verlag für Sozialwissenschaften, S. 159–178. – https://doi.org/10.1007/978-3-531-91452-7_11.

Kurucz u. a. 2023 = Kurucz, C./Hachfeld, A./Lehrl, S./Anders, Y. (2023): Die Bedeutung migrationsbezogener Überzeugungen von frühpädagogischen Fachkräften für die Qualität pädagogischer Praxis. In: Zeitschrift für Erziehungswissenschaft, Jg. 26, Nr. 1, S. 211–242. – https://doi.org/10.1007/s11618-023-01141-3.

Kyndt u. a. 2013 = Kyndt, E./Raes, E./Lismont, B./Timmers, F./Cascallar, E./Dochy, F. (2013): A meta-analysis of the effects of face-to-face cooperative learning. Do recent studies falsify or verify earlier findings? In: Educational Research Review, Vol. 10, pp. 133–149. – https://doi.org/10.1016/j.edurev.2013.02.002.

Laar u. a. 2014 = Laar, C. van/Bleeker, D./Ellemers, N./Meijer, E. (2014): Ingroup and outgroup support for upward mobility: Divergent responses to ingroup identification in low status groups. In: European Journal of Social Psychology, Vol. 44, No. 6, pp. 563–577. – https://doi.org/10.1002/ejsp.2046.

Lalot u. a. 2022 = Lalot, F./Abrams, D./Broadwood, J./Davies Hayon, K./Platts, D. I. (2022): The social cohesion investment: Communities that invested in integration programmes are showing greater social cohesion in the midst of the COVID-19 pandemic. In: Journal of Community & Applied Social Psychology, Vol. 32, No. 3, pp. 536–554. – https://doi.org/10.1002/casp.2522.

Lämmlein, B./Gerdiken, U. (2022): Von Bigband bis Urban Gardening. Motivationale Gründe Studierender für ein kulturelles Engagement an Hochschulen. – Frankfurt University of Applied Sciences: Working Papers 26.

Lange, J. (2019): Feel Good Management – Anforderungen und Aufgabengebiete. Praxishandbuch mit Fallbeispielen. – Berlin/Heidelberg: Springer Gabler. – https://doi.org/10.1007/978-3-662-58312-8.

Lazarides u. a. 2021 = Lazarides, R./Fauth, B./Gaspard, H./Göllner, R. (2021): Teacher self-efficacy and enthusiasm: Relations to changes in student-perceived teaching quality at the beginning of secondary education. In: Learning and Instruction, Vol. 73, Art. 101435. – https://doi.org/10.1016/j.learninstruc.2020.101435.

Lehrl u. a. 2020 = Lehrl, S./Flöter, M./Wieduwilt, N./Anders, Y. (2020): Direkte und indirekte Bedeutsamkeit der Zusammenarbeit mit Familien für die kindliche Sprachentwicklung. In: Blatter, K./Groth, K./Hasselhorn, M. (Hrsg.) (2020): Evidenzbasierte Überprüfung von Sprachförderkonzepten im Elementarbereich. – Heidelberg: Springer, S. 129–152. – https://doi.org/10.1007/978-3-658-26438-3_6.

Lempert, W. (1974): Berufliche Bildung als Beitrag zur gesellschaftlichen Demokratisierung. Vorstudien für eine politisch reflektierte Berufspädagogik (Edition Suhrkamp, Bd. 699). – Frankfurt a. M.: Suhrkamp.

Lepore, J. (2020): Dieses Amerika. Manifest für eine bessere Nation. – München: Beck. – https://doi.org/10.17104/9783406749223.

Levine u. a. 2005 = Levine, M./Prosser, A./Evans, D./Reicher, S. (2005): Identity and emergency intervention: How social group membership and inclusiveness of group boundaries shape helping behavior. In: Personality and Social Psychology Bulletin, Vol. 31, No. 4, pp. 443–453. – https://doi.org/10.1177/0146167204271651.

Lewalter u. a. 2023 = Lewalter, D./Diedrich, J./Goldhammer, F./Köller, O./Reiss, K. (2023): PISA 2022 – Analyse der Bildungsergebnisse in Deutschland. – Münster: Waxmann. – https://doi.org/10.31244/9783830998488.

Loo, H. van der/Reijen, W. van (1992): Modernisierung: Projekt und Paradox. – München: dtv.

Ludewig u. a. 2022 = Ludewig, U./Lorenz, R./Kleinkorres, R./McElvany, N. (2022): Sonderauswertung: Zum Stand von Wortschatz und Leseverhalten bei Viertklässler:innen in Deutschland. – URL: https://ifs.ep.tu-dortmund.de/storages/ifs-ep/r/Downloads_allgemein/Ludewig_et_al._2022_Zum_Stand_von_Wortschatz_und_Leseverhalten.pdf. – Download vom 26.01.2024.

Maag Merki, K. (2008): Die Architektur einer Theorie der Schulentwicklung. Voraussetzungen und Strukturen. In: Journal für Schulentwicklung, Jg. 12, Nr. 2, S. 22–30.

Maehler u. a. 2021 = Maehler, D. B./Daikeler, J./Ramos, H./Husson, C./Nguyen, T. (2021): The cultural identity of first-generation immigrant children and youth: Insights from a meta-analysis. In: Self & Identity, Vol. 20, No. 6, pp. 715–740. – https://doi.org/10.1080/15298868.2020.1765857.

Majer, S. (2018): Studienerfolg von traditionellen und beruflich qualifizierten Studierenden. In: Bornkessel, P. (Hrsg.) (2018): Erfolg im Studium: Konzeptionen, Befunde und Desiderate. – Bielefeld: wbv, S. 175–225.

Malette, N./Ismailzai, E. (2020): Building bridges to better bonds?: Differential on-campus participation between international and domestic students. In: Canadian Journal of Higher Education, Vol. 50, No. 4, pp. 72–86. – https://doi.org/10.47678/cjhe.vi0.188817.

Manville, B./Ober, J. (2003): Beyond Empowerment: Building a Company of Citizens. In: Harvard Business Review, pp. 2–7.

Martin, A. J./Collie, R. J. (2019): Teacher-student relationships and students' engagement in high school: Does the number of negative and positive relationships with teachers matter? In: Journal of Educational Psychology, Vol. 111, pp. 861–876. – https://doi.org/10.1037/edu0000317.

Masarik, A. S./Conger, R. D. (2017): Stress and child development: a review of the Family Stress Model. In: Current Opinion in Psychology, Vol. 13, pp. 85–90. – https://doi.org/10.1016/j.copsyc.2016.05.008.

Mau, S./Lux, T./Westheuser, L. (2023): Triggerpunkte: Konsens und Konflikt in der Gegenwartsgesellschaft. – Berlin: Suhrkamp.

McElvany, N./Lorenz, R. (2024): Lehr- und Lernerfolg am Ende der Grundschulzeit. In: Götz, M./Hartinger, A./Heinzel, F./Kahlert, J./Miller, S./Sandfuchs, U. (Hrsg.) (2024): Handbuch Grundschulpädagogik und Grundschuldidaktik, 4. Aufl. – Bad Heilbrunn: Klinkhardt, S. 225–233.

McElvany u. a. 2023 = McElvany, N./Lorenz, R./Frey, A./Goldhammer, F./Schilcher, A./Stubbe, T. C. (Hrsg.) (2023): IGLU 2021. Lesekompetenz von Grundschulkindern im internationalen Vergleich und im Trend über 20 Jahre. – Münster: Waxmann. – https://doi.org/10.31244/9783830997009.

McGowan u. a. 2022 = McGowan, V. J./Akhter, N./Halliday, E./Popay, J./Kasim, A./Bambra, C. (2022): Collective control, social cohesion and health and well-being: baseline survey results from the communities in control study in England. In: Journal of Public Health, Vol. 44, No. 2, pp. 378–386. – https://doi.org/10.1093/pubmed/fdaa227.

Mead, G. H. (1934): Mind, self, and society. – Chicago: University of Chicago Press.

Meier, D. H./Thomsen, S. L./Kroher, M. (2023): Die Bedeutung der Inflation für die wirtschaftliche Situation von Studierenden in Deutschland im Zeitraum 2021 bis 2024: Eine Abschätzung. DZHW-Brief 01/2023.

Meilhammer, E. (2018): Erwachsenenbildung für die Demokratie – Erwachsenenbildung in der Demokratie: Verortungen und Problemlagen. In: Hessische Blätter für Volksbildung, Nr. 68, S. 208–216. – https://doi.org/10.3278/HBV1803W208.

Melhuish u. a. 2015 = Melhuish, E./Ereky-Stevens, K./Petrogiannis, K./Ariescu, A./Penderi, E./Rentzou, K./Tawell, A./Slot, P./Broekhuizen, M./Leseman, P. (2015): A review of research on the effects of Early Childhood Education and Care (ECEC) upon child development. In: Curriculum Quality Analysis and Impact Review of European Early Childhood Education and Care. – CARE – European Early Childhood Education and Care Publications. – URL: https://ecec-care.org/fileadmin/careproject/Publications/reports/CARE_WP4_D4__1_review_of_effects_of_ecec.pdf. – Download vom 09.02.2024.

Mercer, N./Howe, C. (2012): Explaining the dialogic processes of teaching and learning: The value and potential of sociocultural theory. In: Learning, Culture and Social Interaction, Vol. 1, No. 1, pp. 12–21. – https://doi.org/10.1016/j.lcsi.2012.03.001.

Merton, R. K. (1938): Social structure and anomie. In: American Sociological Review, Vol. 3, No. 5, pp. 672–682. – https://doi.org/10.2307/2084686.

Mohr, J./Riedlinger, I./Reiber, K. (2022): Die berufspraktische Pflegeausbildung. Zur Entwicklung beruflicher Identität im Kontext des Fachkräftemangels. In: Weyland, U./Reiber, K. E. (Hrsg.) (2022): Professionalisierung der Gesundheitsberufe. Berufliche und hochschulische Bildung im Spiegel aktueller Forschung. Zeitschrift für Berufs- und Wirtschaftspädagogik, Beiheft 33. – Stuttgart: Franz Steiner Verlag, S. 215–241.

Momsen, K./Ohndorf, M. (2023): Expressive voting versus information avoidance: Experimental evidence in the context of climate change mitigation. In: Public Choice, Vol. 194, No. 1–2, pp. 45–74. – https://doi.org/10.1007/s11127-022-01016-x.

Mooij, T./Smeets, E./Wit, W. de (2011): Multi-level aspects of social cohesion of secondary schools and pupils' feelings of safety. In: British Journal of Educational Psychology, Vol. 81, No. 3, pp. 369–390. – https://doi.org/10.1348/000709910X526614.

Morata u. a. 2023 = Morata, T./López, P./Marzo, T./Palasí, E. (2023): The influence of leisure-based community activities on neighbourhood support and the social cohesion of communities in Spain. In: International Social Work, Vol. 66, No. 2, pp. 568–584. – https://doi.org/10.1177/00208728211021144.

Moustakas, L. (2023): Sport and social cohesion within European policy: a critical discourse analysis. In: European Journal for Sport & Society, Vol. 20, No. 1, pp. 1–18. – https://doi.org/10.1080/16138171.2021.2001173.

mpfs 2022 = Medienpädagogischer Forschungsverbund Südwest (2022): KIM-Studie 2022. Kindheit, Internet, Medien. Basisuntersuchung zum Medienumgang 6- bis 13-Jähriger in Deutschland. – URL: https://www.mpfs.de/fileadmin/files/Studien/KIM/2022/KIM-Studie2022_website_final.pdf. – Download vom 29.01.2024.

Mühleck, K./Hadjar, A. (2023): Higher education and active citizenship in five European countries: How institutions, fields of study and types of degree shape the political participation of graduates. In: Research in Comparative and International Education, Vol. 18, No. 1, pp. 32–54. – https://doi.org/10.1177/17454999231157160.

Muja u. a. 2021 = Muja, A./Mandl, S./Cuppen, J./Hauschildt, K. (2021): Eurostudent VII: What determines students' social integration in higher education? – Wijchen: Benda druk & print.

Mummendey, A. (1985): Verhalten zwischen sozialen Gruppen: Die Theorie der sozialen Identität. In: Frey, D./Irle, M. (Hrsg.) (1985): Theorien der Sozialpsychologie, Bd. 2. – Bern: Huber, S. 185–216.

Mummendey, A./Schreiber, H.-J. (1983): Better or just different? Positive social identity by discrimination against, or by differentiation from outgroups. In: European Journal of Social Psychology, Vol. 13, No. 4, pp. 389–397. – https://doi.org/10.1002/ejsp.2420130406.

Murphy u. a. 2020 = Murphy, M. C./Gopalan, M./Carter, E. R./Emerson, K. T. U./Bottoms, B. L./Walton, G. M. (2020): A customized belonging intervention improves retention of socially disadvantaged students at a broad-access university. In: Science Advances, Vol. 6, No. 29, pp. 1–7. – https://doi.org/10.1126/sciadv.aba4677.

Murray, C./Malmgren, K. (2005): Implementing a teacher-student relationship program in a high-poverty urban school: Effects on social, emotional, and academic adjustment and lessons learned. In: Journal of School Psychology, Vol. 43, No. 2, pp. 137–152. – https://doi.org/10.1016/j.jsp.2005.01.003.

Naumann, E./Stoetzer, L./Pietrantuono, G. (2018): Attitudes towards highly skilled and low-skilled immigration in Europe: A survey experiment in 15 European countries. In: European Journal of Political Research, Vol. 57, No. 4, pp. 1009–1030. – https://doi.org/10.1111/1475-6765.12264.

Neuhauser, G./Wittwer, H. (2002): Das COOL*-Projekt – Der Daltonplan in der Sekundarstufe II. Ein Dalton-inspirierter Schulentwicklungsprozess an der BHAK/BHAS Steyr. In: Eichelberger, H. (Hrsg.) (2002): Eine Einführung in die Daltonplan-Pädagogik. – Innsbruck: Studienverlag, S. 161–203.

Newman, A./Donohue, R./Eva, N. (2017): Psychological safety: A systematic review of the literature. In: Human Resource Management Review, Vol. 27, No. 3, pp. 521–535. – https://doi.org/10.1016/j.hrmr.2017.01.001.

Newmann, F. M./Wehlage, G. G./Lamborn, S. D. (1992): The Significance and Sources of Student Engagement. In: Newmann, F. M. (Ed.) (1992): Student engagement and achievement in American secondary schools. – New York: Teachers College Press, S. 11–39.

Newton, I. (1726): Philosophiae Naturalis Principia Mathematica III. – London.

Niemeyer, I. (2020): Gesundheitsförderliche Ressourcen im Studium – Auswirkungen von sozialer Unterstützung und strukturellen Rahmenbedingungen der Hochschule auf die Lebenszufriedenheit und Gesundheit von Studierenden. In: Beiträge zur Hochschulforschung, Jg. 42, Nr. 1–2, S. 82–103.

Nittel, D. (2011): Von der Profession zur sozialen Welt pädagogisch Tätiger? Vorarbeiten zu einer komparativ angelegten Empirie pädagogischer Arbeit. In: Helsper, W./Tippelt, R. (Hrsg.) (2011): Pädagogische Professionalität. Zeitschrift für Pädagogik, Beiheft 57. – Weinheim/Basel: Beltz, S. 40–59.

Nittel, D./Schütz, J./Tippelt, R. (2014): Pädagogische Arbeit im System des lebenslangen Lernens: Ergebnisse komparativer Berufsgruppenforschung. – Weinheim/Basel: Beltz Juventa.

Nolda, S. (2002): Pädagogik und Medien: Eine Einführung. – Stuttgart: Kohlhammer.

Obst, K. U./Kötter, T. (2020): Identifikation mit dem Studiengang als Ansatzpunkt für Resilienzförderung bei Studierenden. In: Beiträge zur Hochschulforschung, Jg. 42, Nr. 1–2, S. 148–161.

OECD 2013 = Organisation for Economic Co-operation and Development (2013): PIAAC. OECD Skills Outlook 2013. – Paris: OECD Publishing.

OECD 2022 = Organisation for Economic Co-operation and Development (2022): Education at a glance. – Paris: OECD Publishing.

Oser, F./Spychinger, M. (2005): Lernen ist schmerzhaft. Zur Theorie des negativen Wissens und zur Praxis der Fehlerkultur. – Weinheim: Beltz.

Ostermeier, C. (2004): Kooperative Qualitätsentwicklung in Schulnetzwerken. – Münster: Waxmann.

Öztürk, H. (2023): Migration. In: Arnold, R./Nuissl, E./Schrader, J. (Hrsg.): Wörterbuch Erwachsenen- und Weiterbildung, 3. Aufl. – Bad Heilbrunn: Klinkhardt, S. 294–298. – https://doi.org/10.35468/wbeb2022-199.

Pabst, A. (2022): Beruflichkeit im Wandel. Individuelles berufliches Handeln am Beispiel der Leiharbeit. – Bielefeld: wbv. – https://doi.org/10.3278/97837 63970452.

Park, J. J. (2014): Clubs and the campus racial climate: Student organizations and interracial friendship in college. In: Journal of College Student Development, Vol. 55, No. 7, pp. 641–660. – https://doi.org/10.1353/csd.2014.0076.

Patzelt, W. (2020): Ressourcen gesellschaftlichen Zusammenhalts. In: Bochmann, C./ Döring, H. (Hrsg.) (2020): Gesellschaftlichen Zusammenhalt gestalten. – Wiesbaden: Springer VS, S. 11–26. – https://doi.org/10.1007/97 8-3-658-28347-6_2.

Perren, S./Diebold, T. (2017): Soziale Kompetenzen sind bedeutsam für gelingende Peerbeziehungen und Wohlbefinden in der Kindertagesstätte. In: Frühe Kindheit, Jg. 17, Nr. 2, S. 30–38.

Petrogiannis, K./Penderi, E. V. (2014): The Quality of Parent-Teacher Relationship Scale in the Kindergarten: A Greek Study. In: International Research in Education, Vol. 2, No. 1, pp. 1–21. – https://doi.org/10.5296/ire.v2i1.4343.

Petzold-Rudolph, K. (2018): Research: Studienerfolg und Hochschulbindung. Die akademische und soziale Integration Lehramtsstudierender in die Universität. – Wiesbaden: Springer VS. – https://doi.org/10.1007/978-3-658-22061-7.

Pinto u. a. 2020 = Pinto, I. R./Carvalho, C. L./Dias, C./Lopes, P./Alves, S./Carvalho, C. de/Marques, J. M. (2020): A path toward inclusive social cohesion: The role of European and national identity on contesting vs. accepting European migration policies in Portugal. In: Frontiers in Psychology, Vol. 11, Art. 1875. – https://doi.org/10.3389/fpsyg.2020.01875.

Popper, K. R. (2003): Die offene Gesellschaft und ihre Feinde. – Tübingen: Mohr.

Portes, A. (1998): Social Capital: Its Origins and Applications in Modern Sociology. In: Annual Review of Sociology, No. 24, pp. 1–24. – https://doi.org/10.1146/annurev.soc.24.1.1.

Powell, J. J. W./Dusdal, J. (2017): Science production in Germany, France, Belgium, and Luxembourg: Comparing the contributions of research universities and institutes to science, technology, engineering, mathematics, and health. In: Minerva, Vol. 55, No. 4, pp. 413–434. – https://doi.org/10.1007/s11024-017-9327-z.

Promberger u. a. 2023 = Promberger, M./Hartosch, K./Kawalec, S./Boost, M. (2023): Kompetenzfeststellungsverfahren in der Arbeitsvermittlung: Eine qualitative Evaluation des Kompetenztests „MYSKILLS". In: IAB-Forschungsbericht 17/2023. – Nürnberg: IAB. – URL: https://iab.de/publikationen/publikation/?id=1533994. – Download vom 30.01.2024.

Psacharopoulos, G. (2018): Education for a better citizen: An assesement. – Luxembourg: Publications Office of the European Union. European Expert Network on Economics of Education Analytical Report, No. 35.

Putnam, R. D. (1993): Making democracy work: Civic traditions in modern Italy. – Princeton, NJ: Princeton University Press. – https://doi.org/10.1515/978140 0820740.

Putnam, R. D. (2000): Bowling alone: The collapse and revival of American community. – New York, NY: Simon and Schuster. – https://doi.org/10.11 45/358916.361990.

Putnam, R. D. (2007): E Pluribus Unum: Diversity and Community in the Twenty-first Century. The 2006 Johan Skytte Prize Lecture. In: Scandinavian Political Studies, Vol. 30, No. 2, pp. 137–174. – https://doi.org/10.1111/j.1467-94 77.2007.00176.x.

Ramiah, A. Al/Hewstone, M. (2013): Intergroup contact as a tool for reducing, resolving, and preventing intergroup conflict: Evidence, limitations, and potential. In: American Psychologist, Vol. 68, No. 7, pp. 527–542. – https://doi.org/10.1037/a0032603.

Ranke, L. von (1885): Geschichten der romanischen und germanischen Völker von 1494 bis 1514, Bd. 1. – Berlin: De Gruyter.

Rathmann u. a. 2018 = Rathmann, K./Herke, M./Hurrelmann, K./Richter, M. (2018): Klassenklima, schulisches Wohlbefinden und Gesundheit von Schülerinnen und Schülern in Deutschland: Ergebnisse des Nationalen Bildungspanels (NEPS). In: Gesundheitswesen, Jg. 80, Nr. 4, S. 332–341. – https://doi.org/10.1055/s-0043-121886.

Ratzenböck u. a. 2023 = Ratzenböck, B./Scherke, K./Sprung, A./Suppanz, W. (2023): Sozialer Zusammenhalt in der Krise. Interdisziplinäre Perspektiven auf Heterogenität und Kohäsion moderner Gesellschaften. – Bielefeld: transcript, S. 7–14. – https://www.transcript-open.de/doi/10.14361/97838 39462065-001.

Ravens-Sieberer u. a. 2022 = Ravens-Sieberer, U./Kaman, A./Erhart, M./Devine, J./Schlack, R./Otto, C. (2022): Impact of the COVID-19 pandemic on quality of life and mental health in children and adolescents in Germany. In: European Child & Adolescent Psychiatry, Vol. 31, No. 6, pp. 879–889. – https://doi.org/10.1007/s00787-021-01726-5.

Reckwitz, A. (2019): Die Gesellschaft der Singularitäten: Zum Strukturwandel der Moderne, 6. Aufl. – Frankfurt a. M.: Suhrkamp. – https://doi.org/10.1007/978-3-658-21050-2_2.

Reimer u. a. 2021 = Reimer, N. K./Love, A./Wölfer, R./Hewstone, M. (2021): Building social cohesion through intergroup contact: Evaluation of a large-scale intervention to improve intergroup relations among adolescents. In: Journal of Youth & Adolescence, Vol. 50, No. 6, pp. 1049–1067. – https://doi.org/10.1007/s10964-021-01400-8.

Reinhold, M. (2014): Kompetenzerwerb und Identitätsbildung in der elektrotechnischen Facharbeit. – Bielefeld: Bertelsmann. – https://doi.org/10.3278/6004452w.

Renkl, A. (2016): Multiple Ziele in Unterricht und Lernumgebungen: Einführung in den Thementeil. In: Unterrichtswissenschaft, Jg. 44, Nr. 3, S. 206–210.

Resnjanskij u. a. 2021 = Resnjanskij, S./Ruhose, J./Wiedergold, S./Wößmann, L. (2021): Mentoring verbessert die Arbeitsmarktchancen von stark benachteiligten Jugendlichen. In: ifo Schnelldienst, Jg. 2, Nr. 74, S. 31–38.

Riad u. a. 2022 = Riad, A./Drobov, A./Krobot, M./Antalová, N./Alkasaby, M. A./Peřina, A./Koščík, M. (2022): Mental health burden of the Russian-Ukrainian war 2022 (RUW-22): Anxiety and depression levels among young adults in Central Europe. In: International Journal of Environmental Research and Public Health, Vol. 19, No. 14. – https://doi.org/10.3390/ijerph19148418.

Richter, K./Jahn, R. W. (2015): Was willst Du denn da? Entwicklung beruflicher Identität in geschlechtsunkonventionellen Berufen – eine Einzelfallstudie. In: bwp@ (Berufs- und Wirtschaftspädagogik – online), Nr. 29, S. 1–25.

Rieder, S. (2022): Der Schulversuch Werte.BS. Werte und Demokratie an der Berufsschule erfahren und erleben. In: Schulforum aktuell, Jg. 1, Nr. 2, S. 11–15.

Rivers, S. E./Brackett, M. A. (2011): Achieving standards in the English language arts (and more) using The RULER Approach to social and emotional learning. In: Reading & Writing Quarterly, Vol. 27, pp. 75–100. – https://doi.org /10.1080/10573569.2011.532715.

Rivers u. a. 2013 = Rivers, S. E./Brackett, M. A./Reyes, M. R./Elbertson, N. A./ Salovey, P. (2013): Improving the Social and Emotional Climate of Classrooms: A Clustered Randomized Controlled Trial Testing the RULER Approach. In: Prevention Science, Vol. 14, pp. 77–87. – https://doi.org/10.1007/ s11121-012-0305-2.

Robert Bosch Stiftung (2023): Deutscher Schulpreis. Robert Bosch Stiftung. – URL: https://www.deutscher-schulpreis.de/sites/default/files/documents/ 2019-04/Plakat_DSP_Qualitaetsbereiche_final.pdf. – Download vom 29.01.2024.

Rodrik, D./Stantcheva, S. (2021a): Fixing capitalism's good jobs problem. In: Oxford Review of Economic Policy, Vol. 37, No. 4, pp. 824–837. – https://doi. org/10.1093/oxrep/grab024.

Rodrik, D./Stantcheva, S. (2021b): A policy matrix for inclusive prosperity. NBER Working Paper 28736. – Cambridge, MA: National Bureau of Economic Research. – https://doi.org/10.3386/w28736.

Rodrik, D./Stantcheva, S. (2021c): Economic inequality and insecurity: Policies for an inclusive economy. In: Report Prepared for Commission Chaired by Olivier Blanchard and Jean Tirole on Major Future Economic Challenges, France. – URL: https://drodrik.scholar.harvard.edu/sites/scholar.harvard. edu/files/dani-rodrik/files/rodrik_and_stantcheva_report_for_macron_com mission.pdf. – Download vom 07.02.2024.

Rohner, D./Zhuravskaya, E. (2023): Nation Building: What could possibly go wrong? In: Rohner, D./Zhuravskaya, E. (Eds.) (2023): Nation Building: Big lessons from successes and failures. – Paris/London: CEPR Press, pp. 1–28.

Rohrer, J. M./Keller, T./Elwert, F. (2021): Proximity can induce diverse friendships: A large randomized classroom experiment. In: Plos One, Vol. 16, No. 8, Art. e0255097. – https://doi.org/10.1371/journal.pone.0255097.

Rönnau-Böse u. a. 2023 = Rönnau-Böse, M./Anders, Y./Fröhlich-Gildhoff, K./ Blaurock, S./Burghardt, L./Hausladen, K./Limberger, J./Lorenzen, A./Pasquale, D./Pult, G./Oppermann, E./Wolf, K. (2023): Abschlussbericht der Evaluationsstudie zur Wirksamkeit des Gesetzes zur Weiterentwicklung der Qualität und zur Verbesserung der Teilhabe in Tageseinrichtungen und in der Kindertagespflege (KiQuTG). In: BMFSFJ (Hrsg.) (2023): Zweiter Bericht der Bundesregierung zur Evaluation des Gesetzes zur Weiterentwicklung der Qualität und zur Verbesserung der Teilhabe in Tageseinrichtungen und in der Kindertagespflege (KiQuTG) – Berlin: BMFSFJ, S. 263–447.

Rosa, H. (2019): Resonanz. Eine Soziologie der Weltbeziehung. In: Senge, K./ Schützeichel, R./Zink, V. (Hrsg.) (2019): Schlüsselwerke der Emotionssoziologie. – Wiesbaden: Springer, S. 707.

Rußmann, M./Netz, N./Lörz, M. (2023): Dropout intentions of students with disabilities. In: Higher Education. – https://doi.org/10.1007/s10734-023-01111-y.

Ryan, R./Deci, E. (2017): Self-Determination Theory: Basic Psychological Needs in Motivation, Development, and Wellness. – New York/London: The Guilford Press. – https://doi.org/10.1521/978.14625/28806.

Ryan u. a. 2023 = Ryan, R. M./Reeve, J./Kaplan, H./Matos, L./Cheon, S. H. (2023): Education as Flourishing: Self-Determination Theory in Schools as They Are and as They Might Be. In: Ryan, R. M. (Ed.) (2023): The Oxford Handbook of Self-Determination Theory. – London: Oxford University Press, pp. 591–618. – https://doi.org/10.1093/oxfordhb/9780197600047.013.60.

Sander, W. (2007): Politik entdecken – Freiheit leben. Didaktische Grundlagen politischer Bildung, Band 50, 2., vollst. überarb. und erw. Aufl. – Frankfurt a. M.: Wochenschau Verlag.

Sander, W. (2023): Politische Bildung. In: Arnold, R./Nuissl, E./Schrader, J. (Hrsg.) (2023): Wörterbuch Erwachsenen- und Weiterbildung, 3. Aufl. – Bad Heilbrunn: Klinkhardt, S. 287–289. – https://doi.org/10.35468/wbeb 2022-228.

Schachner, M. K. (2019): From equality and inclusion to cultural pluralism – Evolution and effects of cultural diversity perspectives in schools. In: European Journal of Developmental Psychology, No. 16, pp. 1–17. – https://doi.org/10.1080/17405629.2017.1326378.

Schäfer u. a. 2023 = Schäfer, M./Stark, B./Werner, A. M./Mülder, L. M./Reichel, J. L./Heller, S./Schwab, L./Rigotti, T./Beutel, M. E./Simon, P./Letzel, S./Dietz, P. (2023): Informiert = Geimpft? Das Informationsverhalten und die COVID-19-Impfentscheidung bei Studierenden. In: Publizistik: Vierteljahreshefte für Kommunikationsforschung, Jg. 68, Nr. 1, S. 37–68. – URL: https://link.springer.com/article/10.1007/s11616-023-00779-7. – Downlaod vom 09.02.2024.

Scheithauer u. a. 2019 = Scheithauer, H./Walcher, A./Warncke, S./Klapprott, F./Bull, H. D. (2019): Fairplayer.Manual – Klasse 7–9. Förderung von sozialen Kompetenzen – Prävention von Mobbing und Schulgewalt. Theorie- und Praxismanual für die Arbeit mit Jugendlichen in Schulklassen. – Göttingen: Vandenhoeck & Ruprecht. – https://doi.org/10.13109/9783666491658.

Schiefer, D./Noll, J. van der (2017): The Essentials of Social Cohesion: A Literature Review. In: Social Indicators Research, Vol. 132, No. 2, pp. 579–603. – https://doi.org/10.1007/s11205-016-1314-5.

Schiersmann, C. (2023): Organisationsberatung. In: Arnold, R./Nuissl, E./Schrader, J. (Hrsg.) (2023): Wörterbuch Erwachsenen- und Weiterbildung, 3. Aufl. – Bad Heilbrunn: Klinkhardt, S. 316–317. – https://doi.org/10.35468/wbeb 2022-214.

Schirmer, H. (2021): German HEI students' trust in political institutions to properly deal with the Covid-19 pandemic – emphasis on the specific role of intercultural experience. In: European Journal of Higher Education, Vol. 13, No. 1, pp. 1–21. – https://doi.org/10.1080/21568235.2021.1975553.

Schmidt, B./Tippelt, R. (2009): Bildung Älterer und intergeneratives Lernen. In: Zeitschrift für Pädagogik, Jg. 55, Nr. 1, S. 73–90. – https://doi.org/10.25656/01:4239.

Schneider, H. (1999): Der Beutelsbacher Konsens. In: Mickel, W. W. (Hrsg.), Handbuch zur politischen Bildung. – Bonn: Bundeszentrale für Politische Bildung, S. 171–177.

Schnitzler, K./Holzberger, D./Seidel, T. (2020): All better than being disengaged: Student engagement patterns and their relations to academic self-concept and achievement. In: European Journal of Psychology of Education, Vol. 36, pp. 627–652. – https://doi.org/10.1007/s10212-020-00500-6.

Schönbächler, M.-T. (2006): Inhalte von Regeln und Klassenmanagement. In: Schweizerische Zeitschrift für Bildungswissenschaften, Jg. 28, Nr. 2, S. 259–274. – https://doi.org/10.24452/sjer.28.2.4728.

Schrader, J. (2011): Reproduktionskontexte der Weiterbildung. In: Schrader, J. (2011): Struktur und Wandel der Weiterbildung. – Bielefeld: wbv, S. 267–284. – https://doi.org/10.3278/14/1108w.

Schrader, J. (2023): Identität. In: Arnold, R./Nuissl, E./Schrader, J. (Hrsg.) (2023): Wörterbuch Erwachsenen- und Weiterbildung, 3. Aufl. – Bad Heilbrunn: Klinkhardt, S. 211–212. – https://doi.org/10.35468/wbeb2022-136.

Schultze-Krumbholz u. a. 2021 = Schultze-Krumbholz, A./Zagorscak, P./Roosen-Runge, A./Scheithauer, H. (2021): Medienhelden: Unterrichtsmanual zur Förderung von Medienkompetenz und Prävention von Cybermobbing. – München: Reinhardt.

Schulze, G. (2000): Die Erlebnisgesellschaft: Kultursoziologie der Gegenwart, 8. Aufl. – Frankfurt a. M.: Campus.

Schütz, A./Luckmann, T. (2003): Strukturen der Lebenswelt. – Konstanz: UVK.

Schwanenberg u. a. 2013 = Schwanenberg, J./Becker, D./McElvany, N./Pfuhl, N. (2013): Elternpartizipation an Grundschulen unter Berücksichtigung des sozialen und kulturellen Familienhintergrunds. In: McElvany, N./Gebauer M./ Bo W./Holtappels H. G. (2013): Jahrbuch der Schulentwicklung, Band 17. Daten, Beispiele und Perspektiven. – Weinheim/Basel: Juventa, S. 150–180.

Schwarzenthal u. a. 2018 = Schwarzenthal, M./Schachner, M. K./Vijver, F. J. van der/Juang, L. P. (2018): Equal but different: Effects of equality/inclusion and cultural pluralism on intergroup outcomes in multiethnic classrooms. In: Cultural Diversity and Ethnic Minority Psychology, Vol. 24, No. 2, pp. 260–271. – https://doi.org/10.1037/cdp0000173.

Schweiger, G. (2022): Ungerechtigkeit und universitäre Lehre in Zeiten der COVID-19 Pandemie. In: Kim, M./Gutmann, T./Peukert, S. (Hrsg.) (2022): Philosophiedidaktik 4.0? Chancen und Risiken der digitalen Lehre in der Philosophie. – Berlin/Heidelberg: J. B. Metzler, S. 133–149. – https://doi.org/10.1007/978-3-662-65226-8_9.

Schwinn, T. (2023): Social Integration – Levels and Dimensions. In: Kölner Zeitschrift für Soziologie und Sozialpsychologie (online first). – https://doi.org/10.1007/s11577-023-00889-0.

Seidel, T. (2020): Klassenführung. In: Wild, E./Möller, J. (Hrsg.): Pädagogische Psychologie. – Wiesbaden: Springer, S. 135–148. – https://doi.org/10.1007/978-3-662-61403-7_5.

Seidel, T./Prenzel, M. (2006): Stability of teaching patterns in physics instruction: Findings from a video study. In: Learning and Instruction, Vol. 16, No. 3, pp. 228–240. – https://doi.org/10.1016/j.learninstruc.2006.03.002.

Seidel u. a. 2016 = Seidel, T./Reinhold, S./Holzberger, D./Mok, S. Y./Schiepe-Tiska, A./Reiss, K. (2016): Wie gelingen MINT-Schulen? Anregungen aus Forschung und Praxis. – Münster: Waxmann.

Seidel, T./Rimmele, R./Prenzel, M. (2003): Opportunities for learning motivation in classroom discourse – Combination of video analysis and student questionnaires. In: Unterrichtswissenschaft, Jg. 31, Nr. 2, S. 142–165.

Seifried u. a. 2019 = Seifried, J./Beck, K./Ertelt, B.-J./Frey, A. (2019): Beruf, Beruflichkeit, Employability. Zur Einführung. In: Seifried, J./Beck, K./Ertelt B.-J./Frey A. (Hrsg.) (2019): Beruf, Beruflichkeit, Employability. – Bielefeld: wbv Publikation, S. 9–14.

Seitter, W. (2011): Wandel des Professionellen im Feld der Weiterbildung. In: Zeitschrift für Pädagogik, Beiheft 57. – Weinheim: Beltz, S. 122–137.

Semmer u. a. 2019 = Semmer, N. K./Tschan, F./Jacobshagen, N./Beehr, T. A./ Elfering, A./Kälin, W. (2019): Stress as Offense to Self: a Promising Approach Comes of Age. In: Occupational Health Science, Vol. 3, No. 3, pp. 205– 238. – https://doi.org/10.1007/s41542-019-00041-5.

Simon, B./Reichert, F./Grabow, O. (2013): When dual identity becomes a liability: Identity and political radicalism among migrants. In: Psychological Science, Vol. 24, No. 3, pp. 251–257. – https://doi.org/10.1177/0956797612 450889.

Simonson u. a. 2022 = Simonson, J./Kelle, N./Kausmann, C./Tesch-Römer, C. (Hrsg.) (2022): Freiwilliges Engagement in Deutschland. Der Deutsche Freiwilligensurvey 2019. – Wiesbaden: Springer. – https://doi.org/10.1007/ 978-3-658-35317-9.

Siperstein u. a. 2019 = Siperstein, G. N./McDowell, E. D./Jacobs, H. E./Stokes, J. E./Cahn, A. L. (2019): Unified Extracurricular Activities as a Pathway to Social Inclusion in High Schools. In: American Journal on Intellectual and Developmental Disabilities, Vol. 124, No. 6, pp. 568–582. – https://doi. org/10.1352/1944-7558-124.6.568.

Skopek, J./Passaretta, G. (2021): Socioeconomic Inequality in Children's Achievement from Infancy to Adolescence: The Case of Germany. In: Social Forces, Vol. 100, No. 1, pp. 86–112. – https://doi.org/10.1093/sf/soaa093.

Spady, W. G. (1970): Dropouts from higher education: An interdisciplinary review and synthesis. In: Interchange, Vol. 1, No. 1, pp. 64–85. – https://doi. org/10.1007/BF02214313.

Stadler-Altmann, U./Winkler, G./Moser, E.-E. (2023): Kommunikation, Konsens und Kohäsion im universitären Kontext. In: Medien Pädagogik: Zeitschrift für Theorie und Praxis der Medienbildung, Nr. 19, S. 1–28. – https://doi. org/10.21240/mpaed/jb19/2023.03.01.X.

Stanat u. a. 2022 = Stanat, P./Schipolowski, S./Schneider, R./Sachse, K. A./ Weirich, S./Henschel, S. (2022): IQB-Bildungstrend 2021. Kompetenzen in den Fächern Deutsch und Mathematik am Ende der 4. Jahrgangsstufe im dritten Ländervergleich. – Münster: Waxmann. – https://doi.org/10.3124 4/9783830996064.

Stanat u. a. 2023 = Stanat, P./Schipolowski, S./Schneider, R./Weirich, S./Henschel, S./Sachse, K. A. (2023): IQB-Bildungstrend 2022. Sprachliche Kompetenzen am Ende der 9. Jahrgangsstufe im dritten Ländervergleich. – Münster: Waxmann. – https://doi.org/10.31244/9783830997771.

Stang, J./König, S./McElvany, N. (2021): Implizite Einstellungen von Kindern im Grundschulalter gegenüber Menschen mit Migrationshintergrund. In: Zeitschrift für Pädagogische Psychologie, Jg. 35, Nr. 4, S. 1–14.

Stang-Rabrig, J./Kleinkorres, R. (2023): Multikriteriale Bildungszielerreichung am Ende der vierten Jahrgangsstufe. In: McElvany, N./Lorenz, R./Frey, A./ Goldhammer, F./Schilcher, A./Stubbe, T. (Hrsg.) (2023): IGLU 2021: Lesekompetenz von Grundschulkindern im internationalen Vergleich und im Trend über 20 Jahre. – Münster: Waxmann, S. 215–230.

Statista (2023): Anteil der ausländischen Schüler an allgemeinbildenden Schulen in Deutschland in den Schuljahren 2018/2019 bis 2022/2023 nach Schulart. – URL: https://de.statista.com/statistik/daten/studie/235965/umfrage/ anteil-auslaendischer-schueler-an-allgemeinbildenden-schulen-in-deutsch land/. – Download vom 29.01.2024.

Statistisches Bundesamt (2020): Erwerbspersonenvorausberechnung 2020. – Wiesbaden: Statistisches Bundesamt.

Steed-Vamos, M./Laven, R./Singh, S. S. (2022): Service Learning in teacher education curriculum. A study in the Vienness context. In: Onsès-Segarra, J./Hernández-Hernández, F. (Eds.) (2022): Education and Society: Expectations, Prescriptions, Reconciliations. Proceedings of ECER 2021. NW 29. Research on Arts Education. – Girona: University of Girona.

Stiftung Bildungspakt Bayern (Hrsg.) (2021): Perlen 4.0. Neue Lernkultur durch personalisiertes Lernen an der Berufsschule. Werkstattbericht aus dem Schulversuch. – München: Stiftung Bildungspakt Bayern.

Strzelewicz, W./Raapke, H.-D./Schulenberg, W. (1966): Bildung und gesellschaftliches Bewußtsein. – Stuttgart: Enke.

Stubbe u. a. 2023a = Stubbe, T./Kleinkorres, R./Krieg, M./Schaufelberger, R./ Schlitter, T. (2023): Soziale und migrationsbedingte Disparitäten in der Lesekompetenz von Viertklässlerinnen und Viertklässlern. In: McElvany, N./ Lorenz, R./Frey, A./Goldhammer, F./Schilcher, A./Stubbe, T. (Hrsg.) (2023): IGLU 2021 – Lesekompetenz von Grundschulkindern im internationalen Vergleich und im Trend über 20 Jahre. – Münster: Waxmann, S. 151–177.

Stubbe u. a. 2023b = Stubbe, T./Schaufelberger, R./Krieg, M./Kleinkorres, R./ Schlitter, T. (2023): Schullaufbahnpräferenzen am Übergang in die Sekundarstufe und der Zusammenhang mit leistungsrelevanten und sozialen Merkmalen. In: McElvany, N./Lorenz, R./Frey, A./Goldhammer, F./Schilcher, A./Stubbe, T. (Hrsg.) (2023): IGLU 2021 – Lesekompetenz von Grundschulkindern im internationalen Vergleich und im Trend über 20 Jahre. – Münster: Waxmann, S. 231–248.

Stürmer, S./Simon, B. (2004): The role of collective identification in social movement participation: A panel study in the context of the German gay movement. In: Personality and Social Psychology Bulletin, Vol. 30, No. 3, pp. 263–277. – https://doi.org/10.1177/0146167203256690.

Stürmer u. a. 2003 = Stürmer, S./Simon, B./Loewy, M./Jörger, H. (2003): The dual-pathway model of social movement participation: The case of the fat acceptance movement. In: Social Psychology Quarterly, No. 66, pp. 71–82. – https://doi.org/10.2307/3090142.

Sung, Y. T./Yang, J. M./Lee, H. Y. (2017): The effects of mobile-computer-supported collaborative learning: a meta-analysis and critical synthesis. In: Review of Educational Research, Vol. 87, No. 4, pp. 768–805. – https://doi.org/10.3102/0034654317704307.

SWK 2022a = Ständige Wissenschaftliche Kommission der Kultusministerkonferenz (2022a): Empfehlungen zum Umgang mit dem akuten Lehrkräftemangel. – Bonn: Ständige Wissenschaftliche Kommission der Kultusministerkonferenz. – https://doi.org/10.25656/01:26372.

SWK 2022b = Ständige Wissenschaftliche Kommission der Kultusministerkonferenz (2022b): Basale Kompetenzen vermitteln – Bildungschancen sichern. Perspektiven für die Grundschule. Gutachten der Ständigen Wissenschaftlichen Kommission der Kultusministerkonferenz. – Bonn: Ständige Wissenschaftliche Kommission der Kultusministerkonferenz.

Szreter, S./Woolcock, M. (2004): Health by association? Social capital, social theory, and the political economy of public health. In: International Journal of Epidemiology, Vol. 33, No. 4, S. 650–667. – https://doi.org/10.1093/ije/dyh013.

Tajfel, H./Turner, J. C. (1979): An integrative theory of intergroup conflict. In: Austin, W. G./Worchel, S. (Eds.) (1979): The social psychology of intergroup relations. – Monterey, CA: Brooks/Cole, S. 33–47.

Tajfel, H./Turner, J. C. (1986): The social identity theory of intergroup behaviour. In: Worchel, S./Austin, W. G. (Eds.) (1986): Psychology of Intergroup Relations. – Chicago, IL: Nelson-Hall, pp. 7–24.

Textor, M. R. (2006): Erziehungs- und Bildungspartnerschaft mit Eltern. Gemeinsam Verantwortung übernehmen. – Freiburg: Herder.

Thole, C. (2020): Berufliche Identitätsarbeit als Bildungsauftrag der Berufsschule. – Bielefeld: Bertelsmann. – https://doi.org/10.3278/6004730w.

Thomas, S. (2022): Einsamkeitserfahrungen junger Menschen – nicht nur in Zeiten der Pandemie. In: Soziale Passagen, Jg. 14, Nr. 1, S. 97–112. – https://doi.org/10.1007/s12592-022-00415-7.

Thornberg u. a. 2022 = Thornberg, R./Wegmann, B./Wänström, L./Bjereld, Y./Hong, J. S. (2022): Associations between student-teacher relationship quality, class climate, and bullying roles: A Bayesian multilevel multinomial logit analysis. In: Victims & Offenders, Vol. 17, No. 8, pp. 1196–1223. – https://doi.org/10.1080/15564886.2022.2051107.

Thornton, C./Miller, P./Perry, K. (2020): The impact of group cohesion on key success measures in higher education. In: Journal of Further and Higher Education, Vol. 44, No. 4, pp. 542–553. – https://doi.org/10.1080/0309877X.2019.1594727.

Tietgens, H. (1981): Die Erwachsenenbildung. – München: Juventa.

Tietgens, H. (1983): Teilnehmerorientierung in Vergangenheit und Gegenwart. – Bonn: Deutscher Volkshochschulverband.

Tillmann, K. (2011): Innerschulische Kooperation und Schulprogramm. Zur Bedeutung des Schulprogramms als Schulentwicklungsinstrument. In: Fischer, N./Holtappels, H.G./Klieme, E./Rauschenbach, T./Stecher, L./Züchner, I. (Hrsg.): Ganztagsschule: Entwicklung, Qualität, Wirkungen. Längsschnittliche Befunde der Studie zur Entwicklung von Ganztagsschulen (StEG). – Weinheim/Basel: Beltz Juventa, S. 139–161.

Tinto, V. (1975): Dropout from higher education: A theoretical synthesis of recent research. In: Review of Educational Research, Vol. 45, No. 1, pp. 89–125. – https://doi.org/10.3102/00346543045001089.

Tippelt, R. (1986): Bildungsarbeit und Rollenübernahme in der Demokratie aus Sicht des Symbolischen Interaktionismus. In: Arnold, R./Kaltschmidt, J. (Hrsg.) (1986): Erwachsenensozialisation und Erwachsenenbildung. – Frankfurt a. M.: Diesterweg, S. 48–73.

Tippelt, R. (2020): (Re-)Produktion sozialer Ungleichheit und Weiterbildung: Sozialtheoretischer Abriss und ausgewählte Grundlegungen. In: Schmidt-Hertha, B./Hillmert, S./Haberzeth, E. (Hrsg.) (2020): Lebenslang lernen können: Gesellschaftliche Transformationen als Herausforderung für Bildung und Weiterbildung. – Bielefeld: wbv, S. 67–80.

Tippelt, R. (2023): Bildung an Volkshochschulen vor neuen Herausforderungen – sozial, kulturell, ökonomisch. In: Egger, R./Bisovsky, G. (Hrsg.) (2023): Die Volkshochschule im 21. Jahrhundert. Gemeinsam lernend (Aus-)Wege finden. – Wiesbaden: Springer, S. 23–46. – https://doi.org/10.1007/978-3-658-42107-6_3.

Tippelt, R./Eckert, T./Barz, H. (1996): Markt und integrative Weiterbildung: zur Differenzierung von Weiterbildungsanbietern und Weiterbildungsinteressen. – Bad Heilbrunn: Klinkhardt.

Tippelt, R./Reich-Claassen, J. (2023): Milieumarketing und Zielgruppenkonstruktion revisited. In: Hessische Blätter für Volksbildung, Heft 2, S. 19–28. – https://doi.org/10.3278/HBV2302W003.

Tippelt u. a. 2009 = Tippelt, R./Reupold, A./Strobel, C./Kuwan, H. (Hrsg.) (2009): Lernende Regionen – Netzwerke gestalten: Teilergebnisse zur Evaluation des Programms „Lernende Regionen – Förderung von Netzwerken". – Bielefeld: Bertelsmann.

Tippelt, R./Schmidt-Hertha, B. (2020): Sozialisation und informelles Lernen. – Bielefeld: utb. – https://doi.org/10.36198/9783838556215.

Trauernicht, M./Besser, N./Anders, Y. (2022): Burnout in der Kita und der Zusammenhang zu Aspekten der Arbeitszufriedenheit. In: Frühe Bildung, Jg. 11, Nr. 2, S. 85–93. – https://doi.org/10.1026/2191-9186/a000566.

Tschannen-Moran, M. (2001): Collaboration and the need for trust. In: Journal of Educational Administration, Vol. 39, No. 4, pp. 308–331. – https://doi.org/10.1108/EUM0000000005493.

Turner, J. C. (1987): Introducing the problem: individual and group. In: Turner, J. C./Hogg, M. A./Oakes, P. J./Reicher, S. D./Wetherell, M. S. (1987): Rediscovering the social group: A self-categorization theory. – Oxford: Basil Blackwell, pp. 1–18.

Turner, J. C./Reynolds, K. J. (2012): Self-categorization theory. In: Lange, P./Kruglanski, A. van/Higgins, E. T. (Eds.) (2012): Handbook of theories of social psychology – London: Sage, pp. 399–417. – https://doi.org/10.4135/9781446249222.n46.

UNESCO (2017): School violence and bullying. Global status report. – URL: https://unesdoc.unesco.org/ark:/48223/pf0000246970. – Download vom 30.01.2024.

UNESCO (2019): 4th Global Report on Adult Learning and Education. – Hamburg: UNESCO.

Ünver, Ö./Bircan, T./Nicaise, I. (2016): Inclusiveness of Early Childhood Education and Care: Seven Case Studies across Europe. – Löwen: HIVA, KU Leuven.

Urdan, T./Schoenfelder, E. (2006): Classroom effects on student motivation: Goal structures, social relationships, and competence beliefs. In: Journal of School Psychology, Vol. 44, No. 5, pp. 331–349. – https://doi.org/10.1016/j. jsp.2006.04.003.

Uslaner, E. M. (2012): Segregation and mistrust. Diversity, isolation, and social cohesion. – Cambridgee, MA: Cambridge University Press. – https://doi. org/10.1017/CBO9781139026758.

Vassilakopoulou, P. van/Hustad, E. (2023): Bridging Digital Divides: A Literature Review and Research Agenda for Information Systems Research. In: Information Systems Frontiers, Vol. 25, No. 3, pp. 955–969. – https://doi.org/ 10.1007/s10796-020-10096-3.

vbw 2003 = vbw – Vereinigung der Bayerischen Wirtschaft e. V. (Hrsg.) (2003): Bildung neu denken! Das Zukunftsprojekt. – Opladen: Leske + Budrich.

vbw 2016 = vbw – Vereinigung der Bayerischen Wirtschaft e. V. (Hrsg.) (2016): Integration durch Bildung. Migranten und Flüchtlinge in Deutschland. – Münster: Waxmann.

vbw 2017 = vbw – Vereinigung der Bayerischen Wirtschaft e. V. (Hrsg.) (2017): Bildung 2030 – veränderte Welt. Fragen an die Bildungspolitik. – Münster: Waxmann.

vbw 2018 = vbw – Vereinigung der Bayerischen Wirtschaft e. V. (Hrsg.) (2018): Digitale Souveränität und Bildung. – Münster: Waxmann.

vbw 2019 = vbw – Vereinigung der Bayerischen Wirtschaft e. V. (Hrsg.) (2019): Region und Bildung. Mythos Stadt – Land. – Münster: Waxmann.

vbw 2020 = vbw – Vereinigung der Bayerischen Wirtschaft e. V. (Hrsg.) (2020): Bildung zu demokratischer Kompetenz. – Münster: Waxmann. – https:// doi.org/10.31244/9783830941811.

vbw 2021a = vbw – Vereinigung der Bayerischen Wirtschaft e. V. (Hrsg.) (2021a): Nachhaltigkeit im Bildungswesen – was jetzt getan werden muss. – Münster: Waxmann. – https://doi.org/10.25656/01:21350.

vbw 2021b = vbw – Vereinigung der Bayerischen Wirtschaft e. V. (Hrsg.) (2021b): Führung, Leitung, Governance: Verantwortung im Bildungssystem. – Münster: Waxmann. – https://doi.org/10.31244/9783830994008.

vbw 2022 = vbw – Vereinigung der Bayerischen Wirtschaft e. V. (Hrsg.) (2022): Bildung und Resilienz. – Münster: Waxmann. – https://doi.org/10.31244/97 83830995500.

vbw 2023 = vbw – Vereinigung der Bayerischen Wirtschaft e. V. (Hrsg.) (2023): Bildung und berufliche Souveränität. – Münster: Waxmann. – https://doi. org/10.31244/9783830997078.

Veerman, G.-J./Denessen, E. (2021): Social cohesion in schools: A non-systematic review of its conceptualization and instruments. In: Cogent Education, Vol. 8, No. 1. – URL: https://www.tandfonline.com/doi/pdf/10.1080/2 331186X.2021.1940633. – Download vom 07.02.2024.

Vester, F. (1991): Ballungsgebiete in der Krise: vom Verstehen und Planen menschlicher Lebensräume. – München: dtv.

Viehmann, C./Ziegele, M./Quiring, O. (2022): Communication, cohesion, and corona: The impact of people's use of different information sources on their sense of societal cohesion in times of crises. In: Journalism Studies, Vol. 23, No. 5/6, pp. 629–649. – https://doi.org/10.1080/1461670X.2021. 1965907.

Viernickel u. a. 2014 = Viernickel, S./Voss, A./Mauz, E./Schumann, M. (2014): Gesundheit am Arbeitsplatz Kita. Ressourcen stärken, Belastungen mindern. – Düsseldorf: Unfallkasse Nordrhein-Westfalen.

Vlachou u. a. 2011 = Vlachou, M./Andreou, E./Botsoglou, K./Didaskalou, E. (2011): Bully/victim problems among preschool children: A review of current research evidence. In: Educational Psychology Review, Vol. 23, pp. 329–358. – https://doi.org/10.1007/s10648-011-9153-z.

Vogel, F./Weinberger, A./Fischer, F. (2021): Collaboration Scripts: Guiding, Internalizing, and Adapting. In: Cress, U./Rosé, C./Wise, A. F./Oshima, J. (Eds.) (2021): International Handbook of Computer-Supported Collaborative Learning. – Wiesbaden: Springer, pp. 335–352. – https://doi.org/10.100 7/978-3-030-65291-3_18.

Vohs, K. D./Baumeister, R. F. (2011): Handbook of self-regulation: Research, theory, and applications, 2nd ed. – New York: The Guilford Press.

Voßkuhle, A. (2019): Der Bildungsauftrag des Grundgesetzes. In: Aus Politik und Zeitgeschichte, S. 49–54.

Wachs u. a. 2019 = Wachs, S./Bilz, L./Niproschke, S./Schubarth, W. (2019): Bullying Intervention in Schools: A Multilevel Analysis of Teachers' Success in Handling Bullying From the Students' Perspective. In: The Journal of Early Adolescence, Vol. 39, No. 5, pp. 642–668. – https://doi.org/10. 1177/0272431618780423.

Wahl, J./Nittel, D./Tippelt, R. (2022): Pädagogische Organisationen: Die Verschränkung von Träger, Einrichtung und Gemeinschaft. In: Zeitschrift für Pädagogik, Nr. 68, S. 389–408.

Walper, S./Kuger, S. (2023): Bildung und Bildungsdefizite in Kita und Schule im Rahmen der Coronapandemie. In: Kinderheilkunde, Nr. 171, S. 615–622. – https://doi.org/10.1007/s00112-023-01779-7.

Walton, G. M./Yeager, D. S. (2020): Seed and soil: Psychological affordances in contexts help to explain where wise interventions succeed or fail. In: Current Directions in Psychological Science, Vol. 29, No. 3, pp. 219–226. – https://doi.org/10.1177/0963721420904453.

Weber u. a. 2018 = Weber, A./Daniel, A./Becker, K./Bornkessel, P. (2018): Proximale Prädiktoren objektiver wie subjektiver Studienerfolgsindikatoren. In: Bornkessel, P. (Hrsg.) (2018): Erfolg im Studium: Konzeptionen, Befunde und Desiderate. – Bielefeld: wbv, S. 59–107.

Weick, K. E. (2009): Bildungsorganisationen als lose gekoppelte Systeme. In: Koch, S./Schemmann, M. (Hrsg.) (2009): Neo-Institutionalismus in der Erziehungswissenschaft. Grundlegende Texte und empirische Studien. – Wiesbaden: VS Verlag für Sozialwissenschaften, S. 85–109. – https://doi. org/10.1007/978-3-531-91496-1_5.

Weiss, F./Klein, M. (2011): Soziale Netzwerke und Jobfindung von Hochschulabsolventen. Die Bedeutung des Netzwerktyps für monetäre Arbeitsmarkterträge und Ausbildungsadäquatheit. In: Zeitschrift für Soziologie, Jg. 40, Nr. 3, S. 228–245. – https://doi.org/10.1515/zfsoz-2011-0304.

Werner, K./Wößmann, L. (2023): The Legacy of Covid-19 in Education. In: Economic Policy, Vol. 38, No. 115, pp. 609–668. – https://doi.org/10.1093/epolic/eiad016.

Westheimer, J. (2022): Can Teacher Education Save Democracy? In: Teachers College Record: The Voice of Scholarship in Education, Vol. 124, No. 3, pp. 42–60. – https://doi.org/10.1177/01614681221086773.

Wetzels, P./Brettfeld, K. (2022): Auswirkungen verschwörungstheoretisch konnotierter Formen der Delegitimation von Politik, Wissenschaft und Medien im Kontext der COVID-19 Pandemie auf demokratieablehnende Einstellungen sowie Intoleranz und Vorurteile. Forschungsbericht 3. – Hamburg: Institut für Kriminologie an der Fakultät für Rechtswissenschaft der Universität Hamburg.

White, P. (1993): The social geography of immigrants in European cities: The geography of arrival. In: King R. (Ed.) (1993): The new geography of European migrations. – London: Belhaven Press, pp. 47–66.

Wilbers, K. (2019): Veränderungen im Zusammenspiel von gewerblich-technischem und kaufmännischem Handeln durch Industrie 4.0 als Chance für die Berufsausbildung. In: Spöttl G./Windelband L. (Hrsg.) (2019): Industrie 4.0 – Risiken und Chancen für die Berufsbildung?, 2. Aufl. – Bielefeld: Bertelsmann, S. 273–290.

Wilbers, K. (2021): Unterrichtsplanung im Kontext kompetenzbezogener Reflexionen. Planung beruflichen Unterrichts unter der Perspektive der Kompetenzorientierung. In: Klusmeyer J./Söll M. (Hrsg.) (2021): Unterrichtsplanung in der Wirtschaftsdidaktik. Aktuelle theorie-, empirie- und praxisbasierte Konzepte. – Wiesbaden: Springer VS, S. 35–60. – https://doi.org/10.1007/978-3-658-26620-2_3.

Wilbers, K. (2023): Wirtschaftsunterricht gestalten, 6. Aufl. – Berlin: Epubli.

Wilkesmann, U. (2013): Professorenvielfalt und Universitätszusammenhalt: Der Versuch, Individualisten auf ein gemeinsames Ziel zu verpflichten. In: Pries, L. (Hrsg.) (2013): Zusammenhalt durch Vielfalt? Bindungskräfte der Vergesellschaftung im 21. Jahrhundert. – Wiesbaden: Springer VS, S. 199–216. – https://doi.org/10.1007/978-3-531-19152-2_10.

Williams u. a. 2020 = Williams, C. L./Hirschi, Q./Sublett, K. V./Hulleman, C. S./ Wilson, T. D. (2020): A brief social belonging intervention improves academic outcomes for minoritized high school students. In: Motivation Science, Vol. 6, No. 4, pp. 423–437. – https://doi.org/10.1037/mot0000175.

Wirts u. a. 2019 = Wirts, C./Cordes, A.-K./Egert, F./Fischer, S./Kappauf, N./ Radan, J./Quehenberger, J./Danay, E./Dederer, V./Becker-Stoll, F. (2019): Abschlussbericht der Evaluationsprojekte BiSS-E1 und BiSS-E2. Wissenschaftliche Begleitung im Rahmen der Bund-Länder-Initiative Bildung durch Sprache und Schrift. – München: Staatsinstitut für Frühpädagogik.

Wissenschaftlicher Beirat beim Bundesministerium für Wirtschaft und Klimaschutz (BMWK) (2022): Die Zukunft der Arbeit in der digitalen Transformation. – Berlin: BMWK.

Wittpoth, J. (2020): Gesellschaftlicher Wandel als „Herausforderung"? Über einige Tücken zeitdiagnostischer Orientierung von Erwachsenenbildung. In: Dörner, O./Iller, C./Schüßler, I./Felden, H. von/Lerch, S. (Hrsg.) (2020): Erwachsenenbildung und Lernen in Zeiten von Globalisierung, Transformation und Entgrenzung. – Leverkusen: Barbara Budrich, S. 13–24. – https://doi.org/10.2307/j.ctvrs8zvg.4.

Wölfer, R./Scheithauer, H. (2014): Social influence and bullying behavior: intervention-based network dynamics of the fairplayer.manual bullying prevention program. In: Aggressive Behavior, Vol. 40, No. 4, pp. 309–319. – https://doi.org/10.1002/ab.21524.

Wößmann u. a. 2021 = Wößmann, L./Freundl, V./Grewenig, E./Werner, K./ Zierow, L. (2021): Bildung erneut im Lockdown: Wie verbrachten Schulkinder die Schulschließungen Anfang 2021? In: ifo Schnelldienst, Jg. 5, Nr. 75, S. 36–52.

Wößmann u. a. 2023 = Wößmann, L./Schoner, F./Freundl, V./Pfaehler, F. (2023): Der ifo-„Ein Herz für Kinder"-Chancenmonitor. Wie (un-)gerecht sind die Bildungschancen von Kindern aus verschiedenen Familien in Deutschland verteilt? In: ifo Schnelldienst, Jg. 4, Nr. 76, S. 29–47.

Wright, S. C./Aron, A./Brody, S. M. (2008): Extended contact and including others in the self: Building on the Allport/Pettigrew legacy. In: Wagner, U./Tropp, L. R./Finchilescu, G./Tredoux C. (Eds.) (2008): Improving intergroup relations: Building on the legacy of Thomas F. Pettigrew. – Malden: Blackwell, pp. 143–159. – https://doi.org/10.1002/9781444303117.ch10.

Wullschleger u. a. 2023 = Wullschleger, A./Vörös, A./Rechsteiner, B./Rickenbacher, A./Maag Merki, K. (2023): Improving teaching, teamwork, and school organization: Collaboration networks in school teams. In: Teaching and Teacher Education, No. 121. – https://doi.org/10.1016/j.tate.2022.103909.

Xiao u. a. 2022 = Xiao, S. X./Martin, C. L./Spinrad, T. L./Eisenberg, N./DeLay, D./Hanish, L. D./Fabes, R. A./Oswalt, K. (2022): Being helpful to other-gender peers: School-age children's gender-based intergroup prosocial behaviour. In: The British Journal of Developmental Psychology, Vol. 40, No. 4, pp. 520–538. – https://doi.org/10.1111/bjdp.12426.

Zick, A./Rees, J. (2020): Gesellschaftlicher Zusammenhalt – Eine sozialpsychologische Sicht auf das Konzept und aktuelle gesellschaftliche Herausforderungen an den Zusammenhalt. In: Deitelhoff, N./Groh-Samberg, O./Middell M. (Hrsg.) (2020): Gesellschaftlicher Zusammenhalt: Ein interdisziplinärer Dialog. – Frankfurt a. M./New York: Campus Verlag, S. 130–151. – URL: https://www.researchgate.net/publication/345672067_Gesellschaft licher_Zusammenhalt_-_Eine_sozialpsychologische_Sicht_auf_das_Kon zept_und_aktuelle_gesellschaftliche_Herausforderungen_an_den_Zusam menhalt. – Download vom 07.02.2024.

Abbildungsverzeichnis

Tabellenverzeichnis

Verzeichnis der Mitglieder des AKTIONSRATSBILDUNG

Anders, Yvonne, Prof. Dr. phil., Inhaberin des Lehrstuhls für Frühkindliche Bildung und Erziehung an der Otto-Friedrich-Universität Bamberg, Leiterin verschiedener Drittmittelprojekte beziehungsweise Teilprojekte von Verbundvorhaben, z. B. Evaluation des Gute-Kita-Gesetzes (BMFSFJ), Evaluation des Bundesprogramms „Sprachkitas" (gefördert vom BMFSFJ), des Projekts „NaQua" (Qualität naturwissenschaftlicher Bildung in der Kita; gefördert von der DFG), „DigiFam: Untersuchung der Auswirkungen einer digitalisierten Familienbildungskomponente" (gefördert durch die Carina Stiftung), „ISOTIS" (gefördert von der Europäischen Kommission), wissenschaftliche Leitung der Säule „Bildungsprozesse in lebenslaufspezifischen Lernumwelten, Mitherausgeberin der Zeitschrift „Frühe Bildung" und Mitglied der Ständigen Wissenschaftlichen Kommission der Kultusministerkonferenz.
Arbeitsschwerpunkte: Pädagogische Qualität in der frühen Bildung und ihre Auswirkungen, Familienbildung und Zusammenarbeit mit Familien, professionelle Kompetenzen von (früh-)pädagogischen Fachkräften, digitalisierte Lernumgebungen, Umgang mit Diversität im Kindergarten und in der Schule, internationale Vergleichsanalysen, Evaluationsforschung.

Hannover, Bettina, Prof. Dr. phil., Leiterin des Arbeitsbereichs Schul- und Unterrichtsforschung an der Freien Universität Berlin, Mitglied diverser Zeitschriften-Herausgeberteams und wissenschaftlicher Beiräte, Leiterin verschiedener Drittmittelprojekte, z. B. der DFG oder des BMBF, Mentorin in diversen Graduierten- und Postgraduiertenprogrammen. Von 2012 bis 2017 Mitglied des Fachkollegiums Psychologie der Deutschen Forschungsgemeinschaft, von 2012 bis 2019 Mitglied der Jury des Deutschen Schulpreises der Robert Bosch Stiftung, seit 2005 Mitglied des Vorstandes oder Beirates des Instituts für Schulqualität der Länder Berlin und Brandenburg, seit 2013 Mitglied der Deutschen Akademie der Technikwissenschaften, seit 2021 Stellvertretende Direktorin und seit 2023 Direktorin der Dahlem School of Education der Freien Universität Berlin.
Arbeitsschwerpunkte: Schulische Interessen- und Fähigkeitsentwicklung, Selbst und Identität, Geschlecht, Migration, Kulturvergleich.

Jungbauer-Gans, Monika, Prof. Dr. rer. pol, Wissenschaftliche Geschäftsführerin des Deutschen Zentrums für Hochschul- und Wissenschaftsforschung (DZHW), seit 2014 Mitglied und seit 2020 Vorsitzende des Rats für Sozial- und Wirtschaftsdaten (RatSWD), seit 2020 Mitglied im Hochschulrat der Universität Duisburg-Essen, im Stiftungsrat der Technischen Informationsbibliothek (TIB) Hannover und seit 2021 im Verwaltungsrat des Berlin Institute of Health (BIH), 2017 bis 2021 Mitglied des Konzils der Deutschen Gesellschaft für Soziologie, seit 2002 Mitglied der Sektion Modellbildung und Simulation der DGS (seit 2008 stellvertretende Sprecherin der Sektion), seit 1997 Mitglied der Sektion Medizin- und Gesundheitssoziologie der DGS, seit 1994 Mitglied der Deutschen Gesellschaft für Soziologie, Mitherausgeberin Soziale Welt – Zeitschrift für sozialwissenschaftliche Forschung und Herausgeberbeirat der Zeitschrift für empirische Hochschulforschung (ZeHf). Arbeitsschwerpunkte: Wissenschafts- und Hochschulforschung, Bildungssoziologie, Arbeitsmarktforschung, Medizin- und Gesundheitssoziologie, qualitative und quantitative Methoden der empirischen Sozialforschung.

Lenzen, Dieter, Prof. em. Dr. Dr. h. c., Vorsitzender des AKTIONSRATSBILDUNG, 03/2010 bis 02/2022 Präsident der Universität Hamburg, von 2003 bis 2010 Präsident der Freien Universität Berlin, von 2007 bis 2016 Vizepräsident der Hochschulrektorenkonferenz (HRK), Universitätsprofessor für Philosophie der Erziehung an der Freien Universität Berlin, Gastprofessuren (1986 bis 1994) an den Universitäten Stanford, Columbia, Tokyo, Hiroshima und Nagoya, Gründer der Zeitschrift für Erziehungswissenschaft, Herausgeber der zwölfbändigen Enzyklopädie der Erziehungswissenschaft, Initiator der internationalen Strategiekonferenz GUC (Global University Leaders Council Hamburg).
Arbeitsschwerpunkte: Bildungsforschung, Bildungspolitik, Bildungsphilosophie.

McElvany, Nele, Prof. Dr. phil., seit 2020 Prorektorin Forschung der Technischen Universität Dortmund, seit 2014 Geschäftsführende Direktorin des Instituts für Schulentwicklungsforschung (IFS), seit 2009 Professorin für Empirische Bildungsforschung und Leiterin der Arbeitsgruppe „Empirische Bildungsforschung mit dem Schwerpunkt Lehren und Lernen im schulischen Kontext"; Wissenschaftliche Leiterin verschiedener Drittmittelprojekte (DFG, BMBF/KMK, Stiftungen), u. a. von IGLU 2021 und NEPS-Etappe 4, Associate Editor von „Educational Assessment", Organisatorin der IFS-Bildungsdialoge und der Dortmunder Symposien der Empirischen Bildungsforschung. Arbeitsschwerpunkte: Empirische Bildungsforschung im schulischen Kontext, Kompetenzen von Lehrkräften und Unterrichtsqualität, Schriftsprach-/ Lesekompetenzen, Bildung und Migration, pädagogisch-psychologische Diagnostik und Evaluation.

Seidel, Tina, Prof. Dr. phil., Technische Universität München, Head of Department Educational Sciences, Direktorin des TUM Center for Educational Technologies, Inhaberin des Lehrstuhls für Pädagogische Psychologie, Leitung mehrerer DFG- und BMBF-Forschungsprojekte, Mitglied des Senats der Technischen Universität München.
Arbeitsschwerpunkte: Unterrichtsforschung mit Schwerpunkt Sekundarstufe, Professionalisierung von Lehrenden an Schulen und Hochschulen, Forschungssynthesen zu Unterrichtseffektivität, effektiver Einsatz von Bildungstechnologien.

Tippelt, Rudolf, Prof. em. Dr. phil., Lehrstuhl für Allgemeine Pädagogik und Bildungsforschung an der Ludwig-Maximilians-Universität München, Gründungsmitglied der World Education Research Association (WERA), Mitherausgeber der Zeitschrift für Pädagogik, Durchführung mehrerer Repräsentativstudien zur Weiterbildung, u. a. Vorsitzender des Kuratoriums des Leibniz-Instituts für Bildungsverläufe (LIfBi) bis 2018, Vorsitzender des Beirats der Weiterbildungsinitiative Frühpädagogischer Fachkräfte (WIFF), wissenschaftlicher Experte im Landesbeirat für Erwachsenenbildung, Mitglied des Wissenschaftlichen Beirats des Deutschen Jugendinstituts (DJI) und des Deutschen Volkshochschulverbands (DVV).
Arbeitsschwerpunkte: Bildungsforschung, Weiterbildung/Erwachsenenbildung, Bildungsprozesse über die Lebensspanne, Übergang von Bildung in Beschäftigung, Professionalisierung und Fortbildung des pädagogischen Personals, insbesondere auch im internationalen Kontext.

Wilbers, Karl, Prof. Dr, Inhaber des Lehrstuhls für Wirtschaftspädagogik und Personalentwicklung der Friedrich-Alexander-Universität Erlangen-Nürnberg in Nürnberg, Studiendekan des Fachbereichs Wirtschafts- und Sozialwissenschaften (WiSo), Mitglied des Wissenschaftlichen Beirats des Bundesinstituts für Berufsbildung (BIBB), Mitglied der Deutschen Gesellschaft für Erziehungswissenschaft, Sektion „Berufs- und Wirtschaftspädagogik" (DGfE).
Arbeitsschwerpunkte: Berufsbildung, Personalentwicklung, digitale Transformation, Didaktik, Qualitätsmanagement, Durchlässigkeit von akademischer und beruflicher Bildung.

Wößmann, Ludger, Prof. Dr. sc. pol., Universitätsprofessor für Bildungsökonomie an der Volkswirtschaftlichen Fakultät der Ludwig-Maximilians-Universität München, Leiter des ifo Zentrums für Bildungsökonomik, Distinguished Visiting Fellow der Hoover Institution an der Stanford University, Mitglied der Nationalen Akademie der Wissenschaften Leopoldina, der Deutschen Akademie der Technikwissenschaften acatech und des Wissenschaftlichen Beirats beim Bundeswirtschaftsministerium, Fellow der International Academy of Education, Preisträger des Hermann-Heinrich-Gossen-Preises und des Gustav-Stolper-Preises des Vereins für Socialpolitik, Mitherausgeber des Handbook of the Economics of Education.
Arbeitsschwerpunkte: Bildungsökonomik, wirtschaftliche Erträge von Bildung, Effizienz und Chancengleichheit im Schulsystem, internationale Schülerleistungen.

vbw – Vereinigung der Bayerischen Wirtschaft e. V.
(Hrsg.)

Bildung und berufliche Souveränität

Gutachten

2023, 292 Seiten, broschiert, EUR 24,90
ISBN 978-3-8309-4707-3

Berufliche Souveränität ist ein wichtiges Entwicklungsziel für jeden Menschen und bezeichnet Kompetenzen der selbstbestimmten Berufswahl und -ausübung. Individuelle Ausbildungsreife, Berufswahlbereitschaft und -kompetenz sind Voraussetzungen für eine erfolgreiche Berufsorientierung, die ein wesentlicher Bestandteil der beruflichen Souveränität ist.
Ziel einer gelungenen Berufsorientierung ist die Übereinstimmung von Interessen und Fähigkeiten einer Person mit den Bedarfen des Arbeitsmarktes und den Anforderungen beruflicher Tätigkeiten. Der erfolgreiche Abgleich dieser Komponenten mündet schließlich in die erfolgreiche Berufswahl und -anpassung.
Der Aktionsrat Bildung zeigt, wie berufliche Souveränität bildungsphasenspezifisch gefördert werden kann. Aus den Analysen werden zentrale Handlungsempfehlungen für die politischen Entscheidungsträger abgeleitet.

vbw – Vereinigung der Bayerischen Wirtschaft e. V.
(Hrsg.)

Bildung und Resilienz

Gutachten

2022, 304 Seiten, broschiert, EUR 24,90
ISBN 978-3-8309-4550-5

Ist unser Bildungssystem ausreichend auf Krisen vorbereitet? Die COVID-19-Pandemie hat offengelegt,
dass dies nur sehr bedingt der Fall ist. Komplexe Veränderungen der äußeren Bedingungen stellen Individuen und beziehungsreiche Systeme wie Bildungseinrichtungen vor die Herausforderung, sich schnell
und effizient anzupassen. Die Fähigkeit, sich angesichts disruptiver oder kontinuierlicher Stressoren
nicht nur zu erholen, sondern daran zu wachsen, wird
als Resilienz bezeichnet.

Der Aktionsrat Bildung beantwortet diese und weitere Fragen auf der Grundlage einer empirisch ab-
gesicherten Bestandsaufnahme. Für die einzelnen
Bildungsphasen wird aufgezeigt, welche Reformen
wirksam dazu beitragen können, auch in Krisenzeiten
gute Bildungsergebnisse zu erzielen. Der Aktionsrat
Bildung leitet konkrete Handlungsempfehlungen ab
und richtet diese an die politischen Entscheidungsträger.

vbw – Vereinigung der Bayerischen Wirtschaft e. V.
(Hrsg.)

Führung, Leitung, Governance: Verantwortung im Bildungssystem

Gutachten

2021, 280 Seiten, broschiert, EUR 22,90
ISBN 978-3-8309-4400-3

Gute Führung führt zu besseren Bildungsergebnissen, die wiederum spürbare Auswirkungen auf das wirtschaftliche Wachstum und den Wohlstand einer Gesellschaft haben. Diese Zusammenhänge sind empirisch nachgewiesen, und dennoch sind Führungskräfte in deutschen Bildungseinrichtungen häufig nicht oder nicht ausreichend für diese wichtige Aufgabe qualifiziert. Zudem sind die Entscheidungsbefugnisse in vielen Bereichen, wie z. B. in der Personalauswahl und -honorierung, noch zu gering, um effektiv führen zu können.

Der Aktionsrat Bildung widmet sich der Frage, wie die Führung in deutschen Bildungseinrichtungen verbessert werden kann. Als zentrales Element benennt der Aktionsrat Bildung allgemeine sowie bildungsphasenspezifische Handlungsempfehlungen und richtet diese an die politischen Entscheidungsträger.

vbw – Vereinigung der Bayerischen Wirtschaft e. V.
(Hrsg.)

Bildung zu demokratischer Kompetenz

Gutachten

2020, 280 Seiten, broschiert, EUR 22,90
ISBN 978-3-8309-4181-1

Ist die Demokratie in Deutschland in Gefahr? Welchen Beitrag kann Bildung leisten, um sie zu stärken? Eine demokratische Gesellschaft setzt voraus, dass ihre Bürgerinnen und Bürger von klein auf lernen, andere Meinungen zu respektieren, Konflikte konstruktiv zu lösen und sich aktiv in gemeinschaftliche Willensbildungsprozesse einzubringen. Der Aktionsrat Bildung widmet sich der Frage, wie Demokratiebildung in Deutschland weiterentwickelt werden kann. Es werden die Ursachen und Auswirkungen der weltweiten Zunahme antidemokratischer Tendenzen aus einer interdisziplinären Perspektive beleuchtet und für alle Bildungsphasen der Status quo abgebildet: Welchen Stellenwert hat Demokratiebildung in den Bildungsplänen und in der Ausbildung des pädagogischen Personals? Wie steht es um die demokratischen Kompetenzen der Teilnehmenden im Bildungssystem? Der Aktionsrat Bildung leitet daraus konkrete Handlungsempfehlungen für politische Entscheidungsträger ab.

Hier finden Sie weitere Gutachten des Aktionsrats Bildung